北京市教育科学『十三五规划』2018年度重大课题

『基础教育教学改革的「北京模式」和发展战略研究』研究成果

（课题立项编号AMAA18001）

大夏书系—教育新思考

基础教育教学改革

『北京模式』的研究

钟祖荣 李 雯 等著

华东师范大学出版社

·上海·

目 录
contents

序　言

　　首都教育在首都发展中有着独特的地位和重要的作用。2018 年，北京市召开全市教育大会，会上，蔡奇书记对北京教育的地位有一段论述，他指出："教育贯穿于首都城市战略定位之中，是加强'四个中心'功能建设、提高'四个服务'水平的重要基础和支撑力量。教育最牵动人心，是满足人民群众美好生活新期待的重要方面，努力让每个孩子有人生出彩的机会，是广大市民群众内心的呼唤，是全社会对教育的期待。"在这段论述中，"基础"和"支撑"体现了教育的客观地位，"呼唤"和"期待"体现了人民群众的主观需求。教育是培养人才的工程，新时代首都发展需要高素质人才，其基础地位需要不断夯实和提升。

　　夯实和提升要在原有的基础上进行。首都基础教育改革发展从中华人民共和国成立以来有 70 多年历史了，自 1978 年改革开放以来也有 40 多年历史了。几十年的改革发展历史需要认真梳理和研究总结。习近平总书记说：历史是最好的教科书，也是最好的清醒剂。对首都基础教育改革发展的历史、经验、模式等进行系统的总结梳理，是我们面向未来发展需要做的一件重要工作。无论是从事教育领导和管理工作的同志，还是一线的校长、老师，对历史梳理和经验总结都是关心、关注的。2018 年北京市教育科学"十三五"规划设立了重大招标课题"基础教育教学改革的'北京模式'和发展战略研究"便缘于此。时任北京教育学院副院长的钟祖荣教授牵头申报了这一课题并立项，经过三年多的研究，项目已经完成，公开发表多篇论文，即将出版两本论著，非常有意义，值得肯定。两本论著《基础教育教学改革"北京模式"研究》和《基础教育教学改革"北京模式"的学校样本》是课题研究成果的集中体现，前者侧重学术研究和理论架构，后者呈现实践研究和学校案例。在论著出版之际，祖荣教授嘱我作序，我答应了。其原因，不仅由于我长期分管基础教育工作，在基础教育改革方面做了一些工作，而且对此问题我也有一些思考，也曾经在《首都基础教育的战略转型与模型建构》一书中做了一些总结。

我认为，近几十年基础教育不断改革，优质均衡是北京基础教育的基本特点，供给侧改革是实现改革目标（或者彰显基本特点）的重要措施，课程与教学改革、评价与招生改革是重要抓手，学生实际获得是衡量标准，也是最终目的和切实效果。北京原来城乡、区域和校际的不均衡现象都比较明显，但通过农村教育改革、薄弱初中改造、办学条件达标、名校办分校、城乡教育一体化、集团化学区制一贯制、高参小等诸多改革工程，在缩小差距、促进均衡方面产生了明显成效。通过调动优质教育资源、发挥信息化手段作用，促进了教育的供给侧改革。课程和教学是改革的主战场，教育方式和学习方式的变革是主旋律，自主、探究、合作逐渐成为常态。注重学生的综合素质评价，义务教育就近入学招生，深化考试评价改革，在考试目的、内容和方式上做了一系列改革，在促进学生全面发展、关注每个学生方面发挥了指挥棒的导向作用。以学生为中心、重视学生的实际获得，逐渐深入人心，成为普遍的教育观念，学生实现了全面而有个性的发展。在这些改革的坚实基础上，当前北京基础教育正在全面构建首都高质量教育体系，实现更高水平、更具影响力的教育现代化，培养具有家国情怀、首都气派、国际视野、创新精神的高素质人才，努力让每个孩子都享有公平而有质量的教育。

这个课题的关键是梳理总结教育教学改革的北京模式。因为模式是历史经验的凝练，也是未来发展的基因和基础。课题组调研发现，对于"北京模式"的存在状态，56.3%的校长、教师认为北京市基础教育教学改革有清晰的"北京模式"；39.1%认为有"北京模式"，但不清晰。这说明大家对什么是"北京模式"还不是十分清楚，这也说明了总结提炼十分必要。祖荣教授带领北京教育学院课题研究团队，在梳理历史发展脉络的基础上进行了提炼，提出了北京基础教育教学改革的"北京模式"，表现在六个特征上：在改革领导与方向上坚持政治方向和首都定位；在改革目标上强调综合素质与全面发展；在改革资源上注重资源统整和丰富供给；在改革策略上依靠科技支撑，力求专业科学；在推进路径上注重上下结合，侧重自上而下；在内部结构上兼顾城乡两端促进优质均衡。我认为，这个总结比较全面、得当，也契合实际。

《基础教育教学改革"北京模式"研究》不仅对北京模式进行了梳理，同时对改革的历史、改革的主要内容、改革在区县和学校层面的推进，以及未来发展的思考，都进行了研究，系统揭示了区域基础教育教学改革的规律性。《基础教育教学改革"北京模式"的学校样本》呈现了北京市海淀、东城、通州和密云等四个区24所中小学推进基础教育教学改革的个案研究，涵盖了北京市不同地区、不同学段、不同发展梯度的学校，生动展示了北京市基础教育教学改革在基层学校实践中的真实样态和真实表现。因此，这两本论著，对于基础教育领域的学者和广大中小学校长、教师来说，是开卷有益的著作。它不仅可以帮助我们了解过去的历史，理解北京基础教育改革的模式和经验，而且有助于我们展望未来的发展，思考北京基础教育改革优化的方向和要点。

当然，教育改革是一个复杂的系统工程，对北京基础教育教学改革发展的历史进程和未来发展进行系统梳理和深入总结，也绝非易事。本书难免有不够全面、周延之处，在现有研究基础上，既希望课题组不断深化研究，也希望读者补充修正。最后，我更期待的是，大家能够借鉴本书所总结的模式与经验，深化北京市基础教育教学改革，为实现中华民族伟大复兴、建设社会主义现代化强国，培养更多、更好、全面发展的有用建设者和可靠接班人。

李　奕

中共北京市委教育工委副书记、北京市教育委员会主任

第一章 导论

第一节 改革开放以来我国基础教育教学改革的历程

本节主要阐述改革开放以来，我国基础教育教学改革各阶段的背景与面临的问题，出台的主要文件精神，在目标、育人、课程、教材、教学方法、教学手段、教学渠道、教学评价考试等方面的改革内容以及主要效果与反思。地方的教育教学改革是在国家教育教学改革的背景下推进的，了解国家的改革历程，就能够更好地理解地方的教育教学改革。

一、改革开放初期和20世纪80年代的基础教育教学改革

新中国成立初期以苏联为师借鉴社会主义国家教育理论和实践经验，"文化大革命"前结合中国实际探索中国社会主义教育，强调教育为工农服务，与生产劳动和社会实践结合，重视课堂教学和社会实践，同时也关注减轻课程和考试等负担，促进教育的正规化、工农化、实践化。"文化大革命"中由于"左"的思想指导，正常的教育教学秩序受到很大破坏和冲击。

20世纪70年代末，"文化大革命"结束，十一届三中全会确定党和国家工作重点转移到经济建设上来，这就需要大量人才和合格劳动者，恢复教育秩序、提高教育水平、提高国民素质成为主要任务。在基础教育领域，当时的主要问题，一个是普及教育，提高民族文化素质，提高青少年文化水平，实现"两基"（基本实现九年义务教育，基本扫除青壮年文盲）；一个是多元发展，通过职业教育、成人教育等提供更多教育机会，同时也解决经济社会发展急需人才的问题。1978年，刘西尧在全国教育工作会议上说，教育部初步拟定了《1978—1985年全国教育事业规划纲要（草案）》，其指导思想是强调教育事业要和国民经济发展需要与可能相适应，教学内容和教材必须符合现

代科学技术发展的要求，教学手段逐步实现现代化，中心环节是提高教育质量，集中力量办好一批重点大学、中学和小学。

普及小学教育是当时提出的第一位的任务。1980 年年底，中共中央国务院《关于普及小学教育若干问题的决定》提出在整个 20 世纪 80 年代全国应基本实现普及小学教育的历史任务，比较发达的地区应在 1985 年前实现，要通过两条腿走路的方针去推进。在实现普及小学教育的同时，办好一批重点学校。1980 年，教育部《关于分期分批办好重点中学的决定》提出办好首批约 700 所重点中学。到 1988 年，全国小学适龄儿童入学率达到 97%，在校学生巩固率达到 96.9%。

中等教育结构改革也是当时的重要任务。国务院要求发展中等职业教育，认为"中等教育结构改革势在必行"。这在 1985 年教育体制改革决定等一系列文件和领导讲话中反复强调。到 1988 年，高中阶段职业技术学校在校生数占全国高中阶段学生比例从 1978 年的 7.6% 上升到 42.7%，改变了中等教育结构单一化的状况。[1]

加强思想政治教育历来是教育改革的重要内容。1980 年，教育部印发了《改进和加强中学政治课的意见》，对课程地位、设置、教学、师资、领导等方面进行规范，并强调改进课堂教学，适当组织学生讨论，培养学生分析问题的能力。1988 年，中共中央发布《关于改革和加强中小学德育工作的通知》，要求德育工作必须适应全面深化改革的新形势，明确了指导思想，提出了爱国主义教育、集体主义教育、民主法制教育、劳动教育、道德教育和心理品质培养五方面任务，强调改进德育方法，了解学生，关心学生，给学生创造社会实践的机会，让他们在接触社会中受教育。

关于相关学科教学也相继提出了改革要求。1983 年教育部就改进中学历史和地理课教学发出通知，认为这是两门比较生动有趣的课，要多运用直观教学辅助手段，还可适当组织参观、访问、调查等方法。1983 年教育部在《进一步提高普通中学教育质量的几点意见》中强调从实际出发改革教学，"要注意调动学生学习的积极性和主动性，激发他们学习的兴趣"，"努力改革满堂灌的教学方法，加强学生能力特别是自学能力、动手能力的培养"[2]。1983 年还组织了中学数理化教学要求讨论会，发布了《关于加强中小学实验教学和实验室建设的意见》。1984 年教育部等还发通知组织若干省市开展"注音识字、提前读写"的实验，推广相关成果。1984 年教育部根据邓小平"三个面向"的题词通知在小学开展计算机教育试点工作，主要以开展科技活动的形式进行。

课程不断改革完善。1988 年印发《义务教育全日制小学、初级中学教学计划（试行草案）》和 24 个学科教学大纲（初审稿），从 1991 年开始实行，计划中明确了小学

---

[1] 何东昌.中华人民共和国重要教育文献（1976~1990）[M].海口：海南出版社，1998.
[2] 同[1].

和初中的培养目标，并对小学初中的课程设置进行了说明。

对学生的体育、艺术、劳动教育等也给予了强调。1982年教育部等十部门发布《保护学生视力工作实施办法（试行）》，从学习条件、学习时间、睡眠时间等15个方面制定了具体要求和措施。1982年还就普通中学开设劳动技术课提出意见，就原则、内容、时间、场地等方面作出具体规定，初中按每学年两周、高中按每学年四周安排。1989年国家教委发布《关于加强少年儿童艺术教育的意见》，强调了美育在教育方针中的地位，要求提高少年儿童的艺术素质，贯彻实施《全国学校艺术教育总体规划》。

1985年中央召开改革开放以来的第一次全国教育工作会议，出台《关于教育体制改革的决定》，针对基础教育还很落后、中等教育结构中职业技术教育比重过小、高等教育结构不合理、教育思想比较落后、不少课程内容陈旧、教学方法死板、实践环节不被重视等存在脱离经济社会发展需要的问题，明确教育改革的目的是提高民族素质，多出人才，出好人才。提出有步骤地实现九年义务教育，调整中等教育结构，大力发展职业技术教育。同时，成立国家教委。万里在讲话中强调，不适应社会主义现代化建设的教育思想、教育方法必须改变，强调要因材施教、发现苗子、精心培育人才，要培养学生独立思考和解决新问题的能力。[1] 何东昌在文件说明中解读"出好人才"，就是要培养四有新人，为此要加强思想政治教育，在智育方面不但让学生掌握一定的科学文化知识，而且要从小培养学生独立生活、独立思考的能力，培养他们积极进取和敢于创新的精神。[2]

针对基础教育办学中的偏差，1988年国家教委和全国人大教科文卫委员会印发《抓住关键、综合治理——论克服片面追求升学率倾向》一文，指出片面追求升学率倾向是脱离经济社会发展实际需要，把基础教育办成升学教育，以升学为唯一目的的错误做法。分析了片面追求升学率的五大危害，认为片面追求升学率的表现在学校，根子在社会，出路在改革。指出了七项措施，提出各级领导要端正教育思想，做好两个转轨（使经济建设转到依靠科技和提高劳动者素质的轨道上来，使教育转到为社会主义现代化建设服务的轨道上来）。建立正确的督导评估制度，评价办学不能只看升学率，要看贯彻教育方针如何，看全体毕业生的合格率如何，看毕业生到社会上的表现和适应程度如何，学校在当地经济社会发展中的贡献如何，最重要的是看教育的社会效益。创造条件取消小学升初中考试，实行就近入学。加强劳动技术教育，把劳动列入必修课。

关于教学改革经验推广，李铁映在1990年的讲话中说，近十年来基础教育教学改革实验比较活跃，遍及全国各地许多学校，涉及教学活动各个方面，其中教学方法改

[1] 何东昌.中华人民共和国重要教育文献（1976~1990）[M].海口：海南出版社，1998.
[2] 同[1].

革最为活跃、见效最快，要有计划地推广一批比较成熟的教学改革经验，以提高教育质量。1990 年还发布了《关于改进和加强教学研究室工作的若干意见》，明确了教研室的基本职责和工作要求。

二、20 世纪 90 年代的基础教育教学改革

到 20 世纪 90 年代，面对国际科技革命和国际反动势力推行和平演变两大挑战，以及现代化建设的需要，教育工作的总体目标是建立起适应社会主义现代化建设需要、面向 21 世纪、具有中国特色的社会主义教育体系的基本框架。一方面，国家制定十年规划和"八五"计划，相应地制定教育的规划，1992 年印发了《全国教育事业十年规划和"八五"计划要点》，明确了 20 世纪 90 年代教育工作的基本方针。另一方面，继续推进教育改革，李铁映在 1991 年的讲话中明确教育改革的重点之一是把教育思想、教育内容和教育方法的改革提到重要日程上来，推动教育改革向纵深发展。

1993 年，中共中央国务院印发《中国教育改革和发展纲要》（下文简称《纲要》），这是指导 90 年代教育改革发展的纲领性文件。《纲要》提出全国基本普及九年义务教育、全国基本扫除青壮年文盲的两基目标，要求中小学要由"应试教育"转向全面提高学生素质的轨道，面向全体学生，促进学生生动活泼发展，学校办出各自特色，普通高中办学模式要多样化。继续明确"教育改革的目的是提高民族素质，多出人才，出好人才"。要求"进一步转变教育思想，改革教学内容和教学方法，克服学校教育不同程度存在的脱离经济建设和社会发展需要的现象"，"更新教学内容，调整课程结构。加强基本知识、基础理论和基本技能的培养和训练，重视培养学生分析问题和解决问题的能力，注意发现和培养有特长的学生。中小学要切实采取措施减轻学生过重课业负担"[1]。1994 年，中央召开改革开放以来的第二次全国教育工作会议，部署和动员实施《纲要》。李岚清在会议总结中强调"改革是解决中国教育问题的根本出路"，教育改革相对滞后于经济体制改革和现代化建设的要求，要"通过深化教育改革，把我国的教育办成高效益的教育"[2]。

20 世纪 90 年代进一步明确了向素质教育转轨的要求。1996 年通过的《国民经济和社会发展"九五"计划和 2010 年远景目标纲要》中明确"积极推进教学改革。改革人才培养模式，由应试教育向全面素质教育转变。改革教育内容和课程设置，加强学生综合素质的培养"。1996 年柳斌在汨罗研讨会上，对为什么要提倡素质教育、素质教育的内涵、实施的关键和机制等问题进行了阐述，认为素质教育实际是在 20 世纪 80

---

[1] 何东昌. 中华人民共和国重要教育文献（1991~1997）[M]. 海口：海南出版社，1998.

[2] 同 [1].

年代提出并逐步得到广泛认同的，它以提高全体国民素质为目标、以促进全面发展为宗旨、以育人为根本、以因材施教为方法。指出愉快教育、成功教育、情境教育等教改实验都是对素质教育的有益探索。1997年，朱开轩在全国中小学素质教育经验交流会上，对实施素质教育的背景、含义、主要政策和措施进行了阐述，提出八方面措施，包括树立正确的教育观、质量观、人才观，创造良好社会环境；调整宏观教育结构，构建人才成长立交桥；大力加强薄弱学校建设，逐步实现平等受教育；加快升学考试和测评制度改革；抓好课程教材和教学改革；提高整体师资队伍水平与质量；建立素质教育的督导评估制度；进一步深化劳动人事制度改革。[1]1997年，国家教委发布了《关于当前积极推进中小学实施素质教育的若干意见》，这是一个重要的改革文件，提出了目标和任务，对加强薄弱学校建设、完善课程体系与优化教学过程、建立素质教育督导评估体系、加快升学考试制度改革、改进和加强德育工作、建设高素质校长教师队伍、进行素质教育整体改革区域实验、加强教育科学研究、建立奖励机制、调整教育结构等十个方面提出了措施要求。

普及九年义务教育。1992年国务院批准了《义务教育实施细则》，其中对教育教学也进行了原则的规定。

德育工作的改革。1993年颁发《小学德育纲要》，规定了十方面教育内容、四条实施途径、八条教育原则等，是小学德育工作的指导性文件，为开展德育工作提供了具体的依据。1994年中央印发《爱国主义教育实施纲要》，对爱国主义教育的基本原则和主要内容等进行了规定。同年中央还颁布了《关于进一步加强和改进学校德育工作的若干意见》，根据新形势提出了对德育工作的新的要求，强调"整体规划学校的德育体系"，根据德育总体目标，科学规划各教育阶段的具体内容、实施途径和方法。1995年颁布《中学德育大纲》，明确了初中和高中各八方面的教育内容，提出了11条实施条件，并对品德评定进行了规定。1995年发布《关于进一步加强和改进中学思想政治课教学工作的意见》，明确从1997年开始使用思想政治课课程标准和教材，在方法上要联系国内外形势和学生思想实际，选择有效的方式方法教学，充分利用录音、录像、电影、挂图等辅助教学，组织社会调查和参观访问，提高教学效果。1998年国家教委颁发《中小学德育工作规程》，对落实德育的管理职责、课程和常规教育、队伍建设、物质保证等进行了规定。在20世纪90年代，德育的规范性文件基本配套完成。

教育内容方面的改革。1991年发布了《关于在普通高中开设选修课的意见》，目的是更好地发展学生的兴趣特长，更好地适应社会多方面的需要，将高一、高二的选修课分为三类：与必修课相关的选修课、不直接相关的知识类选修课、技术类选修

---

[1] 何东昌. 中华人民共和国重要教育文献（1991~1997）[M]. 海口：海南出版社，1998.

课。高三的选修课分两类：分科性选修课、技术与职业类选修课。1992 年国家教委发布《关于加强中小学计算机教育的几点意见》，明确计算机学科应当由目前的课外活动和选修课逐步发展为一门必修课。1996 年国家教委发布了《中小学计算机教育五年发展纲要（1996—2000）》，对计算机教育作出了全面的规划和安排。1993 年开始实施《九年义务教育全日制小学、初级中学课程方案（试行）》。1998 年国家教委发布《推进素质教育调整中小学教育教学内容、加强教学过程管理的意见》，学科类课程要适当删减教学内容、降低教学难度，部分内容改为选学、适当缩小考试内容范围，加强活动类课程，专题性教育不另编学生用教材，优化教学过程，引导学生积极主动学习，建立学生全面发展的多元评价指标体系。1998 年国家教委和国家科委等还发布了《关于进一步加强中小学科技教育工作的通知》，强调科技教育工作的重要性，把引导学生树立科学精神和掌握科学方法作为科技教育的重要内容，除课堂教学外要求开展丰富多彩的科技教育活动和比赛。1999 年教育部发布《关于加强中小学心理健康教育的若干意见》，对心理健康教育的原则、任务、途径、条件等进行了规定。

教学方法方面的改革。1993 年发布《关于减轻义务教育阶段学生过重课业负担、全面提高教育质量的指示》，从教科书、教学计划落实、学习方法指导、作业量、考试招生等多方面提出要求，并明确"努力办好每一所小学和初级中学。义务教育阶段不应当分重点学校（班）和非重点学校（班）"。

关于升学考试改革。1994 年《国务院关于〈中国教育改革和发展纲要〉的实施意见》中要求"要通过深化教学改革以及推进小学毕业就近入学、初中毕业生升学考试、高中会考和高考制度等改革，切实减轻学生过重的学习负担，使学生在德智体等方面生动活泼地得到发展"。为了推进小学毕业就近入学、缓解择校矛盾，1998 年教育部发布了《关于加强大中城市薄弱学校建设、办好义务教育阶段每一所学校的若干意见》，从投入、班子建设、师资建设、改善生源、开展教改等方面提出措施。1999 年印发《关于初中毕业、升学考试改革的指导意见》，一是改革考试内容，强调考查能力和命题的科学性，二是改革考试管理，强调毕业考试和升学考试可以合一，也可以分开。

继续发展职业技术教育。1991 年召开了职业教育工作会议，国务院发布了《关于大力发展职业技术教育的决定》，强调努力办好各类职业技术学校，广泛开展短期职业技术培训，在普通教育中积极开展职业指导、引进职业技术因素，积极发展在职人员的职业技术培训。1994 年国务院在《中国教育改革和发展纲要》的实施意见中，要求"有计划地实行小学后、初中后、高中后三级分流，大力发展职业教育，逐步形成初等、中等、高等职业教育和普通教育共同发展、相互衔接、比例合理的教育系列"。1996 年发布了《中华人民共和国职业教育法》。

关于教学改革成果奖励与推广。1994 年国务院颁布了《教学成果奖励条例》，明确教学成果是反映教育教学规律，具有独创性、新颖性、实用性，对提高教学水平和教育质量、实现培养目标产生明显效果的教育教学方案，规定了申请的条件和评审的要求。这个条例对促进教学改革是有很大积极作用的。

三、新世纪以来的基础教育教学改革

到 2000 年我国实现了"普及九年义务教育"的目标。新的世纪，均衡发展、公平发展、全面实施素质教育成为新的主题。素质教育不是新的话题，而是老话题的升级版，是从 20 世纪 80 年代开始逐渐深化认识的结果。1999 年中央召开第三次全国教育工作会议，全面推进素质教育，振兴教育事业，实施科教兴国战略，江泽民发表《教育必须以提高国民素质为根本宗旨》的讲话，中央国务院作出《关于深化教育改革全面推进素质教育的决定》，对素质教育不断进行解释。从过去办重点学校、片面追升学率造成的偏差，到面向全体学生、实现全面发展，强调素质教育要贯彻到各级各类教育中和教育的各个方面，对德智体美劳各方面明确了要求。在深化教育改革方面，强调"建立新的基础教育课程体系"，明确了课程改革方向，强调"积极推进教学改革，提高课堂教学的质量，国家和地方要奖励并推广符合素质教育要求的优秀教学成果"[1]。2006 年颁布新修订的《义务教育法》，第一次把素质教育的要求写入法律中，第三条规定"义务教育必须贯彻国家的教育方针，实施素质教育，提高教育质量"，在第三十四条还明确规定教育教学工作要"注重培养学生独立思考能力、创新能力和实践能力，促进学生全面发展"。

2001 年国务院为贯彻《中华人民共和国教育法》等一系列法律和落实第十个五年规划，发布《关于基础教育改革与发展的决定》，在基本实现两基目标的基础上提出大力发展高中阶段教育，发达地区普及高中阶段教育，入学率达到 60% 左右，重视和发展学前教育；强调基础教育对促进现代化建设具有全局性、基础性、先导性作用；重点强调了深化教育教学改革、扎实推进素质教育；提出加快构建符合素质教育要求的新的基础教育课程体系，优化课程结构，调整课程门类，更新课程内容，引导学生积极主动学习；小学加强综合课程，从小学起逐步统一开设外语课，中小学增设信息技术课和综合实践活动，中学设置选修课，高中设置技术课；积极开展教育教学改革和教育科学研究，培养学生搜集处理利用信息的能力，开展研究性学习，鼓励合作学习，继续减轻中小学生过重的课业负担。2001 年 6 月，国务院召开了全国基础教育工作会议，朱镕基等领导讲话，部署和落实基础教育改革和发展的任务。2007 年国务院批转了《国家教育事业发展"十一五"规划纲要》，提出了 2005—2010 年的目标，高中阶

---

[1] 何东昌.中华人民共和国重要教育文献（1998~2002）[M].海口：海南出版社，2003.

段毛入学率达到 80%，高等教育毛入学率达到 25%，发展思路上强调以素质教育为主题，以普及、发展、提高为主要任务，以协调发展为主线，以加强教师队伍建设为关键，同时提出了深化教育教学改革的一系列措施。

培养全面发展的人才，需要在教学内容和方法上进行改革，更新内容，与科技发展相适应。20 世纪 80、90 年代不断完善教学计划，改革完善补充教材，但仍然感觉跟进发展不够，于是 90 年代末筹划课程改革。2001 年出台《基础教育课程改革纲要》，推进新课程改革，从课程目标、结构、类型、内容、实施、评价、管理等方面提出改革的方向和目标。目标上强调三维目标，结构上整体设置九年一贯课程，类型上加强综合课程和实践活动，内容上改革繁难偏旧，加强课程内容与社会生活和学生生活的联系，实施上提出自主探究合作的学习方式，评价上强调过程性评价和考试改革，管理上实行国家课程、地方课程、校本课程三级管理。此外，出台义务教育阶段各学科的课程标准，根据标准修编教材，并注意实行"一纲多本"的办法。2003 年教育部出台《普通高中课程方案（实验）》和 15 个学科的课程标准（实验），并从 2004 年开始试点，到 2007 年各地全部进入新课程。这次的课程改革是第八次的课程改革，也是一次系统性、整体性、深刻性的变革，持续时间长达 20 多年。近 20 年的课程和教学改革，主要是围绕《基础教育课程改革纲要》的精神实施和落实的。2004 年国务院批准了教育部的《2003—2007 年教育振兴行动计划》，共 14 项行动，其中包括实施"新世纪素质教育工程"，主要包括加强和改进学校德育工作、深化基础教育课程改革、加快评价考试制度改革、加强和改进学校体育美育工作等。此外还有实施"教育信息化建设工程"，推进资源建设和信息技术在教育系统中的应用。

在推进课程改革方面，陆续出台一些具体文件，如 2000 年教育部发布《关于在中小学普及信息技术教育的通知》《中小学信息技术课程指导纲要（试行）》，2001 年发布《关于积极推进小学开设英语课程的指导意见》《全日制普通高中课程计划（试验修订稿）》和各学科教学大纲，印发《普通高中研究性学习实施指南》。2003 年教育部发布了三个专题教育大纲，即《中小学生环境教育专题教育大纲》《中小学生预防艾滋病专题教育大纲》《中小学生毒品预防专题教育大纲》，对教育目标、教育内容、实施建议进行规定。2003 年发布《关于开展"做中学"科学教育实验的通知》，组织开展"做中学"科学教育实验，它为中小学科学课程注入活力。

在促进学生全面发展方面，一是加强德育，中共中央国务院在 2004 年发布《关于进一步加强和改进未成年人思想道德建设的若干意见》，明确了思想道德建设的指导思想、原则、任务，强调三贴近、知行统一等原则，任务上突出爱国主义、民族精神、理想信念、创新意识、民主法制观念等，强调了团队、家庭、教育基地等作用，要求净化未成年人的成长环境。同年发布了《中小学生守则》，修订了《中小学生日常行为规范》。同年中宣部和教育部发布《中小学开展弘扬和培育民族精神教育实施纲要》，对民族精神教育的内容、途径、保障等进行了规定。2005年发布《关于整体规划大中小学德育体系的意见》，强调德育目标、内容、课程的整体设计。二是加强健康教育，2002年中共中央、国务院发布《关于进一步加强和改进新时期体育工作的意见》，为筹备举办2008年北京奥运会、加快体育事业发展，对体育工作提出新的要求。2002年还发布《中小学心理健康教育指导纲要》。2006年召开了全国学校体育、卫生与健康、艺术教育和国防教育工作会议，陈小娅讲话，提出"十一五"计划期间几方面工作的思路，指出要把几方面工作提高到新的水平。2007年中共中央发布《关于加强青少年体育增强青少年体质的意见》，中宣部等发布《中小学法制教育指导纲要》，教育部发布《关于加强和改进中小学艺术教育活动的意见》，2008年发布了《中小学健康教育指导纲要》，这些文件对学生艺术、体育等方面的发展都起了促进作用。三是减轻学生过重负担。2000年教育部发出《关于在小学减轻学生过重负担的紧急通知》，对减负提出七方面要求和若干制度。

在评价考试改革方面，2002年教育部发布《关于积极推进中小学评价与考试制度改革的通知》，涉及学生、教师、学校多方面的评价。强调内容多元、方法多样、注重过程性评价等原则，对学生发展的评价指标提出了基础性发展目标（包括道德品质、公民素养、学习能力、交流合作能力、运动与健康、审美与表现六方面）和学科学习目标，强调采用多种方法评价学生，建立学生成长记录。2008年发布了《关于深入推进和进一步完善中考改革的意见》，强调省级统筹管理，要求适当减少考试科目，切实减轻学生学业负担，考试考查应鼓励采用纸笔测试、开卷考试、实验操作、听力测试、成果展示以及面试答辩等多种方式，逐步增加对学生动手操作能力、实践探究能力、创新思维能力的考查评估，开展对学生综合素质的评价，高中招生要改变简单以分数相加作为录取唯一标准的做法，坚持综合评价、择优录取的原则。

关于公平均衡发展，2005年教育部发布《关于进一步推进义务教育均衡发展的若干意见》，强调把推进义务教育均衡发展摆上重要位置，逐步缩小办学条件差异，加强农村和城市薄弱学校教师队伍建设，切实保障弱势群体学生接受义务教育，努力提高每一所学校的教育教学质量。2006年国家教育督导团发布了《义务教育均衡发展：公共教育资源配置状况》的督导报告，建议要按照科学发展观的要求，合理配置公共教育资源，缩小义务教育的城乡差距、区域差异、校际差异。2006年颁布的新修订的《义务教育法》也把义务教育均衡发展作为要求进行明确，第二十二条规定要求县级以上人民政府及其教育行政部门应当促进学校均衡发展，缩小学校之间办学条件的差异，规定不得分重点学校（班）和非重点学校（班）。

2010年7月，中央召开了改革开放以来的第四次全国教育工作会议，胡锦涛、温家宝等讲话，同时发布了《国家中长期教育改革和发展规划纲要（2010—2020年）》。

纲要分总体战略、发展任务、体制改革、保障措施四个部分，共二十二章，以"优先发展、育人为本、改革创新、促进公平、提高质量"二十字方针为指导，对各级各类教育作出了规划，明确到 2020 年普及学前一年教育，基本普及学前两年教育，有条件的地区普及学前三年教育，义务教育以提高质量、均衡发展为重点，普及高中阶段教育，普通高中毛入学率达到 90% 以上；提出"坚持以人为本、全面实施素质教育是教育改革发展的战略主题，是贯彻党的教育方针的时代要求，其核心是解决培养什么人、怎样培养人的重大问题，重点是面向全体学生、促进学生全面发展，着力提高学生服务国家服务人民的社会责任感、勇于探索的创新精神和善于解决问题的实践能力"；提出坚持德育为先、能力为重、全面发展；十分重视教育教学等改革，特别是就人才培养体制改革和考试招生制度改革提出要求；强调更新人才观念，树立多样化的人才观念，创新人才培养模式，注重学思结合、知行统一、因材施教，改革教育质量评价和人才评价制度。此外，还明确了组织推进素质教育与义务教育均衡发展、拔尖创新人才培养、考试招生制度等改革试点工作，通过试点取得了改革的经验和成果。各地都结合实际发布了各省市的中长期教育改革与发展规划，推动《国家中长期教育改革和发展规划纲要（2010—2020 年）》的落实。

四、新时代的基础教育教学改革

2012 年十八大以来，在以习近平同志为核心的党中央领导下，我国教育事业发展取得了历史性成就，改革进一步全面深入推进。十八届三中全会在《关于全面深化改革若干重大问题的决定》中，对教育教学改革进行了总体部署。此外也出台了若干重要改革文件，如《关于深化考试招生制度改革的实施意见》《关于全面深化课程改革落实立德树人根本任务的意见》《关于统筹推进县域内城乡义务教育一体化改革发展的若干意见》等。

2017 年十九大召开，对教育改革发展的目标提出了新的更高要求。2018 年中央召开全国教育大会，习近平总书记作了重要讲话，提出了"九个坚持"的重要教育论述。在 2017—2021 年间，中共中央国务院、教育部等发布了一系列改革文件约 20 余个，具体包括：《中国教育现代化 2035》《关于全面深化新时代教师队伍建设改革的意见》《关于深化教育体制机制改革的意见》《关于深化新时代教育督导体制机制改革的意见》《关于新时代推进普通高中育人方式改革的指导意见》《关于深化教育教学改革全面提高义务教育质量的意见》《关于学前教育深化改革规范发展的若干意见》《关于深化新时代学校思想政治理论课改革创新的若干意见》《新时代爱国主义教育实施纲要》《关于全面加强新时代大中小学劳动教育的意见》《大中小学劳动教育指导纲要》《关于深化体教融合促进青少年健康发展的意见》《关于进一步激发中小学办学活力的若干意见》《深化新时代教育评价改革总体方案》《关于全面加强和改进新时代学校体育工作的意见》《关于全面加强和改进新时代学校美育工作的意见》《大中小学国家安全教育指导纲要》《中小学教材管理办法》《关于进一步减轻义务教育阶段学生作业负担和校外培训负担的意见》《关于减轻中小学教师负担进一步营造教育教学良好环境的若干意见》等。[1] 这些改革文件，搭建了新时代教育发展与改革的总体框架和四梁八柱，指明了新时代教育改革发展的方向和方法路径。目前，全国正在全面深入推进各项政策特别是双减政策的实施落地。

第二节　区域基础教育教学改革模式的实践探索

一、区域教育改革

区域是个多学科概念，主要是个空间概念。地理学按照自然地理特征划分，政治学按照行政管理区划分，经济学中的区域是指密切关联的经济运行的整体，社会学中是指有共同语言、习俗和信仰的聚居群落。[2] 所以区域有地理区域、经济区域、行政区域、文化区域、语言区域等。区域主要是由其内部的均质性（同质性）和内聚力决定的[3]，同时区域往往具有其特殊性和差异性。

教育是在一定区域范围进行的。按照空间范围大小分国际教育、国家教育、区域教育。区域教育既是国家教育的组成部分，又有其特殊的利益和发展规律、社会经济背景、区域政府的影响等。区域教育主要是考虑其教育发展的特殊性和差异性。一般来说，区域的经济社会发展往往呈现不同的特点和模式，在文化上也有一定的差异，因此区域教育往往呈现出区域的特点和模式。如果对区域教育进行更细致的划分的话，还可以进一步划分，以体现其差异性。如分城市教育和农村教育，发达地区教育和不发达地区教育，沿海地区教育和内陆地区教育，主要民族地区教育和少数民族地区教育等。

区域教育改革是一个区域内推进的教育教学改革，它往往与地方教育综合改革联系在一起。根据陈子季的研究[4]，我国教育综合改革大体经过三个阶段：第一阶段是起始阶段（20 世纪 80 年代至 21 世纪初），以农村教育改革、城市教育改革、企业教育

[1]　中华人民共和国教育法律法规全书（2021 年版）[M]. 北京：中国法制出版社，2021；"十三五"时期 46 个教育领域重要文件汇编（内部资料），教育部教育督导局，2021.
[2]　彭世华 . 发展区域教育学 [M]. 北京：教育科学出版社，2003.
[3]　焦瑶光 . 区域教育学 [M]. 兰州：甘肃教育出版社，2004.
[4]　陈子季，等 . 区域教育综合改革新论 [M]. 北京：教育科学出版社，2017.

改革等为主要形式。农村教育改革的目的是服务当地经济建设和社会发展，采取的措施是"三教统筹"（基础教育、成人教育、职业教育的统筹）和"农科教结合"（农业、科技教育在农业生产、农村建设上的结合）。国家推进"燎原计划"，制定了《全国农村教育综合改革实验区工作指导纲要（1990—2000）》予以推进。此外也推进了城市教育改革。第二阶段是城乡教育综合改革实验阶段（21世纪初至2010年），源于十六大"统筹城乡经济社会发展"的要求，2006年教育部批准多个教育综合改革试验区，各地出现不少统筹城乡发展的改革试验，如苏州、昆山、成渝地区等。促进教育公平是统筹城乡教育综合改革的核心理念，突出以城带乡，在经费投入、政策设置、制度体系等方面统一，弥合城乡教育发展之间的差距。第三阶段是2010年至今，以《国家中长期教育改革和发展规划纲要（2010—2020年）》为标志，在重点领域、关键环节等部署综合改革。比如北京市在2012年以推进教育现代化试点城市建设为目标推进八项改革试验，包括区域义务教育均衡发展改革实验、城乡教育一体化改革试验、基础教育课程教材改革试验、职业教育体系创新改革试验、人才培养体制改革试验、可持续发展改革试验、办学体制改革试验、终身教育体制机制建设试验。

二、区域教育教学改革的主要模式探索

区域教育教学改革，我们选择了一个直辖市（上海市）、一个省（江苏省）、两个市级区（浙江省杭州市下城区、四川省成都市青羊区）作为单位，对其改革的内容和特点作一介绍，以便于比较区域教育教学改革之特点。

（一）上海

上海是国际化大都市，是国际经济贸易金融中心、全球科技创新中心，也是全国教育的高地。上海的基础教育是发达的、先进的，其教育教学改革大体分政府、学者、学校三者牵引的三类。

从政府层面而言，有研究者将改革开放以来上海的基础教育教学改革纳为三个时期，即教育恢复调整时期（1977—1999年）、质量和公平取向时期（1999—2009年）、为每个学生终身发展时期（2010年至今），概述了国家主要事件、上海的活动及结果，总结了吸引和发展一支卓越教师队伍、为优质而公平的教育提供经费、平衡自主权和问责制、创建有效的学生评估体系等四条主要经验。[1]有研究者将上海的基础教育教学改革概括为两期课改，第一期是1988—1997年，第二期是1998年至今。[2]

---

[1] 梁晓燕，修玛·基德瓦伊，张民选.上海是如何做的：世界排名第一的教育系统的经验与启示[M].万秀兰，任莺，译.武汉：华中科技大学出版社，2019.
[2] 张民选，徐士强.教育的突破：上海优质教育的关键[M].北京：中国人民大学出版社，2020.

第一期课改着重解决如何全面提高学生素质的问题，实现两个改变、三个突破，即改变升学应试教育模式，改变统一化、单一化课程模式，突破加强基础与培养能力的矛盾、突破提高质量与减轻负担的矛盾、突破全面发展与个性发展的矛盾，打破长期以来只在教学方法领域改革的局限。具体改革内容有：（1）构建两类课程、三个板块的课程结构，两类课程是指学科课程和活动课程，三个板块是必修课、选修课、活动课，注意按照一定的配比形成结构和整体。（2）必修分德育、工具、知识、技艺四个学科群，突出了四个学科群的性质、价值、相互联系与整体效应。（3）增设了综合性学科、社会学科和理科，突出综合性，并更新原有学科内容，改变偏难偏多等弊病，并突出思想政治教育和德育的内容等。一期课改创造性地设计了三个板块的课程结构，改变了对学生个性发展重视不够的情况，增强了学科课程的整体性、综合性、选择性等。

第二期课改的主要内容有：（1）课程结构的升级，从功能上分基础型课程、拓展型课程和研究型课程，从要求上分必修课程和选修课程，从形态上分学术课程和实践课程。（2）课程目标上，采用知识技能、过程方法、情感态度价值观三维目标。（3）自主开发各类教材，改变一纲一本，实行一纲多本，还包括引进教材、与国外合作开发教材等。（4）倡导自主探究、实践体验、合作交流的学习方式。（5）探索绿色评价。在探索之前参与了国际学生评估项目（下文简称PISA）获得启示。构建全面综合的绿色指标体系，包括学业水平指数、学习动力指数、学业负担指数、师生关系指数、教师教学方式指数、校长课程领导力指数、学生社会经济背景对学业成绩的影响指数、学生品德行为指数、身心健康指数、跨年度进步指数等十项，2011年和2014年分别在四年级和九年级进行抽样测试，结果显示各项指标均有良性改善。

从学者层面而言，主要有华东师范大学叶澜教授发起实施的"新基础教育"。自1994年开始经历了探索性研究（1994—1999年）、发展性研究（1999—2004年）、成型性研究（2004—2009年）、扎根性研究（2009—2014年）、生态式推进（2014年至今）五个阶段。该研究在上海闵行区、江苏常州和淮安、广东深圳和广州、浙江等地分别推进，采用共生体建设的方式，构建以组长校为龙头、成员校参与的共生体，通过专家贴地式的实践介入，慢慢影响教师的教育观念和教学行为，并最终扎根于教师的日常实践中；通过每周的研究活动，形成理论学习、现场研讨、总结交流等校本研究方式，同节点性的活动不断推进取得阶段性突破，创新了区域推进教学改革的实践方式，产生了良好的教育教学效果。[1]除此之外，还有如华东师范大学熊川武教授发起的"理解教育"实验，所谓"理解教育"指师生既理解自己也理解他人，在此基础上使学生

---

[1] 华东师范大学"生命·实践"教育学研究院."生命·实践"教育学研究第四辑：优质均衡目标下的区域教育改革[M].上海：上海教育出版社，2020.

得到更好的发展，体现在教学上就是教师根据学生的学习差异设计相应的教学内容和教学方法，使每个学生都得到进步。[1] 还有顾泠沅教授的"青浦实验"，该实验的目的在于改善数学教学法，提高学生学习成绩，后延伸至各个学科。

从学校层面而言，有不少由著名学者和教师发起的教育教学改革，如于漪的语文教育、上海育才学校段力佩的语文教学改革、上海建平中学冯恩洪的规范加特长的培养改革、闸北八中刘金海的成功教育改革等。

上海作为基础教育教学改革的排头兵，其改革具有一些突出的特点：一是注重开放。体现"国际视野、本土行动"，而这一特点又与学者的改革参与和国际视野有关，他们"一直广泛关注、研究和学习国外先进教育和教学的理念、政策和制度，并积极与上海本土的教育改革相结合。其中，重量级领导人物是钟启泉等一批把比较教育学同课程与教学论、教育管理学等结合起来的双栖、三栖研究队伍"[2]。又如上海改革开放之初就及时翻译介绍国外教育理论，如布鲁纳的结构教学、布鲁姆的教育目标分类等，并开展一些实验。又如上海最早参加 PISA 测试等。不仅在学习借鉴方面上海具有领先优势，而且在走出去方面也是领先的，上海的诸多经验也被国际关注和被一些国家采用。二是注重顶层设计、前瞻规划。20 世纪 80 年代《上海教育发展战略研究》提出"先一步、高一层"的要求；20 世纪 90 年代《上海市建设一流基础教育"九五"规划及 2010 年远景目标》提出"一流基础教育"；新世纪初提出率先基本实现教育现代化；2010 年上海市政府发布《上海市中长期教育改革和发展纲要（2010—2020 年）》，确立"为了每一个学生的终身发展"的理念。这些规划的目标和内容具有前瞻性和领先性，从而也带动了强劲的教育改革。

（二）江苏

江苏是经济和文化都比较发达的省份，也是最早探索教育现代化的省份之一。政府推动是其显著特点。早在 2005 年，江苏省委、省政府召开了 21 世纪以来的第一次全省教育工作会议，出台了《关于加快建设教育强省率先基本实现教育现代化的决定》。2007 年，江苏省政府印发了《江苏省县（市、区）教育现代化建设主要指标》。2010 年，第二次全省教育工作会议上出台了《江苏省中长期教育改革和发展规划纲要（2010—2020 年）》，继续把率先基本实现教育现代化作为重要工作目标。2013 年，江苏专门召开了全省教育现代化建设推进会，出台了《关于推进教育现代化建设的实施意见》和《江苏教育现代化指标体系》。2016 年，江苏召开第三次全省教育工作会议，出台了《关于深入推进教育现代化建设努力办好人民满意教育的意见》，同

---

[1] 宋乃庆，李森，朱德全.中国基础教育改革与发展 [M].北京：高等教育出版社，2018.
[2] 梁晓燕，修玛·基德瓦伊，张民选.上海是如何做的：世界排名第一的教育系统的经验与启示 [M].万秀兰，任莺，译.武汉：华中科技大学出版社，2019.

时修订完善了《江苏教育现代化监测指标》。这些指标体系，已经并正在发挥着积极的作用。

为贯彻落实教育部《关于全面深化课程改革落实立德树人根本任务的意见》，深入推进江苏省基础教育课程教学改革，根据江苏省政府《关于深化教育领域综合改革的实施意见》相关要求，2015 年江苏省教育厅制定了"江苏省基础教育教学改革（五年）行动计划"，目的是进一步激发教学改革与创新的活力，动员与组织全省基础教育工作者，围绕课程教材、课堂教学、考试评价等关键环节，积极探索、大胆实验、勇于改革、努力创新，深化基础教育课程教学改革，全面提升基础教育质量，全面推进基础教育内涵发展。这个行动计划提出了江苏省基础教育教学改革的七项具体任务，包括建立全省基础教育教学新常态，培育一批有影响的教学改革新项目，培养一批教育教学领军人才，推广基础教育教学改革成果，切实解决教学中存在的实际问题，加强实践性、直观性教学改革，建设江苏基础教育思想高地等。这是江苏省基础教育教学改革的总体谋划布局。江苏基础教育的优势就是重视教学改革，营造改革氛围，省教育厅加强统筹规划，加强顶层设计，加大推进力度，逐步形成了"5+2"教学改革项目，取得了显著成效。教学改革有效促进了全省中小学生成长和发展质量的提升。江苏参加全国义务教育质量监测，优秀率高于全国平均水平 20 多个百分点。可以说，江苏的基础教育质量走在了全国的前列。江苏连续三次参加经合组织举办的 PISA 测试，不管是总分还是单科成绩都在参赛国和地区前列。可以说，江苏的基础教育质量在国际上比较也不落后。[1]

学者层面发起的教育教学改革，代表性的有朱永新教授的"新教育实验"。该实验起于 2002 年，出于他的《我的教育理想》（南京师范大学出版社 2000 年出版）和《新教育之梦》（人民教育出版社 2002 年出版）。该实验提出"过一种幸福完整的教育生活"等核心理念，构建了五大观点、六大行动、四大改变的实践模式。五大观点是重视精神状态、倡导成功体验，强调个性发展、注重特色教育，无限相信学生与教师的潜力，教给学生一生有用的东西，让师生与人类崇高精神对话。六大行动是聆听窗外声音、培养卓越口才、营造书香校园、师生共写随笔、构筑理想课堂、建设数码社区。四大改变是改变学生的生存状态，改变教师的行走方式，改变学校的发展模式，改变教育的科研范式。他提出的新世纪美好教育理想包括十大领域，即理想的德育、智育、体育、美育、劳动技术教育和理想的学校、教师、校长、学生、家长。现有 1000 多所学校、10 万教师参与实验，所搭建的"新教育在线"网站（www.eduol.cn）成为一个充满教育理想主义激情的地方，是一个"无形学院"。

---

[1] 朱卫国. 将教学改革引向深入 [J]. 江苏教育研究，2019（21）：3–10.

教师层面发起的改革，主要有情境教育、尝试教育等。情境教育是江苏省南通师范附属小学李吉林老师创造的，从 1978 年开始至今 40 余年，从最初在语文学科中实验到后来推广到各个领域，并落实到情境课程中。情境教育是以美为突破口，以情为纽带，以思为核心，以儿童活动为途径，以周围世界为源泉，通过图画、音乐、表演、实物等手段创设情境，将知识、文化、情感、艺术等诸多要素融于课堂教学之中，实现儿童认知活动和情感活动的协调发展。情境教育突出真、美、情、思四大要素。讲究真，给儿童真实的世界；追求美，给儿童带来审美体验；注重情，使儿童的学习中情理交融；突出思，给儿童宽广的思维空间。1998 年成立的江苏情境教育研究所，2006 年出版八卷本《李吉林文集》，2008 年又出版《为儿童的学习：情景课程的实验与建构》《为了儿童的飞翔：李吉林与她的情境教育》《情境课程的操作与案例》三部著作。情境教育在全国和国际均有广泛的影响。尝试教育则是特级教师邱学华发起的教育教学改革，最初是应用在数学教育上，后来也延伸至各个学科领域。

（三）杭州下城区教育综合改革实验[1]

杭州下城区是杭州市的中心城区，是一个教育发达的区域，2008 年 5 月与中国教科院合作开展以"高位均衡　轻负高质"为主题的教育综合改革实验。以国家级课题"教育生态理论引领区域教育现代化的实践研究"为课题，通过若干特色项目推进实验。一是教育学术之区的建设，组织系列教育学术大讲堂，以教育生态理论指导学校建设和教学改革，统筹学术资源，成立中国教育学会教育生态研究中心，建立专家资源库，借助专家智慧合作开展研究，开拓学术视野，要求教师"把合作当作学问来做"，以研究的态度对待教育教学工作，要求学校探索特色化发展之路，形成学术校园群。二是梯级名师培养工程实施，由下城人民教育功臣、教育名家、教育英才、教育标兵、教育能手五级组成教师人才梯队，成立名师管理中心，组织专家评审认定，至 2011 年共计评选出梯级名师 1598 人，注重动态管理，每两年认定一次，实施培养工程，促进不断提升。三是开展感动校园人物评选活动，表达对劳动者、奉献者的尊重和敬意，善待教师，相信教师的教育情怀。四是自 2003 年始每年举办国际教育创新大会，搭建国际交流合作共享的平台，不断拓展教育视野。五是建构教育"沃态团队"，它是与生态智慧、稳态行进协调的组织创新之举，意指有肥沃的成长土壤、共同愿景、协同机制、和谐效应的团队。六是每年举办生态课堂，有课堂教学展示、学术论坛、专题报告等多种形式，直指"轻负高质"这一主题，实施课业负担审查公示制度，开展第二课堂行动计划，促进学生全面发展。

---

[1] "教育综合改革实验丛书"编委会.高位均衡　轻负高质：杭州下城教育综合改革实验模式 [M].北京：教育科学出版社，2012.

（四）成都青羊区教育综合改革实验[1]

2009年中国教育科学研究院与成都青羊区签署合作协议，开展教育综合改革试验。改革的主题是"城乡统筹　质量领先"。以院区合作、项目推进的方式，先后开展了制订青羊区教育改革发展规划、学校五年发展规划、青羊区教师专业标准等工作，围绕国家社会科学基金规划课题"我国西部县级区域教育现代化行动研究"开展，组建区级基础教育质量监测中心，完善质量检测平台，发布区域质量监测报告。把集团化发展作为城乡统筹的着力点，以名校为核心学校，组建名校教育集团，采取紧凑型、松散型、混合型三种不同体制，采取合并重组、名校复制、捆绑发展、以城带乡、自愿联盟等发展模式，推进城乡学校互助共同体建设，促进城乡学校均衡发展，实现标准化建设、优秀师资、特色发展三个方面的满覆盖。

在教育教学改革方面，一是深化课堂教学改革，构建"生态化、活动化、特色化"、轻负优质的课堂。二是推进2+1+1计划，即让每个学生通过义务教育阶段的学习，至少掌握两项体育技能、一项艺术特长、一定的生活技能，全面提高学生的综合素质。三是推进十百千计划，即让学生熟读十部经典名篇、背诵百首诗词歌赋、知晓千个成语故事。四是强化心理健康教育，组建心理健康教师讲师团，开展教育活动，以学生心理电子身份证为载体建立畅通的家校互动平台。

第三节　基础教育教学改革"北京模式"研究概述

一、研究背景、问题和意义

首都北京的基础教育是我国基础教育的高地，具有很强的引领性、示范性。改革开放40多年以来，首都基础教育教学改革围绕着提高质量、促进公平、优化结构、适应需要而不断推进，其中有教育行政部门组织的教育教学改革、教育教学专家发动的教育教学改革、中小学校自主开展的教育教学改革。对改革开放40多年来北京市的中小学教育教学改革进行理论梳理与反思，从中总结出有效经验，建构卓有特色的区域教育教学改革发展模式，探寻首都基础教育教学改革的未来走向，是当前教育理论研究与实践探索的一项重要任务，被列入北京市教育科学"十三五"规划2018年重大课题，我们申请了此课题并被批准立项。

---

[1] "教育综合改革实验丛书"编委会.城乡统筹　质量领先：成都青羊教育综合改革实验模式[M].北京：教育科学出版社，2012.

本课题要研究的问题主要有：（1）北京的基础教育教学改革在历史发展的过程中形成了什么样的模式？这个模式有什么特点？这个模式运行的效果怎么样？可借鉴的意义是什么？还应该如何完善？（2）首都基础教育改革的难点有哪些？需要在哪些方面有所突破？未来战略是什么？教育教学改革的各个方面如何深入？

其研究的价值与意义有：

（一）总结经验与规律

北京的基础教育教学改革是在一定的历史背景和特定的区域教育实际中逐步开展并动态形成模式的，是基于问题导向、理论与实践交互的过程而进行的。改革开放以来，北京基础教育教学改革获得了很大成就，积累了丰硕的经验。通过对北京40余年长时段的基础教育教学改革与发展过程、内在机制与总体特征的梳理和研究，应能够总结、提炼出具有特色的区域教育教学改革模式，为后续进一步推进教育教学改革提供参考借鉴。

（二）谋划未来发展

全国教育大会、十九大及历次全会提出了新时代教育改革与发展的新要求，首都"四个中心"的城市发展定位也为北京基础教育的育人目标提出了新的要求，基于时代和区域特点，需要谋划未来首都基础教育改革的新发展。通过模式总结和战略研究，有助于把握改革的总体方向，承接改革的历史经验，不断深化改革，保证基础教育教学改革的健康发展，办好人民更为满意的公平而有质量的教育。

（三）丰富改革理论

通过梳理、总结北京基础教育教学改革的区域模式，可以从一个侧面丰富北京基础教育发展史的研究，对北京基础教育历史的研究还处于积累资料、短时段研究多的阶段，对模式的总结不多，因此本研究可以促进北京基础教育历史的研究。同时，也可以进一步完善基础教育教学改革的相关理论。我国学界对中国基础教育教学改革的理论有所研究，出版了不少著作，但对教育教学改革的理论问题尚需深入，比如改革目标、改革能力建构、改革周期、改革动力、改革成效评价、改革模式比较等问题。通过对北京基础教育教学改革的政策、实践及教学改革模式的历史总结，有助于丰富基础教育教学改革的理论体系。

二、基本概念

本研究涉及的核心概念的内涵和操作性定义如下。

一是基础教育。（1）抽象定义：是为所有人提供的学习与生活所必需的基本规范、知识与技能的教育，其功能是立德树人，为人的全面健康发展和社会发展奠定基础。基础教育的改革包括功能的变化以及为了实现新的功能而对要素、结构与机制的改革。（2）操作定义：包括义务教育和高中教育两个学段。本研究中的基础教育教学改革是涵盖了两个学段的全口径改革。

二是教育教学改革。它是根据社会发展的需要和个体成长发展的需要，基于一定时期理想的育人目标，针对课程与教学以及相应资源存在的问题而进行要素上、结构上、运行机制上的改变的创新活动。本研究在对象上是指：（1）范围上，是指北京市范围内的改革，即区域性改革。（2）层面上，包括全市、区级、学校三个层面发起的改革，但主要是指宏观层面、全市层面的教育教学改革。（3）时间上，起自改革开放，重点研究新世纪以来北京市的基础教育教学改革，特别是自 2001 年开始的义务教育阶段课程改革和自 2007 年开始的高中教育阶段课程改革。（4）内容上，以基础教育的人才培养为核心，涉及教育教学的核心领域，外延上包括育人目标改革、课程内容改革、教学方式改革、教学手段改革、考试评价改革、队伍建设改革六个维度。教育教学改革与管理体制机制改革不同，所以没有涉及管理体制、运行机制、经费投入、督导评价等方面。

三是区域教育改革。它是国家宏观教育改革与微观的学校教育改革之间的中介。区域基础教育改革是在区域范围内，由地方政府所发起、学校广泛参与，运用新观念、新技术、新方法解决基础教育发展中面临的问题，促进基础教育发展，从而不断提升教育公共服务水平、增进教育公共利益的创造性活动。关于区域教育改革，我们采用过程模型，分改革背景、面临问题、改革方案、改革实施、改革效果五个环节来研究分析教育教学改革。

四是教育改革模式。一些学者就此概念进行了界定，我们认为，教育改革模式是在教育改革实践中产生的、在设计和实施教育改革过程中体现出来的、比较稳定简约的理论模型，它体现在若干鲜明的特点上，具有内在的结构和机理。其形成与特定的地域、文化等特征分不开。改革模式体现在两个方面：其一是改革内容上（改什么）的特点和模式，其二是改革过程上（怎么改）的特点和模式。

五是"北京模式"。"北京模式"是由北京创造、体现首都特点和北京地域特点的工作模式或改革模式。从教育上看，模式可以分为四个层次：国家模式、地方模式（省级）、区域模式（地级县级）、学校模式。"北京模式"属于地方模式。几个层次的模式之间既有要素上、特点上的共性，也有区别，其个性特点逐层具体化、特殊化。

六是教育发展战略。教育发展中具有全局性、长远性的方向、目标和策略，包括战略目标、战略措施、战略阶段等内容。战略是对未来一定时期全局性的谋划，需要在对发展基础、发展形势、面临问题等进行准确分析判断的基础上，基于各种有利条件、机遇、可能，确定未来发展方向、目标、措施，并通过定量的指标和定性的描述来描绘未来发展目标。我国非常重视战略的研究和制定，发挥战略规划的引领作用，体现了举国体制办大事的优势。

三、研究综述

（一）关于区域教育改革的研究

区域教育改革成为一个概念。所谓区域教育改革是国家宏观教育改革与微观的学校教育改革之间的中介。区域之间的差异决定教育改革不能一刀切，要根据区域的实际情况选择改革模式（刘贵华，2000）。地方基础教育改革，是由地方政府所发起并运用新观念、新技术、新方法解决基础教育问题，促进基础教育发展，从而不断提升教育公共服务水平、增进教育公共利益的创造性活动（朱丽霞，2013）。区域教育改革相对于国家教育改革而言具有有限自主性（周作宇，2020）。

对区域教育和区域教育改革有不少学者进行了理论和实证研究。2004年，焦瑶光在《区域教育学》一书中对区域教育与区域经济、政治、文化、人口等关系进行了论述，分析了区域教育发展预测和规划中的若干问题。2015年，刘贵华等提出"区域教育综合改革论"。2017年，陈子季在《区域教育综合改革新论》一书中，以五大发展理念为导向构建了区域教育现代化的评估指标体系，构建了发展指数和模型，并对北京、上海等地进行了案例分析。朱丽霞以《人民教育》1980—2010年发表的101个地方基础教育改革案例为样本，从改革的地域、范围、动因、主体、内容、方式、问题等方面进行了定量分析。

（二）关于教育改革的理论研究

关于教育改革的要素，朱丽霞提出五个方面：改革动因、改革主体、改革内容、改革方式、改革效果（朱丽霞，2013）。加拿大学者莱文则根据过程把改革分为四个要素或阶段：启动、采纳、实施、成果（莱文，2004）。这是分析教育改革的两个基本框架（要素框架和过程框架）。周作宇把教育改革分为七个要素：主体、意图、行动、结果、资源、评价、情景等（周作宇，2020）。

关于教育改革的理论与逻辑，闫亚军在《中国教育改革的逻辑》一书中对国家逻辑（为什么要改革）、利益逻辑（谁参与改革）、文化逻辑（改什么）、实践逻辑（怎么改）进行了分析阐述。张荣伟在《我们需要怎样的教育——中国基础教育改革概论》中对中国基础教育改革的言说方式、话语类型、行动逻辑、主体形态、实践模式、关系范型等进行了系统的阐述分析。

关于教育改革的动力问题，田凌晖在《公共教育改革——利益与博弈》一书中对利益相关者进行了分析，提出了内部、外部、首要、次要、关键利益相关者等分类，分析了政府、学校、教师、家长、学生等利益诉求，以及各种利益冲突及调整对策。

关于改革的成效，莱文有个分析框架，包含三方面：第一，对学生的影响，比如成绩、满意度、其他校本生活机会；第二，对学校的影响，比如教师、管理者、与家长的关系、课程、教与学、学校组织等方面的变化；第三，对社会的影响，比如经济、凝聚力、公平等。该框架可用于效果评估的维度。

关于改革的政策。改革离不开政策，曲洁在《义务教育改革与发展：政策工具选择与优化》一书中专门对政策工具的选择与优化问题进行了探讨，进行了不同时期政策工具演进的分析和不同地域政策工具的比较。

关于改革的社会支持。改革是在一定的场域中的社会实践。南京师范大学教育社会学研究中心提出了教育改革社会学的概念，从社会学的视野分析我国教育改革的关系嵌入、阶层生态、文化渗入、家长干预、价值追求、体制关怀、院校支持等一系列问题，有助于分析教育改革的动力、关系、价值。[1] 吴康宁教授的团队还对教育改革的社会支持从政策支持、财政支持、专家支持、家长支持等方面的现状进行了系统研究，并提出完善建议。

（三）关于教育改革模式的研究

一些学者就此概念进行了界定，如袁振国认为"教育改革模式，主要是指教育改革以何种形式展开"（袁振国，1992）。王宗敏根据美国政治学者比尔的定义"模式是再现现实的一种理论性的简化的形式"，提出"教育改革的模式，是在教育改革实践中产生的一种设计和组织教育改革的理论，这种理论被以简化的形式表达出来"（王宗敏、张武升，1991），即各要素组合起来协调完成一定内容和达成预定目标的较稳定和简约的过程。

关于教育改革模式的具体分类，也有一些研究。比如，"教育改革模式"根据主导控制改革的主体不同，可以分为政府推动模式、专家倡导模式和教师自觉模式三种。1969年，哈弗罗克通过对4000多项关于教育改革的研究归纳出三种模式：研究发展推广模式、社会互动模式、问题解决模式。刘贵华总结了三种教育改革模式：项目合作模式、规划发展模式、特色示范模式（刘贵华，2009）。张荣伟提出了四种实践模式：行政模式、专家模式、校本模式、共同体模式（张荣伟，2010）。目前以地域命名的改革模式比较少，比如浙江的"下城模式"。

关于"北京模式"的研究，目前在一些文章中使用了"北京模式"，比如食品安全管理、劳教人员管理、学习型城市建设等工作中，有人使用了"北京模式"，但一般只

---

[1] 高水红.社会学视角下的中国教育改革 [M].北京：教育科学出版社，2016.

是揭示工作特点、特色、内容，而较少概括提炼，只有学习型城市建设中对"北京模式"有所概括，如"亭屋"模式、政府引领下的多元治理模式等。[1] 李奕主编的《首都基础教育的战略转型与模型建构》一书，提到了优质均衡发展的"北京模式"，提到了"市级统筹、区域创新"双轮驱动的发展模式。[2] 吴亚萍等在《学校转型中的教学改革》中着重研究了叶澜教授主持的"新基础教育"中的教学改革，涉及价值追求、教学设计、教学过程、教学评价，对我们研究北京模式有一定的启示。宋乃庆等总结了基础教育改革的"中国模式"，也有一定的借鉴价值。

（四）关于北京基础教育教学改革发展历程的研究

李晨主编的《北京中小学教育若干问题的回顾》一书主要记述了中华人民共和国成立到 1985 年中小学教育的发展过程，对中小学德育、体育、教师队伍建设、教育发展等方面进行了思考和总结。首都师范大学首都基础教育发展研究院编著的《走向优质均衡的 30 年》，对 1978—2008 年改革开放 30 年来首都基础教育的改革发展进行了总结研究，包括管理体制改革、课程与教学改革、教师干部队伍建设、学生全面发展、教育信息化、教育国际化等方面，探讨了"首都教育"的概念及其内涵。此外，课程中心每年负责的课改总结会，对近十年课程的进程、经验、问题也进行了一定的总结。如何从这些总结中梳理基础教育教学改革的发展规律、发展路径还值得进一步研究和提炼。

关于北京基础教育教学改革，教育部门和新闻媒体的总结宣传和研究材料也较多，如对线联平、刘宇辉、李奕等领导的访谈。其中最主要的研究材料有首都师范大学编辑出版的《首都基础教育发展报告》（2010—2017 年）。通过文献整理、分析，对北京基础教育课程和教学改革的研究主要集中在：（1）对北京基础教育课程改革方案政策的剖析与研究以及对方案政策的执行研究；（2）对北京基础教育课程与教学改革的特色、学科课程、课程方案的研究；（3）对北京基础教育德育、体育、美育、劳动教育、社会实践教育、教师发展等方面的改革项目所进行的专题研究；（4）对北京基础教育课程改革的特色与趋势的研究；（5）对某一学科的课程与教学改革的研究，如语文学科、数学学科、英语学科、体育学科、信息技术学科等。方中雄、桑锦龙主编的《北京教育发展研究报告》，对近年来教育改革与发展也进行了总结和分析。

---

[1] 张翠珠.追寻学习型城市建设路径：北京模式的探索 [J].开放学研究，2017（2）：41-46.
[2] 李奕，等.首都基础教育的战略转型与模型建构 [M].北京：教育科学出版社，2015.

（五）关于首都基础教育改革发展战略的研究

裴娣娜教授主编的《变革性实践与中国基础教育的未来发展》中围绕基础教育未来发展提出了三力模型，即决策力、领导力、学习力，又分别揭示了各力的内部要素与结构，根据三力模型探索了区域推进的顶层设计、学校个性化发展和课程教学改革的思路，对我们探讨首都未来基础教育发展战略具有启示意义。

李奕主编的《首都基础教育的战略转型与模型建构》一书，分析了首都基础教育区域性变革的历史、历程，分析了优质均衡的发展战略的演进、定位、潜在风险和保障机制等。

四、研究目标与内容

（一）研究目标

其一，通过对首都基础教育教学改革发展历程的梳理，看教学改革是否存在北京模式，如果存在又是如何形成的；再从基础教育教学改革的内容（改什么）和改革的推进过程（如何改）两个维度进行分析综合，归纳总结提炼北京基础教育教学改革的"北京模式"，并揭示"北京模式"的特点、内容及价值。

其二，通过分析新时期北京基础教育改革的背景及未来面临的挑战，以及国内外教育改革发展的趋势及"北京模式"的经验，提出北京市基础教育教学改革的战略目标、思路和不同层面不同领域的政策性建议。

（二）研究内容

1. 北京市基础教育教学改革的发展过程及其特点分析

本部分主要对北京市基础教育教学改革的发展过程进行梳理，主要内容有两方面：一是梳理改革发展的历程及阶段特点。从改革开放开始，以改革的重要政策文件为载体，以教育现代化为主要参照，梳理不同历史时期改革的主要方向、主要特点及内容，可概括为"改革历史"。二是提炼出北京基础教育教学改革的核心要素和特点，包括改革问题（动因）、改革理念（理论依据）、价值取向（改革目标）、改革内容、改革方式、改革运行机制等六个要素，从六个要素归纳改革的特点，可概括为"改革特点"。

2. 北京市基础教育教学改革的实践探索与效果研究

主要研究改革的实施情况，研究内容具体包括三个方面：一是研究政策传播与理解以及能力建设。研究北京市基础教育教学改革政策整体部署、传播的过程和受众的政策理解情况，比如不同人群对于北京市基础教育教学改革政策设计与部署的认知、态度和满意度等；研究为了推动改革，市级、区县和学校在改革的能力建设方面是如何操作的；二是研究实施落地的策略。研究区县、学校和教师开展基础教育教学改革的实践探索，主要包括基于什么认识、确定什么思路、采取了哪些措施来推进教育教学改革，改革过程中是如何克服困难、进行调整的。三是研究教学改革的成效。研究北京市中小学基础教育教学改革取得了什么样的成效以及突出的实践成果，主要包括教育教学改革在哪些方面取得了哪些成果与成效？在哪些方面没有取得预期成果与成效及原因何在？有哪些突出成果、代表性学校与人物？

3. 基础教育教学改革"北京模式"的提炼总结

研究和总结改革的"北京模式"，具体研究：在改革的内容和内涵（改了什么）上的"北京模式"的特点；在改革过程和方式（怎么推进和实施改革的）上的"北京模式"的特点；"北京模式"形成的背景、原因、主要特点，以及与其他地区模式的区别；"北京模式"的价值、可借鉴性与不足点。

4. 基础教育教学改革国际趋势的研究

主要从比较的视角分析基础教育教学改革的相关模式，以便与"北京模式"比较，同时为研究发展战略提供背景参考：一是研究美国、芬兰、日本等国家基础教育改革的模式与一般趋势，从基础教育教学改革的一般趋势中寻找借鉴；二是研究上海、浙江、江苏等地的基础教育改革模式；三是进行改革模式的比较。

5. 教育现代化背景下北京基础教育教学改革的战略研究

研究内容包括六点。一是发展背景的特点和要求：基于首都北京的"四个中心"城市发展定位、京津冀协同发展战略、新时代教育的要求、学生人口的变化、教育理论和思潮等；二是面临的问题和挑战：区域教育发展问题，改革中存在的一些困难和问题；三是改革发展方法论：改革的理论基础、思维方式、运行方式等；四是发展战略目标：基于教育现代化的目标，从教育教学改革的方面提出战略目标；五是发展战略举措：基于教育现代化目标，提出教育教学改革的一般措施；六是新时代北京市基础教育教学改革战略的专题研究，具体内容包括：在育人目标和课程改革方面的建议，在育人模式和教育教学方式方面的建议，在考试评价方面的建议，在教师队伍建设方面的建议。

五、研究方法

（一）理论支撑

本研究涉及若干学科领域，将依赖相关理论的支撑。

教育改革理论。教育改革是改革开放后教育研究领域中逐渐形成的一个理论，出版了不少专著，如袁振国、王宗敏、张武升、马健生、张荣伟等学者的著作；同时它也是大学的一门课程，其内容包括区域教育改革，教育改革的要素、模式、过程等，其中的区域教育改革也成为一个重要的领域。[1]

教育政策学。教育政策学是研究教育政策的学科，包括政策制定过程、政策工具、政策分析等内容。宏观的教育改革一般都要依靠政策工具的推动，本研究就要运用相关理论和方法对北京基础教育教学改革的政策文本及实施进行研究。

课程与教学论，包括课程理论、教学理论、教育技术理论、学习理论等。课程与教学论为研究教育教学改革提供了可遵循的规律、理论的框架。

复杂性教育理论。法国思想家莫兰（Edgar Morin）提倡复杂科学，强调回到知识和原点，回到原始现实中，重新提出最初的问题，在复杂的背景中理解事物，并用复杂的思维和新的方式解决问题。教育改革面对的是复杂现实，需要运用复杂性教育理论进行研究。

教育发展战略学。教育发展战略学是研究教育战略的价值、内容、研制方法、实施等内容的学科。它是我们研究北京教育发展战略的理论支撑。

（二）技术路线

本研究试图通过对历次北京基础教育教学的改革问题、政策文件、实施情况、改革效果的全面梳理和总结，提炼出基础教育教学改革的核心要素，并基于这些核心要素进行问卷设计和实地调研，考察市级政策在区县和学校的执行落实情况及其效果。在大样本调查的基础上，从基础教育教学改革的内容方面（改什么）和实践推进方面（如何改）总结、梳理"北京模式"。基于北京市基础教育教学改革的模式，结合国际教育发展趋势、国家教育改革趋势和区域探索实践，探讨北京市基础教育教学改革面临的问题、挑战与方向，提出北京市基础教育教学改革的战略思路和政策性建议。

（三）研究方法

1. 文本分析法

基础教育教学改革涉及大量政策文本、总结文本等，所以我们需要采用文本分析法。一是对北京市基础教育改革的政策文件文本进行阅读和分析，包括北京市人民政府文教办的《北京市教育文件汇编（1979—1990）》（北京教育出版社 1991 年出版）、北京市教育委员会的《教育工作文件选编（上下册）》（内部文件 1997 年）、北京市城

---

[1] 焦瑶光.区域教育研究的兴起和区域教育学的创建 [J]. 西北师范大学学报（社会科学版），2005（2）：36-39.

市总体规划、历年课程改革总结报告等；二是搜集北京市第一届到第五届基础教育教学成果奖名单，对 548 项成果进行统计分析，寻找基础教育教学改革的共性和趋势，同时也从一个侧面反映改革的成效。

2. 问卷调研法

按照教育教学改革的过程，必然涉及市、区、校三个层面，而这三个层面也是不同的分析"单位"。[1]基础教育改革的基本单位，决定了改革的过程、思维方式和推进策略。对区、校两个层面推进实施的过程，我们采用调查的方法。分别针对学校管理者、教师和家长开展两项调研，一是北京市基础教育教学改革实践探索及其成效调研，另一个是北京市基础教育教学改革政策认同与理解调研。从东城、海淀、通州、密云四区各 20 所学校抽样，对学校管理者、教师和家长采用自编问卷进行调研。"北京市基础教育教学改革在中小学的实践探索"的调研共收回学校管理者、教师问卷 1783 份，家长问卷 3288 份；"北京市基础教育教学改革政策认同与响应"的调研共收回学校管理者、教师问卷 1635 份，家长问卷 3186 份。之后，对四类调研问卷并进行了统计分析。

3. 访谈法

北京的教学改革主要是行政推动，行政领导作为改革的关键人物，他们如何思考、如何决策、如何反思，对于我们理解教学改革的过程和地方模式甚为重要，所以需要用访谈方法。对市教委主管和分管基础教育的领导进行开放式访谈，访谈内容主要是改革的背景、内容、决策过程、改革经验等。同时对区教委层面领导、教研部门领导、学校领导进行了访谈，了解各层面改革推进的情况。

4. 个案研究法

对区校层面的推进和落实情况，采用个案研究的方法，有助于深度分析。我们从四个区各选取了 12 所中学和 12 所小学，共计 24 所，对区县和学校层面的教学改革的内容和经验进行个案研究和总结。

5. 比较研究法

有比较才有鉴别，有比较才能发现特征。过去的比较研究重视跨国比较，对一国内区域之间的比较重视不够，现在有不少学者呼吁"开展区域间教育改革与发展的比较研究"[2]，比较教育学者要充分理解地域化形态下的教育改革问题及其解决路径的特殊性和情境性。我们要总结基础教育教学改革的"北京模式"，就要与其他地方的模式和特点进行比较，既发现共同特点，又发现不同特点。其中，不同特点更体现"北京

---

[1] 李政涛，李云星 . 百年中国基础教育改革的方法论探析 [M]. 北京：教育科学出版社，2011.

[2] 庞超，徐辉 . 区域教育发展的比较研究：背景、意义与实施 [J]. 比较教育研究，2009（6）：21–25.

模式"的特质。比较时，我们对教育教学改革诸维度进行分析。比较时，要强调可比性，本研究中主要与上海和江苏进行比较。

6. 集体研讨法

课题组成员围绕教学改革的内容、教学改革的"北京模式"、教学改革的区域特点、教学改革的发展趋势、对策建议等问题进行研讨，集思广益，相互启发，力求使观点全面、结论合理。

第二章 基础教育教学改革的"北京模式"

改革开放以来的首都基础教育，经历了普及义务教育和高中阶段教育、推进素质教育和首都基础教育现代化、开展基础教育课程改革、促进义务教育优质均衡发展和高中特色多样化发展等历程，围绕课程与教学改革、促进学生全面发展、落实立德树人根本任务的核心议题推进改革，基于首都的定位与资源禀赋以及教学改革的具体实践，形成了具有突出特点的基础教育教学改革"北京模式"。本章提炼总结自改革开放以来 40 余年特别是新世纪以来首都基础教育教学改革的基本经验和改革模式，分析其形成因素，探讨其借鉴价值和完善思路。

第一节 基础教育教学改革模式的概念

一、基础教育教学改革

基础教育是面向青少年的普通教育，是为一个人的终身发展打基础的教育，也是奠定民族素质的基础工程。基础教育随着经济社会的变革和发展，常常需要不断改革，诸如课程的改革周期大约是十年左右。现在，科技及其带来的产业革命速度越来越快，教育改革的步伐也就越来越快。

什么是改革？改革是针对发展中的问题，抑或是形势变化带来的挑战而提出的解决方案，是对既有的东西的完善与修正过程。改革与发展不完全相同，发展可以是数量的增长、规模的扩大、质量的提升，诸如招生数、入学率的增长，学生学业水平的提高等，它往往是由于经济社会的增长和发展而带来的变化，既可以是量变也可以是质变；而改革更多的是一种主动、有计划地解决发展问题的过程，是一系列有计划的变革举措，更多地带有"质变"的性质。发展的某些方面依靠量的积累，不一定通过改革；但如果长期是量的积累，也很难实现真正的发展，真正的发展避免不了改革，通过改革才能实现质的提升和飞跃。总之，改革是发展的重要动力来源，改革带来发展。由于发展常常由改革带来，所以，我们越来越多地把"改革与发展"作为一个整体联系在一起。当然如果改革不当，也会对发展带来破坏，不良的改革也可能带来倒退。这在政治、经济和社会领域，不难找到例证。

基础教育改革是基础教育领域方方面面的改革，包括管理体制改革和课程教学改革等许多方面，其中教学改革是最核心的，因为教育是通过课程与教学来落实到学生身上的，课程是教育的载体，教学是教育的渠道和途径。本研究中所谓教育教学改革，是广义的，包括培养目标、课程与学习资源、教学方法与手段模式、教学评价考试等方面的改革，涉及培养人的主要因素和基本过程。市级层面的教学改革往往通过政策文件、工程、计划、规划、行动等项目的形式推进，如课程改革、社会大课堂、翱翔计划、开放性科学社会实践等，所以，这些改革政策和项目是我们研究的主要对象。

二、基础教育教学改革模式

改革往往有不同的模式和方式，这是由特定时空造成的。区域教育改革具有很强的场域依赖，包括制度依赖、文化依赖、领导依赖等。[1] 在经济社会的改革中，有激进式和渐进式、自下而上式和自上而下式、外源式和内生式等许多不同的模式。关于模式，有许多不同角度的命名。一是按照地域命名，如革命道路有苏俄式、中国式等。地域的命名，往往是与地域的环境、文化密切相关，在特定环境和文化中产生出特定的道路、模式。二是根据改革要素的差异和特征而命名，比如根据改革路径的差异，分为自上而下和自下而上两种不同的模式；比如改革的实践模式分行政模式、专家模式、技术模式、共同体模式。[2] 根据某个要素的命名比较单一，往往是一分为二的，而根据地域的命名则比较综合，因为在一地发生的改革，必定涉及改革的各个要素，是各个改革要素的组合或综合。当然，这个综合不是简单拼凑的，而是特定环境下造成的具有内在生成机制的模式综合体。

在教学改革领域也是有一定模式的。如何去描绘教育教学改革的模式？

首先，我们需要维度的划分和设计，也可以说是模式的构成因素。关于改革的因素，朱丽霞提出了六个要素，周作宇提出了七个要素。改革的要素和改革模式的要素是有所区别的，前者更全面，后者则是选择能够体现模式特征的要素。本课题提出，教育教学改革模式的构成因素有六个方面，或者说有六个维度。具体而言指：一是改

[1] 王振权.区域教育变革的场域依赖 [J].中国教育学刊，2010（2）：10-13.
[2] 张荣伟.我们需要怎样的教育——中国基础教育改革概论 [M].北京：教育科学出版社，2012.

革的领导与方向，即谁领导改革，确立什么样的改革方向原则；二是改革目标，即改什么、往哪里改；三是改革的资源，即用什么资源来实现；四是改革策略，即怎么改、用什么方法改；五是改革的路径，即启动与推进，即谁发起、谁实施、沿什么路径改；六是改革的内部结构，即内部各种关系的处理与平衡。这六个方面每个方面都会有许多不同的模式，这些模式组合在一起，形成一个区域教育教学改革的整体模式。区域教育教学改革模式实际上是一定地域的亚文化特点在各个改革构成要素上的具体体现，是各个要素的具体模式的组合。

其次，对教育教学改革模式还有一个层次的划分。如前所述，教育教学改革模式还可以分为四个层次：国家模式、地方模式（省级）、区域模式（地级、县级）、学校模式。几个层次的模式之间既有要素、特点上的共性，也有区别，其个性特点逐层具体化、特殊化。宋乃庆等研究了基础教育改革的中国模式，他们认为中国模式体现在四个方面，即"中央集权"、三级管理、协同攻坚、因地制宜。[1] 本研究的重点是地方模式，但也涉及区域模式和学校模式。北京模式属于地方模式，它实际是中国模式的一个版本。我们在第六章中还总结了东城、海淀、通州、密云四个区的特色模式，这些模式又是北京模式在不同区域的具体体现，各具特点，如东城是精品统整型，海淀是高位优质型，通州是快速追赶型，密云是综合提升型。学校教育教学改革模式我们在《基础教育教学改革"北京模式"的学校样本》一书中进行了总结和呈现。

第二节　基础教育教学改革的"北京模式"及其特点

一、基础教育教学改革"北京模式"的含义

教育改革的根本原因是外部对教育的"求"与教育的"供"之间的不一致导致的。首都基础教育教学改革，主要是针对首都经济社会发展对学生素质不断提出的新要求，与实际存在的教育教学的内容、方法、手段、评价、学生实际素质之间不平衡不协调的矛盾而实施的改革，从而使之相适应，发挥好基础教育的育人功能和社会功能。

首都的基础教育教学改革在特定时代背景和区域定位背景下，在推进教育现代化的过程中和长期教学改革实践中形成了一定的模式。"北京模式"我们可以概括为：在党的领导下，立足首都城市定位，为了实现学生综合素质提升和全面发展的目标，通过自上而下和自下而上的路径，依靠行政力量的统筹推动、专业力量的支持参与和一

---

[1] 罗士琰、张辉蓉、宋乃庆.基础教育改革与发展的中国模式探析[J].江西师范大学学报（哲学社会科学版），2020（1）：123–129.

线学校的创造性实践，充分整合利用首都优质资源，不断改进和完善学校课程、教学方法、教学手段及评价的一种模式。由于北京特殊的地位和丰富的资源，教育改革强调"首善标准"，因此，我们把"北京模式"也叫作"首善模式"。

二、"北京模式"的要素及其特征

根据教学改革模式涉及的六个要素或维度，我们认为，教学改革的"北京模式"有六方面的特点。

（一）改革领导和方向上坚持政治方向和首都定位

教学改革始终在党的领导下进行，坚持为社会主义建设服务，为城市定位和首都功能服务，强调学生思想政治与品德的培养，体现首都的高标准要求。党领导教育教学改革，这既是中国模式，也是"北京模式"。北京是首都，作为全国政治中心，"看问题首先要从政治上看"，政治性、方向性把握特别突出，体现了北京讲政治的鲜明特点。其他区域也有这个特点，但"北京模式"的这个特点更为突出和鲜明。

1954年，中共北京市委制定了《关于提高北京市中小学教育质量的决定》（简称《五四决定》）。1960年，中共北京市委教育部向市委提出关于教学改革问题的报告，随后中共北京市委又向中央作出《关于在中小学进行教学改革试验的问题》的请示报告，北京市直接领导了四所中学、十所小学的教学改革试验。改革开放后，为了恢复教育教学秩序、提高义务教育的质量，市委也经常召开工作会议，研究和部署教育教学改革。1979年，中共北京市委召开中小学教育工作会议，作出了《关于提高中小学教育质量若干问题的决定》。1983年中共北京市委召开中小学教育工作会议，研究如何进一步办好中小学教育的问题。此后，1985年、1986年、1987年都召开了中小学教育工作会议。1993年和1994年为贯彻落实《中国教育改革和发展纲要》又召开了教育工作会议。新世纪，2004年、2010年、2018年召开了三次重要的全市教育大会，通过若干重要教育改革文件，如《北京中长期教育改革与发展规划纲要（2010—2020年）》《首都教育现代化2035》等。近20年，几乎每年都召开全市基础教育工作干部会议，部署基础教育工作，落实党对基础教育工作的领导。

北京的教学改革更加强调首都的概念和首善的标准。2004年提出"首都教育"的概念，所谓首都教育是"与北京作为全国政治中心、文化中心的功能地位相匹配，与弘扬先进文化、建设首善之区的要求相适应，以培养高素质人才为核心，以集成区域教育资源为优势，以优质、协调、开放、创新为特色的教育"[1]。并提出了"内涵发展、

---

[1] 首都师范大学首都基础教育发展研究院. 走向优质均衡的30年[M]. 北京：首都师范大学出版社，2009.

人才强教、资源统筹、开放创新"的方针。首都教育的概念和内涵界定，某种意义上是对教育教学改革"北京模式"的预设和描绘。

（二）改革目标上强调全面发展和综合素质

改革的核心是培养什么人的问题，是对人的具体素养目标的设计和落实问题，改革的目的和目标是实现人的更好发展。在首都教育和首善标准的理念引导之下，培养目标和课程内容注重紧跟时代要求，紧扣经济社会发展要求，突出综合素质，促进全面发展。在培养目标的规定上，不断修订完善，不断提出新的要求和强调创造性等。在课程设置方面，体现综合素质、全面培养的要求，增设新的课程，更新课程内容。

首先，加强思想政治和德育工作，重视思想品德素养提升，注重学生行为习惯养成，注重爱国主义教育、核心价值观教育、法治教育、心理健康教育。1986 年我市编出《中学德育大纲》并实施，1990 年制定了《北京市中小学德育整体化工作纲要》和《实施学校、家庭、社会三结合教育的意见》，使德育工作形成整体化的育人网络。1987 年我市颁布《中小学生日常行为规范》，2002 年修订《北京市中小学生守则》和《北京市中小学日常行为规范》。2001 年市教委制定了《中小学学科教学渗透德育工作规划》，2006 年颁布了 27 个学科德育实施纲要，使学科德育有了依据和抓手。2005 年还印发了《加强未成年人思想道德教育工作行动计划（2005—2010 年）》，提出提高德育实效性的三个策略思想：一是大处着眼、基础抓起，工作重心下移；二是变德育整体推进为学段德育指导；三是提倡四走进（近），即走进区县、走进学校、走近老师、走近学生。并正式建立学生道德发展状况指标体系和测评机制，实行德育工作年报制度，每三年召开一次德育工作大会。学生品德定期测评这点在全国是首创的。2008 年颁布了《北京市中小学可持续发展教育指导纲要》，推进可持续发展教育，近年来又深入开展生态文明教育，这也成为北京市德育工作的特色之一。20 世纪 90 年代以来，普遍开设心理健康教育课程，许多学校设立心理咨询室，全市开展了心理健康教育教师培训，心理健康教育特色突出。

其次，十分重视学生科技、艺术、体育等综合素养和创新精神的培养。一方面是开设相关课程。20 世纪 80 年代开设了人口教育、环境保护教育、"三防"教育等地方课程。在 90 年代，增加美术课程、计算机课程，开设选修课。1994 年艺术课作为必修课正式列入高中课表，2001 年全市中学开设信息技术必修课。另一方面是开展各种课外活动和社团活动。北京在艺术教育、科技教育、体育健康教育、综合实践教育、劳动教育等方面创建了学生社团，通过设立诸如科技节、展示活动、颁发奖项等方式大力推进，对提高学生综合素养发挥了重要作用。

在艺术教育方面，1989 年建立北京市中小学生合唱节，1991 年建立北京市中小学生艺术节，每两年举办一次艺术节。1991 年成立北京市中学生金帆艺术团，同时将北京市少年儿童艺术团改名为北京市少年儿童银帆艺术团。金帆艺术团下设交响乐、铜管乐、民族管弦乐、铜鼓乐、合唱、舞蹈、杂技、曲艺等 17 个分团，由 30 多所学校承担，每校承担一个分团；银帆艺术团设 18 个分团，分布在 10 个区县的少年宫、少年之家及小学内。

在科技教育方面，20 世纪 80 年代，北京市教育局和市科协每年举办北京学生科技节，持续时间为一年，通过市里统一规划、区县创新活动、学校重点落实、社会力量介入等方式调动多方资源推动学生科技创新活动，每年定主题，通过讲座、论坛、比赛、科学嘉年华等形式开展活动。同时组织北京青少年科技创新大赛，展示科技创新活动成果。2003 年还设立了北京青少年科技创新市长奖，对学生给予奖励。2008 年又启动"翱翔计划"，中学和大学联合培养高中学生在某个领域开展研究性学习，汇报展示研究成果，培养创新人才，后又启动面向义务教育阶段学生的"雏鹰计划"，这两个计划在创造性人才培养方面在全国首创。2014 年《北京市基础教育部分学科教学改进意见》中对科学教育和综合实践提出要求，初一、初二开设系列科学活动，组织学生开展小实验、小制作、小课题；物理、化学学科将学生初中三年参与开放性科学实践活动的成绩纳入中考考试评价体系；学校要组织学生走出校门，各学科平均应有不低于 10% 的课时用于校内外综合实践活动课程。经过组织申报评审，有 201 个资源单位和 851 个活动项目入选科学实践活动，项目涵盖自然与环境、健康与安全、结构与机械、电子与控制、数据与信息、能源与材料六大领域。学生参与促进了其科学素养的发展。

再次，通过课程改革提高学生的整体素养。2001 年，北京启动"北京市 21 世纪基础教育课程教材改革"，突出了"培养一代具备可持续发展意识及可持续发展能力的新人，培养一代主动全面发展的社会主义建设者和接班人"[1]。随后在 2004 年又参加到新世纪的义务教育课程改革中，2007 年加入高中课程改革中，强调了三维目标。近 20 多年，中小学教学改革的大量工作就是学校在三级课程的体制下，构建学校课程体系，开发校本课程，其根本动因是促进学生全面发展和综合素质的提高。随着高中和义务教育新课标的修订和出台，当前的课程与教学改革又聚焦核心素养和学科核心素养的培养，特别是创新、合作、沟通等核心素养的培养更受关注，与之相应的教学方法，如大概念、单元教学、任务群、整本书阅读等被广泛关注，许多学校开展了相关研究和实践。

最后，要促进学生全面发展和综合素质提升，也需要从评价、考试等方面进行系统的、全面的改革与配套，才能综合协调达到改革的目的。特别是对学生采用综合素质评价，引导学生关注综合素质的提升，在北京实行早且实行广，清华大学附属中学

---

[1] 文哲喆.素质教育与课堂教学改革 [M].北京：北京师范大学出版社，2009.

等还创新综合素质评价的方法。考试试题的改革起着指挥棒的作用，考试方面大体上有这样一些变化：（1）强化教育性和价值性，如作文题"假如我与心中的英雄生活一天"，就强调对中华英雄的记忆，唤起对英雄的崇敬与向英雄学习的愿望。（2）与社会生活相联系。物理题中增加了学生走进科技馆、天坛等场所的情景，引导学生用所学知识解释身边的生活和问题；英语题中要求用英文介绍划龙舟、北京申办冬奥会的优势等。（3）注重视野拓展和阅读容量，如科普阅读题《探海神器——蛟龙号》体现出引导学生对我国科学研究新进展的关注，也让学生增强民族自豪感。2015年语文试卷的文字量达到8500字左右，比2014年增加1300多字，其他科目的试卷也增加了文字量；并且采用多种形式，如化学使用连环画等。（4）注重思维能力、创新能力的考查，如中考语文试卷实行阅读与写作的融合，学生在读完《超级智能住宅》这篇科幻小说后，要续写一篇主题、情节等与原小说一致的作文。

（三）改革资源上注重资源统筹利用和供给侧改革

改革的目标一定是需要通过一定的资源和条件的配置与使用来实现的，改革的过程是需要改革能量建构的。改革的目标越高越大，需要的资源和条件也就越多越优。改革所需资源通常包括经费、师资资源、专家资源、科学与文化资源、技术资源、场地设施资源、特定场景资源等。北京由于其特定历史、首都定位，蕴藏着丰富的政治、文化、科技、经济等资源，这是北京独特的优势。这些资源优势对于教育教学改革提供了良好的基础和条件，但并不是自然就作用于教育改革，关键是做好资源的分析、调配、整合和利用。北京在近几十年的教育教学改革中，通过机制的设计，强调资源统筹利用；近些年又强调供给侧结构性改革，在这方面积累了丰富经验，促进了教育教学质量的提升。

首先，是教育系统内部师资资源的优化和优质教育资源的共享。北京根据国家教师轮岗交流的精神，结合北京实际，推进校长轮岗交流、骨干教师均衡配置、普通教师按需交流，促进了师资的均衡配置和学校改革。北京的名校优质教育资源也十分丰富，通过名校办分校、城乡一体化学校、学区制、集团化等方式的改革措施，发挥了优质资源的辐射带动作用。如城乡一体化学校建设，北京就有50多对学校，资源输出校与资源输入校结对共同发展。在北京有不少国际学校，国际学校是按照国外的理念和方式办学的，北京采取了"国内访学"的项目方式，让部分教师走进国际学校参观学习，起到了不出国门就能学习国际教育经验的作用。此外，全市通过大量的教师培训项目和教研活动，提升了教师的改革能力和专业水平。通过"乡村教师支持计划"，给乡村教师发放补贴，给予专业支持，调动了乡村教师的积极性。

其次，是对外部科技和文化资源的利用。如为了加强科学教育，开展初中科学实践活动，吸纳了数百家科学实践活动资源单位，有高校、科技场馆、企业等，这是丰富的科技资源。又如为了实施"翱翔计划",利用北京科研院所的专家资源和科研设施资源,让专家学者指导中学生,让中学生进入科研实验室等,对培养创造性人才的改革产生了积极影响。东城区建立青少年学院,区域内的科技、文化、体育等课程资源提供给各校共享。为了提高普通学校办学水平,设立了教科研机构支持初中发展、高校支持中小学发展、高校参与小学艺术教育等项目,利用高校资源支持中小学发展,促进了教育的整体均衡。

再次,是更加广泛的社会资源的利用。德育离不开社会实践,北京建立了1400多家社会大课堂资源单位,为学生了解社会、参与实践、提升思想品德提供了丰富的德育资源。城市学生学农活动、农村学生进城游学活动,也是提高学生综合素质的改革项目。以市内游学项目为例,就是充分发挥城市和农村教育资源优势的改革举措。2015年市教委按照《关于远郊区县学生到城区学校游学项目实施方案》开展为期一年的远郊区县学生到城区学校游学项目,让远郊区县学生与城区学校学生一起学习和实践,共同分享成长的快乐,2015年派出1500名初一学生到八所承接校游学,时间为一周,游学学生接触了一些新的课程,体验了不一样的学习生活,开阔了视野。与此同时,市教委还组织了城区初中学生到郊区学农项目,当时市区13所学校5500多名初二学生到学农教育基地参加一周的学农活动,学生体验深刻。[1]

(四)改革策略上依靠科学技术支撑,力求科学性与专业性

改革如何决策和实施?即改革所采用什么样的策略、方法、手段等。北京的特点是强调遵循教育规律和人才成长规律,依靠专业力量支持,使用科学技术手段,讲究改革策略的科学性和专业性。随着科学技术和教育科学的发展,它们在支持教育教学改革中的作用也越来越大。具体表现在以下五点。

一是决策形成过程的科学性。科学决策、民主决策、依法决策是改革开放以来特别强调的原则。在北京各种教育改革方案的出台中,一方面注重依靠专家力量参与前期调研和方案研制,诸如教育发展规划和基础教育教学改革方案更多依靠教科院,考试招生改革方案更多依靠教育考试院,教师队伍建设改革方案更多依靠教育学院。另一方面又听取各方面的专业意见,包括区级教育部门领导、业务单位、中小学校长名师等,"问计于民",力求使改革方案符合规律和客观实际。

二是在推进教学改革过程中,中小学注重发挥大学、教科院等支持机构的学术和人力资源优势进行专业指导,力求严密科学的设计。在这个过程中,北京师范大学、首都师范大学、北京教科院、北京教育学院等机构发挥了重要的专业指导作用。许多

[1] 首都师范大学首都基础教育发展研究院.首都基础教育发展报告·2015[M].北京:首都师范大学出版社,2016.

高校与区级政府、中小学合作，形成"U-G-S"共同体模式，共同开展学校改进或者教学改革，其中首都师范大学与丰台区合作开展的"教师发展学校"实验就是典型。2015年开始实施的教科研机构支持初中发展、"高参小"、高校办附校等项目的推进是教师专业机构参与教育教学改革的典型项目案例。作为学术性群众团体的北京市教育学会也发挥科研组织、学术支持等作用，搭建学术交流平台，促进教学改革。

三是改革的基层学校强调通过开展行动研究、科学试验、教育科研和教育教学实践来检验改革方案和设计是否见效。比如，北京八中的超常儿童教育实验从1985年开始与中科院心理所合作开展长期的教育实验，取得培养的经验和效果，就是通过实验的方式推进的。"科研兴校"成为众多学校的办学策略，许多教学改革也往往通过申报市级教育科学规划课题来进行推进，特别是在规划项目中设立了一类"校本专项"让中小学申报，这对教学改革起到了很好的支撑作用。

四是更加注重以数据支撑改革、以证据为导向的循证教学改革。其中比较典型的是首都师范大学王陆教授的通过课堂全息记录进行分析改进项目（COP），即通过按时间段记录课堂教师和学生活动情况，分析出课堂教学的模式，用数据说明哪些地方值得改进。"教学评一体化"的研究也是以评价引导教学，即通过评价发现学生学习上的优点与不足，有针对性地设计教学目标与活动。此外，2009、2012、2015、2018年北京市房山区等参加了PISA测试试点，2015年北京市（不包括房山）抽取了32所学校1162名学生、739名教师参与测试。房山区在2009年测试中发现阅读分低、阅读领域小、学生在校学习时间和作业时间都很长、课业负担重等问题，为此，相继启动阅读能力提升项目、数学思维能力提升项目、科学素养提升项目；编写了《房山区中学生阅读书目推介》，书目涉猎广泛；还编写了《中学生科学素养提升辅导读本》。经过有针对性的教学改进，房山区在2015年的测试中有三个领域的成绩与国际排名第一的新加坡全部持平。[1]

五是注重发挥信息技术手段在教育教学改革中的作用。许多教学改革项目是从信息技术的运用、与教学的整合融合、开发利用网络教育资源、推进互联网＋教育、实现双师课堂、建立北京数字学校、通过课堂全息记录进行分析改进、人工智能在教学中的运用等方面推进落实的。信息技术在教育教学改革中发挥了重要的促进作用，其中一些是客观因素造成的。如2003年发生"非典"，为了不影响学生学习，当时开设了"空中课堂"，录课送教。2013年由于空气重度污染，学校要停课，按照停课不停学的原则，依靠北京数字学校，免费提供数字化名师课程资源和实名网络学习空间，可以开展丰富的网上教育教学活动。2019年年底发生的新冠疫情造成的困难，使得全市

---

[1] 首都师范大学首都基础教育发展研究院.首都基础教育发展报告·2016[M].北京：首都师范大学出版社，2017.

采用了线上教学的方式。北京数字学校 2012 年开始启动，共开发了义务教育学段 9 个年级 27 个学科 13000 多节课，和高中 3 个年级 2000 多节模块化课程。2015 年北京市教委建立 20 多个高精尖创新中心，其中未来教育高精尖创新中心设在北京师范大学，核心任务是建设智能教育的公共服务平台，汇集学生完整学习过程大数据，创新移动互联时代教育公共服务新模式。中心开发了智慧学伴平台（学生版、教师版、家长版），学生版包括在线诊断、能力建模、查优鉴短、精准学习四个板块。精准学习主要为推送匹配的学习资源，下面还有"双师教育"，学生可根据需要在线上挑选教师进行辅导。它还有翻转学习、重难点标示、海量题库、电子笔记系统、错题统整系统等辅助功能。[1] 该项目在通州区进行了实践探索，取得了良好效果，推进了人工智能技术在教育中的应用改革。

（五）改革路径上注重上下结合，侧重自上而下

改革从决策到实施、再到评估，是一个过程，这个过程由谁发起，由谁实施，这就是路径问题。同时，路径问题也包含着力量问题。所谓改革的力量，就是参与改革的各种人力，如领导者、教师、家长、社会等，我们需要通过一定的路径把这些力量调动和统整起来，形成共识和合力，共同推动改革。

从北京的教育教学改革看，决策路径主要是自上而下的，或者叫市级统筹、区县和学校实施。通常是上级部门在调查研究的基础上针对问题提出改革方案，形成文件和办法，而后再逐层落实。如 1988 年北京市教育局公布了《北京市加强与改进中小学学科教学意见》《关于加强小学英语教学工作的意见》，1993 年出台初中入学办法改革措施，取消小升初考试，1995 年全面实施小学生综合质量评价，1997 年发布《关于进一步推进中小学素质教育实施意见》，1999 年市委市政府发布《关于深化教育改革全面推进素质教育的意见》，2013 年发布《关于切实减轻中小学生过重课业负担的通知》，2014 年发布《北京市基础教育部分学科教学改进意见》等。自上而下的推进路径，体现在具体改革方式上，往往以行动计划、工程、项目等方式实施，具体活动包括会议启动、文件学习传达、责任主体明确、方案分解细化、行动实施、定期总结检查等。

在自上而下的路径中，各层级的协同及其推进路径也是十分重要的。以小学特色建设项目为例，2007 年市教委颁布《关于实施小学规范化建设工程的意见》，拟用五年时间完成项目。项目以推进均衡发展和全面实施素质教育为两大主题，实施办学条件达标、深化内部管理和教学改革、加强学校特色建设等任务。区县教委发挥了引领、支持、保障作用。门头沟发布《门头沟区推进学校特色建设的实施意见》，明确了任

[1] 首都师范大学首都基础教育发展研究院.首都基础教育发展报告·2016[M].北京：首都师范大学出版社，2017.

务、方向、要求等。延庆区提出"垫砖式服务"，制定了"三类（县城、农村、山区）、三层（特色初步形成、特色有所规划、特色没有形成）、六阶段（特色项目—项目特色—学校特色—有特色的学校—特色学校—品牌学校）"的参照系，引领特色建设。此外，注重典型引领、资源整合，搭建交流平台，促进相互学习拓宽思路。市教委开展"小学规范化建设工程系列展示走进区县活动"，举办主管主任论坛进行经验交流。朝阳区每年通过评审确定 30 所特色建设学校，教委给予专家指导和经费支持。东城区开展学区共享，建立学校深度联盟。丰台区成立"学区工作坊"，邀请专家指导。通州区开展协作研究。许多区形成了"顶层设计—依托项目带动—注重典型引路—推广经验应用—促进多样发展—实现整体提升"的改革发展路径。[1]

当然，也有自下而上的路径，这种路径主要体现在教学模式和方法的改革上，往往是由学校和教师发起，通过自主实践实验，形成经验后再通过行政力量（区教委、市教委）加以提炼、总结和推广。这方面，学校校长和老师更了解实际存在的问题，更有自己的经验积累，又能够在长期的教学实践中创造出优质的教学模式和方法出来，诸如马芯兰的数学教学方法、孙维刚的数学教学实验、宁鸿彬的语言与思维结合的语文教学改革、崔孟明的结构教学法、郝又明的英语教学方法、中学 JIP 实验、吴正宪的数学教学方法等，这一类改革是大量的且发生在基层，是由教师基于特定的情景和问题，通过思考、实践、总结所产生的。首都基础教育改革创新的氛围是浓厚的，成果是丰富的。1988 年市教育局公布了《北京市加强与改进中小学学科教学意见》，总结了十年来小学各科教学改革成绩和经验，1989 年又举办北京市普通中学教学改革成果展览，其中有影响的教改项目 167 项，其中教材教法改革占 150 多项。1995 年召开马芯兰教学思想研讨会，1999 年开展首届北京市基础教育教学成果奖评审，评出 39 项，涵盖了 1978—1998 年的教学改革成果。此后，每隔几年就组织教学成果奖评审。不仅如此，北京还十分重视总结教师优秀经验，市委市政府在 1986 年设立"北京教育丛书"办公室，组织教育丛书的编写，目前已出版 260 余种。这项工作在全国也是首创的。

（六）改革的内部结构上兼顾城乡两端促进均衡发展

北京的城乡地理特征、生态环境、功能分区等因素造成城乡在教育发展方面存在较大的差距，所以在教育发展上一直强调均衡化。在 20 世纪 90 年代，教育行政部门开展了一系列建设工程，主要有农村中小学建设工程（1989）、山区寄宿制小学建设工程（1991）、农村完全小学建设工程（1997）、山区中小学建设工程（1998）、远郊区县普通中学建设工程（1994），重点通过办学条件改善和班子、师资、管理等方面的建

---

[1] 首都师范大学首都基础教育发展研究院. 首都基础教育发展报告·2011—2012[M]. 北京：首都师范大学出版社，2013.

设，使山区和农村中小学办学条件基本达标、办学质量有所提升。新世纪以来，优质均衡成为基础教育改革发展的优先政策议题[1]，2002年北京市政府明确提出"优质均衡"的发展目标，2005年颁布新的义务教育办学条件标准，2007年市委市政府颁布《北京市进一步推进义务教育均衡发展的意见》。均衡发展，首先是在学校建设、硬件条件、师资力量等方面的均衡发展，其次是在教育教学内涵方面的均衡发展。在推进教学改革的过程中，也存在城乡不同的基础、情况和问题，因此教学改革需要两头兼顾，既要针对城市和发达区域的问题进行改革，也要针对农村教育教学的实际条件和困难推进改革，并注重城乡之间的互动、以城带乡的发展、城乡一体的发展。北京自20世纪80年代以来，一直关注农村教育的改革发展，召开多次农村教育会议，除了不断改善办学条件，通过学校间牵手和名校办分校等方式推进城乡一体化学校建设外，更多的是加强农村教师队伍培训（绿色耕耘培训、农村教师城镇研修工作站），实施乡村教师支持计划，开展农村学校支教活动，加强教研指导支持，推介农村学校教学改革先进典型，从内涵方面推进教学改革，不断缩小城乡教育教学方面的差距。

2013年起北京市开始实施城乡一体化学校建设，相继组织了50多对学校，一方面是资源输入学校，主要接受优质学校的资源输入与支持；一方面是资源输出学校，既有同区之间学校的一体化建设，较多的是不同区之间学校的城乡一体化建设。孟繁华等专家认为，这种一体化建设包括形、构、质三个层面的一体化，"形"是在校名等有形形式方面的统一，"构"是组织结构、资源共享等方面的改造和一致，"质"则是在文化内涵、办学理念、师资水平、教学研究等方面的一体化，"质"的一体化是个比较长期的发展过程。

有专家认为，相较于全国，北京市的义务教育均衡发展政策选择更为丰富，体现在经费保障、师资交流、生源调配、资源共享、教育帮扶、质量监控和督导评估等多方面。[2]

综合以上论述，我们可以把基础教育教学改革的"北京模式"用"优质、均衡、统筹、创新、丰厚、大气"六个关键词来表示，也可以用"突出政治、市级统筹、上下结合、多方参与、整合资源、依靠科技、优质均衡、全面发展"来描述。

第三节 "北京模式"的形成因素

形成"北京模式"的因素，我们可以用圈层结构来描述。首先是首都圈，分两层，

[1] 李奕，等.首都基础教育的战略转型与模型建构 [M].北京：教育科学出版社，2015.
[2] 张熙，拱雪，左慧.义务教育均衡发展的"北京模式"研究 [J].课程教学研究，2012（12）：11-15.

一层是首都教育自身发展的因素，一层是教育外部的政治、经济、文化、科技、地理等因素；其次是国际国内圈，也分两层，一层是国内的教育改革发展环境，一层是国际的教育改革发展环境。也就是两圈四层。

一、首都教育的内部与外部因素

（一）首都地域因素的影响

首都地域因素，特别是政治因素、各类资源禀赋因素、地理因素，是形成教学改革"北京模式"的重要外部因素。

其一，北京是首都，这是与其他地方最大的不同，具体体现在讲政治、保稳定、讲首善、高标准上。所以在教学改革方面是高标准的，步骤上是稳妥的，准备上是比较充分的。作为首都，重大政治活动和重要会议都在此举行，一些学校和师生经常参与相关活动，学校也及时进行相关政治活动的宣传教育，自此耳濡目染，学生的政治意识、大局意识就逐渐培养起来。

其二，首都的各类资源丰富，是政治、文化、科技、国际交往中心，这些大的环境对学生的发展起着潜移默化的作用，同时教学改革中注意利用各方面的有利资源，这对于学生的全面发展和综合素质的提高起了非常重要的作用。如 2015 年 4 月世界读书日之时，举行了北京高校图书馆面向中小学设立参观开放日启动仪式，就是利用高校图书馆资源对中小学学生进行阅读方面的教育。在首批入选科学实践活动的资源单位中，北京的科技企业有 111 家，高校 22 家，科研院所 14 家，社会团体 9 家，科普场馆和博物馆 7 家，教育系统重点实验室 38 家。[1] 这也反映了首都科技资源的丰富度。学生能够享受丰富资源的滋养，其综合素质、见识眼界就打开和提升了。

其三，北京山区面积占 62%，平原地区面积占 38%，特定的地理特征使北京城乡差异较大。农村学校虽然条件大为改善，但软文化仍然相对封闭，教师教学观念和模式相对比较传统，这造成了城乡教育上的差距，在教学质量上也存在一定差异。所以，"北京模式"一直是兼顾城乡、不断改进乡村学校的模式，在促进农村学校发展、促进以城带乡方面采取了许多改革措施，设置了不少专项工程来推进。

其四，北京的规划不断完善，逐渐明确和清晰了首都的定位、区域功能划分和空间布局等，这些布局对人才培养目标、教学改革起到了一定的引导作用。北京是政治中心、文化中心、科技创新中心、国际交往中心，"四个中心"的定位，要求培养的学生要政治站位高、科学素养突出、文化底蕴深厚、国际理解能力强。

---

[1] 首都师范大学首都基础教育发展研究院. 首都基础教育发展报告·2015[M]. 北京：首都师范大学出版社，2016.

其五，作为超大型城市，北京人口多而密集，也是影响教育教学改革的重要因素。目前有 2000 多万人口，还有大量流动人口及其子女，加之计划生育政策的调整，允许生二胎和三胎，新生人口增长比较快速，形成了学前教育入园难和小学入学高峰的现象，从公共教育服务提供的角度，政府满足就学需要的压力是很大的，近些年政府把学前学位和小学学位增长作为重要民生项目予以解决。从学校看，班额也有所扩大，学校其他场地资源被挤占，必然影响到教育教学改革的开展，也影响到深度改革的专注性。

（二）首都自身教育历史与现实因素的影响

其一，改革的起点是原有的发展基础，首都教育发展的历史具有一定的连贯性和共性，这些必定影响教学改革的方向和方法。许多改革的课题是长期的，如城乡教育的均衡、学生的综合素质提升、教师质量的提高、课堂教学改革等，这些改革课题随着不同的阶段而深化，富有新的阶段特征，但都是在原有基础上的扬弃和发展。

其二，教育行政部门的领导，具有很高的政治站位、强烈的改革意识、突出的领导能力，在教育教学改革中发挥着发起、组织的作用，他们不断构思新的策略，推动改革的深化。市级统筹、自上而下形成了一定的定势和路径依赖。

其三，有一批优秀的中小学校长和教师，特别是改革的各个时期都涌现出一批杰出校长和教师，他们有先进的教育思想、突出的改革意识，在教育教学改革中勇于实践探索，不断总结经验，发挥了示范引领作用。比如陶祖伟、李金初、龚正行、王本中、李烈、刘彭芝、李希贵等著名校长和大批著名特级教师，都是教育改革的模范。

其四，首都有一批教育科研单位、师范院校，有一批教育理论专家，他们在理论结合实际的治学风格影响下，积极主动服务和参与市级教育研究与决策以及区县和学校的教育改革，使得北京的教育改革更趋科学性和专业性。

二、国家和国际教育改革发展的影响

（一）国家教育发展改革导向

国家的教育改革根据国家经济社会发展需要、遵循国家逻辑而不断推进[1]，这为首都的教育改革指明方向，甚至提供具体方案。作为中国的首都，北京要及时跟进、高标要求，结合自身实际制订具体方案，推进改革，形成特色和经验。最典型的是推进素质教育、基础教育课程改革、新时代的基础教育改革等。20 世纪 90 年代国家提出推进素质教育，北京也出台相关文件，组织学习讨论，召开系列讲座和研讨会，并通

---

[1] 阎亚军.中国教育改革的逻辑 [M]. 杭州：浙江大学出版社，2016.

过教学改革具体落实。新世纪初，根据国家基础教育课程改革的部署，北京学习考察试点地区经验，开展干部教师培训，制订具体方案，大力落实，开展具体改革项目实验，每年召开课程改革总结会。2010年中央出台《国家中长期教育改革和发展规划纲要（2010—2020年）》，北京也随即出台北京的纲要加以落实。2018年全国教育大会后，北京也随即召开教育大会，出台《首都教育现代化2035》以及一系列领域改革的文件，推进各方面改革。首都一方面要积极落实国家教学改革措施，一方面还要积累和提供改革经验，对国家教育教学改革起到推动、促进和示范的作用。由此，"北京模式"在某种意义上是中国模式的具体体现，不过是具有一定的地域特色和首都特点。

（二）国际教育改革的影响

改革开放之前，我们学习苏联的教育理论和经验推进教育改革，后来也注意结合我国实际探索中国社会主义教育。改革开放以后，西方的教育理论和实践大量引进到国内，学习和借鉴西方教育思想和教育经验对推进我国的教育改革，包括首都的教育教学改革，都起到了突出的作用。20世纪80、90年代，国内大量翻译国际上的教育名著和最新教育论文，通过《比较教育研究》《全球教育展望》等比较教育刊物发表，大家学习并结合实际加以理解应用。比如许多学科中结构教学的改革多源于布鲁纳的结构教学思想；基础教育教学评价受布鲁姆的教育评价理论影响；西方的个性化思想和课程理论影响了我们的课程结构和管理，强调重视地方课程和校本课程，增加课程的选择性；系统科学的引入，强调了系统思维方式，在改革的方法论上，强调中小学整体改革，开展了整体改革实验；在心理学方面，认知科学的发展，特别是建构主义的发展，对于教学方法模式的改革、促进学生自主探究起到了很大作用；2001—2010年，在陶西平等的领导下，借鉴学习加德纳的多元智能理论并开展学校改革实践，也产生了广泛影响。2008年经济合作与发展组织开始PISA测试后，北京也参与进去，通过比较了解自身特点。特别是芬兰在测试中名列前茅，北京许多校长、教师去芬兰学习其经验，对我们的综合性的课程与项目式教学改革也产生了较多的影响。

第四节 "北京模式"的意义与借鉴

一、"北京模式"的意义与借鉴

教学改革的"北京模式"是政治、经济、文化、科技资源比较丰富，处于政治中心地位背景下的一种教学改革模式，是中国模式的一个具体版本。所以各地的教育改革在模式上具有很强的共性。

同时，"北京模式"与其他区域的模式虽然没有本质性的区别，但还是有一定差异。有人从国家级教学成果的角度比较了北京和上海的差异，北京市的育人课题更注重育人的整体模式，而上海市的育人课题更注重培养人的某个方面，一个关注整体，一个关注细节，因此北京的成果偏重于宏观方面，比较综合，主题词没有上海的丰富多样，上海的有成功教育、新基础教育、愉快教育等。[1] 此外，上海的教育改革更加注重理念的先进、更加注重开放和与国际的接轨、更加精细和特色化（上海有许多改革的样本校和优秀教师），而在这些方面北京稍显逊色。再比如广东，是经济改革的前沿，在教育改革上更加注重体制改革，民办教育更加发达，改革的氛围更加浓厚，改革的勇气更加突出，而北京则更为稳妥些。

各地的差异导致不可能复制或照搬某一种模式，各地在教育教学改革中只能是寻找有益的借鉴，会议交流、参观考察等是经常性的借鉴方式。从"北京模式"看，对各地可借鉴之处在于坚持政治领导、坚持综合素质、坚持资源整合，以及坚持科学专业、城乡兼顾等基本特点。政治性、综合性、融通性、开放性是"北京模式"比较突出的优点。

二、"北京模式"的发展与完善

面临新时代基础教育发展的新挑战、新机遇、新要求，"北京模式"也需要进一步总结提炼，还需要不断完善。具体改进建议如下。

一是在专业力量的参与方面，还应该更多地依靠专家力量和知名校长、教师的参与，避免行政力量过度使用，完善专家参与机制。有学者对此研究后提出了完善建议：严格选聘专家，组建异质多元的专家团队；建立专家工作机制；充分发挥民间职业机构的作用。[2] 具体来说，第一，要加强本市教育智库建设，储备各种专家人才和研究项目；第二，根据需要建立专家库，完善专家选聘规则与机制及专家咨询机制；第三，有机地把专家意见、行政意见、群众意见合理地结合起来，充分发挥科学理论的指导作用和教育经验的借鉴作用，即使决策科学化、民主化，又发挥专业力量和名校在改革实施中的示范带动作用。

二是在教育教学改革路径方面，更好地实现上下一致和相互配合，在改革力量上形成家庭、社会、教育的合力。通常在自上而下的改革中，下级更多的是执行的角色，往往在认识上不够到位，主动性不够。比如在推进学校特色建设工程中，从区县的总结看，很少从时代与社会的背景来思考和阐发特色建设的意义，区县的思考还存在很

---

[1]　首都师范大学基础教育发展研究院.首都基础教育发展报告·2014[M].北京：首都师范大学出版社，2015.

[2]　吴康宁，等.教育改革的社会支持[M].北京：人民出版社，2019.

强的行政色彩。在鼓励基层参与教育教学改革方面，要通过经验采集、经验介绍、经验推广、创新激励等措施，发挥基层学校和基层校长教师的主动性、创造性。如何形成上下联动的改革机制，仍然需要探索。比如，改革的议题应来源于基层和群众，在平时的督导检查中发现问题，在此基础上形成改革的议题，这是自下而上的路径；而在行政层面形成改革的决策和方案后，又要通过宣传、动员等一系列机制，形成改革的共识，从而增强改革的合力。

三是在教育教学改革的评估方面，要建立完善的改革评估制度。改革的项目往往会要求自我总结，通过反思总结不断完善。北京曾经每年召开课程改革总结会，总结年度情况和经验，但也类似于项目总结，而不是严格的评估。从改革的设计看，一般没有把评估作为必要环节设计进去，所以，改革实施情况和效果评估往往是薄弱环节。"客观而科学的评价甚为缺乏。"[1] 完善改革评估机制，需要形成制度，同时依靠专业评估机构和评估专家力量，加强过程性和终结性评估，并及时用于改革的修正和调整，以及作为下一步改革设计的参考。

四是在培养目标上，校长都有促进学生全面发展的意识，但对于素质教育的重点（也是核心素养，指社会责任感、创新精神和实践能力）往往突出不够，陷于具体目标中，关注宏观的、整体的、重点的目标不够。所以在教育教学改革的目标上，今后要更加注重创新精神和实践能力的培养方面，更加注重爱国精神与社会责任感及担当意识的培养，真正使学生成为能够担当民族复兴大任的时代新人，充分体现教育的社会功能和价值。

五是在教学改革内容上，更加注重学生多样化、差异化发展，而不是模式化、统一化。学生有多方面的差异是客观存在的，因材施教是新时代高质量教育的内在要求，扬长成才是人才培养的规律。学校不仅在课程上给学生根据自身特点选择的机会，在具体培养目标、生涯发展指导等方面也要加强个性化指导，在资源配置、评价标准等方面也可以差异化。考试招生方面也要增加选择性，突出发挥优势和特长，考出优势和特长。

六是在教学质量评价及招生考试上，除了现有的基础教育的教学质量监测、教育满意度评价外，还需要完善学生素质评价指标体系，能够对学生全面发展、个性发展、综合素质的诸方面进行科学测评和区域比较，以说明教学改革与学生素质之间的关联性。综合素质评价是改革的难点，需要突破。北京已成立教育评估院，应组织专业力量开发相关工具，在评价方面做出新的探索。在考试招生方面，还要在国家招生考试方案的基础上，结合北京的特点，形成和完善新的高考和中考方案，以引导教育教学改革。

---

[1] 吴康宁，等.教育改革的社会支持 [M].北京：人民出版社，2019.

七是在教师队伍建设上，还要提高改革的专业性和思考的深度。教师是改革的主力军，其对改革的理解、思考、实践能力需要不断提高。但实际情况往往有很多不足，如在阐发学校特色建设的思路时，反映出学校领导思路比较混乱、目标过于空泛的问题。[1]这实际上反映了管理者对改革的主题往往缺乏学习、研究和细致深入的思考，因而缺乏思考的逻辑性、具体性，空泛现象容易出现。此外，还要注重教育领域领军人才的培养，发挥其在改革中的示范引领作用；加强乡村教师队伍的支持培训力度，提高课堂教学质量效率。

八是在教育改革规律的研究上，要加强教育改革模式、教育改革规律的研究。比如教育教学改革以哪些方式推进、教育教学改革的周期和频率、教育教学改革的过程控制、各项教育教学改革内容的配合、教育教学改革效果的评估等问题，都需要深入研究，把握规律，以指导改革实践。

---

[1] 首都师范大学首都基础教育发展研究院.首都基础教育发展报告·2011—2012[M].北京：首都师范大学出版社，2013.

第三章　北京基础教育课程与教学改革的发展历程与基本经验

第一节　"首都教育现代化"语境下的北京基础教育课程与教学改革

近现代以来，追求现代化成为重要的国家使命。研究改革开放 40 余年北京基础教育的课程与教学改革，离不开"首都教育现代化"的语境。检视北京课程与教学改革的历程，我们可以看到，首都教育现代化为其提供了理念及制度等多方面的资源支持，主要包括方向感和目标、机制架构和路径要求。在理解首都教育现代化的基础上，我们试图建构分析北京基础教育课程与教学改革的基本框架。

一、解读"首都教育现代化"的基本内容

继 20 世纪 60 年代的"四个现代化"目标[1]，1978 年 3 月，邓小平在全国科学大会上提出"四个现代化，关键是科学技术的现代化""科学技术人才的培养，基础在教育"[2]，明确了教育与国家现代化的关系。1983 年，邓小平提出"教育要面向现代化，面向世界，面向未来"，"教育现代化"成为一个单独的命题。[3] 到 1993 年，《中国教育改革和发展纲要》将"实现教育的现代化"作为教育改革与发展的目标。

以 1978 年为起点，以《中国教育改革和发展纲要》为时间节点，北京市对实现"首都教育现代化"的政策追求，大致经历了"为面向现代化作准备"（1978—1985

---

[1]　周恩来 . 周恩来选集（下卷）[M]. 北京：人民出版社，1984.

[2]　邓小平 . 邓小平文选（第二卷）[M]. 北京：人民出版社，1994.

[3]　陆有铨 . 躁动的百年：20 世纪的教育历程 [M]. 北京：北京大学出版社，2014.

年）、"教育要面向现代化"（1985—1994 年）、"为在全国率先实现教育现代化奠定基础"（1994—2000 年）、"在全国率先基本实现了教育现代化"（2000—2012 年）、"总体实现教育现代化"（2012—2020 年）五个阶段。而从 2020 年起至 2035 年，是追求"实现高水平教育现代化"的阶段。

从国家和北京市两个层面的政策文本中，我们可以归纳出"首都教育现代化"的基本内容，包括如下四个方面。其一，数量的现代化。入学率、普及水平、均衡水平、财政投入等是指向"公平"价值维度的数量，当然也包括培养符合培养目标的人才数量。其二，质量的现代化。其核心是育人质量。这本身是"首都教育现代化"的最终目标，即能否培养出足够数量的、符合培养目标的人才来。课程与教学改革、德育、评价制度、教师水平等直接影响着最后的育人质量。其三，结构的现代化。普通教育与职业教育、不同学段、公办学校与民办学校等都是基础教育的结构问题。其四，机制与制度的现代化。正如《北京市国民经济和社会发展第十一个五年计划纲要》指出的，"制度环境成为决定要素流向和发展活力的关键因素"，因此，机制与制度的现代化程度对前面三个方面的现代化来说至为关键。

与北京课程与教学改革相关的机制和制度包括诸如教育行政管理制度、现代学校制度，以及课程权力分层、考试评价、教师培育和教育科研等制度。这些制度共同确立了基本的制度环境，直接影响着基础教育的活力。

二、在"首都教育现代化"背景下推进北京课程与教学改革

在"首都教育现代化"的语境中，北京课程与教学改革既是其重要内容，也是其实现路径。因此，首都教育现代化要为北京课程与教学改革提供清晰的理念与目标、环境资源与制度资源的支持等，从而为北京课程与教学改革建立基本的"确定性"。

（一）在经济和教育关系维度中确立课程与教学改革目标

首都教育现代化要在服务"经济与社会现代化"的关系中，建立"人的发展需要"和"经济与社会发展对人才的需要"之间的内洽，从而确定北京课程与教学改革的培养目标。

改革开放之后，拨乱反正的重要内容之一就是将对教育社会功能的认识调整到生产力标准，教育要培养大批各级各类建设人才，以服务于经济和社会发展和社会主义建设。经济和社会发展阶段不同，"国家教育总目的"应作出相应调整，引导基础教育的政策设计和发展战略。

根据我国的体制要求，地方制定教育政策的直接依据有两个，一是国家教育改革战略，二是本地经济与社会发展的需要。回溯北京市课程与教学改革的历程，我们可

以清晰地看到：每一次国家教育改革战略的调整，都成为北京课程与教学改革的政策依据；每一次北京市经济转型和产业结构调整，都提出了不同类型的人才需求，反映在不同时期的北京市国民经济和社会发展五年规划和教育的五年规划中，为课程与教学改革提供方向。在过去的40多年中，正是上述两个方面的历次调整，推动基础教育培养人的规格的变化，使得北京市的课程与教学改革呈现出不同的阶段性特征（见图3-1）。

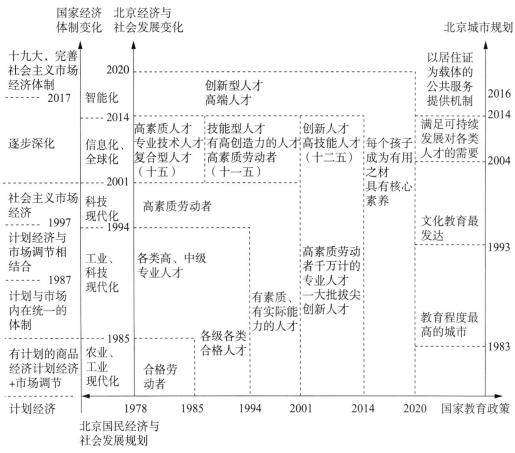

图 3-1　北京的教育发展与经济发展的关系

如图3-1所示，横轴是"国家教育政策"。我们知道，每一次全国教育工作会议的召开，都是为了回应这个特定阶段国家经济社会发展对人才的需求。这也是北京市制定教育政策的重要背景之一。而另一个重要背景就是北京自身的经济社会发展形势与要求，在纵轴中予以体现。分析不同时期的北京市国民经济与社会发展五年规划，我们可以看到，北京市的经济形态、产业结构以及经济发展方式等具有明显的阶段性特征，对教育改革和培养目标提出了要求。

这两个背景的时间节点高度吻合。例如：2000年之后，"信息化"和"全球化"对我国经济社会发展提出了挑战，国家层面开始着力推动教育改革。北京市"十五"经济和社会发展规划表明，首都经济将大力向高新技术产业转型，积极参与国际分工和竞争，并提出了对创新人才、技能型人才和高素质人才的需求。这为北京课程与教学改革的目标设定提供了方向。

特别需要提及的是，从图 3-1 中不同阶段的人才培养规格看，北京课程与教学改革对"人"的主体性越来越重视。1993 年，在率先普及九年制义务教育后，北京就提出了"注意培养学生个性特长"的要求。当经济发展需要"高素质人才"和"创新人才"时，教育需要高度突出人的自主性和建构性。因此，新世纪的课程与教学改革将发展学生的个性化水平等作为政策的重要目标。此时，经济社会发展对人的需要，与教育本身对人的成长期待逐步达成一致。

（二）在央地关系维度中确立课程与教学改革的地方特色

首都教育现代化要在国家教育发展要求与北京市地域特点的关系中，建立"落实中央政策"与"因地制宜"之间的平衡，从而确定北京课程与教学改革的地方特色。40 多年来，北京课程与教学改革总体上体现了两个特点。

其一，"率先"改革成为常态。1980 年 4 月，中央书记处对北京城市建设提出了明确的指示，要求北京成为教育程度最高的城市。这种定位使得北京市基础教育的诸多改革具有"率先"的特质。例如，1985 年以前就率先探索"校长负责制"改革，1995 年率先探索《面向 21 世纪的基础教育课程改革方案》，1997 年率先探索"素质教育"改革等，这些都为国家相应的政策出台提供了基本经验。2015 年，北京市又率先实施教育部《义务教育课程设置实验方案》提出的课程计划要求，是全国率先推进考试及课程教学改革的两个省市之一。这些"率先"改革的行动是首都的地位决定的，反映了首都教育的担当和气质。

其二，立足北京区域特征，积极而稳妥地推进各项改革。细细检视，我们可以发现许多改革具有制度创新的成分，成为北京课程与教学改革的亮点。早在 1983 年，北京市认识到，作为一个大城市，"城乡之间，远郊和近郊之间，经济特点不同，生产发展水平不同，人民群众的需要不同，教育基础和办学条件相差也很悬殊"，改革不可能都采取一个模式。在以后的改革历程中，北京市给各区县和学校放权，"尊重群众的首创精神，充分发挥区县和学校在教育改革中的积极性、主动性和创造性"的改革行为比较常见。例如，1993 年提出"允许学校进行各种教材实验"，2011 年"北京市'十一五'教育规划"提出"树立广义校外教育观"，并由此利用北京丰富的教育资源开展"初中开放性科学实践活动项目"，2014 年的"高中自主排课实验"等，都有鲜明的创新成分。

（三）在学校与其他机构关系维度中确立课程与教学改革的运行机制

课程与教学改革最终要在学校里落实。以学校为中心，政府及教育行政部门、教科研部门、校长教师培训部门、家长和各类型的社会机构，都成为向学校提供支持、保障和服务的合作机构。保障这些机构各司其职、实现正常运转的，是机制与制度。在首都教育现代化的语境中，北京以学校为核心，以其他机构为助力，建构了课程与教学改革的基本运行机制与制度及其推进路径，共同构成了推动北京课程与教学改革的总体力量。

例如，1985年以后，北京课程与教学改革的重心不断下移，突出了学校作为改革终端和主体的作用。随着三级课程管理体制不断完善，部分学校在探索自主排课等各项改革实验中，对研读教学大纲、掌握教材、研究考试改革等方面提出了要求。为回应学校的要求，北京市的三级教研和培训体系不断发展，并充分体现出"校本"特征。从2004年开始，相关的每一份文件都强调"大力推进以校为本的教研制度""提高教育行政部门、校长和学校管理人员的课程领导能力，强化教师课程的实施能力"等。而围绕学校改革所建立的支持体系，与行政力量的大力推动密切相关。北京市通过评选和表彰改革校、建立校本教研基地校、课题实验校等，有机地将大学、教研和培训机构等各方力量结合起来。在此基础上，北京市还通过改革经验推广机制，提炼学校经验，推广有效做法，并研究解决共性问题。

北京市"十三五"教育规划提出"树立广义校外教育观"以后，校外教育资源从传统的少年宫等机构，拓展到"社会资源单位"这样的大概念，"初中开放性科学实践活动项目"就是典型的政策实施案例，尤其是将学生在该活动中的成绩纳入中考评价体系，反映了北京课程与教学改革的开创性。

三、构建"首都教育现代化"语境下的北京课程与教学改革的分析框架

我们分析教育发展与经济发展的关系、中央与地方的关系、学校与其他主体的关系，目的是为了分析北京课程与教学改革在"首都教育现代化"不同阶段中所呈现的基本格局和阶段特征。为此，我们构建了北京基础教育课程与教学改革的分析框架（见图3-2）。

如图3-2所示，在基座中，"中央对首都的要求"是由北京特殊地位决定的，是生成首都基础教育内涵的重要源头。北京按此要求，结合北京经济社会发展状况、首都城市发展战略、首都教育现代化的目标和地方教育特点等，制定北京课程与教学改革的目标、路径与策略，最核心的工作就是确定培养目标，与核心圈的"学生"相呼应。

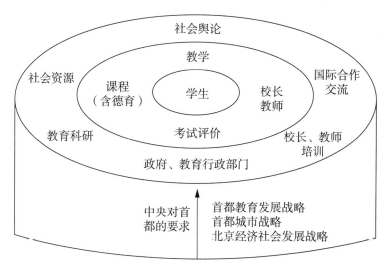

图 3-2　北京基础教育课程与教学改革的分析框架

把"学生"放于核心圈表明，无论是服务于经济发展的需求，还是基于自身价值实现的需求，最终都要落实在对学生的培养上。在追求"首都教育现代化"的不同阶段，北京经济社会发展特征不一样，对人的需要就不同，培养目标就有不同的设定，这是北京课程与教学改革的逻辑起点。

中圈代表学校。学校是实施课程与教学改革的主体。考试评价改革既是学校课程与教学改革的引领者，又是其检验者。德育既是一门单独设置的课程，又与学科课程相融合。

外圈里包含了政府及其行政部门、教育科研、培训和社会资源等多个主体，它们通过设计改革制度、明确改革路径、提供改革资源等，服务于学校改革的需要。政府和学校等主体在推进改革过程中必须重视"社会舆论"，营造良好改革氛围；而北京作为国际交往中心，具有独特的国际合作交流优势与责任，既可有效对接世界教育改革的前沿，汲取世界教育领域最新研究成果，也承担宣传中国特色教育发展成就的责任。

在政府按自上而下的方向形成改革推力之后，各个主体共同推动着北京课程与教学改革。各主体之间的多元、多向、持续的互动关系，逐渐沉淀为课程与教学改革的"北京模式"。

第二节　1978—1985 年：在恢复、普及基础上追求质量的努力

1978 年，是我国改革开放的起始之年，国家工作重点转移到社会主义现代化建设上来。邓小平认为，教育发展状况影响了整个现代化的水平，提高教育质量、培养社会主义现代化建设需要的人才成为当务之急。这一大背景下，北京基础教育开始全面

恢复工作的同时，迅速进入以提高教育质量为重点任务的新阶段。1983年，以邓小平"教育要面向现代化，面向世界，面向未来"的题词为标志，北京基础教育处于"面向现代化"的阶段。

一、教育改革目标：回应首都发展对合格劳动力及其数量的需求

1979年4月，北京市委表示："从今年开始，北京市中小学教育的工作重点，必须转移到提高教育质量上来。"[1]然而，北京基础教育在数量、质量和结构等方面存在严重问题。北京市政府认识到，农村还没有普及小学，农村中小学"教育质量低，既不能为高一级学校输送更多合格的新生，又不适应农业现代化、建设新农村的需要"[2]。在城镇和城市，各行各业技术力量奇缺，影响了首都安定团结的教育现代化水平。[3]同时，不少中学生缺乏远大理想抱负，学习得过且过，看重个人得失，劳动观念淡薄，是非识别能力差，学生质量水平不高。[4]

（一）解决数量与质量问题：铺垫教育教学改革的基础

响应国家1980年提出的"经济比较发达、教育基础较好的地区，应在1985年前普及小学教育"的要求，北京市1982年提出了争取在1985年实现基本普及小学教育的任务、城市地区争取在1985年基本普及初中教育的目标。[5]

经过艰苦努力，到1983年9月，北京市完成了既定的普及任务：城乡学龄儿童入学率和巩固率都在98%以上，可以说在全市的范围内已经基本实现了普及小学教育；城市地区初等教育普及率达99%以上，教育质量也大幅提升。学生体质有所增强，讲文明守纪律的风气得以发扬[6]，这为提高教育质量打下了基础。

（二）调整基础教育的结构

1979年，北京市中等教育结构极不合理。北京市普通高中在校生的比重占高中阶段各类学校学生总数的89%，中等专业学校、技工学校的比重只占11%。普通高中学生只有5%左右升入大学，绝大多数需要劳动就业，但又缺乏必要的专业知识和技能。1981年，北京市人民政府发布《关于制定城市郊区高中调整规划的通知》，其主要内容是：第一，控制高中规模，高中入学必须经过考试，不合格的不能升入高中；第二，

[1] 北京市人民政府文教办公室编.北京市教育文件汇编（1979—1990）[M].北京：北京教育出版社，1991.
[2] 同[1].
[3] 同[1].
[4] 同[1].
[5] 同[1].
[6] 同[1].

大力发展职业教育，逐步使职业、技术教育的在校生总数占高中阶段教育的在校生总数的三分之一到二分之一；第三，普通高中的学制逐步向三年制过度，保证办好重点中学。

二、学生培养目标：为四化建设培养"合格劳动者"

社会主义现代化建设所需要的人才应该是"有理想、有道德、有文化、守纪律的一代新人"。基于此，北京市总体以"合格劳动者"的目标对中小学提出了要求：农村中小学发展的关键在于能否为农村输出符合农业现代化需要的、足够数量的、合格的毕业生；城镇待业青年必须具备初中毕业证书，达到初中毕业程度的，才能列入招工范围；重点中小学则"既要为高等院校输送合格新生，又要为各行各业培养优良的劳动后备力量"[1]。

三、"以教学为中心"的课程教学改革

在恢复教学秩序、普及小学教育、调整中等教育结构的同时，北京市开展了"以教学为中心"的课程与教学的改革。

（一）改革的价值导向

1. 强调"面向全体学生"

关于重点学校的文件中首先提出，要对全体学生负责，不要只抓少数，忽视或放弃大多数。不要只抓毕业班，忽视非毕业班。重点学校要"带动一般学校教育水平和教育质量的提高"，从另一个侧面表达了"面向全体学生"的政策追求。

2. 初步提出了"学生自主选择"的课程设置原则

1980年，北京市普通高中课程的改革政策要求逐步在普通高中增设职业（技术）教育课，该"学习科目由学生自己选择，具体办法另行拟定"[2]。限于文献原因，没有找到实施的具体办法，但"学生自主选择"的课程设置原则具有非常重要的意义。

（二）课程与教学改革的内容

1. "以教学为中心"是提高质量的核心命题

"以教学为中心"首先体现在严格按照国家对教材、教学大纲和教学计划的要求进

---

[1] 北京市人民政府文教办公室编.北京市教育文件汇编（1979—1990）[M].北京：北京教育出版社，1991.
[2] 同[1].

行教学。重点学校"除进行教改实验的学校（班级）或有其他特殊原因的学校（班级）外，要严格按照教学计划和教学大纲的要求进行教学，不要随意砍掉课程（停体育课、课间操或取消课外活动），也不要搞突击提前结束课程。课程和课时需作调整的，要事先经上级教育行政部门批准"。

2. 探索增设与经济社会发展需求相适应的区域或校本课程

1980年，北京市针对普通高中课程改革，提出增设职业（技术）教育课的计划。"农村普通中学要加强生物课、农业基础知识课和专业课"[1]，以适应农村教育现状和农业现代化的需要。

决策者认为，北京市是一个大城市，城乡之间，远郊和近郊之间，教育基础、人民群众需求、经济基础等都不一样，中小学教育改革应该按照教育的客观规律和中小学的特点积极稳妥地进行，在"在统一的教育方针和统一的规划指导下，在学制、教学要求、教学内容、课程设置、办学形式等方面应该多样化"。如"农村中学可以增设某些课程和教材，在办学形式上，也可以多样化，办得有自己的特色，使它们更好地适应农业生产发展的新形势和广大农民渴望文化科学知识的多种需要"。农村初中"要坚持统一性和多样性相结合的原则，因地制宜，开设职业技术课或增加乡土教材，或延长一年学制举办技术培训班"[2]。这些政策体现了因地制宜进行课程和教学改革的努力。

3. 通过勤工俭学和变革政治课开展德育改革

从课程建设的角度看，北京市对学生品德的培养主要在两个方面展开：一是作为德育途径的勤工俭学活动。为了全面贯彻党的教育方针，北京市提出要重视学生的思想政治教育，养成共产主义的道德品质。为此，在开展思想政治工作、加强政治课教学之外，让学生到校办工厂（农场）进行"兼学"，开展勤工俭学活动，通过劳动培养学生的劳动观念和习惯，帮助学生理论联系实际，学习生产知识和技能，扩大知识领域。二是改革政治课的教学方法。汪家镠的讲话指出，必须正确处理"培养人"和"给知识"的关系，不能把政治课讲成单纯的知识课。[3] 她还提出了与这一改革相配套的要求和措施，如提高德育的针对性、采取开放式和多渠道的教育方式、把思想工作渗透到教学中、明确学校的培养目标、抓好政治教师和班主任以及团队干部三支队伍等。这些措施贯穿了整个"七五"时期。

---

[1] 北京市人民政府文教办公室编.北京市教育文件汇编（1979—1990）[M].北京：北京教育出版社，1991.

[2] 同 [1].

[3] 同 [1].

4. 以"合格"为标准的评价制度改革

为缓解升学竞争，北京市提倡以"合格"为标准的评价要求来缓解升学压力。其一，政府要求不得下达升学指标，不得以高考或中考名次排队，不得以升学率的高低评定学校工作好坏等。重点中小学探索只试行期中、期末考试以及平时考查等，希望把学校和学生从频繁的考试中解放出来。其二，从末端建立合格的标准。一是高中入学必须经过合格考试；二是改进小学和初中升学考试方法；三是，探索"多样化"的评价改革思路。多样化办学，这就意味着评价标准必须多样化，并基于多样化标准开展教学评价。

5. "试点—推开"的改革路径

"以教学为中心"的改革，首先允许不同的教学改革方案的实验和比较，各学校要开展以提高教育质量为中心的评比活动。学校之间的评比每学期进行一次，全面衡量改革成果，形成"先在一部分学校试点，取得经验后，再逐步推开"[1]的路径。

6. 恢复校外教育为提高教育质量提供支持

为响应中央"全党全社会都要关心少年儿童健康成长"的号召，北京市决定重新恢复校外教育领导机构，并改名为"北京市校外教育领导小组"，恢复北京市少年宫，鼓励社会办少年之家和儿童活动场所。[2]北京市少年宫建立了舞蹈、合唱、无线电等12个教研室。各社会机构踊跃参与，从提供场地、培养教师到出版读物等，兴盛一时，为改进教学提供了支持。

四、课程与教学改革的支持性政策

为支持"以教学为中心"的改革，北京开始改革教育管理体制、教育培训、教科研等支持性体系。

（一）逐步建立和完善管理体制和教学领导体系

1. 建立中小学的管理体制

1979年，《关于提高中小学教育质量若干问题的决定》对市、县两级教育行政部门的权责进行了分工，确立了市教育局全面管理、全面统筹规划，"区县教育局负责本区、县的教育行政工作和教学业务工作"的管理体制，有利于在全市迅速恢复教育教学秩序。

---

[1] 北京市人民政府文教办公室编. 北京市教育文件汇编（1979—1990）[M]. 北京：北京教育出版社，1991.
[2] 李晨. 北京中小学教育若干问题的回顾 [M]. 北京：北京教育出版社，2001.

2. 建立服务于"以教学为中心"的区县教学领导体系

1980年，北京市提出"建立起由市、县（区）、公社、学校的教学领导体系"[1]。这个领导体系的职能主要包括：第一，为本地教育筹资；第二，保证教学秩序的正常开展，不允许随意召集学校领导开会、不允许各部门不经教育主管部门同意随意向学校发文件等，对现在尤有启发；第三，有一定的因地制宜推进农村教育发展的管理权限，如指导学校开设农业技术课程和职业技术课程。[2] 在市级管理下，各区县被赋予了一定的权力和灵活性。

（二）干部教师培训及其体系的建设

"以教学为中心"，必须以干部教师队伍的水平作为支撑。北京市在三个方面进行了体系性的设计。

1. 明确总目标

1979年，北京市委明确"必须狠抓在职教师的进修，提高教学水平，逐步建立起市、区（县）和学校三级教师进修体系"[3] 的目标。

2. 针对教师队伍的培训任务和培训方式

针对教师队伍，首先要对教师的学历摸底，通过组织在职和脱产进修，力争在三年内使绝大多数中小学教师基本掌握教材教法，五年内使绝大多数小学教师、中学教师分别达到中师毕业、大学毕业水平。[4] 争取到1987年，城市中学80%以上、远郊县镇中学及公社所在地初中70%左右的中学老师具有大专文化程度。到1989年，北京市中学教师已有70%达到大专以上学历，小学教师已有84%达到中师、高中以上学历[5]，完成了既定目标。

校本进修形式有着非常突出的作用。农村学校要主要依靠骨干教师，采取以老带新、能者为师的办法。此外，充分运用广播电视、组织优秀教师去传授经验等手段。"市教育学院和区县进修学校，要帮助教师掌握自己所教课程的教材和教法，并进一步系统提高。要大力总结交流各科优秀教师的教学经验，采取以老带新、骨干教师带一般教师的方法"[6]。

---

[1] 北京市人民政府文教办公室编 . 北京市教育文件汇编（1979—1990）[M]. 北京：北京教育出版社，1991.

[2] 同 [1].

[3] 同 [1].

[4] 同 [1].

[5] 同 [1].

[6] 同 [1].

3.针对干部队伍的培训任务和方式

针对干部队伍，首先是通过"有计划地轮训"，使他们逐步成为内行。1982年，北京市制定了《北京市中小学领导干部1982—1985年培训规划》，提出"力争在三五年内对全市尚未培训的中小学领导干部轮训一遍"[1]的目标，培养出一批高水平的中小学党政领导干部。

4.培训机构建设及其任务

北京教育学院成为干部教师培训工作的重要机构。一开始，北京市就要求北京教育学院承担在全市层面统筹的任务，包括规划、制订教学计划、发放毕业证书、编写教材、开展培训，以及总结和推广经验等。北京教育行政学院要提供干部培训教材，帮助各区、县制订培训计划，承担中学校级和中心小学校长以上干部的培训工作。[2]

各区、县教师进修机构是北京市干部教师培训体系的重要环节。综合各文件的内容，他们要落实市培训计划、开展培训、总结推广经验和颁发证书等。此外，师范院校是北京干部教师培训体系的重要组成部分。北京师范大学和北京师范学院是中小学教师进修工作的"积极协助者"，招生向农村倾斜，为中小学培养更多的合格新教师。

总之，改革开放伊始，北京就已经建立了一个完善的干部教师培训三级体系，并得到大学、师范学院和区县师范学校的支持。

（三）在恢复的基础上开始架构教科研体系

教师是"以教学为中心"改革的操作者和实践者。教师教学能力的提高，必须得到教科研的有力支撑。

1.恢复期的主要工作

北京市明确指出，第一，要提高中小学教育质量必须靠教育科学的指导；第二，确立了教育科学研究要遵守"理论和实践相结合""按照教育规律办学"的原则；第三，成立北京市教育科学研究所，以加强对教育科学研究工作的领导；第四，开展各项工作，如举办讲座、印发国内外教育动态资料等形式，交流教学改革和教育科学研究的经验。

2.一线诉求推动教育科学研究氛围的形成

随着中小学教育教学工作的开展，一线的诸多现实问题纷纷摆在决策者和教育科学研究工作者的面前。对决策者来说，要"使调整改革、提高质量建立在有充分科学

---

[1] 李晨.北京中小学教育若干问题的回顾[M].北京：北京教育出版社，2001.

[2] 北京市人民政府文教办公室编.北京市教育文件汇编（1979—1990）[M].北京：北京教育出版社，1991.

依据的基础之上""为学校的研究工作创造必要的条件"[1]。为此，北京市教育科学研究所必须对中小学教育的若干重要问题组织力量开展研究和实验工作。各级教育部门和学校领导也必须"从长远观点认识教育科学研究的必要性和重要性，为教育科学研究创造良好的条件"[2]。重点中小学的"学校领导和教师要懂得教育科学，具有教育学、教育心理学、教学法的知识，并形成研讨教育科学、学校管理科学的浓厚气氛"。

在这种氛围中，北京市初步形成了以市教育科学研究所为"枢纽"、能够向上向下开展服务的一个基本体系，通过回应现实问题，开展理论建设，服务改革决策。这个体系的良性运转对课程与教学改革起着显而易见的支持作用。

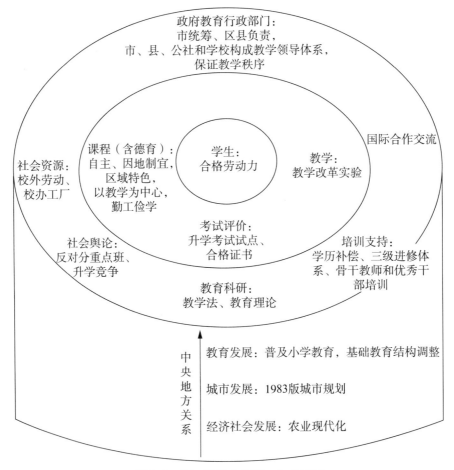

图 3-3　第一阶段（1978—1985 年）

[1]　北京市人民政府文教办公室编.北京市教育文件汇编（1979—1990）[M].北京：北京教育出版社，1991.
[2]　同 [1].

第三节 1985—1994 年：教育体制改革时期的课改探索

1984 年，党的十二届三中全会通过了《中共中央关于经济体制改革的决定》，建立适应社会主义市场经济发展的计划经济与市场经济相结合的经济体制和运行机制成为发展方向，对人才培养提出了更高的要求。1985 年，改革开放以来的第一次全国教育工作会议召开，颁布了《中共中央关于教育体制改革的决定》。中央认为，教育工作不适应社会主义现代化建设需要的局面还没有根本扭转。为了培养"新的能够坚持社会主义方向的各级各类合格人才"，就必须从教育体制入手，系统地进行改革。1985 年 8月 10 日，北京市颁布《关于贯彻落实中共中央关于教育体制改革的决定的规划和措施》的文件，着重强调了教育体制改革的试点工作。为此，北京市的基础教育转向以教育体制改革为重心的阶段。

一、高质量人才的需求：回应教育与经济"两张皮"的困境

1989 年，北京市农村教育工作会议指出，乡镇企业、农业企业和养殖业等新型产业的发展，对科技的需求大幅度提高，对新型人才提出了越来越迫切的需要。然而，北京农村地区，以小学毕业生为基数，最终能升入大学并进入城市的不过不过 10%。"建设本乡本土的主力军正是要靠那 90% 升不了高中或者大学的青年。"因此，发展农村教育的指导思想必须从"主要面向升学"转变为"主要面向当地建设事业"。"基础教育改革的核心问题是把基础教育由单纯的升学教育的模式，转到全面提高学生素质、培养社会主义接班人的方向上来"[1]，以解决教育发展与经济发展"两张皮"的现象。

二、学生培养目标：培养社会主义建设需要的合格人才

《中共中央关于教育体制改革的决定》提出，合格人才"应该有理想、有道德、有文化、有纪律，热爱社会主义祖国和社会主义事业，具有为国家富强和人民富裕而艰苦奋斗的精神，都应该不断追求新知，具有实事求是、独立思考、勇于创造的科学精神"。1986 年，北京提出"实行义务教育的目的，在于培养合格的公民，造就社会主义建设需要的合格人才"[2]。

---

[1] 北京市人民政府文教办公室编 . 北京市教育文件汇编（1979—1990）[M]. 北京：北京教育出版社，1991.
[2] 同 [1].

与上一个阶段的"合格劳动者"培养目标不同,这个"合格"的内涵有所升级:第一,从"德智体"向"德智体美劳"扩展;第二,规格更加多元化,如初级、中级、优秀的人才,训练有素的劳动者等,反映了产业升级对人才多样化和高质量的需求。"高质量劳动者"可以作为这一时期北京基础教育培养目标的概括。

三、普及任务:课改覆盖的学生规模开始增加

完成普及小学教育的任务后,城市普及初中教育的工作成为工作重点。1983年,北京市制定的《中小学教育五年设想》,提出争取1987年在城市及各县城地区普及初中教育,1990年在农村地区普及小学,少数条件特别差的边远山区普及时间可酌情适当后延。到"八五"中期,即1993年,北京市已经普及了九年制义务教育,"这标志着本市实施九年制义务教育的工作开始进入巩固、充实、提高的新阶段",为北京市课程与教学改革增加了覆盖的学生数量。

四、以科学素质培养为重点的课程与教学改革

(一)改革的价值导向

1. 着重培养学生动手操作能力

逐步开展实验教学,让学生在和农民一起劳动的真实生活情境中,通过示范、培训等,培养学生动手能力。这具有了问题导向式学习和现代课程观的性质。

2. 改革的重心落实到学校主体

随着教育体制改革的推进,学校改革的主体性突显出来。校长被赋予了"自主权",对学校的课程教学改革负责。这对释放学校的改革活力有着重要的意义。

(二)改革的内容

1. 开设自然观察课与实验教学课程

1989年,北京市要求小学加强自然观察课与实验教学。1993年,北京市教育局着手推动实验教学的普及工作,强调"实验教学是现代中小学教育的重要组成部分……是培养学生科学素质的需要","是从根本上提高后续生产力素质的重要环节"。农村"中小学生开展实验教学的同时,可直接为农民演示科技,开展生产试验的示范,也可以利用学校的实验条件开展对农民的技术培训",以提高农村中小学生服务于当地经济发展需要的能力。

2. 着手进行教材内容改革的试点

1993 年，北京市认为，实行教材多样化是我国教材工作的一项重要改革，因此，要在适应本市实际，有利于面向全体学生和全面提高学生素质的原则下，"允许学校进行各种教材实验"。

3. 初中开设职业指导课

北京市在"专门人才（七五）培养规划"中提出："对初中毕业生合理分流，保证培养专门人才学校所需的学生来源。"[1] 这对普通中学的培养目标、课程设置等有着很强的指导性。1994 年，北京市要求在本市所有初级中学开设职业指导课，以利于初中毕业生的合理分流。该课程占用劳动技术课的课时授课，与该课程相关的社会调查、参观访问等活动在社会实践活动时间进行。

4. 德育课程的创新

1984 年和 1987 年北京两次教育工作会议，都专题研究了如何加强中小学德育的问题。1987 年，《北京市教育工作会议纪要》要求建成一个开放式、多层次、多渠道的综合教育体系。随后，北京市的德育课程沿着三个方向进行了创新。一是编写新的小学思想品德课和中学思想政治课教材，并在学校开展实验；二是开设劳动技术课，德育活动走向课程化。1987 年，北京市要求从初中开始在学校开设"劳动技术课"[2]，1988 年起，高中学生参加生产劳动和社会服务的情况要作为报考高等院校的条件之一。三是"学科德育"观念进入实践。1993 年，北京市教育局转发了国家教委颁发的《小学德育纲要》，要求任课教师有机地在课堂教学中渗透思想品德教育。

5. 校内和校外教育并举，扩大课程和课堂的范畴

为落实中央关于"学校教育与学校外、学校后教育并举"的要求，北京市 1987 年提出校外教育覆盖面到 1990 年要"提高到中小学在校学生的 50%"[3]。当年颁布的《北京市、区（县）青少年科技馆工作条例》认为，校外教育有着特殊功能和作用，"在教育教学的手段和途径上区别于学校。教学内容要高于学校"，要起到"示范、指导和改革实验的作用"。到 1992 年，北京市召开的"中小学科技教育工作座谈会"认为，课外科技活动在城镇地区的绝大部分中小学、农村地区的部分中小学得以开展，以天文、生物等为主要学科领域、以中小学课外科技小组为基础、以专业辅导队伍为支撑的中小学科技教育的格局已经形成。同时，还认为校外教育"起到了课堂教学所不能替代的作用"，为北京课程与教学改革提供了课程资源和重要理念。

---

[1] 北京市人民政府文教办公室编 . 北京市教育文件汇编（1979—1990）[M]. 北京：北京教育出版社，1991.

[2] 同 [1].

[3] 同 [1].

6. 考试改革的试点

北京市期待基础教育要由单纯的升学教育转到全面提高学生素质、培养社会主义接班人的方向上来。因此，政策要求"不要给学校下升学指标，不要以升学率高低作为评价学校的唯一标准，不要按升学率给学校排队，并据此奖惩学校和教师。使学校从片面追求升学率的压力下解脱出来，把精力用在深化教育改革上来"[1]。与此同时，北京市也开始了普通高中毕业会考的改革探索。1990年，在关于普通高中毕业会考的文件中强调："进行课程设置和教材内容改革试点的学校，经区、县教育局认可，报市教育局批准，可以不参加会考。这些学校的高中毕业考试由学校自行命题、组织实施。但试题要送市教育局教研部门备案，其成绩予以承认。"

五、课程与教学改革的支持性政策

1991年，北京市教育工作会议提出，首都教育事业要"实现工作重心由量的增长逐步转到质的提高上"[2]，并进行了系列政策设计。

（一）政校关系：放权与分权的改革

1. 向区县、乡镇放权

根据"基础教育由地方负责，分级管理的原则"，1985年，北京市首先在农村地区"逐步实行乡（镇）人民政府领导和管理中小学教育工作"[3]，农村地区赋予乡（镇）人民政府一定的管理权限，尤其是要与县（区）教育行政部门对中小学领导干部和教职工的人事实行双重领导。

到1989年，在明确"教育体制的改革，管理体制的改革，核心是下放权力，分级负责"的原则下，市委要求"把应放给乡（镇）的权统统放下去，使乡（镇）范围内的教育事业，统由乡（镇）政府全权领导和管理……县（区）的职责主要以举办高中、规划区域教育、管理县级教育财政和人事等"，这样，形成了这一阶段"市、县、乡三级管理"的基本框架。应该说，这一时期教育管理体制中的分权和放权改革的目的是适应学校办学自主权的改革。

2. 办学自主权及校长负责制的实施

1987年，北京市中小学教育工作会议提出，"中小学要在总结试点经验的基础上有

---

[1] 北京市人民政府文教办公室编. 北京市教育文件汇编（1979—1990）[M]. 北京：北京教育出版社，1991.

[2] 同[1].

[3] 同[1].

步骤地实行校长负责制"，"学校校长应对学校德智体美劳五育的全面实施负责"[1]。上述提法在农村学校的改革中进一步细化。[2] 第一，校长的遴选。"条件成熟的，也可实行招聘，或由教职工代表大会推荐、选举，报主管部门批准。"第二，校长的权限。校长对副校长有提名权或聘任权，对中层干部和教师有聘任权，重要的一点是，校长有权进行教学改革，根据实际需要调整教学内容和教学进度。第三，通过校务委员会和教职工代表大会对校长权力进行监督和制约。这三点构成了对"校长负责制"的运行框架。

从课程与教学改革的角度来看，课程与教学改革最终都要发生在学校现场。行政力量、教科研和培训支持力量都要围绕学校为"场"推进改革，才能让课程与教学改革真正发生，其本质上是政校关系改革的一部分，是为学校课程与教学改革提供制度空间。

（二）提高干部教师队伍的质量

1. 以学历达标为目标的培训

1986 年，《北京市实施〈中华人民共和国义务教育法〉办法》对小学、初级中等学校教师的学历提出了要求，即应当分别具有中等师范学校、高等师范专科学校毕业以上文化程度或者同等学力，以及相应的教学能力。小学、中学校长应当分别具有小学高级、中学一级以上教师职务，以及领导管理学校的能力。到"七五"结束，北京市在职中小学教师的学历明显提高，而"八五"时期，骨干教师和学科带头人队伍建设成为培训的重点。[3]

2. 由学历教育向继续教育的转变

1989 年，《北京市中小学教师继续教育暂行规定》对北京中小学教师继续教育的指导思想等一系列问题进行了明确，提出开展分层培训，构建培训期制度、证书制度、教学管理制度等。从新任教师开始，培训的主要内容依次提高，从教材教法到专业知识，从新理论新方法到开展教学问题和教育改革的实践研究等。到"八五"结束，全市 73.4% 的中学教师，83% 的小学教师接受了培训。北京教育学院和七所分院培训了 60% 左右的小学教师。[4] 北京干部教师培训形成了以北京教育学院为龙头，市、区

[1] 北京市人民政府文教办公室编.北京市教育文件汇编（1979—1990）[M].北京：北京教育出版社，1991.

[2] 同 [1].

[3] 同 [1].

[4] 倪传荣.总结经验　提高认识　推动继续教育的健康发展——在北京教育学院及分院继续教育理论与实践研讨会上的讲话 [J].北京教育学院学报，1995（2）：4-8.

（县）、校之间上下沟通、左右配合的三级培训网络。[1]

3. 校级干部学历合格后的继续教育

1989 年，北京市颁发《关于对北京市中小学校级干部加强培训的意见》，将中小学校级干部的培训定位于学历合格后的教育管理专业的教育，是全面培养和提高干部素质的教育。校级干部继续教育设置了岗位职务培训班、教育管理进修班、教育管理大专班、本科班和研究班等类别，设置了不同层次的培训内容，以半脱产为主、全脱产为辅。各区、县干训的任课教师在开课前要到北京教育管理学院接受培训或参加集体备课。这样，校级干部继续教育形成了北京教育行政管理学院总体负责，各区县干训业务部门分工合作的工作网络和管理机制。

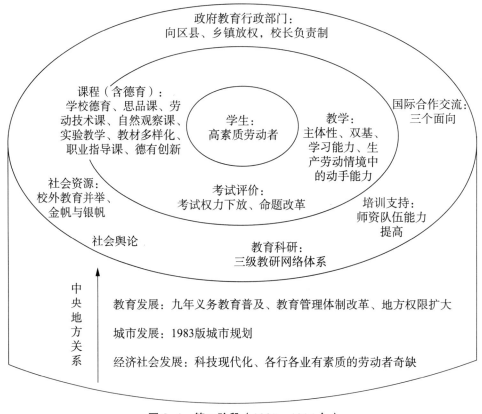

图 3-4　第二阶段（1985—1994 年）

[1]　邵宝祥.北京市中小学教师继续教育的回顾与展望——纪念《北京中小学教师继续教育暂行规定》发表 10
周年 [J].北京教育学院学报，1999（3）：1-5.

第四节　1994—2001 年：学生主体性理念下的改革探索

1992 年 10 月，党的十四大报告提出，"我国经济体制改革的目标是建立社会主义市场经济体系"。市场经济的活力来源于市场主体的主动性和个性，这就需要实现人的主体性发展。教育如何作答？ 1993 年的《中国教育改革和发展纲要》首次提出了"教育现代化"的概念和"社会主义教育体系的基本框架"，以此来解答这一命题。而国家教委 1995 年发布的高中建设三个文件中明确了"学生成为学习主体"的理念，提出"在教学过程中调动学生的学习积极性，发挥学生的主体作用，培养学生的学习能力，使学生主动地、生动活泼地、全面地发展"。

在此背景下，北京市迅速作出回应，将"教育现代化"纳入政策目标。在经济与社会发展的"九五"计划中提出，"积极推广现代教学手段和先进教育方法，为在全国率先实现教育现代化奠定基础"。1999 年，《中共北京市委北京市人民政府关于深化教育改革全面推进素质教育的意见》再次确认该目标。首都教育现代化从"面向现代化"阶段，转入"为在全国率先实现教育现代化奠定基础"的阶段。

一、学生个性与特长培养：回应经济建设与城市发展需求

1993 年，北京市就提出了"培养学生的个性特长"的要求。北京市"九五"规划指出，在社会主义市场经济体制下，农业和工业领域都必须要向科技进步要效益，需要壮大科技队伍和科技管理人才。因此，该规划同时明确将课程设置和教学内容、教学管理和考试评估制度的改革等作为未来一个阶段基础教育的核心改革任务，提高劳动者素质，以适应经济体制和经济增长方式对人才的需求。学生的个性特长培养要求成为这一阶段北京市义务教育阶段的课程与教学改革的清晰指向。

二、学生培养目标：培养高素质人才

基于 1997 年开始的素质教育的实践探索，北京市明确提出"按照中央的要求，充分发挥北京科技、教育的优势，成为国内知识创新和高素质人才培养的重要基地"，对培养目标的定位更加清晰体现了"首都定位"和"素质教育"的内涵，总体上可以概括为"培养高素质人才"。

三、课程与教学改革

此前十多年的北京课程与教学改革比较零散，以具体问题为导向。进入这个阶段以后，课程与教学改革遇到了系统的挑战。这种挑战来源于三个方面：第一，北京的经济增长方式出现了大的转型；第二，"首都教育现代化"概念的提出，带来了新的目标追求和教育改革框架的更新；第三，21世纪即将来临，首都教育现代化何以应战？北京率先着手研制和实施《面向21世纪基础教育课程改革方案》，尝试更加系统的课程与教学改革探索。

（一）改革的价值导向

1. 主体性教育理论为课改实践探索提供了准备

市场经济转型对基础教育领域产生的最为深刻的影响，莫过于对教师和学生关系的重新认识。学术界对我国中小学普遍存在忽视学生主动性问题进行了深入的研究，寻找重视"受教育者主体性"的依据。"主体性教育"由此成为进入新世纪前20年中影响广泛的教育改革运动。北京的"愉快教育""双主体教育"等改革实验在全国产生了广泛的影响。学生主体的理念对北京课程与教学改革产生了深远的影响。

2."办好每一所学校"理念下的课程分权

课程分权表现为向不同区域、学校授予课程选择权力。1997年，北京市提出"努力办好每一所学校，引导学生全面、主动地发展"的理念。该理念要求各中小学在严格按照国家颁布的课程计划开课的同时，"特别要有针对性地开好活动课程和劳动技术课程"[1]，作为改革课程设置和加强教材建设的任务之一。这实际上体现了向中小学课程分权的理念。

（二）改革的核心任务

北京市在全国率先普及义务教育后，全面提高教育质量就成为一项重要任务。1995年，北京市教科院承担全国"九五"教育科研规划课题"义务教育课程改革研究"，目的在于结合北京实际，研制九年义务教育的新课程方案、新课程标准和实验教材，并科学规划实验工作的领导体制、运行机制和保障机制，形成完整的实验方案。这就是"面向21世纪基础教育课程改革方案"。

1999年，《中共北京市委北京市人民政府关于深化教育改革全面推进素质教育的意

---

[1] 北京市人民政府办公厅转发市教委关于进一步推进中小学素质教育实施意见的通知 [EB/OL].（1997-06-28）[2020-12-15].http://www.beijing.gov.cn/zhengce/zfwj/zfwj/bgtwj/201905/t20190523_74344.html.

见》提出，"中小学教育要加快北京市面向 21 世纪基础教育课程改革方案"的研制和实施，要求在 2005 年前完成一套面向 21 世纪的新教材的编写工作。这是北京开展的一次系统性探索，其观念和行为都比较超前，为国家第八次课程改革提供了经验。

（三）其他具体的改革内容

1. 普通高中开设艺术教育课程，培养学生的"艺术素养"

1994 年，北京市教育局发布《关于我市普通中学的高中年级开设艺术课的通知》，要求"城近郊区和远郊区县城镇地区中学的高中年级开设艺术课"，该课属于必选课，占用选修课时，三个年级每周一个课时。从科目要求上可以看出，该课程希望学生通过学习音乐和绘画等专门知识，提升艺术素养。

2. "学生为主体"理念引导课堂改革

"主体性理论"对北京基础教育政策影响深远。1997 年，北京市提出在落实各学科教学常规的基础上，深入开展教育教学改革实验，探索适合素质教育要求的教学方式方法。探索的内容包括，如何体现学生在课堂教学中的主体地位，如何提高学生的能力，以及如何减轻学生负担等，以提高学生的素质。1999 年，北京市认为，学生真正成为学习主体的课堂教学改革应当"积极实行启发和讨论式教学，培养学生的科学精神和创新思维习惯"等。总体上，以学生为主体的课堂改革已经成为深化教学改革、"构建新型人才培养模式"的途径。

3. 对课程的实践性和综合性进行初步探索

1995 年，北京市《关于加强中学劳技教育的几点意见》指出，"劳动技术教育"课程对各学科教学、课外活动以及劳动教育的整合性，表明了学生对跨边界学习的期待。为此，加强课程的综合性和实践性的课程改革要求成为必然趋势。

4. 德育培养的新架构

1995 年 3 月，中共北京市委发出《关于加强和改进学校德育工作的意见》，制定了《关于进一步加强和改进中小学德育工作的若干实施意见》和《北京市中小学贯彻〈爱国主义教育实施纲要〉的若干意见》。这两个文件对中小学德育体系进行了系统的架构。

德育课程与教材改革是重点之一。把爱国主义寓于各学科教材之中，挖掘各门课程的德育因素，重视各学科教学的思想性和科学性，克服德育和智育相互脱节和贴标签的倾向。同时以劳动技术课、公益服务、军训等为载体，加强德育的实践环节。教学上要着重提高学生的思想道德认识和判断力，培养道德情感，规范道德行为，提高思想政治觉悟等。

另外，两份文件都提到了中小学德育实施架构中的"首都优势"，即充分发挥首都教育资源雄厚的优势，通过市、区（县）和学校三级教育基地网络，组织学生开展参观访问、社会实践、社会调查，如参观天安门广场升旗仪式等活动，让学生在社会大环境中受到熏陶和教育。

5. 评价与考试改革

一是小学生质量综合评价改革。这一项改革在 1995 年暑假后开始在全市实施，其导向是推动"由应试教育转向全面提高学生素质"，全面提高小学教育质量。二是考试改革。北京市提出要"强化基础教育的普及意识，逐步取消选拔性考试，引导中小学形成办学特色，发展学生特长"。同时，要坚决纠正按考试分数对学校排队，把学生的考试成绩直接与教师的晋级及各种福利待遇挂钩等错误做法。[1]

四、课程与教学改革的支持性政策

（一）向区县进一步放权

1999 年，北京市提出进一步完善基础教育主要由区县负责、分级管理的体制，进一步加大区县政府对发展规划、师资、经费、招生考试、继续教育等方面的统筹管理权。从 2000 年起，"49 个边远山区乡镇的教育经费改为主要由区县负责统筹"。同时，完善乡级管理教育的体制。这是对基础教育三级管理体制管理权限的一次微调，其核心是对区县的进一步放权。区县及其教育行政部门成为落实和推进课程与教学改革的重要枢纽机构。

（二）干部教师队伍的继续教育纳入法制化轨道

"八五"末期，北京市第十届人大常委会第十七次会议通过《北京市专业技术人员继续教育规定》，提出企事业单位按照国家专业技术职务制度聘任的在职专业技术人员必须完成继续教育任务。该法规将小学干部教师队伍继续教育纳入了法制的轨道。

1. 教师培训的对象和机制发生重大变化

以法规为基础，《北京市中小学教师"九五"继续教育工作意见的通知》提出，到2000 年，基本建成一支能够适应中小学教育改革和发展需要的教师队伍。这一时期的教师培训突出了教师推进素质教育的观念和能力、教师的教育科研能力，突出了针对骨干教师的培训，突出了学员对课程内容和任课教师的选择权利。此外，现代教育技术进入了培训的科目。培训管理工作体现重心下移的特点，区县要承担主要责任，逐步形成以区县为主体、以学校为重要培训基地的格局。

---

[1] 北京市人民政府办公厅转发市教委关于进一步推进中小学素质教育实施意见的通知 [EB/OL].（1997–06–28）[2020–12–15].http://www.beijing.gov.cn/zhengce/zfwj/zfwj/bgtwj/201905/t20190523_74344.html.

2.提高学校领导干部培训的起点

根据国家对中小学校长队伍建设的要求，北京市教育局印发了《北京市中小学领导干部1995—2000年培训规划的实施细则》。该文件提出要设置教育管理高级研修班、进修班，以及校长岗位职务培训班等多个层次；明确了各层次培训的数量任务、学员起点要求和成长目标。在北京教育学院成立北京市普教干部培训中心，进行管理和统筹。到"九五"结束，培训任务达到了既定目标，为北京推进素质教育、开展课程与教材改革等作出了贡献。

（三）以素质教育探索为核心的教研支持

这一时期，北京的义务教育工作进入"巩固、充实、提高"的新阶段。从这时期综合性的政策文本来看，教研工作除了研制"面向21世纪基础教育课程改革方案"以外，主要包括以下几方面。

一是服务于一线新课程的开设。如1994年，为了推动普通中学开设艺术课，市教研部门要求各区县教研部门必须在及时补充负责高中艺术课的教研员、指导备课、交流教学方法等方面发挥作用，以提高艺术课的教学质量。

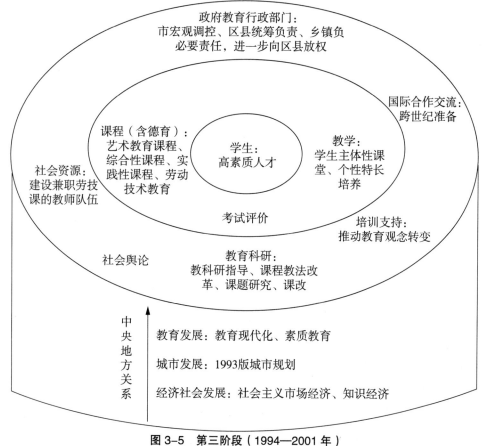

图3-5 第三阶段（1994—2001年）

二是服务于课堂教学改革。指导学校开展教育教学改革实验，探索适合素质教育的教学方式方法。作业量、考试次数、活动课和劳技课程的实施等，都是教科研工作关注的重点。

三是服务于薄弱高中的改进。根据 1995 年国家教委关于高中文件的要求，北京市的教研、科研部门在薄弱高中的课程、教学内容、教学方法改革中要进行研究和指导。

第五节　2001—2012 年："首都教育"概念下的全方位改革

在全球化和信息化的大趋势中，我国加入世界贸易组织。国家"十五"计划提出："要把发展作为主题，把结构调整作为主线，把改革开放和科技进步作为动力，把提高人民生活水平作为根本出发点。"教育对经济和社会发展的先导性、全局性作用更加凸显，为此，教育"走改革和创新之路"的要求，包括"改进教学方法，改革考试制度，着力推进素质教育，重视培养创新精神和实践能力，促进学生德智体美全面发展，提高人才培养质量"等。在此背景下，新世纪课程改革启动。2001 年 7 月，教育部颁布《基础教育课程改革纲要（试行）》。当年 9 月 1 日，基础教育课程改革实验区正式启动。

在跨世纪的节点上，北京在《关于深化改革全面推进素质教育的意见》文件中，非常清晰地认识到：北京应该充分发挥教育的关键作用，推动实施以知识经济为方向、以发展高新技术产业为核心、以第三产业为主导的首都经济发展战略，使北京成为国内知识创新和高素质人才培养的重要基地。这份教育政策文件全面和主动回应了北京经济发展转型的需求。

2004 年，北京市召开了进入新世纪以来的第一次教育工作会议，正式提出了"首都教育"的概念。[1] 通过实施首都教育战略，"率先基本实现教育现代化"成为"十一五"时期的重要目标。2011 年，《北京市"十二五"时期教育改革和发展规划》认为，到"十一五"结束，首都教育已经"在全国率先基本实现了教育现代化"。

"教育现代化"和"首都教育"的融合，搭建了北京新世纪课程与教学改革的框架，显示着这一时期改革的高站位、系统性和丰富性的特征。

一、学生培养目标：培养各类高素质人才

北京市各项文件提出要培养"高素质劳动者和专门人才"[2]"优秀拔尖创新人

---

[1] 李奕，等.首都基础教育的战略转型与模型建构 [M].北京：教育科学出版社，2015.

[2] 北京市教育委员会.北京市教育委员会关于印发北京市普通高中课程改革实验工作方案（试行）的通知 [J].北京市人民政府公报，2007（14）：28-38.

才"[1] 等，可以用"高素质人才"来概括，其内涵也更加全面，包括了良好的行为习惯、健康素质、人文素质、科学素质、公民素质和国际视野等[2]，超出了上一时期的"高素质劳动者"的范畴，为基础教育课程与教学改革提出了新的价值导向。

二、课程与教学改革

（一）改革的价值导向

1. 确立了以学生发展为本的课程观

实现学生的"个性发展"是课程改革的基本方向。义务教育阶段的课程改革要进一步落实"以学生发展为本"的教育观[3]，"应努力满足学生个性化发展的需要"[4]；高中课程改革的目标之一是促进普通高中学生全面而有个性的发展。

2. 从"双基"向"三维"目标转化

"三维"目标是第八次课程改革的核心概念。北京政策对"三维"中各维度的关系有着更好的表述："引导学生在发现问题和解决问题的过程中探究知识的意义。"[5] "在实现知识与技能目标的过程中有机地融合、渗透过程与方法目标、情感态度与价值观目标的达成。"[6] 考试改革也应当是考查学生运用所学知识、观点和方法来解决问题的能力，并促进正确的情感、态度和价值观的形成[7]。"三维"目标是对"双基"目标的超越。

（二）改革的推进历程

以"北京市 21 世纪基础教育课程教材"为基础，2001 年秋季，北京在全市正式启

[1] 北京市人民政府关于进一步深化基础教育改革 提高教育质量和办学水平的意见 [EB/OL].（2010-06-08）[2021-11-15].http://www.beijing.gov.cn/zhengce/zfwj/zfwj/szfwj/201905/t20190523_72525.html.
[2] 北京市教育委员会，北京市发展和改革委员会.北京市教育委员会北京市发展和改革委员会关于印发《北京市"十二五"时期教育改革和发展规划》的通知 [J].北京市人民政府公报，2012（8）：122-147.
[3] 北京市教育委员会关于印发北京市基础教育课程改革实验工程实施方案（义务教育阶段 2006—2010 年）的通知 [EB/OL].（2008-04-11）[2021-10-13].http://jw.beijing.gov.cn/xxgk/zfxxgkml/zfgkzcwj/zwgkxzgfxwj/202001/t20200107_1562820.html.
[4] 北京市教育委员会关于加强义务教育课程管理推进课程整体建设的意见 [EB/OL].（2009-07-08）[2021-10-13].https://xueshu.baidu.com/usercenter/paper/show?paperid=01cfd1cb692ea48785f4dd964f68253a&site=xueshu_se.
[5] 北京市教育委员会.北京市教育委员会关于印发北京市普通高中课程改革实验工作方案（试行）的通知 [J].北京市人民政府公报，2007（14）：28-38.
[6] 北京市教育委员会.北京市教育委员会关于进一步提高中小学教学质量切实减轻学生课业负担的意见 [J].北京市人民政府公报，2008（16）：21-24.
[7] 北京市教育委员会关于《2014—2016 年中考中招改革框架方案》（征求意见稿）、《2014—2016 年高考高招框架方案》（征求意见稿）[EB/OL].（2013-10-22）[2022-01-13].http://jw.beijing.gov.cn/tzgg/201602/t20160202_1448713.html.

动第一批基础教育课程教材改革实验。2002 年秋季，其他区县的小学一年级学生也陆续进入新课程。与此同时，海淀、宣武、延庆三个区县作为国家基础教育课程改革试验区进行实验。2004 年秋季以后，按照教育部要求，北京市实验工作完全纳入国家课程改革体系。从 2005 年秋季开始，全市所有的小学和初中全部开展基础教育课程教材改革实验工作，依据国家新课程标准并使用新课程实验教材进行教学。

2007 年，北京市高中进入新课程教改实验工作。到 2010 年，北京市义务教育阶段和高中阶段的基础教育课程改革将完成第一个九年周期的实验。[1]

2011—2013 年，北京市的课程与教学改革进入继续深化的阶段。北京市教委《关于做好 2010—2011 年度基础教育课程教材改革实验工作的意见》中，提出了"力争在一些困扰首都基础教育课程改革深入推进的重点方面和关键环节再切实取得一批突破性改革成果，努力构建符合素质教育要求、具有首都特色的基础教育课程实践模式"的任务。

（三）改革的内容

1. 不断增强课程的综合性

《北京市实施教育部〈义务教育课程设置实验方案〉的课程计划（试行）的通知》提出，开设"综合课程"和"分科课程"，安排"综合实践活动"课程。新世纪课程的综合性明显增强。课程的综合性主要表现在：建立学科之间的联系，推进课堂知识学习与实践学习的结合，要进一步推进信息技术和其他教学技术与学科教学的结合，教材内容必须"加强与社会发展、科技进步和学生经验的联系，突出时代性，提升课程教材的现代化水平"；综合实践活动课程开发和实施的资源也必须向校外更广泛的社会空间开拓，"积极开展社会大课堂课程资源的建设，开辟综合实践活动课程实施新途径"[2]。

因此，综合型课程的教学方式必须革新。2007 年高中课改文件要求综合型课程的教学必须"防止活动课程学科化、课堂化的倾向"，"推进研究性学习、社区服务和社会实践活动的开展，使之制度化、规范化"[3]。

2. 增强学生对课程的选择权

增强学生课程选择权的政策逐步放开。首先是"有计划地组织大学教授在全市普

---

[1] 北京市教育委员会关于印发北京市基础教育课程改革实验工程实施方案（义务教育阶段 2006—2010 年）的通知 [EB/OL].（2008-04-11）[2021-10-13].http://jw.beijing.gov.cn/xxgk/zfxxgkml/zfgkzcwj/zwgkxzgfxwj/202001/t20200107_1562820.html.

[2] 北京市教育委员会关于做好 2009—2010 学年度基础教育课程教材改革实验工作的意见 [EB/OL].（2009-11-16）[2022-01-15].http://jw.beijing.gov.cn/xxgk/zfxxgkml/zfgkzcwj/zwgzdt/202001/t20200107_1562432.html.

[3] 北京市教育委员会 . 北京市教育委员会关于进一步提高中小学教学质量切实减轻学生课业负担的意见 [J]. 北京市人民政府公报，2008（16）：21-24.

通高中开设现代科技选修课程，为学生提供多样性选择机会"[1]；随后，2007年高中课改文件要求"各普通高中还应积极创造条件，自主开发和开设学校选修课程"，在取得一定经验的基础上，"大力推进高中选修课的多样化，改变单纯依据高考方案统一设置选修课、限制学生选课的做法，加强对学生选课的指导，保障每个学生有机会选择适合自己的课程"。

3. 拓展音乐、美术等课程的育人内涵

北京市对中小学生艺术教育价值的认识逐步深入，成为"审美素养"的一部分。2001年，《北京市人民政府贯彻国务院关于基础教育改革与发展决定的意见》将美育定位于"培养学生欣赏、创造美的能力和社会实践能力"。2005年，北京市《关于实施首都教育发展战略率先基本实现教育现代化的决定》要求"加强学校美育工作，将美育纳入学校教育全过程"。

4. 德育的理念与载体得以更新

《北京市人民政府贯彻国务院关于基础教育改革与发展决定的意见》提出了德育改革的任务，其要点包括：学生身心发展规律是德育活动的基础；德育活动应当与社会实践接轨，总体上表现出"主体性德育"的理念。同时，"学科德育"的主张更加鲜明，学科教学活动、课外校园活动、社区文化活动、社会实践活动等成为学校德育的重要载体。2007年的《北京市中小学学科德育指导纲要》集中落实了这一思路。

5. 探索以学生为主体的教学方式变革

以学生为主体的教学方式变革成为新世纪北京基础教育课程与教学改革的重要任务之一。主要包括几个部分：第一，"小班化教学"作为教学环境和模式改革的探索切入点。第二，基于学生个体差异的改革，如分层教学、走班制、学分制等，并进一步开展育人模式、课程设置、教育方法改革试验。其中，拔尖创新人才培养的实验是一个突出的改革项目，体现了首都教育的优势；第三，推动作业改革。《北京市教育委员会关于进一步提高中小学教学质量切实减轻学生课业负担的意见》作为专项文件，提出作业改革的若干措施；第四，以"有效教学"为框架，北京市积极推进启发式、讨论式、探究式等教学方法与学习方法，进而推动学习方式的变革。

6. 将校外教育纳入学校教育计划

实现学生个性化发展，校外教育能够发挥更大的功能。北京将校外教育纳入学校教育计划，以突出校外教育对课程与教学改革的价值。北京市"十一五"教育规划提

---

[1] 北京市人民政府贯彻国务院关于基础教育改革与发展决定的意见 [EB/OL].（2001-08-22）[2021-11-15]. http://www.beijing.gov.cn/zhengce/zfwj/zfwj/szfwj/201905/t20190523_72382.html.

出，中小学要把校外活动列入学校教育计划，使其经常化和制度化。校外教育机构是学校开发和实施综合实践活动、地方课程和校本课程的"教育基地"[1]，也是自主设计和开发项目与课程的主体机构，还必须"为学校的课外活动提供咨询和指导，促进校外教育与学校教育的有机结合"，共同实施素质教育。[2]

7. 考试评价制度改革

2001年，《北京市人民政府贯彻国务院关于基础教育改革与发展决定的意见》提出，按照素质教育的要求，深化中考、会考命题改革，进一步改革高中招生制度，加大高考招生制度改革，改进评价办法，把统一考试与多样选择结合起来，扩大高校招生自主权，把提高教学质量和减轻考试负担结合起来，克服缩短学时、延长复习、加大负担、频繁考试的应试倾向，目的在于为学生全面、主动、自由发展创造条件。这是这一时期考试评价改革的总体要求。

综合素质评价是考试评价制度改革的一部分。2005年，北京探索部分高中招生指标分配到初中以及综合素质评价作为高中招生依据之一的具体操作办法。2010年，北京中长期规划提出了对综合素质评价体系的完善工作。

（四）三级课程管理体制的建设

2001年，《北京市人民政府贯彻国务院关于基础教育改革与发展决定的意见》要求"首先保证国家课程和北京市地方规定课程的开设。区县要按照规定的课程与课时，制订好本地区的课程教学计划和学校的课程表，从实际出发安排好本区县的地方课程和学校课程"。同年，依据《北京市普通中小学地方教材审定管理暂行办法》，鼓励有条件的区县积极参与北京市市一级规划的地方教材建设。2004年，《北京市实施教育部〈义务教育课程设置实验方案〉课程计划（试行）》指出，"综合课程和分科课程的选择权在区县和学校；综合实验实践活动和地方与校本课程赋予区县和学校更多的自主安排权利，可自主开发地方课程与校本课程"。此后，赋予学校充分而合理的课程自主权成为重要的环节。

1. 探索高中"以校为本"的新课程实验工作机制

2007年，《北京市教育委员会关于印发北京市普通高中课程改革试验工作方案（试行）的通知》提出了"区域规划，分类指导"和"以校为本，规范实验"的原则，鼓励各普通高中结合本校实际，整体设置各学科模块，形成有特色的学校课程体系；自

[1] 北京市教育委员会关于做好2009—2010学年度基础教育课程教材改革实验工作的意见 [EB/OL].（2009–11–19）jw.beijing gov cn/xxgk/zfxxgkml/zfgkzcwj/zwgzdt/202001/t20200107_1562432.html.
[2] 北京市教育委员会、北京市青少年学生校外教育工作联席会议办公室关于修订《北京市校外教育机构工作规程》的通知 [EB/OL].（2008–09–19）[2021–06–03].http://code.fabao365.com/law_155910_2.html.

主开发开设学校选修课程，制订校本课程开发方案，并逐步建立区县教育行政部门审议校本课程方案的制度。在"以校为本"的基础上，提倡区县进一步探索区域内课程资源共享共建机制，组织跨校修习和学分认定。[1]

2. 探索三级课程的管理和运行机制

《北京市教育委员会关于做好 2009—2010 学年度基础教育课程教材改革实验工作的意见》对三级课程的管理和运行机制进行了系统建构。一是将地方课程管理能力纳入"以县为主"管理体制；二是建立市级基础课程建设示范基地，以带动全市课程的整体建设；三是发挥项目推动的作用，通过委托项目、合作研究等，形成课程改革的研究成果，并进行推广和应用；四是以项目表彰带动课程改革，形成了地方推荐、学校自荐，然后由市进行评选、表彰的模式。

三、课程与教学改革的支持性政策

（一）教育管理体制的调整

1. 分级管理体制的不断调整

因应每一个时期基础教育发展的特殊需要，北京市在教育行政管理体制上不断调整。北京市"十一五"规划要求"建立市政府宏观调控、区（县）统筹负责，乡（镇）承担必要责任的分级管理体制"。到 2010 年，区县政府的统筹职责交给市级政府，而乡镇政府的教育管理责任又逐步上移，突出了区县政府为主的管理体制。

2. 法治理念下的教育管理体制与机制创新

落实法制理念，"现代学校制度"是主要路径。从 2005 年起，北京市将"探索建立现代学校制度"[2]作为落实办学自主权、推进教育管理体制改革的重点。为此，首先要规范和约束政府的权力，北京市"十一五"教育规划要求"进一步理顺市、区（县）和乡镇（街道）之间，政府与学校、学校与社会和学校内部的关系，探索建立现代学校制度"。北京市"中长期规划"提出，政府教育管理职能的转变应当以"首都基本公共教育服务标准""维护教育公平和教育秩序"为核心，进而改进政府管理方式，"更多地运用法规、政策、标准、公共财政等手段引导和支持教育发展，减少和规范对学校的行政审批和直接干预，落实和扩大学校办学自主权"。同时，还要"完善教育行政

---

[1] 北京市教育委员会关于调整普通高中课程安排的通知 [EB/OL].（2010-07-16）[2022-01-11].http://jw.beijing. gov.cn/xxgk/zfxxgkml/zfgkzcwj/zwgzdt/202001/t20200107_1562410.html.

[2] 首都教育 2010 发展纲要 [EB/OL].（2006-03-15）[2022-01-10].https://www.edu.cn/edu/zheng_ce_gs_gui/shengji_zhce_fagui/beijing_zhce_fagui/200603/t20060315_167230.shtml.

决策制度，规范决策程序，建立首都教育决策咨询委员会"。

（二）干部教师队伍能力的提升

为了服务首都教育现代化和新世纪课程与教学改革，北京的干部教师队伍的培训政策也有了新的要求和突破。

1. 教师培训的重心在于提高教师的专业结构

正如《北京市实施教育部〈义务教育课程设置实验方案〉课程计划（试行）》文件指出的，管理者和教师的培训是实施义务教育课程改革的重要内容。课改伊始，该文件就要求"各区县要提前做好教师的补充和培训"，并提出了针对新课改的培训设计，期望教师掌握实施新课程的教学方法、手段，提高课堂教学设计的能力，胜任新课程的教学。

《关于北京市中小学教师"十一五"时期继续教育工作的意见》要求开展义务教育新课程实施的跟进培训、高中新课程的通识培训和学科专业培训，以保证课程改革的顺利实施，促进新课程理念转化为优质教学实践，以及教学和学习方式的变革，逐步"使广大教师尽快地从单纯的课程执行者转变为课程开发者"[1]。"课程开发者"是教师角色的重新定位。

2. 加强"校本培训"的力度

学校是开展继续教育的重要基地，中小学校长是教师继续教育的第一责任人。学校要"大力开展以学校为本的教师研修活动"[2]，这一直是北京市课程教学改革的重要特点。也就是说，以学校为主体的教师培训基地建设成为工作重点。

3. 重点开展骨干教师培训

除新任教师培训和教师岗位培训等达标培训之外，特级教师、骨干教师等的培训成为重点，培训形式也进一步创新，如充分利用北京高校和科研院所的智力优势，请专家授课、到高校做访问学者等；通过课题研究，采用"双导师制"，依托"百千万"人才工程等开展国际交流与合作等。目的是打造高水平骨干教师队伍，形成市、区、校骨干教师梯队，形成在本市或全国有影响的教育教学专家和骨干教师群体，服务于新世纪的课程改革与人才培养需求。

---

[1] 北京市教育委员会关于加强义务教育课程管理推进课程整体建设的意见 [EB/OL].（2009-07-08）[2021-10-13].https://xueshu.baidu.com/usercenter/paper/show?paperid=01cfd1cb692ea48785f4dd964f68253a&site=xueshu_se.

[2] 北京市教育委员会关于印发《北京市基础教育课程改革实验工程实施方案（义务教育阶段2006—2010年）的通知 [EB/OL].（2008-04-11）[2021-10-13].http://jw.beijing.gov.cn/xxgk/zfxxgkml/zfgkzcwj/zwgkxzgfxwj/202001/t20200107_1562820.html.

4. 培训者培训能力的建设与提高

随着课程与教学改革的推进，对教师培训机构的要求进一步提高，主要是要建立对培训机构的资质认定和考核评价制度，建立学员自主选择培训课程、机构和教师的机制，创新培训模式等，使得培训机构的培训者处于"被评价"和"被选择"的地位，从而促进培训者能力的提升。

5. 致力于构建灵活开放的教师教育体系

在教师继续教育的三级培训体系的基础上，"十五"意见提出了完善教师继续教育的三级管理体系的任务，形成相应的行政管理系统、业务指导系统和信息服务系统。这个系统的重心是，整合和统筹首都地区特有的、教育系统内外的、国内外的优质教育资源，服务于教师继续教育。

6. 干部的课程领导能力成为培训重点

干部的专业能力，尤其是课程领导和实施能力急需提高。随着改革的深入，"提高教育行政部门、校长和学校管理人员的课程领导能力，强化教师课程的实施能力"成为培训重点之一。

（三）规划和落实校本教研，支持课程与教学改革

1. 校本教研制度成为持续推动改革的重点

《关于做好 2003—2004 学年度基础教育课程教材改革实验工作的通知》提出了以样本校作为校本教研制度建设的试点校，通过校本教研，建立促进教师专业发展的教研和教科研工作机制，推进教研创新，提高基础教育教学质量。此后，校本教研制度不断完善丰富，包括基地建设、教师评价体系、学校运行机制等。

2. 形成支持校本教研的三级运行机制

在 2004 年全面进入新课程改革实验之后，北京充分利用海淀、昌平、朝阳、延庆四个国家级校本教研建设基地的示范作用，推动全市校本教研制度的建设，形成了校本教研的三级运行机制[1]：国家级校本教研建设基地所有活动要向各区县开放；促进区县之间校本教研和校本培训的交流与合作，传播优秀经验和课例。

3. 对教研工作实行专业引领

在推动课程与教学改革的过程中，北京市形成了三个专业引领机制。

---

[1] 北京市教育委员会关于做好 2005—2006 学年度基础教育课程教材改革实验工作的通知 [EB/OL].（2008-04-11）[2021-10-13].http://jw.beijing.gov.cn/xxgk/zfxxgkml/zfgkzcwj/zwgzdt/202001/t20200107_1562555.html.

第一，发挥课程改革实验指导专家的作用，"因地因校制宜，促进不同区域和学校从实际出发推进课程改革实验"[1]。

第二，项目带动，"进一步发挥项目推动的积极作用。各项目组要深入一线，与区县、学校紧密配合，扎实推进课改项目成果的推广和应用"[2]。

第三，实施课改经验推广机制，"市教委建立基础教育课程改革实验区域推广研讨机制，及时交流区县推进课程改革的有效做法和专题研究的成果，对推广过程中的共性问题组织力量进行专题研究"[3]。

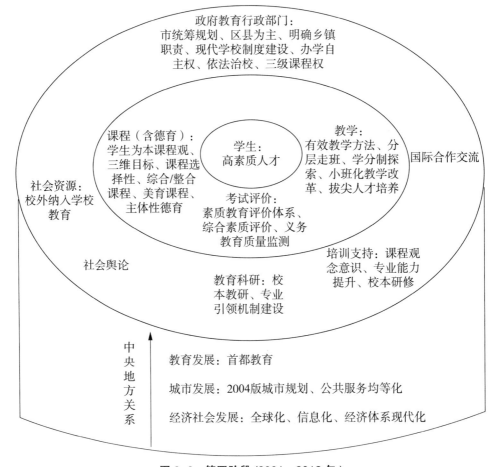

图 3-6　第四阶段 (2001—2012 年)

[1] 北京市教育委员会关于做好 2005—2006 学年度基础教育课程教材改革实验工作的通知 [EB/OL].（2008-04-11）[2021-10-13].http://jw.beijing.gov.cn/xxgk/zfxxgkml/zfgkzcwj/zwgzdt/202001/t20200107_1562555.html.

[2] 北京市教育委员会关于做好 2009—2010 学年度基础教育课程教材改革实验工作的意见 [EB/OL].（2009-11-16）[2020-12-22].http://www.110.com/fagui/law_361857.html.

[3] 同 [1].

第六节 2012年至今：深化教育领域综合改革时期的探索

2012年，党的十八大是我国进入全面建成小康社会决定性阶段召开的重要大会。十八大报告提出了教育领域把立德树人作为教育的根本性任务的要求，全面实施素质教育，深化教育领域综合改革。2014年，教育部颁布的《关于全面深化课程改革落实立德树人根本任务的意见》提出，将学生发展核心素养体系的研制作为核心举措之一，将深化课程内容改革作为深化教育领域综合改革的突破口，将建立"大德育体系"，加强课标制定、教材使用与考试评价的衔接等作为改革的关键领域和主要环节，解决制约课程改革的体制机制障碍。

此时，北京的"十三五"规划已经明确"把创新摆在发展全局的核心位置"，要加强全国科技创新中心建设，要"构建符合创新型人才成长规律的生态圈。鼓励高校与中小学试点协同创新，实现创新课程、创新资源和创新项目的共享和互动，实现创新人才的阶梯化培养"。"创新型人才的培养"是基础教育改革的重要导向。《北京市"十三五"时期教育改革和发展规划（2016–2020年）》开宗明义提出："'十三五'时期是首都实现教育现代化的决胜阶段"，这是这一时期北京市基础教育课程与教学改革的基本背景。

一、学生培养目标：培养创新型人才和多样化高素质人才

北京市"十三五"教育规划明确提出要"更好地培养创新型人才"，不仅能适应创新驱动式经济发展方式的需要，还能"主动适应北京'四个中心'的城市功能定位和国际一流和谐宜居之都对多样化高素质人才的需求"。"多样化高素质人才"与"创新型人才"有着新时期的特征和内涵。

二、课程与教学改革

这一时期，北京推动基础教育课程改革的重要文件主要是《北京市基础教育部分学科教学改进意见》《北京市实施教育部义务教育课程设置方案的课程计划（修订）》，以及多份关于考试改革的文件。

（一）改革理念

1. 整体育人成为课程与教学改革的新基点

北京市提出，要"充分发挥课程的整体育人价值，体现培养目标、课程标准、教

材、教学、评价的整体性、一致性和协调性，关注学生生命的价值和意义"[1]。课程的整体育人价值是课程与教学改革的新基点。

2. 强调以学生发展为本的理念

以学生发展为本，就是要促进每一名学生健康成长和全面发展；就是"坚持因材施教，积极探索适应不同群体学生发展的课程教学体系"[2]。因此，学校应该"为学生提供更加精准、个性化的学习服务"；应该尊重学生的学习规律，倡导"'玩中学''做中学'，为学生提供丰富的体验、合作、探究类的学习活动"[3]；应该采用有利于"激发每一个学生的潜能优势"[4]的综合素质评价；要"改变单纯以分数和升学率评价学生、教师和学校的倾向，把学生的进步程度和发展水平作为考核学校的重要指标"[5]。

3. 尊重每一个学段的独立价值

升学竞争使得各学段失去其独立的价值，实质是对学生成长规律的忽视。北京高度重视这一弊端的危害，提出了一系列政策。例如，高考改革就是要"体现基础教育向高等教育的过渡与衔接""体现中学教育在学生终身发展的重要作用"[6]。对不同学段的学生，"要切实防止教学'抢跑'，不培养'超学儿童'，尤其是防止不正确的评价引导教学超课标'抢跑'"[7]等。

（二）改革路径："以考改促教改"

考试改革先行，以考试改革撬动教学改革，是国家确定的既定改革方略。2016年，北京市提出建立一个以中高考考试和招生录取为龙头的改革链条，使课程改革能够"适应考试招生制度改革要求，结合国家课程方案和课程标准的调整，进一步完善课程计划，改革基础教育教学内容，丰富教学形式与方法，坚持因材施教，推进走班制，

---

[1] 北京市教育委员会关于印发《北京市实施教育部的课程计划（修订）》的通知 [EB/OL].（2015-07-09）[2020-11-13].http://jw.beijing.gov.cn/xxgk/zfxxgkml/zfgkzcwj/zwgkxzgfxwj/202001/t20200107_1562745.html.

[2] 中共北京市委　北京市人民政府关于推进义务教育优质均衡发展的意见 [EB/OL].（2015-04-23）[2020-12-15]. http://jw.beijing.gov.cn/xxgk/zxxxgk/201711/t20171128_1445585.html.

[3] 北京市教育委员会.北京市教育委员会关于印发北京市基础教育部分学科教学改进意见的通知 [J].北京市人民政府公报，2014（31）：21-28.

[4] 北京市教育委员会关于印发北京市普通高中学生综合素质评价实施办法（试行）的通知 [EB/OL].（2017-07-06）[2020-10-13].http://jw.beijing.gov.cn/xxgk/zfxxgkml/zfgkzcwj/zwgkxzgfxwj/202001/t20200107_1562725.html.

[5] 同 [2].

[6] 关于《2014—2016年中考中招改革框架方案》（征求意见稿）、《北京市教育委员会2014—2016年高考高招框架方案》（征求意见稿）[EB/OL].（2013-10-22）[2022-01-13].http://jw.beijing.gov.cn/tzgg/201602/t20160202_1448713.html.

[7] 同 [3].

满足学生成长发展需求"[1]。

（三）改革的内容

《北京市实施教育部〈义务教育课程设置实验方案〉的课程计划（修订）》中，提出了一揽子改革方案。随后几年的课程与教学改革政策文件不断完善。

1. 增强课程各方面的融合互通

鼓励学校统筹安排原有综合实践活动和学科实践活动，整体深化国家课程、地方课程和校本课程整合，推进国家课程校本化，实现课程在内容、功能、课时方面的融合互通。

2. 加强跨学科的整合

要关注课程的整体育人功能以及学科内、学科间的联系与整合[2]，要加强语言、数学、信息等素养在综合实践活动中的应用。研学、综合实践与学校课程的融合方式也在加强。2015年北京市启动初中生市内游学和学农项目，促进了城乡学生之间的交流。

3. 建立弹性课时

根据《北京市实施教育部〈义务教育课程设置实验方案〉的课程计划（修订）》的要求，学生的课堂时间将不拘泥于固定的45分钟，可实行长短课、大小课结合。小学的语数外等课程将集中安排在上午进行。各学科需将不低于10%的课时用于实践。

4. 建立选课指导制度

2018年，北京市提出"学校还应结合实际建立选课指导制度……指导学生形成个性化的课程修习方案"[3]。

5. 基于课程标准开展教学和变革教学方式

北京市教委《关于印发北京市基础教育部分学科教学改进意见的通知》作了一系列的规定。为了防止教学抢跑，北京市要求特别是小学阶段语文、英语学科要严格坚持基于课程标准开展教学，不得赶进度、增难度。

开放的教学方式提倡：第一，用多样化的教学方式，丰富课堂教学的实现形式；第二，支持走班、走校以及网络在线的个性化学习；第三，加强与社会机构的合作，

[1] 北京市教育委员会关于印发《北京市深化考试招生制度改革的实施方案》的通知（[EB/OL].（2016-06-03）[2022-01-15].http://www.beijing.gov.cn/zhengce/zhengcefagui/201905/t20190522_59115.html.

[2] 北京市教育委员会关于印发《北京市实施教育部的课程计划（修订）》的通知 [EB/OL].（2015-07-09）[2020-11-13].http://jw.beijing.gov.cn/xxgk/zfxxgkml/zfgkzcwj/zwgkxzgfxwj/202001/t20200107_1562745.html.

[3] 北京市教育委员会关于做好新高考背景下普通高中教学组织管理工作的通知（[EB/OL].（2018-05-14）[2022-01-15].http://www.beijing.gov.cn/zhengce/zhengcefagui/201905/t20190522_61219.html.

通过购买服务，市、区（县）两级共同推动整合博物馆、科技馆、大学实验室和图书馆等社会资源，为学生提供综合实践活动菜单式服务；第四，改进教学内容和方式，密切联系生产生活实际，以增强学生的创新实践能力。

北京市"初中开放性科学实践活动项目"就是具有高度开放性特征的教学方式。这一项目改变了传统的教学方式，打破传统班级的边界，让不同学校学生彼此合作，试图建立无边界的、开放的学习体系。

6. 德育与学科融合性显著增强

北京"十二五"教育规划着重突出了学科德育的理念，要求推出不同学段、不同学科中小学生社会实践系列活动。"十三五"教育规划更进一步强调将社会主义核心价值观的育人目标和内容融入到学科教学中，强化课堂教学主渠道育人，提升综合育人效果。

7. 以广义校外教育观引导"打破边界"的改革

相比于学校教育，校外教育在尊重儿童个性化需求、满足学生的自主选择性等方面更加卓越，更有利于培养创新型人才。北京市"十三五"教育规划提出，要树立广义校外教育观，这是对课程与教学改革的观念和行动的突破。

落实广义校外教育观的主要举措有：一方面，购买社会资源的服务，为学生提供综合实践活动菜单式服务。[1]高校、科研机构、企业等作为"广义的校外教育资源"，是政府购买公共教育服务的"承接主体"。另一方面，《关于印发北京市基础教育部分学科教学改进意见的通知》提出"物理、化学学科将学生初中三年参与开放性科学实践活动的成绩纳入中考考试评价体系"。校外教育对北京课程与教学改革的支持力度远远超过了前期。

8. 构建多元化和发展性评价体系

《关于印发北京市基础教育部分学科教学改进意见的通知》"强调构建多元化、发展性的评价体系"，其要点包括：第一，小学阶段禁止统考、统测；第二，在中考方面，2018年，北京市《关于进一步推进高中阶段学校考试招生制度改革的实施意见》设计的改革方案包括：将初中毕业考试和高中招生考试"两考合一"，初中学业水平考试一考多用；坚持全开全学，全科开考；探索基于初中学业水平考试成绩、结合综合素质评价的招生录取模式。第三，在高考方面，2016年，北京市《关于印发北京市深化考试招生制度改革实施方案的通知》提出了建立高中学业水平考试制度和推进高等学校考试招生改革的系统方案。考试结构和命题内容贴近社会实际，贴近课程教学改

[1] 北京市教育委员会.北京市教育委员会关于印发北京市基础教育部分学科教学改进意见的通知[J].北京市人民政府公报，2014（31）：21-28.

革实际和学生生活实际，突出能力导向，增强试题的选择性和开放性，给学生创设更大的思考空间和展示个性才华的平台，着重考查学生独立思考和运用所学知识分析问题、解决问题的能力。为了配合高考综合改革，2017年7月，北京市教委印发《北京市普通高中学生综合素质评价实施办法（试行）的通知》，学生"思想品德、学业成就、身心健康和艺术素养"构成了学生综合素质的评价维度。

三、课程与教学改革的支持性政策

（一）政校关系改革纳入"治理体系现代化"的政策语境中

政校关系的改革是教育（学校）治理体系现代化的重要一环。北京"十二五"教育规划对此提出了"改变直接管理学校的单一方式，综合运用法律法规、方针政策、标准、公共财政等手段引导和支持学校发展"，包含了明确政府权责、扩大学校办学自主权、完善中小学管理制度等方面。"十三五"教育规划则进一步提出，"拓宽家长、社会组织等主体参与教育管理、评价和服务的渠道，完善多元参与、平等协商、合作共治机制"。政校关系的改革对基础教育课程与教学深化改革的影响主要包括以下几个方面。

1.鼓励学校课程与教学的创新

从2008年起，北京就开展了高中自主课程实验和高中特色建设项目。2014年，进一步提出"扩大学校办学自主权……鼓励学校结合自身实际，开展办学模式和育人方式的实践探索，在教材选择、课程设置、教学组织等方面大胆创新，努力办出自身特色"[1]。2015年，《北京市实施教育部〈义务教育课程设置实验方案〉的课程计划（修订）》提出了进一步扩大各区县和学校课程建设自主权的改革安排，学校能够自主选择课程、自主排课、自主决策课时安排等。2017年，北京市批准部分具备条件的高中阶段学校开展自主招生改革试点。

2.将中小学章程建设作为推进依法治校的抓手

从2015年起，北京就要求"积极推进依法治校，通过制定学校章程充分落实校长负责制"。2017年，北京市教委发布《关于推进中小学章程建设的意见》，提出将推进中小学校章程建设作为抓手，致力于构建现代学校制度体系，全面推进依法治教。

---

[1] 中共北京市委　北京市人民政府关于推进义务教育优质均衡发展的意见 [EB/OL].（2015-04-23）[2020-12-15]. http://jw.beijing.gov.cn/xxgk/zxxxgk/201711/t20171128_1445585.html.

3. 加强市级政府教育统筹力度有助于课程与教学改革的稳步推进

"十二五"教育规划就期望加大政府统筹力度，包括人才培养体制等方面的探索创新。"加强市级政府统筹力度"实际上是对已经形成的三级管理体制的一次微调。从课程与教学改革的角度看来，市级政府统筹有利于推进"社会大课堂"及"初中开放科学活动"等课程活动，有利于制定课程实施的标准规范，探索委托第三方管理开放科学活动具体事务的有效机制"。

（二）干部教师的培训与提升

干部教师的专业能力是达成课程与教学改革目标的关键，是全面提升首都教育现代化水平所需要的人才支撑。从"十二五"到"十三五"，北京干部教师培训的制度化、系统性进一步增强。

1. 队伍建设的目标升级

北京市教育两委《关于"十二五"时期中小学干部教师培训工作的意见》提出"努力建设一支师德高尚、业务精湛、结构合理、区域均衡、具有国际视野、充满创新活力的高素质专业化干部教师队伍"的目标。而"十三五"教育规划提出打造一支有理想信念、有道德情操、有扎实学识、有仁爱之心的高素质专业化教师队伍。

2. 加强培训的学术保障

"十二五"教育规划提出，成立北京市基础教育教师队伍建设专家指导委员会和北京市中小学干部教师培训专家委员会，研究制定中小学教师专业发展标准，为干部教师培训提供业务指导与政策咨询。"十三五"期间，校长专业标准也成为校长培训的基本依据。

3. 加强培训的系统性

"分层、分类、分岗"的培训体系建设贯穿始终，但突出了三个重点：第一，以推动"首都教育家"成长为目标，针对学科带头人、骨干校长和教师的高端培训；第二，针对农村地区和城市薄弱学校的干部、教师培训；第三，针对新任教师和干部的培训。

（三）聚焦疑难问题的教研支持

以《北京市实施教育部〈义务教育课程设置实验方案〉的课程计划（修订）》的颁布为起点，北京基础教育课程与教学改革的工作重心之一是"全面加强各级教育工作者的课程领导力"，要求使各级、各岗位的人员在课程改革的各方面能力得到全面提升。教科研工作主要面向这一点展开。

1. 优化义务教育阶段课程计划的区域落实方案

这一工作需要市、区和学校三级协作，并在学校最终落实。尤其是在开展学区化、集团化、学校联盟、小初高一体化等探索的背景下，如何推动各学校加强三级课程的整体设计，以提升课程品质，增强课程的适应性等。

2. 研究落实学生发展核心素养

通过每一学年的课程计划，指导学校厘清核心素养与育人目标的关系，进行学校办学理念和课程顶层的重新设计，开发学科能力目标、优化课程结构、推动教学改进，探索核心素养实现的评价标准等，推动学校建立学生能力培养体系。

3. 围绕高中课改开展重点、难点问题的教研

为落实国家普通高中的课程标准和课程方案，北京推动市区教科研部门围绕新课程实施中的重点和难点问题，特别是对学科核心素养、学业质量标准在实践中转化落地等问题加强研究，深入学校、深入课堂、深入师生开展实践研究，推动教学改革深化。[1]

4. 开展中小学发展项目活动

2014年，北京启动教科研部门支持中小学发展项目，推动市、区（县）两级教科研力量，包括北京教育学院和北京市教育科学研究院等机构，帮助项目学校整体提升办学水平和育人质量。教科研部门支持中学发展的主要内容为：教研员在中小学兼课、开示范课和研究课、组织教师培训、加强骨干培养、健全研修制度、开展教育改革实验等[2]，此后，还增加了"指导校本教研和科研"的内容。将教科研和培训工作落实到了学校现场，对新时期课程与教学改革起到了促进作用。

5. 推广课程与教学改革的经验

通过放权，鼓励区县和学校开展课程创新实验。在此基础上，北京市定期开展课程与教学改革经验交流会，通过表彰课改先进单位和先进个人，交流成功经验，带动更多学校的课程建设。

---

[1] 《北京市教育委员会关于实施教育部〈普通高中课程方案（2017年版）〉的课程安排指导意见》政策解读 [EB/OL].（2019-07-17）[2020-11-15].http://jw.beijing.gov.cn/xxgk/zfxxgkml/zfgkzcwj/zcjd/201912/t20191205_867193.html.

[2] 北京市教育委员会 北京市财政局关于印发《北京市高校、教科研部门支持中小学发展项目管理办法（试行）》的通知[EB/OL].（2015-01-11）[2020-11-15].http://jw.beijing.gov.cn/xxgk/zfxxgkml/zfgkzcwj/zwgkxzgfxwj/202001/t20200107_1563007.html.

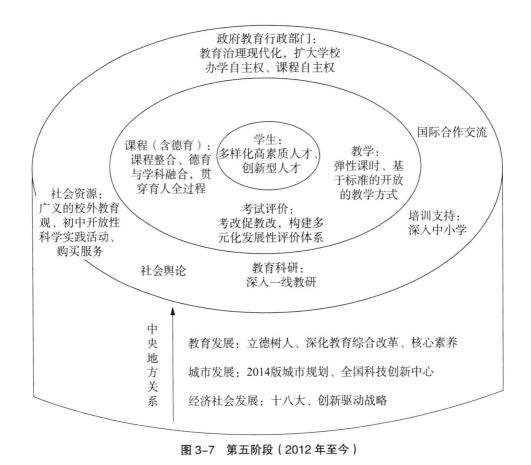

图 3-7　第五阶段（2012 年至今）

第七节　北京课程与教学改革的基本经验

改革开放 40 多年来，北京市基础教育课程与教学改革取得了长足进展。在区域经济转型格局和首都教育现代化发展的背景下，北京市基础教育在政策层面搭建了符合时代需要、以落实立德树人为根本任务的改革架构；培养目标逐步体现学生发展为本的理念，课程整合化、选择性及三级课程建设体系更加完善，以学生为主体的教学方法得到广泛认同和实践；考试评价制度着力于引导培养具有社会责任和创新精神的时代新人，社会资源体系开放格局形成，总体呈现出北京模式与特点。

一、改革理论的科学性

"首都教育现代化"的命题，首先要回答"教育为什么服务""培养什么样的人"等问题。这是课程改革的前提。改革开放后，教育的社会属性从强调为政治和阶级斗争服务，转变到为政治、经济、科技和文化等服务。随着北京市经济社会发展、产业结构更新和教育改革的不断深化，对创新型人才提出需求，学生主体性地位、个性发展理念越来越深入。此时，教育在为学生发展服务和为经济建设服务上实现了高度统一。北京市中小学校开展学生主体性教育的相关实验，丰富了课程与教学改革的内涵，体现在培养目标的改变上和改革实践中。

（一）从培养目标设置看，进一步突出学生主体性

从"较强的自学能力"（1980年）、"自我服务能力"（1987年）、"学会学习"和"全面发展自己"的能力（1997年）、"自主学习能力"（2001年）、"自主教育能力"（2006年）、"终身学习的愿望和能力"（2010年）到"生涯规划和自主选择能力"（2018年），不断更新培养目标的内涵，回应了不同阶段经济和社会发展的需求。

（二）从课程与教学实践中看，学生的主动地位不断增强

按儿童心理特点（1987年、1993年）、兴趣和爱好（1987年）开展教学不断得到强调，学生课程选择权的机制得以确立。如"为全市普通高中生提供现代科技选修课程""大力推进高中选修课的多样化，保障每个学生有机会选择适合自己的课程"；义务教育"校本课程着眼于发展学生的兴趣、爱好和特长，满足学生个性发展的需要"。学习方式应当促进学生将所学知识与实际生活相结合，考试要坚持以学生能否获得积极的学习体验和得到全面发展作为评价教学质量的主要标准。[1]这些都是首都教育逐步落实"以学生发展为本"、并与为经济建设服务相结合的过程，提升了改革理论的科学性，给改革提供了稳定的思想资源。

二、改革政策的首善性

"因地制宜"是创造性落实中央政策的过程，体现了北京市基础教育课程与教学改革的首善要求。

（一）改革表现出"率先"行动和"创新性"的特征

改革开放之初，按程度分班教学、在重点中小学进行教改实验比较超前。1995年，北京市率先开展21世纪基础教育课程改革实验。1997年，又率先进行素质教育探索，这两项改革为全国推进素质教育和课程改革积累了经验。2015年，北京市再次率先实施教育部《义务教育课程设置实验方案》提出的课程计划要求，是全国率先推进考试及课程教学改革的两个省市之一。这一系列"率先行动"，突出了首都教育的"创新

---

[1] 北京市教育委员会.北京市教育委员会关于进一步提高中小学教学质量切实减轻学生课业负担的意见 [J].北京市人民政府公报，2008（16）：21-24.

性"特质，体现了首都教育的风范。

（二）改革体现在因地制宜的推进行动中

北京市认识到本市各区县经济、教育等发展状况不一致，提出"在统一的教育方针和统一规划指导下，在学制、教学要求、教学内容、课程设置、办学形式等方面应该多样化"。北京市各区功能定位明晰后，各区注重将区域环境资源转化为学生"主动参与"和"探索"的学习资源，形成对课程与教学改革的环境支持力，共同构成一个均衡的"教育生态"[1]，这正是因地制宜原则的体现。例如，"国际化、现代化的中心城区"的东城区，着重建设科技、文化、健康和国际化四个领域的课程平台；朝阳区中央商务区的学校以优质、艺术、集团化和国际化为特色；门头沟区则构建以生态山水为核心的创新实践人才培养课程体系。

三、改革力量的系统性

改革是依靠各层级、各方面的力量推进和实施的，各主体发挥着不同而互补的作用。

（一）向区县放权

改革开放 40 余年来，北京市教育管理体制几经调整。改革开放初期，各郊区县就可以根据实际情况开设符合农村发展需要的职业课程，使用乡土教材。1985 年以后，分级管理的体制逐步稳定，区县对校长的干部管理权限加大，并负有纠正按分数对学校排名、改革课堂教学、提高教育质量的责任。第八次课程改革后，区县被赋予选用教材、开展改革实验的权力。这一权力在此后不断加大，从开发地方课程、指导学校课程开发，到制订区域课程改革规划、因地制宜调整地方课程设置，再到承担在三级课程架构中的课程开发和自主编写教材等。同时，北京市开始建设区县教育教学质量评价体系，将课程改革成效作为评价地方教育行政部门工作的重要指标。

（二）突出学校的主体地位

改革开放初期，北京市赋予学校自主开展教学改革的权力，重点学校更是自主开展多项改革试验。1985 年以后，学校教学改革、教学内容和教学进度调整的权力在加大，部分学校成为课程设置和教材内容改革的试点学校。

---

[1] 李奕，等.首都基础教育的战略转型与模型建构 [M].北京：教育科学出版社，2015.

在三级课程管理体制下，学校有了校本课程开发、自主安排课程的权力。北京市提出，学校要"在教材选择、课程设置、教学组织等方面大胆创新，努力办出自身特色"[1]。2014 年后，部分高中学校有了自主排课实验及自主设置招生改革试点的权力。总体体现了北京课程与教学改革重心下移、突出学校主体的特征。

（三）改革的支持体系逐步完善

首先是三级教研体系建设。1979 年，北京市就明确提出了教育科学研究在提高中小学教育质量中的重要作用。1981 年，北京教育学院设立教学研究部；1984 年，北京市教育科学研究所正式成立。两个机构都开展对区县和学校的教学研究指导工作。三级教研体系逐步成形，在指导学校备课、交流教学方法等方面发挥作用。新课程改革以后，学校作为改革的终端和主体，校本教研成为三级教研体系的重心。市、区两级围绕校本教研基地建设、推动校本教学研究发挥着重要的作用。校本培训、科研与校本教研紧密结合，充分支持了北京课程与教学改革。

其次是三级教师培训体系建设。市、区和学校三级教师培训体系建设是在 1979 年明确提出的。[2]1989 年，《北京市中小学教师继续教育暂行规定》发布，这是完成教师学历补偿教育后的重要文件，推动形成了以北京教育学院为龙头的三级培训网络。培训制度、培训对象和内容、教学方法和质量评估等不断完善，三级培训体系发挥越来越大的作用。

此后，北京市在每个"五年计划"期间都发布了教师继续教育工作的文件，思想政治素质、教学能力、科研能力、教育科技方法的应用能力成为培训的主要内容，分层分类培训逐步完善，培训方式不断创新，培训长效机制建设取得成效，三级教师培训体系进一步完善，形成了分工合作的格局。

（四）社会资源支持体系的建构

党的十一届三中全会以后，北京市恢复少年宫，鼓励社会办少年之家和儿童活动场所。此后，北京市基础教育课程与教学改革的社会资源支持体系建设经历了"学校教育与学校外、学校后教育并举"（1987 年）、"校外教育纳入学校教育计划"（2007 年）和"树立广义校外教育观"（2011 年）三个阶段。其建设理念与行动表明，北京市基础教育课程与教学改革不断扩大了优质教育资源，打破了学习边界，让学习在更广阔的空间发生。

---

[1] 中共北京市委　北京市人民政府关于推进义务教育优质均衡发展的意见 [EB/OL]. （2015-04-23）[2020-12-15]. http://jw.beijing.gov.cn/xxgk/zxxxgk/201711/t20171128_1445585.html.

[2] 李晨. 北京中小学教育若干问题的回顾 [M]. 北京：北京教育出版社，2001.

四、改革路径的双向性

一方面，自上而下设计改革框架，学校进行探索。另一方面，自下而上通过总结个体学校经验并在全市推广。双向性路径总体要求在学校形成经验，并对全局性产生重要价值。一是评选和表彰课程改革学校，为其他学校提供经验，引导学校形成以课程建设为特色的内涵式办学特色。二是建立课程改革的"基地"区域，对其他学校和其他区域开放。国家级校本教研建设基地的所有活动要向各区县开放，带动全市校本教研制度的建设。北京市教委建立基础教育课程改革实验区域推广研讨机制，及时交流区县推进课程改革的有效做法和专题研究的成果，对推广过程中的共性问题组织力量进行专题研究。三是通过向学术机构委托课题，形成学校和区县经验向全市辐射的机制。

2018 年，北京市教育大会提出，在 2020 年总体实现教育现代化目标基础上，首都教育开始"三步走"战略，提出了课程与教学未来改革的方向。在追求高水平现代化和高质量发展的新阶段，北京市基础教育课程与教学改革将坚持首都教育内涵，以培养能担当民族复兴大任的时代新人为目标，继续保持率先改革的勇气和创新活力，激发学校活力，提高育人水平，以服务首都经济和社会的发展。

第四章　北京基础教育教学改革的主要内容

第一节　育人目标演进

教育社会性是教育的根本属性，教育教学改革始终离不开对"培养什么人、怎样培养人、为谁培养人"这一根本性问题的回应。而其中，"培养什么人"即育人目标问题，是教育的首要问题。改革开放以来，因应国家战略需要、首都社会经济发展需要和人自身发展需要，北京基础教育教学改革的育人目标在变革与延续中演进。本节对40多年来北京市主要教育政策文本进行关键词提取与词频统计，描摹育人目标的维度框架，将其置于较为宏观的发展阶段深入理解，力图从文本显性话语分析中发掘北京教育教学改革育人目标的沿革脉络。

一、第一阶段（1978—1985 年）：为四化建设培养"合格劳动者"

1977 年，邓小平就指出："我们国家要赶上世界先进水平，从何着手呢？我想，要从科学和教育着手。"1978 年召开的十一届三中全会明确了以"调整、改革、整顿、提高"为基本方针，拉开了教育改革与发展的序幕。在这一背景下，我国社会主义教育进入了一个新的发展阶段。

随着改革开放政策的确立，物质文明和精神文明两手抓就成为建设中国特色社会主义的重要方面。相应地，社会主义现代化建设所需要的多种多样的人才就必须明确一个统一的基本要求。首都发展对合格劳动力及其数量的需求也越来越紧迫。归根结底，就是要培养出社会主义建设需要的人才。为此，要坚持贯彻全面发展的方针，"坚持'三好'，使学生在德、智、体几方面生动活泼、主动地得到发展"。邓小平多次提出"四有"，"使中小学生成为有理想、有道德、有文化、有纪律的一代新人"成为新时期的国家培养目标。在这一目标的指引下，北京市根据首都产业和社会发展的状况，不断丰富其内涵。

针对农村中小学，政策强调，"特别要研究解决如何使农村中小学教育更好地适应现代化农业建设的问题"，农村中学要"更好地适应农业生产发展的新形势和广大农民渴望文化科学知识的多种需要"[1]。这些政策表明，农村教育发展的关键在于能否为农村输出符合农业现代化需要的、足够数量的、合格的毕业生。城镇地区同样将"合格"放在重要地位。当时的招工政策实行就业预备制度，规定城镇的待业青年"必须具备初中毕业证书"，"凡文化程度未达到初中毕业的，都要按教育部门的有关规定进行文化补习，经考核已达到初中毕业程度的，才能列入招工范围"[2]。针对重点中小学，则有更高一些的要求，既要为高等院校输送合格新生，又要为各行各业培养优良的劳动后备力量[3]，要求学生毕业后无论升学或者就业都"表现好"。

总体上，"合格劳动力"可以作为这一时期北京基础教育培养目标的概括。具体来说，包括以下几个方面。

（一）身心健康要求

1979 年，北京就明确提出"中小学生正处在长身体、长知识的时期，必须兼顾他们的学习、工作和娱乐、休息两个方面"，因此，学校的教学要"保证学生每天至少有9 个小时的睡眠"[4]。但是，随着基础教育秩序的恢复，"由于学制缩短、教材加深、教师队伍素质下降、教学不得法、升学考试压力大等原因，许多学生特别是毕业班的学生课业负担过重，成年累月被上课、作业、考试、分数束缚得死死的，没有多少机会参加课外科技、文体活动和劳动，没有多少余力进行课外阅读和写作，没有多少自由支配和玩的时间"，这些情况已经"压抑了学生的学习积极性，以至于损害学生的身心健康"[5]。

重点学校的情况可能更为严重。1981 年，《北京市教育局关于办好重点中小学的几点意见》特别提出，学生质量包括了"坚持体育锻炼，体质不断增强，健康状况良好"的要求。该文也因此提出了对重点学校的要求是"要保证学生每天有足够的睡眠时间，力争有一小时的体育活动"。

---

[1] 《北京市人民政府印发关于〈加强和改革中小学教育更好地为首都的四化建设服务〉的报告的通知》（京政发〔1983〕160 号）。

[2] 同 [1].

[3] 《北京市教育局关于办好重点中小学的几点意见》（京政发〔1981〕19 号）。

[4] 《中共北京市委关于提高中小学教育质量若干问题的决定》（京发〔1979〕182 号）。

[5] 《中共北京市委办公厅印发刘导生同志在北京市中小学教育工作会议上的报告的通知》（京办发〔1982〕17号）。

（二）品德要求

这个时期一开始就提出的"培养学生劳动观点和习惯"的要求，表明"劳动"作为德育途径的重要性。系统梳理这一时期的政策文本，我们可以看出，对中小学生的品德要求主要包括："能模范地遵守学生守则，具有远大理想和良好的道德品质""具有良好的劳动习惯和一定的劳动技能"[1]。当然，提高学生在个人得失上的认识、识别是非的能力等，也是品德要求的重要内容。

（三）能力要求

学生毕业后具备必要的知识和技能，以符合产业发展的需要。在这一普适标准的基础上，重点学校的要求更加具体而明确："学生各科的学习均能达到教学大纲的要求，基础知识学得扎实、运用灵活，有较强的自学能力和分析问题、解决问题的能力。"针对分数至上、学生被动学习的状况，北京市提出教育部门和学校要推动改革，以利于"培养学生能力，发展学生智力，激发学生创造精神"[2]。

这些政策表述表明，一个"合格"的学生不仅要基础好，还要有自学能力、分析解决问题的能力、创造力等。也就是说，这些能力不是超越"合格"标准，而是"合格"的一部分。应该说，北京市基础教育有着非常超前的政策观念。

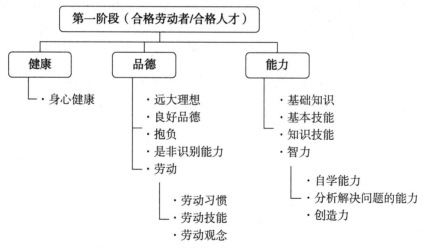

图 4-1　第一阶段（1978—1985 年）育人目标

---

[1]　《北京市教育局关于办好重点中小学的几点意见》（京政发〔1981〕19 号）。
[2]　同 [1].

二、第二阶段（1985—1994 年）：为现代化建设培养高素质劳动者

经过第六个五年计划之后，国家财政状况实现了初步好转。到 1985 年，我国开放格局基本形成。在产业结构上，经济体制改革的重心由农村开始转向城市，推进以城市为重点的全面经济改革，产业重心逐步由农业向工业及第三产业转移。经济改革与产业结构调整的关键在于人才。1982 年，邓小平就强调："搞好教育和科学工作，我看这是关键。没有人才不行，没有知识不行。"1983 年 9 月，邓小平为景山学校题词"教育要面向现代化，面向世界，面向未来"，"三个面向"为当时的教育改革指明了方向。这一教育改革与发展的共识不仅仅是"为 90 年代以至下世纪初叶我国经济和社会的发展，大规模地准备新的能够坚持社会主义方向的各级各类合格人才"，还提出了我国教育体制改革的方向和内容[1]，并写入《国家中长期教育改革和发展规划纲要（2010—2020 年）》序言。

进入社会主义建设的新阶段，国家提出了要培养"能够坚持社会主义方向的各级各类合格人才"，都"应该有理想、有道德、有文化、有纪律，热爱社会主义祖国和社会主义事业，具有为国家富强和人民富裕而艰苦奋斗的精神，都应该不断追求新知，具有实事求是、独立思考、勇于创造的科学精神"[2]。

1985 年 8 月 10 日，北京市委市人民政府印发的《关于贯彻落实中共中央关于教育体制改革的决定的规划和措施》标志着北京市的基础教育开始从"面向现代化"向"率先基本实现首都教育现代化"过渡的关键阶段。在"七五"计划开端之年，中共北京市委办公厅、北京市人民政府办公厅转发的《北京市中小学教育工作会议纪要的通知》中，提出了教育必须为社会主义现代化建设服务的办学指导思想，"实行义务教育的目的，在于培养合格的公民，造就社会主义建设需要的合格人才"[3]；"八五"计划的开端之年，当时的北京市教育工作会议再次提出，"首都教育事业正处在一个新的发展时期"，这个时期的最大特点是"实现工作重心由量的增长逐步转到质的提高上"[4]。

这个"质"，具体的含义在北京市历年文件中的表述逐步得到调整和澄清。第一，"全面发展"从"德智体"向"德智体美"和"德智体美劳"扩展；第二，培养的规格超越第一阶段的"合格劳动力"的标准，变得更加多元化。如果说 1985 年提出的"专

---

[1]《中共中央关于教育体制改革的决定》（1985 年 5 月 27 日）。

[2]《北京市人民政府印发关于〈加强和改革中小学教育更好地为首都的四化建设服务〉的报告的通知》（京政发〔1983〕160 号）。

[3]《中共北京市委办公厅、北京市人民政府办公厅转发北京市中小学教育工作会议纪要的通知》（京办发〔1986〕37 号）。

[4]《解放思想，深化改革，为把首都教育事业提高到一个新水平而努力奋斗——在北京市教育工作会议上的讲话》（1991 年 3 月 14 日）。

门人才"、1986 年提出的"合格人才"还比较笼统的话，1989 年针对农村教育提出的"以提高劳动者素质，培养中、初级专门人才为自己的根本任务"[1] 则更加具体。到 1991 年，北京市提出"教育事业既要为 90 年代和下个世纪的现代化建设提供大批优秀的人才和大量训练有素的劳动者"[2]。1993 年，北京市提出开展"以提高劳动者素质为目的的城市地区教育改革试验"。对"各种人才"的需要，反映了城乡差异、产业差异及产业升级所带来的对人才需求的差异。基于"中小学生是后续生产力""后备人才"的判断，我们可以认为，"高素质劳动者"可以作为这一时期总的规格。它提出了不同层面的要求，具体包括以下几方面。

（一）身心健康要求

要对学生进行爱国主义、集体主义和社会主义思想教育，近代史、现代史教育和国情教育；培养学生的改革开放意识和进取精神，坚持学生参加社会实践和生产劳动的制度……促进中小学落实"全面育人、办有特色"的办学目标。要注重培养"全面发展、学有特长"的优秀学生。[3]

（二）品德要求

品德要求总体上是以"四有新人"来统摄。在指出思想品德方面存在各种问题的基础上[4]，中小学生应该有远大的理想、明确的学习目的，关心别人，能够克服困难，具有良好的文明行为习惯、集体观念和法治观念等。"劳动教育"是培养这些品德的重要切入口，通过勤工俭学活动、与社会各类机构接触、开设"劳动技术课""职业指导课"等方式，培养学生的劳动观念、劳动思想和劳动能力，解决德育脱离实际的问题，提高中小学生思想品德。1993 年，根据《小学德育纲要》的要求，北京市提出了"培养学生良好的学习态度、学习习惯和意志品格，促使学生养成文明的行为习惯"的品德要求。

（三）能力要求

作为对"科技现代化"的回应，北京市这一时期将"科学文化素质"作为最为重

---

[1] 《深化农村教育体制改革，加快农村教育事业发展——陆宇澄同志在北京市农村教育工作会议上的讲话》，1989 年。

[2] 《解放思想，深化改革，为把首都教育事业提高到一个新水平而努力奋斗——在北京市教育工作会议上的讲话》（1991 年 3 月 14 日）。

[3] 《北京市教育局关于深化教育改革的几点意见》（1993 年 1 月 30 日）。

[4] 《北京市人民政府办公厅关于印发陈希同、陆宇澄同志在市农村教育工作会议上讲话（摘要）的通知》（京政办发〔1989〕1 号）。

要的能力之一。特别突出的一点是这一时期密集出台的关于校外教育的文件[1]，集中展示了对学生科学文化素质的追求。这一素质主要包括几个层面：科学的志向和理想；对科学技术的兴趣、爱好和特长；科学意识、科学能力和科学组织管理能力；实际操作能力、动口动手能力、科学观察分析事物的习惯；科学思维的能力、独立思考能力；实事求是的作风等。此外，学生的学习能力以及良好的择业观念都属于学生应该具有的能力。

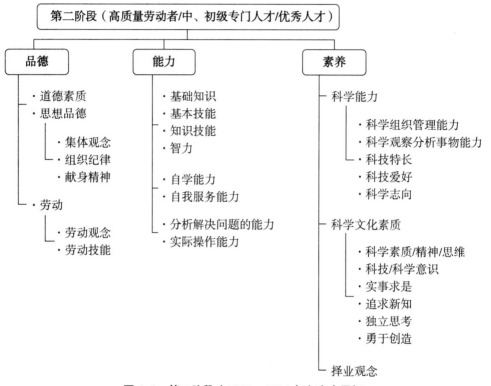

图 4-2　第二阶段（1985—1994 年）育人目标

三、第三阶段（1994—2001 年）：面向 21 世纪培养高素质专门人才

1992 年，中国共产党"十四大"正式确立了建立社会主义市场经济体制的目标。为加强和完善社会主义市场体系，1993 年发布的《中国教育改革和发展纲要》提出："到本世纪末，我国教育发展的总目标是：全民受教育水平有明显提高；城乡劳动者的职前、职后教育有较大发展；各类专门人才的拥有量基本满足现代化建设的需要；形

---

[1] 《北京市人民政府办公厅转发市教育局〈关于进一步开展中小学勤工俭学活动的请示〉的通知》（京政发〔1986〕140 号）；《北京市教育局关于颁发〈北京市、区（县）少年宫、少年之家工作条例〉的通知》（京教校字〔1987〕5 号）；《北京市教育局关于颁发〈北京市、区（县）青少年科技馆工作条例〉的通知》（京教备字〔1987〕6 号）；《中共北京市委办公厅、北京市人民政府办公厅转发北京市中小学教育工作会议纪要的通知》（京办发〔1987〕28 号）。

成具有中国特色的、面向 21 世纪的社会主义教育体系的基本框架。"这一表述确定了数量、质量、结构、机制与制度等几个维度，共同构成"教育现代化"的架构。

北京市将"教育现代化"纳入政策目标。《北京市国民经济和社会发展"九五"计划和 2010 年远景目标纲要》为北京市基础教育这一时期的任务提出了更好的站位和前瞻性："建设具有中国特色和首都特点的、面向 21 世纪的社会主义教育体系，推进教育的现代化。"在这一体系下，除了高标准实施九年义务教育、2000 年基本普及高中教育等发展性的任务以外，作为"重中之重"的基础教育要通过提高劳动者素质，"适应经济体制和经济增长方式的转变"。因此，更重要的改革任务是：积极推进教育改革，全面提高教育质量，"按照 21 世纪对人才的要求，改革课程设置和教学内容，加强学生德育和综合素质培养，改革教学管理和考试评估制度，促进学生德智体全面发展"。

在跨世纪的重大时间节点上，经济发展的内涵进一步向"知识经济"转化。回应1999 年第三次全国教育工作会议提出的"素质教育"要求，北京市 1999 年在《关于深化改革全面推进素质教育的意见》中提出，在跨世纪的重要历史时刻，加快首都社会主义现代化建设，实施以知识经济为方向、以发展高新技术产业为核心、以第三产业为主导的首都经济发展战略，"必须充分发挥教育的关键作用"。北京应该发挥科技、教育的优势，"成为国内知识创新和高素质人才培养的重要基地"。

1995 年，教育部发布了关于高中建设的三个系列文件。[1] 教育部文件提出，要办学模式多样化，要办"特色校""特色班"，培养"特长生"，"改变以升学为目标的单一的课程体系"，形成"学科类课程（包括公共必修课和多种选修课）和活动类课程"的课程框架，要求农村高中可以因地制宜"调整改革课程结构和教学内容"，改革教学方法，让学生成为学习主体并实现"个性发展"，等等。

在培养"德智体全面发展的社会主义建设者和接班人"的目的下，北京市对培养人才的定位逐步体现了"素质教育"的内涵。对农村教育而言，要"为建设社会主义现代化农村培养一代新型的建设者"；对全局而言，"北京作为伟大祖国的首都，是全国的政治和文化中心，应当按照中央的要求，充分发挥北京科技、教育的优势，成为国内知识创新和高素质人才培养的重要基地"[2]。总体上表现为"高素质人才"的目标要求。

（一）身心健康要求

普及教育任务完成后，作为学生素质的重要组成——学生的身体、心理素质要求就更加重要。为此，"要为全面提高学生素质提供必要的时间和空间"[3]，禁止节假日给

---

[1]《北京市教育局关于转发国家教委高中建设的三个文件的通知》（京教中字〔1995〕22 号）。

[2]《中共北京市委、北京市人民政府关于深化教育改革全面推进素质教育的意见》（1999 年 12 月 2 日）。

[3]《北京市人民政府办公厅转发市教委关于进一步推进中小学素质教育实施意见的通知》（1997 年 6 月 28 日）。

学生补课等，都是保护学生身体、心理健康成长的措施。同时，教育部关于高中教育的文件强调，"要解决课业负担重、忽视学生个性、影响青少年健康成长等弊端"[1]。

（二）品德要求

在品德要求方面，主要提出了包括思想道德水平、热爱家乡、具有强烈的使命感和责任感，等等。而"艺术素养"是用专门文件来提出的："进一步加强学习艺术教育，提高中学生的艺术修养，促进学生的全面发展"[2]

（三）能力要求

与"素质教育"相配合，基于发挥学生主体性、发展学生个性特长的理念，能力要求逐步转变为"以创新精神和实践能力为重点"，更加具体，包括了全面发展自己的能力、创新意识和实践能力、科学精神和人文素养等，与国家教委提出的要求学生具有"较强的自学能力和动手能力""初步的研究能力和创造能力"等，体现出一致的素质追求。

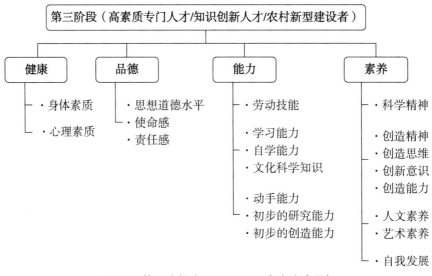

图 4-3　第三阶段（1994—2001 年）育人目标

四、第四阶段（2001—2012 年）：为推动首都现代化培养高素质拔尖人才

进入新世纪，全球化和信息化已经成为一个大趋势，尤其是加入世界贸易组织，

---

[1] 《国家教育委员会关于印发〈关于大力办好普通高级中学的意见〉的通知》（教基〔1995〕13 号）。
[2] 《北京市教育局关于我市普通中学的高中年级开设艺术课的通知》（京教政字〔1994〕5 号）。

对我国社会和经济发展的观念和方式都将带来重大影响。正是在这一背景下，教育的作用更加凸显，因为"人才是最宝贵的资源"，而"教育是培养人才的基础"，教育"对经济和社会发展具有先导性、全局性的作用，要适度超前发展"。"发展教育……着力推进素质教育，重视培养创新精神和实践能力，促进学生德智体美全面发展，提高人才培养质量。"2001年，北京市人民政府出台的《北京市人民政府贯彻国务院关于基础教育改革与发展决定的意见》明确提出确立基础教育在首都教育现代化建设中"重中之重"的战略地位，优先发展高标准、高质量的基础教育。

"教育的现代化"既是首都现代化的组成部分，也是首都现代化的前提和关键。因此，北京教育发展的步伐必须适度超前，要"率先基本实现现代化"[1]，这一要求在2005年得以进一步强调[2]，"首都教育"的概念开始出现。到"十一五"时期，首都经济进入新阶段，创新成为决定竞争力的主导因素之一，必须以科技进步推动产业升级，增强自主创新能力，同时注重转向制度创新，推动创新型城市的建设。因此，北京市提出通过科教兴国、人才强国战略来实施首都创新战略。

与此同时，按照党的"十五大"确定的"新三步走"战略，北京市也确定了城市现代化"三步走"的目标。在这一战略目标下，《首都教育2010发展纲要》所提出的"充分考虑区域、学校、教师和学生的发展实际，符合国家、地方、校本课程的目标定位"的课程改革思想，与城市规划中区县功能定位的内在逻辑是相通的。

2001年，在《国务院关于基础教育改革与发展决定的意见》提出"培养德智体美全面发展的社会主义事业建设者和接班人"这一教育总目的下，北京市提出的人才规格为"高素质人才"[3]，包含"高素质劳动者和专门人才"[4]"优秀拔尖创新人才"[5]等。"高素质"的内涵也更加全面，包括了良好的行为习惯、健康素质、人文素质、科学素质、公民素质和国际视野等。[6]超出了上一时期的"高素质"范畴，为基础教育课程与教学改革提出了新的价值导向。

（一）身心健康要求

在健康方面，北京市提出了"健康第一"的指导思想。"尊重学生身心发展规律"[7]是开展思想政治教育、心理健康教育的前提，并将其作为学生的生活方式和

---

[1]《中共北京市委北京市人民政府关于深化教育改革全面推进素质教育的意见》（1999年12月2日）。

[2]《首都教育2010发展纲要》（2005年8月26日）。

[3]《中共北京市委北京市人民政府关于实施首都教育发展战略率先基本实现教育现代化的决定》（2005年8月26日）。

[4]《北京市教育委员会关于印发北京市普通高中课程改革试验工作方案（试行）的通知》（京基教〔2007〕16号）。

[5]《北京市人民政府关于进一步深化基础教育改革提高教育质量和办学水平的意见》（京政发〔2010〕5号）。

[6]《北京市"十二五"时期教育改革和发展规划》（2012年5月15日）。

[7]《北京市人民政府贯彻国务院关于基础教育改革与发展决定的意见》（2001年8月22日）。

一种素质来对待。"坚持健康第一，培养学生良好的体育锻炼习惯和健康文明生活方式"。[1]

此外，北京市还提出了以学校体育工作机制建设保障体育课程的要求。北京"十一五"教育规划要求"落实'健康第一'的指导思想，保证每天一小时体育锻炼时间"[2]。为了减轻学生过重的课业负担，市教委要求"合理安排中小学生作息时间"，具体为"从 2008—2009 学年起，各中小学不得早于 8 点安排集体教育教学活动。各区县和学校必须保证小学生在校学习时间不超过 6 小时，中学生在校学习时间不超过 8 小时，从而保证学生充分的休息和睡眠"[3]。"十二五"规划指出，为了"全面提高学生的健康素质"，需要"建立健全学校体育工作机制"，"充分保证学校体育课和学生体育活动，确保学生每天锻炼不少于 1 小时。有效控制中小学生近视新发率的上升趋势，降低中小学生的肥胖率，提高学生的体质健康水平"[4]。

（二）品德要求

在全球化的背景下，学生应该具有什么样的品德特征？这一时期对学生品德要求的重点在于品德的完善，主要包括"学会做人"[5]"良好的行为习惯、深厚的文化底蕴、强烈的社会责任感和开阔的国际视野"等。高考要"培养学生的民族自豪感与历史使命感，形成开放的世界意识与深厚的人文情怀"[6]。

自 2005 年以来，美育与学生品德始终关联。要"将美育纳入学校教育全过程"[7]，通过学校的美育课程，培养学生"懂得真善美、知情义，塑造学生大爱、和谐的心灵"[8]，这也是学生品德的一部分。学校的美育工作逐步成为学生"人文修养、艺术素养"[9]的一部分。

（三）能力要求

贯穿这一阶段的对学生能力的要求聚焦于"创新精神"和"实践能力"两方面。2001 年政策就倡导"鼓励有创新精神与实践能力的学生脱颖而出"，并致力于"探索新型教学模式"，以有效培养学生创新精神与实践能力[10]；同时，改革教育教学方法，培

---

[1]《北京市国民经济和社会发展的第十一个五年规划纲要》（2006 年 1 月 20 日）。

[2]《北京市"十一五"时期教育改革和发展规划纲要》（2006 年 10 月）。

[3]《北京市教育委员会关于进一步提高中小学教学质量切实减轻学生课业负担的意见》（京教基〔2008〕16 号）。

[4]《北京市"十二五"时期教育改革和发展规划》（2012 年 5 月 15 日）。

[5] 同 [4]。

[6] 同 [4]。

[7]《中共北京市委北京市人民政府关于实施首都教育发展战略率先基本实现教育现代化的决定》（2005 年 8 月 26 日）。

[8]《北京市人民政府关于进一步深化基础教育改革提高教育质量和办学水平的意见》（京政发〔2010〕5 号）。

[9]《北京市中长期教育改革和发展规划纲要（2010—2020 年）》（2010 年 10 月）。

[10]《北京市人民政府贯彻国务院关于基础教育改革与发展决定的意见》（2001 年 8 月 22 日）。

养学生"欣赏、创造美的能力和社会实践能力",提高学生"运动技能水平",培养学生"团队精神和顽强意识"。

"创新精神"和"实践能力"主要有:学习能力(学习态度、学习习惯、终身学习的愿望和能力、学会学习的能力);思维能力(独立思考、创新思维);学思联系、统一的能力(将所学与实际生活、社会生活相联系,运用知识发现、分析、解决实际问题、综合问题的能力,并提出了实验能力和应用知识的策略和学科素养等。此外"外语听说能力"和"外语应用能力"也是其中的组成部分);参与社会生活的能力。

综合起来看,"首都教育现代化"蕴含了对"人的现代化"的理解和追求,这应该是这一时期培养目标的内涵所在。

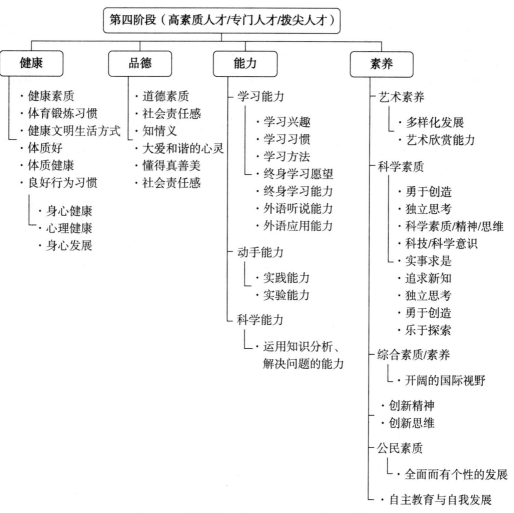

图4-4 第四阶段(2001—2012年)育人目标

五、第五阶段（2012年至今）：落实立德树人培养多样化创新型人才

2012年十八大报告提出了教育领域"把立德树人作为教育的根本性任务"的要求。国家"十三五"规划提出"深化教育改革，增强学生社会责任感、法治意识、创新精神、实践能力，全面加强体育卫生、心理健康、艺术审美教育，培养创新兴趣和科学素养"。

北京市国民经济与社会发展的"十三五"规划将这一时期定义为"重要战略机遇期"，明确了多方面的发展任务，都与基础教育发展建立了直接的关联，以此来表达基础教育的重要性。建设"和谐宜居之都"要求"基本公共服务均等化程度进一步提高"；建设全国科技创新中心要求强化创新型人才培养，因此要"构建符合创新型人才成长规律的生态圈。鼓励高校与中小学试点协同创新，实现创新课程、创新资源和创新项目的共享和互动，实现创新人才的阶梯化培养"。

这一时期，新的城市规划确定了"四个中心"和"和谐宜居之都"的城市定位。"全国科技创新中心"这一定位，可以向前延伸到第二版城市规划提出的"科技是第一生产力"，随后，"知识经济""新技术发展"等都与"创新"有关。因此，"创新"是贯穿北京城市经济发展和社会发展的核心词，且不断升级，相应地，城市发展对人才的需求也在不断升级。

创新驱动式的经济发展方式，以及经济结构的转型，所提出的对人才的需求较前几个发展阶段有了很大的变化。首都教育要"营造有利于学生全面成长和个体最优发展的育人环境，着力提升学生的综合素养"，"应用型人才、创新型人才培养能力进一步提高"[1]。"主动适应北京'四个中心'城市功能定位和国际一流和谐宜居之都建设对多样化高素质人才的需求"，"通过综合素质评价，促进学生全面而有个性发展"[2]。"多样化高素质人才"和"创新型人才"作为这一时期首都教育的总体规格，响应了国家国民经济和社会发展的"十三五"规划提出的"实施人才优先发展战略"所突出的"高精尖缺"人才培养导向。培养目标的内涵也因此发生了变化。主要表现在以下几个方面。

（一）身心健康要求

2012年修订的《北京市初中学生综合素质评价指标体系》设置了"体育锻炼、个人健康技能""身体形态""身体技能""身体素质"等几项指标来评价学生"身体健康"

---

[1] 《北京市"十三五"时期教育改革和发展规划（2016—2020年）》（2016年9月26日）。

[2] 《北京市教育委员会关于印发北京市普通高中学生综合素质评价实施办法（试行）的通知》（京教基二〔2017〕14号）；《北京市教育委员会关于做好2018年高级中等学校考试招生工作的意见》（京教计〔2018〕1号）。

状况。2015年强调了"全面实施阳光体育，增强学生体魄"[1]的要求，具体落实到了学生综合素质评价中。《北京市教育委员会关于印发加强和改进初中学生综合素质评价工作实施意见（试行）的通知》提出的"身心健康"的评价内容为："主要考察学生身体机能、健康生活方式、体育锻炼习惯、运动技能和心理素质等方面的情况；记录学生《国家学生体质健康标准》测试数据，参与体育运动的习惯、效果，掌握体育运动技能情况，以及自我认识、人际交往、应对困难和挫折等心理健康方面的情况。"[2]

而对普通高中学生综合素质评价的基础指标更加现代，为"运动与健康"，其中包括体育锻炼（习惯与方法）、卫生与保健（卫生习惯、保健习惯与方法）、体质健康（身体形态、技能与素质）三个大项。[3]

（二）品德要求

这一阶段对学生品德的要求中，突出了对学生"社会责任感"的培养，如初中生的综合素质评价要求"重点记录学生参与团队活动、主题教育活动和志愿服务等活动的次数和表现"。而对高中生则提出了"道德品质"和"公民素养"两个大项的要求，共同构成"思想品德"的指标内容。

初中生的"艺术素养"与高中生的"审美"两个指标都属于品德要求的一部分。尤其是"艺术素养"的内涵明确包括了传承中国传统文化的内容，更表明了这一点。

（三）能力要求

围绕学生"创新精神和实践能力"的培养，对学生的能力要求进一步提高。在2013年的《2014—2016年高考招考框架方案（征求意见稿）》中，就提出了要将学生个性化发展水平、逻辑思维能力、独立思考能力、发现分析和解决综合问题的能力、参与社会生活的能力等作为重点能力。此后，多份文件提出了要培养学生的合作沟通能力、审美情趣、创新意识、生涯规划和自主选择能力等。尤其是针对高中学生的生涯规划和自主选择能力[4]，文件要求"学校要配备学生发展指导专职教师"[5]。

2015年，北京市实施教育部《义务教育课程设置实验方案》的课程计划（修订），其中提到综合实践活动课程旨在"综合培养人文、科学素养，培育和践行社会主义核

---

[1] 《北京市教育委员会关于印发〈北京市实施教育部《义务教育课程设置实验方案》的课程计划（修订）〉的通知》（京教基二〔2015〕12号）。

[2] 《北京市教育委员会关于印发加强和改进初中学生综合素质评价工作实施意见（试行）的通知》（京教基一〔2016〕5号）。

[3] 《北京市"十三五"时期教育改革和发展规划（2016—2020年）》（2016年9月26日）。

[4] 《北京市教育委员会关于印发〈北京市深化高等学校考试招生制度综合改革实施方案〉的通知》（京教计〔2018〕20号）。

[5] 《北京市教育委员会关于做好新高考背景下普通高中教学组织管理工作的通知》（京教基二〔2018〕11号）。

心价值观，提高综合运用知识解决问题的能力、交流与合作的能力、创新意识与实践能力"。2016年，《北京市初中学生综合素质评价指标框架（试行）》在指导思想中明确"适应北京城市功能定位对高素质人才的需求"，"重点关注学生的社会责任感、创新精神和实践能力"，引导学生全面健康成长，形成适应终身发展和社会发展需要的必备品格和关键能力，确定思想道德、学业水平、身心健康、艺术素养、社会实践和个性发展等六个方面的评价内容。

值得一提的是，上述关于学生的身心健康要求、品德要求和能力要求等进一步融合为"核心素养"的内涵，逐步体现了对培养"完整的人"的追求。也就是说，"多样化高素质人才"和"创新型人才"应该是具有核心素养的人。这是一个改革观念上的深层次变革，对课程教学改革产生了深刻的影响。

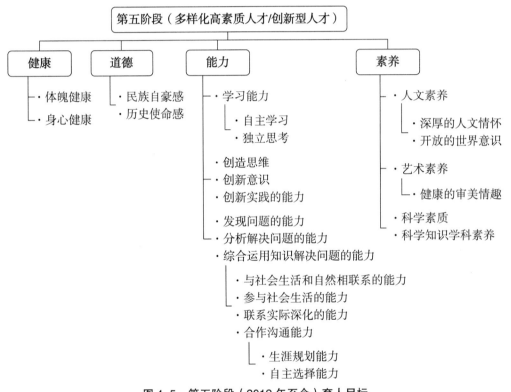

图 4-5　第五阶段（2012 年至今）育人目标

纵观五个阶段，育人目标兼具发展与稳定的双重特性。具体表现在：

一是坚持教育与社会实践相结合。突出体现在能力维度上，无论是"劳动技能""社会调查""知识运用"还是"实践能力""参与社会生活"等，都强调了教育与生产劳动、社会实践的天然联系，为社会生活作准备，为人的职业生涯和终身发展奠基。

二是坚持首善标准与北京特色。作为定位建成国际一流的和谐宜居之都的大国首都，首都基础教育教学改革的育人目标更具有前瞻性、先导性。从"合格劳动者""高质量劳动者"到"多样化高素质人才"，乃至前不久公布的北京教育"十四五"规划提出的培养"具有家国情怀、首都气派、国际视野、创新精神的高素质人才"，契合首都发展，以发展思维和系统观念革新育人规格。

三是坚守教育的人本价值初心。首都教育以人为本的价值取向，也是推动育人目标持续优化完善的基本遵循。从最初的能力、知识、健康到更为丰富的学习、素养、个性发展，从身体健康到身心健康，从自学能力到终身学习，从人文科学素养到公民素养……育人目标中"人"越来越立体，也越来越完整。

第二节　德育创新

一、德育目标、内容的传承与发展

（一）德育目标与四大德育领域的确立

新中国成立初期，我国中小学德育目标与基本内容以革除旧德育的影响、建设新民主主义文化教育和适应社会主义建设性质的政治功能为主。新中国成立后，我国中小学德育的目标和功能曾经在某段时间内主要依附于社会政治的需要。"文化大革命"期间，在"一切以阶级斗争为纲"的指导思想之下，中小学德育目标被严重扭曲，沦为"阶级斗争的工具"。党的十一届三中全会召开以来，中小学德育的育人功能才开始不断受到重视。1982 年，邓小平同志提出"四有"新人的人才培养目标，要求"培养有理想、有道德、有文化、有纪律的社会主义新人"[1]。由此奠定了基础教育的培养目标：全面培养合格的社会主义事业建设者和接班人。基于这一培养目标，1995 年北京市教育局在《关于进一步加强和改进中小学德育工作的若干实施意见》中确定了德育内容四大领域：以邓小平同志建设有中国特色社会主义理论和党的基本路线为核心的政治理论教育；以爱国主义、集体主义和社会主义为重点的思想政治教育；以日常行为规范、礼仪常规为重点的品德规范教育；以青春期健康教育为重点的心理素质教育。[2]此后学校德育工作的内容类别基本以此为框架，只是在具体内容要点上随着时代发展不断有传承与创新。

（二）社会主义核心价值观及发展

2007 年 11 月 23—24 日，北京市第二次中小学德育工作会议召开，时任北京市教委主任刘利民作了题为"坚持育人为本、德育为先，把立德树人作为教育的根本任务"

---

[1] 邓小平.邓小平文选（第二卷）[M].北京：人民出版社，1994.

[2] 北京市教育局，中共北京市委教育工作委员会.关于进一步加强和改进中小学德育工作的若干实施意见 [J].北京教育（普教版），1995（10）：21-23.

的工作报告（以下简称"报告"）。报告明确提出：今后一个时期首都中小学德育要紧紧围绕社会主义核心价值体系教育这个中心，以"奥运精神教育""学生社会实践活动的开展""建立学校、家庭、社区协同教育机制"为三项重点任务，并提出八项具体举措。报告提出"把社会主义核心价值体系教育融入教育教学活动中，充分发挥德育课程等各学科教育的指导作用，形成教育内容指导序列，着力培养青少年学生爱国、责任、诚信、奉献、尊重、合作等优秀品质"，这些都是党的十七大精神的具体体现。[1]

2012 年，中国共产党第十八次全国代表大会报告中提出了"三个倡导"，即"倡导富强、民主、文明、和谐，倡导自由、平等、公正、法治，倡导爱国、敬业、诚信、友善，积极培育和践行社会主义核心价值观"[2]。同年，北京市制定《北京市中小学德育工作行动计划（2012—2015 年）》，明确从现在起到 2015 年，北京市中小学德育工作的主要目标是：大力培育和弘扬"北京精神"，着力培养体现"北京精神"的首都青少年。[3]学习践行以"爱国、创新、包容、厚德"为主要内容的"北京精神"是北京市推进社会主义核心价值体系教育的重要抓手。

2017 年，北京市教委在印发教育部《中小学德育工作指南》的通知中，要求各区教委"丰富完善中小学德育内容"，其中重点指出："加强理想信念教育、社会主义核心价值观教育、中华优秀传统文化教育、法制教育、生态文明教育和心理健康教育等，引导中小学生树立理想信念，提升综合素养，培养关键能力，为成长成才、终身发展打下坚实基础。"

2021 年，首都教育坚持以德智体美劳五育并举培养时代新人。《北京市"十四五"时期教育改革和发展规划（2021—2025 年）》指出，首都教育落实立德树人根本任务，在"十三五"期间谱写了新篇章，始终牢牢把握为党育人、为国育才的初心和使命，坚持党的全面领导，遵循教育发展规律，不断探索有中国特色、首都特点的教育发展之路。

2022 年 4 月，新修订的《义务教育课程方案和课程标准》发布，完善了培养目标。全面落实习近平总书记关于培养担当民族复兴大任的时代新人的要求，结合义务教育性质及课程定位，从有理想、有本领、有担当三个方面，明确义务教育阶段时代新人培养的具体要求。[4]

[1] 关国珍. "一个中心""三项重点任务"规划首都中小学德育的新发展 [J]. 北京教育（普教版），2018（4）：7-8.

[2] 胡锦涛在中国共产党第十八次全国代表大会上的报告 [EB/OL].（2012-11-8）[2021-12-23].http://www.npc.gov.cn/npc/c30280/201211/815b1d46d81a45d48427939db41b2f58.shtml.

[3] 中共北京市委教育工作委员会、北京市教育委员会、北京市人民政府教育督导室关于印发《北京市中小学德育工作行动计划（2012—2015 年）》的通知 [EB/OL].（2012-07-19）[2021-12-20].http://jw.beijing.gov.cn/xxgk/zxxxgk/201602/t20160229_1445072.html.

[4] 教育部教材局负责人就《义务教育课程方案和课程标准（2022 年版）》答记者问 [EB/OL].（2002-04-21）[2022-06-12].http://www.moe.gov.cn/jyb_xwfb/s271/202204/t20220421_620066.html.

二、德育制度的顶层设计与重点推进

（一）德育发展的顶层设计

北京市在不同时期制订了德育发展规划，对学校德育工作进行顶层设计。

1996 年，北京市教委依据中央德育法规文件，综合各级各类学校德育工作实际，制订全市"九五"学校德育工作计划。主要内容包括："九五"期间学校德育工作指导思想、建立和完善三大德育体系、学校德育工作的总目标和七个重点工作目标，以及加强和改进学校德育工作的政策和措施等。

2005 年，根据新时期新情况，着眼于现在，展望未来，北京市教委印发《加强未成年人思想道德教育工作行动计划（2005—2010 年）》，确立了未成年人思想道德教育的工作目标：落实首都教育发展战略，构建与首都教育相匹配的德育工作新格局。根据这一行动计划，北京市首次正式建立起学生道德发展状况指标体系和测评机制，首次实行德育工作年报制度[1]，使德育工作建立起了自己的质量分析系统。

2012 年，中共北京市委教育工作委员会、北京市教育委员会、北京市人民政府教育督导室印发《北京市中小学德育工作行动计划（2012—2015 年）》。指出了德育工作的四项原则：一是体现时代要求。把握党和国家对我市中小学德育发展的时代要求，大力唱响爱党、爱国、爱社会主义的主旋律，着力推进中小学社会主义核心价值体系建设。二是突出首都特色。把握北京作为首都的特殊地位，发挥首都的特殊优势，着眼首都的特殊要求，着力形成首都中小学德育的品牌和特色。三是抓住重点环节。抓住推动全市中小学德育工作发展的关键领域和重点环节，夯实主渠道、主阵地，着力创新德育工作的体制机制。四是强化问题导向。实事求是地分析当前中小学德育工作中存在的不足、面临的困难和薄弱环节，着力破解德育领域的热点、难点和突出问题，增强德育实效性。[2]

2017 年市教委发布《北京市中小学养成教育三年行动计划（2017—2019 年）》，同时，公布《北京市中小学生行为习惯养成学段重点目标（试行）》（以下简称《重点目标》）。《重点目标》针对小学 1—2 年级、3—4 年级、5—6 年级、初中、高中五个学段，从思想情感、文明礼仪、遵纪守法、学习求知、生活卫生、健康安全、勤俭环保、志

---

[1] 北京市教育委员会关于建立中小学德育工作年报制度的通知 [EB/OL].（2008-03-17）[2021-12-20].http://jw.beijing.gov.cn/xxgk/zfxxgkml/zfgkzcwj/zwgkxzgfxwj/202001/t20200107_1562792.html.

[2] 中共北京市委教育工作委员会、北京市教育委员会、北京市人民政府教育督导室关于印发《北京市中小学德育工作行动计划（2012—2015 年）》的通知 [EB/OL].（2012-07-19）[2021-12-22].http://jw.beijing.gov.cn/xxgk/zxxxgk/201602/t20160229_1445072.html.

愿服务等八个维度提出了具体的行为习惯养成学段重点目标。[1]

2018年,《北京市人民政府履行教育职责自评报告》指出,北京市形成了《首都教育现代化2035》《推进首都教育现代化实施方案(2018—2022年)》《深化首都教育体制机制改革的实施意见》《关于全面深化新时代教师队伍建设改革的实施意见》的"4+N"政策体系。进一步完善了首都教育改革发展的顶层设计,形成了对首都德育工作的重要指导精神。

(二)重点德育工作的制度推进

1. 爱国主义教育

从改革开放到今天,作为全国政治中心,北京市向来非常重视对学生进行爱国主义教育,表现在以下两方面。

第一,由教育行政部门牵头持续发布爱国主义教育文件,并将"爱国主义教育第一课"制度化。1982年,北京市教育局发出《关于批判日本文部省篡改侵略中国的历史对师生进行爱国主义教育的意见》,激发师生们的爱国热情和民族自尊心。1983年,北京市教育局转发教育部《关于学习贯彻关于加强爱国主义宣传教育的意见的通知》,向不同年龄和不同知识水平的学生有计划、有步骤、有效地进行爱国主义教育。从1987年开始,在全市中小学恢复和建立升国旗、唱国歌制度。1995年,围绕贯彻落实中宣部等部委颁布的《爱国主义教育实施纲要》等文件,中共北京市委教育工作委员会和北京市教育局共同制定颁发了《北京市中小学贯彻爱国主义教育实施纲要的若干意见》[2]。2005年秋季新学年开学典礼,全市各中小学校抓住抗日战争胜利60周年的契机,以"唱响国歌"为主题,以"牢记历史、不忘过去、珍爱和平、开创未来"为主要内容对广大中小学师生进行了生动的爱国主义教育。此后,北京市教委要求每学年开学典礼全市中小学校都要上"爱国主义教育第一课"[3]。2019年,市委教工委、市教委专门印发了《北京市教育系统庆祝新中国成立70周年"我和我的祖国"爱国主义教育活动方案》,就加强爱国主义教育提出明确工作要求。

第二,将爱国主义教育纳入全市教育改革和发展规划纲要。2021年发布的《北京市"十四五"时期教育改革和发展规划(2021—2025年)》指出,要"深入持久开展爱国主义教育。贯彻北京市新时代爱国主义教育实施方案,深入开展以爱国主义为核心的民族精神和以改革创新为核心的时代精神教育。用好习近平新时代中国特色社会主

---

[1] 《北京市中小学养成教育三年行动计划(2017—2019年)》文件解读[EB/OL].(2017-09-06)[2021-12-20]. http://jw.beijing.gov.cn/xxgk/zfxxgkml/zfgkzcwj/zcjd/201912/t20191205_867062.html.

[2] 首都师范大学首都基础教育发展研究院.走向优质均衡的30年[M].北京:首都师范大学出版社,2009.

[3] 北京市教育委员会关于建立中小学校新学年开学典礼上"爱国主义教育第一课"制度的通知[EB/OL].(2008-03-17)[2021-12-21].http://jw.beijing.gov.cn/xxgk/zfxxgkml/zfgkzcwj/zwgzdt/202001/t20200107_1562223.html.

义思想在京华大地的生动实践，深入开展党史、新中国史、改革开放史、社会主义发展史学习教育。紧扣庆祝建党 100 周年、迎接党的二十大等历史节点，深入开展爱党、爱国、爱社会主义教育。用好中国共产党早期革命活动（北大红楼）、抗日战争（卢沟桥和宛平城）、建立新中国（香山革命根据地）等红色文化资源，广泛拓展爱国主义教育途径"。

2. 行为规范及礼仪教育

日常行为规范的养成与文明礼仪教育是德育的重要内容，北京市进行了系列德育制度建设。

第一，行为规范教育制度建设。早在 1979 年北京市就颁发了《北京市中学生守则（草案）》和《北京市小学生守则（草案）》，对中小学生思想品德、学习、身体锻炼、劳动和日常生活行为提出最基本的要求。1987 年，北京市颁布了《北京市中小学生日常行为规范》。2002 年，北京市教委修订《北京市中小学学生守则》和《北京市中（小）学日常行为规范》，删除原第 20 条"遇到坏人坏事要主动报告、敢于斗争"中"敢于斗争"四个字，增加"文明上网""保护环境"等内容。2003 年，依据《公民道德建设实施纲要》，北京市重新修订并颁布《北京市中小学生守则》和《北京市中小学生日常行为规范》。2004 年，北京市教委再次修订两项文件，增加了诚实守信、考试不作弊、网络文明、珍爱生命、远离毒品、心理健康等内容。[1] 2016 年，北京市教委制定了《北京市中小学生日常行为规范（修订）》，其内容涵盖了中小学生日常行为的主要领域，从学习生活到社会交往，从个人习惯到公共生活规则，突出了导向性、针对性和可操作性等特点，对进一步落实立德树人根本任务和社会主义核心价值观教育，加强和改进中小学行为规范教育具有广泛和深远的意义，彰显了浓浓的北京特色。北京市根据不同时期的实际情况，及时修订中小学生行为规范，体现与时俱进、德育创新的指导思想，有利于青少年学生在新的不断变化的环境下健康成长。

第二，文明礼仪教育制度建设。改革开放以来，北京市在文明礼仪教育方面不断出台新举措。1979 年，市教育局编写宣传提纲并制定了《中小学生、师范学生仪表的规定》，尝试探索文明礼仪教育新思路。1993 年颁布《北京市中小学生礼仪常规》，明确了学校礼仪、家庭礼仪和社会礼仪三部分共十条。1996 年为落实《首都市民文明公约》和《首都市民文明守则》，市教委颁布《关于在大中小学生中落实〈公约〉和〈守则〉的几点意见》，明确"日常行为讲规范，人际交往讲礼仪，社会活动讲公德，自身修养讲文明"和"争做现代文明北京人"的"四讲一做"近期目标。2005 年制定并全面实施《2005—2008 年首都青少年学生"情系奥运，文明礼仪伴我行"主题宣传教育

---

[1]　首都师范大学首都基础教育发展研究院 . 走向优质均衡的 30 年 [M]. 北京：首都师范大学出版社，2009.

实践活动方案》，提出首都中小学生十个文明形象要求。[1]2008 年市教委要求全市中小学继续深入开展"情系奥运，文明礼仪伴我行"主题教育实践活动。2011 年市教委转发落实教育部《中小学文明礼仪教育指导纲要》，并于 2012 年发布《关于在全市中小学开展文明礼仪教育活动的通知》，以"培育和弘扬北京精神，做文明有礼的首都青少年"为主题，集中 9 月一个月时间，开展文明礼仪教育活动。2013 年市教委印发《关于在全市中小学进一步深入开展文明礼仪教育活动的通知》，落实十八届三中全会"坚持立德树人，加强社会主义核心价值体系教育，完善中华优秀传统文化教育"。

3. 身心健康教育

学生身心健康是德育的主要目标，身心健康教育是德育的重要内容。为此北京市主要做了以下工作。

第一，加强控烟教育和禁毒教育。1995 年市教委颁发了《关于禁止中小学生吸烟的几点意见》，命名 30 所中小学为"无烟学校"。2003 年北京市开展了中小学生吸烟状况调查、青少年法制教育和预防青少年违法犯罪情况分析、非常时期德育工作调查，形成《北京市中小学生吸烟状况报告》等调研成果。针对吸食毒品现象从社会开始扩散到个别青少年的现象，北京市高度重视对青少年进行预防毒品教育。1998 年 6 月 24 日，北京市教委召开青少年毒品预防座谈会，开展毒品预防教育。2002 年北京市向各中小学配发《世纪之患》禁毒教育光盘和《中小学生禁毒教育挂图》，全市有八所学校被评为全国中小学毒品预防教育活动示范校。[2]

第二，加强学生心理健康教育。1987 年北京市在全国率先将心理素质教育列入德育内容。[3]1999 年市教委转发教育部的《加强中小学心理健康教育通知》，要求各区县要制订本地区心理健康教育计划，并受教育部委托在中小学开展心理健康教育研究与实验工作。2000 年，北京市启动中小学心理健康教育"三年实验方案"。2001 年，北京市开展全市心理健康教育工作调研，起草《学校心理健康教育指导纲要（实验稿）》。2002 年，市教委分别在西城、崇文、宣武和石景山四个实验区召开心理健康教育研究与实验工作展示交流会，推广 13 个市级心理健康教育实验区和 294 所心理健康实验校研究与实验的成果和经验。2004 年制定《北京市中小学心理健康教育工作纲要》，要求利用网络与区县沟通情况、交流信息，开展"落实十六大精神，推动德育创新大讨论"，通过网络为学生提供心理服务。2012 年，北京市转发教育部《中小学心理健康教育指导纲要（修订）》，要求学校心理健康教育要关注随迁子女融入、独生子女教育、青春期教育、考前辅导、生涯指导等学生成长和发展中容易出现的各种现实问题，提

---

[1] 首都师范大学首都基础教育发展研究院 . 走向优质均衡的 30 年 [M]. 北京：首都师范大学出版社，2009.

[2] 同 [1].

[3] 蓝宏生 . 深化改革，全面提高中小学德育工作水平，为首都社会主义精神文明建设做出贡献 [J]. 北京教育（普教版），1995（9）：2-5.

高教育的针对性。2014 年市教委发布《北京市中小学心理健康教育工作纲要（修订）》，明确了北京市小学低年级、小学中年级、小学高年级、初中、高中不同发展阶段学生心理健康教育的内容要点。2020 年市教委发布《北京市中小学生心理体检与心理危机干预试点工作实施方案》，组织开展中小学生心理体检与心理危机干预试点工作。2021 年，为落实《教育部办公厅关于加强学生心理健康管理工作的通知》，北京市教委就有关心理健康管理工作提出了明确细化的要求。

第三，制定健康教育指导纲要。2019 年 7 月 10 日，为贯彻落实中共中央、国务院印发的《"健康中国 2030"规划纲要》和中共北京市委、北京市人民政府印发的《"健康北京 2030"规划纲要》，依据教育部发布的《中小学健康教育指导纲要》，北京市教委发布《北京市中小学健康教育指导纲要（试行）》[1]，立足北京市中小学实际情况，细化教育部《中小学健康教育指导纲要》的内容体系，突出了社会发展动态背景下中小学生心理和生理发展过程中的新问题及应对策略。

4. 法制教育

改革开放 40 多年来，北京市出台了一系列法制教育方面的文件，组织了多种多样的活动进行法制教育，培育了学生的法治理念、法治思维和法治信仰。表现在以下两方面。

第一，持续加强法制教育制度建设与法制教育活动。1982 年 12 月，北京市教育局在印发《关于对中学生宣讲新宪法的几点意见》中指出法制教育的目的是"使学生认识遵守新宪法的必要性，增强执行新宪法的自觉性，以实际行动维护新宪法的尊严，逐步树立法制观念，同一切违反新宪法的言行作斗争"。2000 年，市教委颁发《关于进一步加强青少年法制宣传教育工作》和《关于转发〈关于将"为了明天——预防青少年违法犯罪展览"图书挂图作为法制教育重要内容的通知〉的通知》，召开预防青少年违法犯罪交流会，交流法制教育经验。2001 年市教委发布《进一步加强和改进法制教育工作的意见》，2003 年又针对青少年学生违法犯罪率不断上升的趋势，提出预防未成年人违法犯罪的六条措施，对预防未成年人违法犯罪起到了极大的作用。[2]

第二，依托宪法日、宪法周开展宪法教育。2014 年，国家确立 12 月 4 日为国家宪法日，12 月 4 日所在周为宪法宣传周。2019 年 12 月 4 日，为庆祝第六个国家宪法日，引导广大青少年学生自觉成为宪法的忠实崇尚者、自觉遵守者、坚定捍卫者，构建尊重宪法和法律权威、崇尚法治精神，北京教育系统"国家宪法日"主题活动在石景山区青少年活动中心举行，展现了首都教育系统营造学法氛围、推进法治教育的

[1] 北京市教育委员会关于印发《北京市中小学健康教育指导纲要（试行）》的通知 [EB/OL].（2019-07-12）[2021-12-20].http://jw.beijing.gov.cn/xxgk/zxxxgk/201907/t20190715_1447281.html.
[2] 首都师范大学首都基础教育发展研究院. 走向优质均衡的 30 年 [M].北京：首都师范大学出版社，2009.

坚实脚步。[1]

5. 可持续发展及爱国卫生教育

保护环境，形成良好的卫生习惯，促进人类可持续发展是德育的重要内容之一，为此首都教育进行了特色制度建设。

第一，可持续发展教育的制度建设与研究落实。2007年，北京市教委印发《北京市中小学可持续发展教育指导纲要》[2]，指出通过开展可持续发展教育，促进中小学生形成有效参与可持续发展所需的科学知识、价值观念、行为习惯和生活方式。具体目标包括：一是培养中小学生尊重生命、尊重他人、尊重社会、尊重自然的可持续发展价值观、责任感与行为方式。二是培养中小学生树立关爱环境、珍惜资源、维护生物多样性的意识与价值观，帮助他们逐步形成保护环境、节约资源、促进生物多样性发展的科学生活方式与行为习惯。三是培养中小学生弘扬中华优秀传统文化的责任感，引导中小学生尊重文化多样性，理解与尊重不同民族、国家、地区的文化，珍惜人类共有的文化遗产，养成与各民族、国家与地区人民友好交往的文明素养和交往能力。四是培养中小学生逐步树立以人为本，全面、协调、可持续的科学发展观，形成关注和解决社会、文化、环境与经济可持续发展实际问题的责任意识与初步能力。2013年，时任北京市教委副主任的罗杰主持并完成全国教育科学"十一五"规划课题《可持续发展教育区域推进策略研究》[3]。通过课题研究和实践探索，北京市形成了可持续发展教育促进基础教育改革与发展的运行机制和实践经验，在全市基础教育阶段融入了可持续发展理念。

第二，新时期爱国卫生教育制度建设。2015年，北京市教委在《转发教育部贯彻落实国务院关于进一步加强新时期爱国卫生工作意见的通知》中对全市爱国卫生工作提出如下六项要求：一是完善爱国卫生管理体系建设；二是加强改水改厕，营造卫生、健康的校园环境；三是加强培训，提高学校开展健康教育的教学能力和管理水平；四是全员参与、常抓不懈，全面开展教育系统控烟工作；五是关口前移，家庭学校协同开展传染病防控工作；六是加强培训宣传，确保中小学生在校就餐及食品安全。[4]2020年，北京市教委印发《深入开展新时代教育系统爱国卫生运动工作方案》，确定了九项重点任务：健康教育行动、传染病防控行动、校园环境改善行动、食品安全行动、节

---

[1] 弘扬宪法精神，厚植爱国主义情怀——市委教育工委市教委组织2019年北京教育系统"国家宪法日"主题系列活动[EB/OL].（2019-12-04）[2021-12-20].http://jw.beijing.gov.cn/jyzx/jyxw/201912/t20191205_1415118.html.

[2] 北京市教育委员会关于印发.北京市中小学可持续发展教育指导纲要（试行）的通知[EB/OL].（2007-12-26）[2021-12-22].http://jw.beijing.gov.cn/xxgk/zfxxgkml/zfgkzcwj/zwgkxzgfxwj/202001/t20200107_1562780.html.

[3] 全国教育科学"十一五"规划课题"可持续发展教育区域推进策略研究"成果报告暨专家咨询会召开[EB/OL].（2013-03-29）[2021-12-22].http://jw.beijing.gov.cn/jyzx/jyxw/201602/t20160217_632421.html.

[4] 转发教育部贯彻落实国务院关于进一步加强新时期爱国卫生工作意见的通知[EB/OL].（2015-05-05）[2021-12-22].http://jw.beijing.gov.cn/xxgk/zxxxgk/201601/t20160129_1443600.html.

能光盘行动、垃圾分类行动、控制烟草行动、厕所革命行动、健康促进行动。[1]2021年，《北京市"十四五"时期教育改革和发展规划（2021—2025年）》明确"广泛开展生态文明教育和可持续发展教育"等要求。

三、德育资源的整合与拓展创新

（一）依托社会大课堂的实践育人体系和资源建设

北京作为全国政治中心、文化中心、国际交流中心，具有得天独厚的条件，为学校德育提供了系列资源。可以将首都丰富的博物馆、展览馆、艺术馆、纪念馆及其他文化场所，首都的历史、地理、文物，大自然的山川、草木等纳入德育资源的视野。为此，2008年根据《北京市关于进一步加强中小学社会大课堂建设与应用》的要求，市教委在首都博物馆正式启动"中小学生社会大课堂建设工程"。社会大课堂是一项面向学生、服务学生、惠及学生的政府实事工程。这个名称也体现了这项工程的立意："课堂"体现了鲜明的教育特征，"社会"表明这个课堂来自社会，"大"体现课堂的广阔性和丰富性，也就是说要集中全社会的优质资源来办教育。北京市十六个区的资源分布并不均衡，即使是同处城六区，各区也存在较大差异。但是，在社会大课堂的工作中，每个区都做出了自己的特色，犹如百花竞放，各自芬芳。

经过十年探索，截至2018年，社会大课堂市区两级资源单位数量达到1300余家，涵盖了学生成长所需要的多个领域，为学校实践育人提供了更丰富的途径。2018年，北京市教委发布《关于依托社会大课堂完善中小学实践育人体系的指导意见》，将现有各项实践活动整合为中小学生社会大课堂实践活动和课后服务两类实践活动。社会大课堂实践活动主要依托社会大课堂资源开展，包括综合素质提升工程、"四个一"活动、开放性科学实践活动、综合社会实践活动、学工学农活动、郊区学生游学、志愿服务、创新人才培养项目以及研学旅行活动。课后服务主要是利用校内场地、设施条件开展的实践活动，包括义务教育课外活动计划，学校组织开展的社团活动、兴趣小组等课后活动以及看护服务。[2]

依托社会大课堂，北京市形成了具有首都特色的实践育人体系：2014年9月，市教委正式启动北京市中小学"四个一"活动[3]：全市每一名中小学生至少参加一次天安

---

[1] 北京市教育委员会关于印发《深入开展新时代教育系统爱国卫生运动工作方案》[EB/OL].（2020-09-29）[2021-12-22].http://jw.beijing.gov.cn/xxgk/zfxxgkml/zfgkzcwj/zwgzdt/202009/t20200929_2103313.html.

[2] 《关于依托社会大课堂完善中小学实践育人体系的指导意见》政策解读[EB/OL].（2018-09-29）[2021-12-28].http://jw.beijing.gov.cn/xxgk/zfxxgkml/zfgkzcwj/zcjd/201912/t20191205_867180.html.

[3] 《北京市支持乡村学校发展若干意见》的政策解读[EB/OL].（2016-07-19）[2021-12-25].http://jw.beijing.gov.cn/xxgk/zfxxgkml/zfgkzcwj/zcjd/201912/t20191205_867151.html.

门广场升旗仪式，分别走进一次国家博物馆、首都博物馆、中国人民抗日战争纪念馆，深化了理想信念教育、爱国主义教育和革命传统教育；随后启动的"学农""游学"项目，形成"远郊区县学生到城区学校游学"和"城区初中学生到郊区学农"的实践育人新格局；综合社会实践活动和开放性科学实践活动，为学生创新精神、实践能力和社会责任感的培养提供了资源支持。

（二）初中实践活动管理服务平台

为了促进学校坚持立德树人的正确导向，强化实践育人功能，引导学生积极、主动参与社会实践，在实践中开阔视野、学习知识、培育情感、增强能力，提高人文素养，切实培育和践行社会主义核心价值观。2015年，北京市启动"综合社会实践活动"和"开放性科学实践活动"（统称初中实践活动），并自2018年起纳入相关科目的中考原始成绩。市教委开发了"北京市初中实践活动管理服务平台"（网址：kfsj.bjedu.cn）对学生参加活动的情况进行管理、记录和考核。

初中"综合社会实践活动"[1]坚持"实践导向、综合培养、过程参与、多元评价"的原则，结合初中思想品德、历史、地理等学科落实"中小学各学科平均应有不低于10%的课时用于开展校内外综合实践活动课程"的要求，围绕"国家、社会、个性发展"等三个层面和"加强国家认识"等32项考核要点及62个主题活动开展，活动形式不拘一格、灵活多样，学校和学生可以自主选择。

初中"开放性科学实践活动"[2]旨在为学生提供更加精准、个性化的学习服务。截至2015年11月1日，经过专家评审的851个活动项目已经上线，这些活动项目涵盖自然与环境、电子与控制、健康与安全、结构与机械、能源与材料等。不同区县、学校的学生可以根据实际情况，通过自主选课、团体预约和送课到校三种方式在"北京市初中实践活动管理服务平台"上进行选课预约。对于远郊区县学生，还将由30个流动实验基地提供50个活动项目送教到校。

（三）初中"学农"和"游学"项目

2015年10月17日，北京市教委启动并实施了初中生到郊区进行"学农"教育项目。[3]"学农"教育实践活动是北京市全面实施素质教育，促进学生身心健康和全面发展的重要举措，是培育和践行社会主义核心价值观的实践载体，也是转变育人方式和

---

[1] 北京市教委组织开展初中综合社会实践活动 [EB/OL].（2015-12-28）[2021-12-19].http://jw.beijing.gov.cn/jyzx/jyxw/201601/t20160126_629704.html.

[2] 线联平主任调研初中开放性科学实践活动 [EB/OL].（2015-11-26）[2021-12-19].http://jw.beijing.gov.cn/jyzx/jyxw/201601/t20160126_629747.html.

[3] 北京市学农教育项目介绍 [EB/OL].[2021-12-24].https://www.bvca.edu.cn/xnjy/zjjd/xmjs.htm.

人才培养模式的有效途径，通常在初二上学期进行。通过活动培养学生的劳动兴趣，磨练学生的意志品质，激发学生的创造力，促进他们尽快形成良好的劳动习惯和积极的劳动态度，明白"生活靠劳动创造，人生也靠劳动创造"的道理，为他们终身发展和人生幸福奠定基础。

2015年起，北京市启动远郊区学生到城区学校游学项目。上千名深山区初一年级学生从中受益。为了让乡村学校学生更多地获益，在组织远郊区学生到城区优质学校参加游学活动过程中，进一步创造条件，拓宽范围，精心组织，丰富体验，重点支持乡村学校初中学生参加游学活动，适应初中教育"宽"的要求，拓展乡村学生的视野。[1]

实施"远郊区县学生到城区学校游学"和"城区初中学生到郊区学农"项目是北京市推进教育综合改革、培育和践行社会主义核心价值观、促进教育优质均衡发展的创新举措，是市级引导性项目，通过项目示范作用，引领区县、学校和教育基地共融共享优质教育资源，创设全面实施素质教育的氛围，让更多的学生有机会走进优质学校，走进社会大课堂资源单位、走进学农教育基地，开展实践体验式学习。[2]

（四）数字德育

北京市中小学数字德育网（网址：moral.bjedu.cn）于2004年10月22日正式启动。网站初期分为心理百科、心情故事、幸福花季、开心父母、心理论坛、教师园地等八个板块，设置有德育政策、德育信息、情感加油站、青少年与法、学生天地、德育工作者园地等栏目。[3]数字德育是北京市以服务学生需求为主体内容、多个品牌栏目支持运行的寓教于乐的网上活动平台，被中央督查组称为德育创新的重要举措。[4]网站在促进学校德育工作、加强和改进未成年人思想道德建设方面发挥了积极的作用。同时，网站正在形成一些具有首都德育特色的品牌栏目。2022年4月，网站常设家庭指导、心理健康教育指导、师生在线心理咨询、网上家长学校以及活动专题五个板块，提供了家庭教育微课、心理健康指导、家庭教育专家库、培育社会主义核心价值观优秀少儿影片等一系列丰富的教育资源。

[1] 《北京市支持乡村学校发展若干意见》的政策解读 [EB/OL].（2016-07-19）[2021-12-20].http://jw.beijing.gov.cn/xxgk/zfxxgkml/zfgkzcwj/zcjd/201912/t20191205_867151.html.
[2] 市委常委、市委教育工委书记苟仲文同志调研游学和学农项目实施情况 [EB/OL].（2015-10-22）[2021-12-19].http://jw.beijing.gov.cn/jyzx/jyxw/201601/t20160126_629784.html.
[3] 北京市中小学德育网成为青少年心育平台 [EB/OL].（2006-04-06）[2021-12-20].https://news.sina.com.cn/o/2006-04-06/15238632246s.shtml.
[4] 付江泓，徐志芳.首都德育：思想引领下的创新、求实、发展——透过北京市第二次中小学德育工作会议看首都德育 [J] 北京教育（普教版），2008（1）：12-14.

四、德育推进路径的首都特色与创新

（一）以三全育人理念推进大中小幼一体化德育

2017 年，教育部颁布的《中小学德育工作指南》提出："着力构建方向正确、内容完善、学段衔接、载体丰富、常态开展的德育工作体系，大力促进德育工作专业化、规范化、实效化，努力形成全员育人、全程育人、全方位育人的德育工作格局。"全员育人强调德育主体的广泛性，包括教师、家长、教育行政人员和社会大众，要动员一切教育力量参与其中。全程育人强调德育行动的完整性，要从片段、零散的活动定位、学段本位中走出来，指向学生的终身发展。全方位育人，强调德育工作的系统性，学校德育是一个为国家和民族培养人的重大事业，是一个系统工程。2021 年 9 月，《北京市"十四五"时期教育改革和发展规划（2021—2025 年）》继续提出要扎实推进"三全育人"，构建市委统一领导、各部门主动参与、全社会关心支持、优质资源全方位供给的育人大环境，大力推进全国"三全育人"综合改革试点区建设。

2018 年，北京市成立学校德育研究会，这是全国第一个以贯穿全日制教育、全学段学校德育工作为研究对象的学术团体组织，有效落实了 2017 年中共中央办公厅、国务院办公厅《关于深化教育体制机制改革的意见》中"构建以社会主义核心价值观为引领的大中小幼一体化的德育体系"的要求。北京市学校德育研究会聚焦新时代学校德育工作纵向衔接、横向贯通的重大理论和实践问题，推动了大中小幼一体化德育体系建设在首都的生动实践。例如，举办系列专题培训，研制《北京市大中小幼学校一体化德育研究项目指南》《北京市大中小幼学校一体化德育体系建设指导纲要》，协同首都文明办、团市委、市妇联等相关部门力量共同指导学校德育，举办"讲述我／我们的育人故事"征文演讲活动，在《北京教育》开设"北京市大中小幼一体化德育体系建设研究"专栏介绍相关理念和生动案例等。

2019 年初，北京市委教育工委在工作计划中明确提出"制定《北京市大中小幼学校一体化德育体系建设指导纲要》，推进大中小幼一体化德育体系建设"，这是在全国首次提出要制定建设大中小幼一体化德育指导纲要。同年，《北京市大中小幼一体化德育体系建设研究项目指南》《北京市大中小幼一体化德育体系建设研究项目管理办法（试行）》和 46 项一体化德育研究项目相继发布。2021 年，北京市委教育工委、市教委印发《北京市大中小幼一体化德育体系建设指导纲要》，这是全国省级教育部门第一份关于大中小幼一体化德育体系建设的文件。未来，北京市将在科学规划一体化德育内容、优化一体化德育方法、整合一体化德育资源、配齐建强一体化德育队伍、完善一体化德育评价、强化一体化德育协同等九大方面 17 项工作中，全面加强大中小幼一体化德育体系建设，不断提升立德树人实效，推进首都学校德育工作高质量发展。[1]

（二）强化全学科德育功能

改革开放后，北京市教育系统纠正了"文化大革命"中过分强调在课堂教学中实施德育，提出摆正思想教育与知识教学的辩证统一关系，寓德育于各科教学之中。1979 年 7 月，北京市教育局颁发《关于对中学生进行四项基本原则宣传教育的意见》，要求从 1979—1980 学年度第一学期起，语言、历史等文科课程要结合教学进行宣传教育。1988 年 4 月，教育局颁发《北京市加强与改进中小学学科教学的意见》，对中小学各科教学均提出了具体化的德育目标。例如，在语文教学中，要"坚持语文教育与思想教育的统一，寓思想教育于语文教育之中"；在数学教学中，要"重视培养学生良好的个性品质和学习习惯"等，其余各学科也给出了具体指导意见。2001 年，北京市教委制定并实施《中小学学科教学渗透德育工作规划》，推动学科德育工作的开展。[2]

2005 年市教委颁布《关于进一步加强中小学学科教学中德育的工作意见》，为教师教学提供宏观性的教学导向，为学科德育的研究与实验奠定了坚实的基础。为了落实文件并切实回答以下问题：每个学科如何依据教学内容挖掘德育点？实施学科德育的途径有哪些？如何评价学科德育实施的效果？北京教育科学研究院基础教育教学研究中心为 27 个中小学学科研制了在全国具有首创意义的《中小学各学科德育指导纲要》，明确了学科德育范畴，以表格的形式着重分析、挖掘每一部分教学内容可能承载的德育点及德育目标，并提出了教学活动及教学资源建议，列出了具有一定代表性的学科德育案例片段，对一线教师教书育人具有实践指导价值。[3]

《北京市"十四五"时期教育改革和发展规划（2021—2025 年）》再次明确完善德育一体化实施机制，把立德树人融入思想道德教育、文化知识教育、社会实践教育各环节。充分发挥课堂教学的主渠道作用，创新教学方式，严格落实德育课程。充分挖掘各学科课程蕴含的德育资源，强化全学科德育功能。

（三）促进家校社协同育人

家庭教育、学校教育、社会教育，作为教育的三大支柱，互为补充，不可替代，缺一不可，三者形成合力，才能更好地推动教育发展，实现立德树人的目标。"十四五"开局之年，《北京市"十四五"时期教育改革和发展规划（2021—2025 年）》就指出，全面加强学校、家庭、政府、社会协同育人工作。鼓励学校开放办学，完善公众参与

[1] 北京市出台大中小幼一体化德育体系建设指导纲要 [EB/OL].（2021–08–14）[2021–12–20].http://education. news.cn/2021–08/14/c_1211331400.htm.
[2] 首都师范大学首都基础教育发展研究院 . 走向优质均衡的 30 年 [M]. 北京：首都师范大学出版社，2009.
[3] 贾美华 . 首都特色学科德育的实践探索 [J]. 北京教育（普教版），2013（8）：6-7.

学校议事、监督和反馈意见的制度和渠道，密切学校与家庭、社会的关系。加强家校沟通，通过家访、家长学校、家长会、家校委员会等形式深化家校合作。推动建立家长志愿服务、家长义工等机制，引导家长积极参与学校管理、支持学校建设、参与学校教育教学活动。深入开展家庭教育指导，帮助家长树立正确教育观念，掌握科学的育人理念和方法。家校协同加强中小学生作业、睡眠、手机、读物、体质的管理，促进学生健康成长。加强部门协同，引导社会各界主动承担教育职责，参与学校育人，为青少年健康成长营造良好氛围。

北京市历来重视家庭教育指导。"十三五"期间，北京市制定了《关于指导推进家庭教育的五年规划（2016—2020 年）》，颁布了《北京市关于进一步加强中小学家庭教育指导服务工作的实施意见》，把握首都城市战略定位，明确家庭教育的工作目标和重点任务，构建家庭教育新格局。2017 年，启动"北京市家庭教育与家风建设"项目，以"提升家庭教育服务质量、创新家庭教育指导模式、促进家庭教育精准服务"为目的，以"线上指导服务、线下分类培训"为手段，整合社会资源，注重队伍建设，面向全市中小学、幼儿园及职业学校学生家长，提供家庭教育精准指导服务。2021 年，北京市组织召开家庭教育与家风建设工作会，总结了"家庭教育与家风建设"项目实施以来的成就，并明确未来发展方向：北京市的家庭教育与家风建设工作应站在新的历史起点上谋划新未来。深入学习领会习近平总书记关于家庭教育的重要论述，充分认识家庭教育在构建终身教育体系中的重要地位，着力推动社会主义核心价值观融入家庭教育全过程，积极应对"双减"背景下家庭教育出现的新问题和新变化，持续完善家校协同的良性机制。[1]

第三节　课程改革

一、课程建设改革历程

改革开放以来，北京市课程改革建设工作大致经历了四个阶段。第一阶段为1978—1984 年，属于秩序恢复期；第二阶段为 1985—1998 年，属于探索酝酿期；第三阶段为 1999—2010 年，属于构建首都基础教育课程新体系时期；第四阶段为 2011 年至今，属于深化首都基础教育课程改革阶段。

---

[1] 北京市家庭教育与家风建设 2021 年工作推进会召开 [EB/OL].（2021-09-18）[2021-12-22].http://jw.beijing.gov.cn/jyzx/jyxw/202109/t20210918_2497101.html.

（一）第一阶段（1978—1984 年）：秩序恢复期

随着在 1978 年全国教育工作会议上邓小平指出"教育要更好地为社会主义建设服务，要求全面部署恢复整顿教育秩序"，以及"三教"（教学计划、教学大纲、教科书）统一模式的恢复，我国正式进入了全面恢复教育教学秩序期。1978 年 1 月起，《全日制十年制中小学教学计划试行（草案）》《全日制小学暂行工作条例（试行草案）》《全日制中学暂行工作条例（试行草案）》《全日制六年制重点中学教学计划试行草案》《小学教学计划》等系列政策的颁布，标志着我国中小学从学制、课程到教材开始回归正轨，进入了全面秩序恢复时期。

在这一背景之下，1979 年北京市根据教育部的要求提出：要按照统一规定的教学计划、教学大纲和教材进行教学。这实际上正是对"三教"统一模式的恢复。在整个恢复期阶段，北京市在响应上级行政部门相关要求的同时，也对北京市中小学的课程设置提出了新要求。

1980 年，在北京市人民政府批转市文教办公室《关于当前中等教育结构改革的几点意见》的通知中指出：逐步在普通高中增设职业（技术）教育课，学习科目由学生自己选择。1983 年，由于北京城市规模较大，"城乡之间，远郊和近郊之间，经济特点不同，生产发展水平不同，人民群众的需要不同，教育基础和办学条件相差也很悬殊。在这种情况下，中小学教育不可能都采取一个模式"，因此北京市提出"普通高中可以试行两种不同的教学要求，农村中学可以增设某些课程和教材，在办学形式上，也可以多样化，办得有自己的特色，使它们更好地适应农业生产发展的新形势和广大农民渴望文化科学知识的多种需要"。而农村的初中"要坚持统一性和多样性相结合的原则，因地制宜，开设职业技术课或增加乡土教材，或延长一年学制举办技术培训班"[1]。总体而言，这一阶段是在恢复教育教学基本秩序的基础上，在中小学适当增设区域或者校本课程，同时也提出了最初的高中选修课思路，即"学习科目由学生自己选择"，以保证各地区和不同学段的教育质量。

（二）第二阶段（1985—1998 年）：探索酝酿期

自 20 世纪 80 年代中期起，我国社会政治经济进入改革开放的全面发展时期，教育领域也随之开启一系列改革探索。随着《关于教育体制改革的决定》（1985）、《义务教育法》（1986）、《现行普通高中教学计划的调整意见》（1990）、《九年制义务教育全日制小学、初级中学课程计划（试行）》（1992）、《中国教育改革和发展纲要》（1993）

---

[1] 《北京市人民政府印发关于〈加强和改革中小学教育更好地为首都的四化建设服务〉的报告的通知》（京政发〔1983〕160 号）。

等政策文件的颁布，我国基础教育阶段的课程改革进入了全新的探索期，与此同时，国家层面对义务教育阶段课程和普通高中课程也分别提出了要求。

伴随着国家相关教育政策及课程改革行动的推进，北京市也开启了课程改革的探索之路。这一时期更加强调学生德智体美劳的全面发展，也更强调学生培养由"应试教育"转向"素质教育"，由此北京市在课程结构和内容方面作出一系列调整。针对不同阶段的培养目标，在课程内容方面进行了相应调整：为增强学生动手能力，小学开设"自然观察课与实验教学"。1989年北京市教育局发文要求小学加强自然观察课与实验教学。[1]1993年，北京市教育局着手推动实验教学的普及工作，强调"实验教学是现代中小学教育的重要组成部分，是培养面向现代化、面向世界、面向未来的一代社会主义事业建设者和接班人的基础环节。对学生进行德智体美劳全面发展的教育，使他们成为思想品德、文化修养、劳动技能和个性特长均得到良好发展的社会主义需要的公民"。

为"保证初中毕业生合理分流，保证培养专门人才学校所需的学生来源"[2]，初中开设职业指导课。1994年，北京市要求在本市初级中学开设职业指导课，使学生初步了解社会职业状况，了解自身心理素质特点，树立较为正确的择业观念，以利于初中毕业生的合理分流。这一课程的设置"占用劳动技术课的课时授课"，与该课程相关的社会调查、参观访问等活动"在社会实践活动时间进行"[3]。

与此同时，北京市的另一项举措在于对校外教育资源的开发融合。为落实《中共中央关于教育体制改革的决定》中关于"学校教育与学校外、学校后教育并举"的要求，并落实"全国校外教育工作会议"精神，北京市于1987年4月25日至26日召开了校外教育工作会议。1992年，北京市专门召开了"中小学科技教育工作座谈会"，会议纪要表明，课外科技活动在城镇地区的绝大部分中小学、农村地区的部分中小学得以开展，以天文到生物等为主要学科领域、以中小学课外科技小组为基础、以专业辅导队伍为支撑的中小学科技教育的格局已经形成。[4]校外教育资源的开发，为校内课程资源作了有益补充，同时也为实现学生素质教育提供了新路径。

在课程管理方面，随着教育体制改革的推进，一方面新的国家政策提出国家课程和地方课程两级课程管理安排，为区域留出了地方课程开发的空间；另一方面北京市也将学校课程教学改革的权限下放，实行校长负责制，进一步扩大了学校课程改革的自主权，为最初的校本课程提供了发展契机。

---

[1] 《北京市教育局关于加强自然观察课与实验教学的暂行办法》（京教备字〔1989〕2号）。

[2] 《北京市人民政府办公厅转发市人才规划办公室〈关于北京市（地方）专门人才"七五"培养规划和后十年人才培养规划设想的报告〉的通知》（京政发〔1985〕143号）。

[3] 《北京市教育局关于本市初级中学开设职业指导课有关问题的通知》（京教中字〔1994〕1号）。

[4] 《北京市教育局关于印发〈北京市中小学科技教育工作座谈会纪要〉的通知》（京教校字〔1992〕8号）。

（三）第三阶段（1999—2010 年）：构建首都基础教育课程新体系时期

1999 年 6 月，中共中央国务院发布的《关于深化教育改革全面推进素质教育的决定》将我国推入素质教育改革新阶段，同时也确定了课程改革的基本方向与整体结构。2001 年教育部颁布的《基础教育课程改革纲要（试行）》和《义务教育课程设置实验方案》，则标志着我国由国家—地方两级课程管理进入国家—地方—学校三级课程管理的时代，学校也由此被赋予了新的课程开发及管理自主权。

这一阶段，北京市在 1996 年的《北京市国民经济和社会发展"九五"计划和 2010 年远景目标纲要》中提出："积极推广现代教学手段和先进教育方法，为在全国率先实现教育现代化奠定基础。"1999 年 12 月，《中共北京市委北京市人民政府关于深化教育改革全面推进素质教育的意见》出台，文件提到："动员全社会重视教育，优先发展教育，在全国率先实现教育现代化。"2004 年，北京市召开了进入新世纪以来的第一次教育工作会议，正式提出了"首都教育"的概念。[1]2005 年制定的《首都教育 2010 发展纲要》《关于实施首都教育发展战略率先实现教育现代化的决定》，确立了"首都教育"观念，通过"实施首都教育战略"以"率先基本实现教育现代化"。由此，"首都教育现代化"成为北京教育这一阶段的主要目标。

这一阶段所颁布的《北京市实施教育部〈义务教育课程设置实验方案〉的课程计划（试行）》（2004）、《北京市教育委员会关于进一步落实义务教育新课程计划的若干意见》（2006）、《北京市基础教育课程改革实验工程实施方案（义务教育阶段 2006—2010 年）》（2006）等政策，使北京市义务教育阶段和普通高中课程改革推进到实战阶段，一系列课改试验正是在这一阶段全面铺开的。

2010 年 6 月发布的《北京市人民政府关于进一步深化基础教育改革 提高教育质量和办学水平的意见》中提出"到 2012 年，基本构建起适应素质教育要求的首都基础教育体系和人才培养模式，教育质量和办学水平显著提高"这一总体目标。针对课程改革提出的要求为："课程改革进一步深化，学生综合素质得到全面提升，学生课业负担明显减轻。"同时也指出具体路径为："深化课程改革，完善课程设置方案。着力建设具有首都特色的现代化基础教育课程体系，加快修订和颁布基础教育各学科课程指导意见。落实三级课程管理制度，赋予学校充分而合理的课程自主权。"这一文件的颁布，既为北京市基础教育课程改革第一个九年周期实验画上了圆满的句号，也为未来课程改革持续深化确定了方向。

总体而言，第三阶段北京市取得的最显著的成绩便是形成了"北京实践模式"，正如李奕所指出的："北京的经济、社会、文化等对教育的发展有着独特的要求，这就

---

[1]　李奕，等 . 首都基础教育的战略转型与模型建构 [M]北京：教育科学出版社，2015.

需要在制定区域改革框架时，要在国家的基本规定基础上进行本土化的设定，换言之，就是要在改革推进中形成北京自己的实践模型。'北京实践模型'包括四个关键词，即理念、设计、对象、推进。"[1]

（四）第四阶段（2011 年至今）：深化首都基础教育课程改革阶段

2014 年，随着《教育部关于全面深化课程改革落实立德树人根本任务的意见》《国务院办公厅关于新时代推进普通高中育人方式改革的指导意见》《中共中央国务院关于深化教育教学改革全面提高义务教育质量的意见》等政策文件的颁布，我国在课程标准、课程类型、课程形式、课程管理等方面作出了新的尝试，尤其是选课走班制、综合实践活动课程等的提出，让我国课程改革呈现了前所未有的新样态。

根据《国家中长期教育改革和发展规划纲要（2010—2020 年）》及《国务院办公厅关于开展国家教育体制改革试点的通知》的要求，北京市成为多项改革试点，并成为"深化基础教育课程、教材和教学方法改革"的重点地区。

2011—2013 年，北京市的课程与教学改革进入继续深化的阶段。《北京市教育委员会关于做好 2010—2011 年度基础教育课程教材改革实验工作的意见》中提出要"努力构建符合素质教育要求，具有首都特色的基础教育课程实践模式"，明确这一阶段主要任务为"规范课程管理，提高课程建设的质量"，文件对学校开设多样化选修课及三级课程体系管理机制的建立提出要求，同时也指出"加快研制义务教育阶段三级课程内容整合指导意见"。可见，这一阶段的课程改革的方向开始聚焦多样性与整合性。

《北京市教育委员会关于做好 2011—2012 学年度基础教育课程教材改革实验工作的意见》提出"在已有实验的基础上，将再选拔一批学校开展自主排课实验"，"各区县要根据市级课程规划要求，研究制定本区县课程建设规划，在充分保证学校、教师的课程开发权、学生的课程选择权的基础上，加大管理力度，规范学校课程建设"，同时文件中也指出"对已开设的区县地方课程，要认真分析与国家课程之间，以及地方课程自身存在的部分内容简单重复、交叉、割裂等问题，并依据课程规划进行优化整合"。北京市的课程改革开始由关注内容转向关注"人"，如教师的课程开发权、学生的课程选择权，同时进一步强调课程的整合化与多样化，与此同时也为选课走班制埋下伏笔。

2014 年的《北京市基础教育部分学科教学改进意见》、2015 年的《北京市实施教育部的课程计划（修订）》《北京市实施教育部〈义务教育课程设置实验方案〉的课程计划（修订）》、2018 年的《北京市教育委员会关于做好新高考背景下普通高中教学组织管理工作的通知》、2019 年的《北京市教育委员会关于实施教育部〈普通高中课程方案（2017 年版）〉的课程安排指导意见》都是北京市推动基础教育课改的重要文件。这一

---

[1] 李奕. 基础教育课程改革中的"北京实践模型"[J]. 北京教育（普教版），2014（5）：5-6.

阶段，北京市在重新定位"以学生为本"理念的同时，也给予区域和学校更大的课程自主权，实现了"市级统筹，一体多元"[1]。

二、北京 21 世纪课程改革

纵观北京地区的课程改革历程，第三阶段和第四阶段正是北京市 21 世纪课程改革的生动呈现。而在这一阶段，北京围绕"首都教育现代化""首都特色的基础教育课程实践模式"等关键目标展开了一系列行动。

（一）义务教育课程改革

北京地区义务教育阶段的课程改革最初主要聚焦于并行与并轨。在全国"九五"教育科研规划教育部重点课题"义务教育课程改革研究"的基础上，北京市研制了自己的九年义务教育新课程方案、课程标准和实验教材，即"北京市 21 世纪基础教育课程教材"。2001 年秋季，北京市以此为基础，在全国第一批正式启动基础教育课程教材改革实验，在 11 个区县的两万名小学一年级学生中开始实验新课程方案、新课程标准和实验教材。2002 年秋季，其他区县的小学一年级学生也陆续进入新课程。与此同时，海淀、宣武、延庆三个区县作为国家基础教育课程改革试验区进行实验。由此，在北京形成了两个试验并行的状态。

2004 年以后，北京市按照教育部要求，对实验方案加以调整，将北京市实验工作完全纳入国家课程改革体系。市教委 2004 年发布《北京市实施教育部〈义务教育课程设置实验方案〉的课程计划（试行）》，这一课程计划对义务教育阶段的课程设置、课程安排等进行了详细规定，并指出："综合实践活动是国家规定的必修课……旨在使学生通过亲身实践，关注生活和社会问题，增强社会责任感，提高收集与处理信息的能力、综合运用知识解决问题的能力、交流与合作的能力、创新意识与实践能力。"同时也对地方课程和校本课程的实施提出要求："地方课程是由区县开发的在本区县范围内统一开设的课程。校本课程是由学校开发的在本校开设的课程。地方和校本课程可以用于与国家课程相关的选修课程。地方和校本课程的课时可以与综合实践活动的课时结合在一起使用，可以分散安排，也可以集中安排。"这一课程计划的推进既是对新一轮课改中所强调的课程均衡性、综合性和选择性的落实，同时也为北京市全面推进素质教育、实现首都教育现代化奠定了基础。

2006 年 6 月，北京市教育委员会在《北京市教育委员会关于进一步落实义务教育新课程计划的若干意见》中指出，"从 2005 年秋季的起始年级起我市小学和初中已全

---

[1] 杨德军，江峰. 聚焦基础教育课程改革 70 年——以北京市的实践经验为例 [J]. 基础教育课程，2019（17）：7–17.

部进行基础教育课程改革实验"，这标志着北京市已开始将课改实验的范围由试点单位和试点地区推行到了全市范围。该文件主要是针对北京市在落实义务教育新课程计划、深入推进基础教育课程改革实验工作中所产生的问题提出相应的建议，其中重点对三级课程管理、地方课程和校本课程建设工作提出了要求，如"加快地方课程和校本课程建设工作，尽快形成北京市义务教育新课程体系"，同时对地方课程内容作出规定："按照教育部和北京市有关要求，中小学应利用地方课程课时开设环境与可持续发展专题教育、毒品预防专题教育等课程。"

同年 9 月，依照《首都教育 2010 发展纲要》和《北京市"十一五"时期教育发展规划》，北京市教育委员会制定并发布的《北京市基础教育课程改革实验工程实施方案（义务教育阶段 2006—2010 年）》提出："到 2010 年，北京市义务教育阶段的基础教育课程改革将完成第一个九年周期的实验。"该文件也明确提出"实现首都中小学教育教学的整体优化，满足首都人民对优质教育的需求，达到 2010 年北京市在全国率先基本实现教育现代化的既定目标"这一整体要求。文件中还对"建设义务教育新课程体系、教材体系和课程资源体系工程"提出新要求，并提出转变教育观念，树立并落实"以学生发展为本"的教育观。此外，该文件也指出"积极引导学校建立健全基础教育课程改革管理体制，提高学校对课程管理的自主管理能力"。

2015 年《中共北京市委关于推进义务教育均衡发展的意见》中提出"完善义务教育课程设置方案，深化国家课程、地方课程和校本课程整合，推进国家课程校本化，实现课程在内容、功能、课时方面的融合互通"。课程内容和课程管理上都更强调一种融合互通的思想，如鼓励学校统筹安排原有综合实践活动和学科实践活动，整体建设国家课程、地方课程、校本课程，避免交叉、重叠。这一时期所提出的融通问题和最初实行三级课程管理时期有所不同，实行三级课程管理的初期，主要通过分头落实的方式，各级根据国家课程改革政策总体要求进行试行。而在三级课程管理机制逐步完善后，逐渐出现各级课程间的交叉、重叠问题，于是课程的体系化与整合化成为了课程改革的关键点，这也是这一时期倡导课程融通性的主要原因。

2015 年，北京市教育委员会印发的《北京市实施教育部〈义务教育课程设置实验方案〉的课程计划（修订）》的通知中指出"学校在选择性课程的实施中，有自主选择的权力；10% 的学科实践活动在内容和学时的安排、教师和学生共同主导课程开发、学校自主决策机动周和大小课及长短课的课时、学校可以自主排课等"，赋予学校更大的课程自主权，这对于凸显区域和学校的课程领导力、创新力和课程特色具有重要意义。

总体来看，北京市义务教育阶段课程改革总体呈现以下特点：

一是凸显课程的融通性。如课程体系化和整合化、课程的跨学科整合等改革的提出，都是对课程内容、课时、功能等方面提出了融通的要求。关注课程的整体育人功能及学科内、学科间的联系和整合。基于育人目标的思考，各学校着重课程体系的重新构建与实施。如清华大学附属小学基于学生核心素养发展提出了"1+X课程"，"1"是指优化整合国家基础性课程，强调回到基础；"X"是指实现个性发展的特色化课程，是在"1"的基础上的补充、延伸与创新。"1"是进行优化整合的原则，是为了发展学生的核心素养；"X"所进行的补充，针对的是国家课程在发展学生核心素养上的空白点与针对性不足。[1]这一课程的提出在优化国家基础性课程的同时也关注到了学生的个性发展，其实践成果不仅产生广泛影响，也引领了全国基础教育的课程改革。课程整合和跨学科深度融合成为北京市中小学课程改革的总体趋势。此外，研学、综合实践与学校课程的融合方式也在逐步加强。

二是体现课程的灵活性。灵活性主要体现在课时的弹性化调整和课程权力的下放。课时的弹性化调整表现在这一阶段鼓励学校积极尝试长短课、大小课的实验，尝试集中开展综合实践活动。而课程权力的下放，则主要体现在北京市教育委员会印发的《北京市实施教育部〈义务教育课程设置实验方案〉的课程计划（修订）》的通知中。

三是强调课程的开放性。在社会大课堂等的课程活动推进中，"开放科学活动按照市级统筹、分级负责、过程督导、协同推进的原则，建立市、区、校三级管理体系。积极探索委托社会第三方管理开放科学活动具体事务的有效机制"。这些要求进一步推动了各区县以"在地化"理念指导课程与教学改革的实践。

（二）普通高中课程改革

2007年，北京市高中进入新课程教改实验工作。本次改革针对普通高中课程改革提出了"区域规划，分类指导"的原则。实验工作根据不同区域、不同学校的特点因地制宜地逐步推进。关注并满足不同类型普通高中学校的需要，指导各类普通高中学校全面实施新课程。同时，"以校为本，规范实验"即实验工作要落实到每一所普通高中学校，基于学校充分而合理的自主权，激发每一所普通高中学校实验工作的积极性和创造性，探索并建立"以校为本"的新课程实验工作机制。各普通高中学校要结合本校实际，"整体设置各学科模块，形成有特色的学校课程体系"。

本轮普通高中课程改革中最为突出的便是一些新概念的产生，如学分认定、模块教学、综合实践活动等。这些新概念也在很大程度上决定了改革的力度与走向。《北京市普通高中新课程学分认定及模块考核指导意见（试行）》中明确指出"实施普通高中新课程以后需要进行学分认定及模块考核工作"[2]。学分管理充分体现能够描述学生课业修习情况的要求，一般分为六种：（1）各科目必修模块所获得的相应学分；（2）各

---

[1] 郑玉飞.共和国教育学70年·课程与教学论卷[M].北京：北京师范大学出版社，2020.
[2] 首都师范大学首都基础教育发展研究院.北京市普通高中课程改革·2007 首都基础教育发展报告[M].北京：首都师范大学出版社，2008：35.

科目选修必选模块、建议选修模块和学校自主开设选修模块所获得的相应学分；（3）3年内至少完成 3 个研究性学习课题所获得的研究性学习活动相应分；（4）3 年内参加不少于 10 天社区服务所获得的相应学分；（5）每学年参加不少于 1 周社会实践所获得的相应学分；（6）修习各专题教育课的学时所获得的相应学分。[1]"学分认定"在本轮课程改革中占据重要地位，它的出现不仅是对高中学生学习活动质量方法与教学管理手段的一种变革，更是对教师教育理念、教学方式的一种挑战。

"模块教学"作为另一个新概念，主要指整体构建普通高中阶段学习领域、科目和模块三个层次的课程，整体设置和安排必修和选修课程，以满足普通高中学生毕业和进一步学习的基本需求。进一步规定学习各学科课程标准所要求的选修模块至少获得22 学分等。[2] 模块教学的提出不仅让课程体系变得更加多样和动态，也让学生的知识结构实现了一种主题统整，从而使单向度的知识变得更为丰富多元。本次课程改革至2010 年完成首轮实验，不仅极大地推动了北京市普通高中的课程改革，同时也引起了一系列学校变革，从多维度促进了北京市的普通高中教育质量的提升。

2019 年，《北京市教育委员会关于实施教育部〈普通高中课程方案（2017 版）〉的课程安排指导意见》中进一步明确了对新时期课程改革的学制学时、课程类别、科目设置和学分要求。同时也对课程实施规划、课程整体建设、选课走班等提出了新要求。文件中指出："要指导学校制订选课走班指南，开发课程安排信息管理系统，加大对班级编排、学时管理等方面的统筹力度，提高教学管理水平和资源使用效率，构建规范有序、科学高效的选课走班运行机制。"可以说，选课走班是继 2007 年课程改革行动后新时期最受关注的一项改革行动。

三、课程建设改革启示

回顾改革开放以来的北京市基础教育课程改革经验，主要表现为以下几方面：第一，课程观念的变革。这一阶段的课程改革更强调一种观念上的转变，强调树立"以学生发展为本"的教育观，由此探索新型的育人模式。以"有效教学"为框架，提倡学习方式的变革。第二，课程内容的变革。由"知识"转为"生活实践"。课程体系化、整合化的提出与综合实践活动课程的设置，在一定程度上实现了知识与生活实践的接轨，也为学生核心素养的提升开辟了突破口。第三，课程管理制度的变革。由国家—地方二级课程管理变革为国家—地方—学校三级课程管理。在此过程中，课程管理的权限逐步下放，地方和学校被赋予更为充分的课程开发及管理权，学分认定、模

---

[1] 首都师范大学首都基础教育发展研究院.北京市普通高中课程改革·2007 首都基础教育发展报告 [M].北京：首都师范大学出版社，2008：39.

[2] 同 [1]：47.

块教学等举措在实现国家意志统合的基础上，也进一步满足了地方需求、学校特色、生本发展。第四，课程管理机制的变革。历次课程改革中，北京市都充分发挥市级基础教育课程建设示范基地校作用，强化对课程与教学的研究、管理和指导，认真研究国家课程、市级专题教育地方课程中部分内容重复、交叉、割裂等问题，制定三级课程相关内容优化整合的指导建议，指导区县和学校优化课程与教学内容。此外，鼓励和支持学校进一步加强校本课程的开发，加强专业化指导，推进学校特色课程建设。第五，发挥项目推动的作用。为推进课程改革，北京市一直采用项目推动的方式。通过委托项目、合作研究等，各教科研单位与政府和学校广泛合作，形成丰富的课程改革研究成果，在推广的同时，也推动了有效举措的应用。

第四节　教学方法改革

一、内涵

教学方法是"作为教师达成教育目的之手段的体系，是教师教学实践力的最直观表现。教学方法的概念是一种复合的概念而非单一的概念，同时指涉一组繁复的概念或活动流程，拥有不同于一般方法的独特性"[1]。钟秉林认为教学方法是教师和学生为达到教学目的而开展教学活动的一切方式方法的综合。[2]有学者认为教学方法是指教师教的方法，也有学者认为教学方法是教的方法和学的方法的有机联系与相互作用，是"为实现教学目的、完成教学任务服务的，它与教学目的密切相关，是由一系列教师的教授方式和学生的学习方式组成的"[3]。总体来看，学者们界定的教学方法内涵有一些共同的核心要素，即教学方法是与教育目的紧密联系的，是师生的共同活动，是由一系列的教学方式组成，其呈现形式既可以是外显的也可以是内隐的。[4]本文认为教学方法是教师为了实现教学目的而采取的一系列活动，既包括教师教的方法也包括学生学的方法。

[1] 钟启泉.教学方法：概念的诠释[J].教育研究，2017（1）：95–105.
[2] 钟秉林.积极推进教学方法和教学手段的改革[J].教学与教材研究，1999（3）：3.
[3] 李聆，陈茹.中西教学方法的差异性研究及其对我国基础教育改革的启示[J].中国电力教育，2011（8）：176–178.
[4] 廖学春.新中国成立以来基础教育教学方法改革与发展研究[D].重庆：西南大学，2010.

二、北京市基础教育教学方法的改革历程

中华人民共和国成立以来，北京市基础教育的教学方法改革历程总体可以分为以下三个阶段：

第一，学习苏联经验时期（1949—1978 年）。新中国成立之初，由于国家基础教育基础薄弱，我国基础教育的教学方法主要是学习苏联。在这个大背景下，北京市基础教育普遍使用的教学方法也是以借鉴苏联的教育教学方法为主。

第二，恢复与发展阶段（1979—2000 年）。"文革"结束后，首都基础教育也进入恢复与发展时期，在恢复重建基础上，基础教育教学方法改革不再简单地照搬苏联的教学方法，尤其是 1985 年国家颁布《关于教育体制改革的决定》之后，基础教育领域的教学方法开始进入了积极的试验探索与创新发展阶段。

第三，探索发展阶段（2001 年至今）。2001 年教育部颁发《基础教育课程改革纲要（试行）》，启动新一轮课程改革（以下简称"新课改"），全面推进素质教育。在国家新课改的背景下，北京市于 2001 年也进入到基础教育课程改革的探索发展阶段。为了推动和深化北京市基础教育新课改工作，北京市教委发布了一系列的政策文件。例如：2006 年，北京市教委依据教育部《基础教育课程改革纲要（试行）》，颁布了《北京市基础教育课程改革实验工程实施方案》，明确提出"进一步深化中小学教学改革，在各门课程的教学过程中恰当地运用各种教学方式和信息技术，实现教学方式的多样化，促进学生在教师指导下积极主动地、富有个性地学习，全面达成新课程的三维课程目标，提高教育教学质量"，实施"教学方式和学习方式改革及信息技术与学科教学整合工程"等八个子工程。在"教学方式和学习方式改革及信息技术与学科教学整合工程"上，提出要"按照新课程目标的要求，深化小学、初中教学方式和学习方式的改革，使教学工作符合教育教学规律和学生身心发展特点。在中小学各学科教学中采用启发式教育，面向全体学生，将德育、智育、体育、美育等有机统一在教学活动中，促使学生全面发展。科学地运用信息技术，促进教学内容呈现方式、教学方式、学习方式和师生互动方式的变革。恰当地、有针对性地运用各种教学方式，尊重学生个性，创设生动活泼、宽松和谐的教学氛围，引导学生学会学习，培养独立思考能力、创新能力和实践能力，包括"开展学科教学方式多样化和适应性的研究，开展针对学生身心发展水平和学习规律的研究，确定针对不同学科特点和不同层次学生的教学策略，引导学生养成良好的学习兴趣、习惯和方法"[1]。文件颁布后，北京市每一年度都会进

---

[1] 北京市教育委员会关于印发北京市基础教育课程改革实验工程实施方案（义务教育阶段 2006—2010 年）的通知.[EB/OL].（2006—09—12）[2021—12—22].http://jw.beijing.gov.cn/xxgk/zfxxgkml/zfgkzcwj/zwgkxzgfxwj/202001/t20200107_1562820.html.

行基础教育课程改革工作的推动和经验总结，研究教学改革经验，形成了一系列非常丰富的教学改革成果。2014年，北京市教委颁布了北京市基础教育部分学科教学改进意见，包括《北京市中小学语文学科教学改进意见》《北京市中小学英语学科教学改进意见》《北京市初中科学类学科教学改进意见》三个文件，着力解决基础教育学科教育教学中存在的深层次问题。这些文件明确提出要求："构建开放性的教与学模式，加强学科教学内容与社会、自然的联系，让学生学习鲜活的知识和技能；鼓励运用多样化教学方式，丰富课堂教学的实现形式，倡导'玩中学''做中学'，为学生提供丰富的体验、合作、探究类的学习活动。"[1]

三、北京市教学方法改革的成果

改革开放以来，在国家基础教育改革的大背景下，北京市基础教育也进行了非常多的教学方法改革实验与创新，取得了丰硕成果。为了系统梳理这些成果，我们基于"北京教育丛书"和北京市基础教育教学成果奖，对北京市基础教育教学方法改革成果进行了梳理。

"北京教育丛书"是北京市委、市政府组织编写的优秀的素质教育与创新教育经验专著。1988年至今，"北京教育丛书"覆盖了基础教育教学类、管理类等多方面的优秀经验。我们对其中的学科教学类成果进行了统计，统计结果如表4-1所示（见下页）。可以看出，1988—2021年，北京市中小学音体美以及科学和计算机等学科的教学探索成果很多，共计31项。这在一定程度上反映了学校践行素质教育，积极促进学生德智体美劳全面发展所作出的努力。除此之外，就学段而言，中学的学科教学探索成果最多，共计85项（不含音体美等其他学科）。就具体学科而言，在中学学段，语文学科的教学探索成果最多，其次是史地政学科，之后是数学学科，最后是理化生学科和英语学科。在小学学段，语文学科的教学探索成果最多，其次是数学学科，最后是英语学科。从历年发展趋势来看，1988—1998年十年间，北京市基础教育迸发出了非常多的学科教学探索成果（共计86项）。事实上，这一阶段也正是教育界围绕着纠正应试教育，呼吁提升学生素质的时期。这些成果正是这一时期教学探索的集中体现。1999—2004年，这期间素质教育改革和新课改全面推进，丛书中涉及的学科教学探索成果共计39项，意味着学科教学改革进入到稳定的持续探索阶段。2010年之后，学科教学类成果在丛书中的占比比较少，而学校管理和学生发展类的成果占比比较多。这也在一定程度上体现了北京市基础教育改革的走向，即改革从仅关注学科教学改革逐渐

---

[1] 北京市教育委员会关于印发北京市基础教育部分学科教学改进意见的通知 [EB/OL].（2014-11-13）[2021-12-23].http://jw.beijing.gov.cn/xxgk/zfxxgkml/zfgkzcwj/zwgkxzgfxwj/202001/t20200107_1562751.html.

转向为关注区域和学校整体改革。[1]

表 4-1 "北京教育丛书"中小学学科教学类成果汇总

年 份	中学语文	中学数学	中学英语	中学理化生	中学史地政	小学语文	小学数学	小学英语	其 他
1988	2	—	—	—	—	1	1	—	1
1989	2	—	1	1	1	3	2	—	4
1990	1	—	—	1	4	4	2	—	1
1991	1	3	—	1	2	—	—	—	4
1992	2	—	—	2	—	1	—	—	5
1993	5	1	2	2	2	2	—	—	1
1996	1	2	—	—	1	—	—	—	3
1997	—	—	—	—	—	—	—	—	1
1998	4	2	—	—	—	1	1	—	1
1999	1	1	—	1	—	—	—	—	3
2000	1	2	4	—	—	—	—	—	3
2001	1	—	—	—	1	1	1	—	0
2002	—	—	1	—	—	2	—	—	1
2004	3	2	2	1	—	1	1	2	1
2010	—	1	—	—	1	—	—	—	0
2011	—	—	—	—	1	—	—	—	0
2013	1	1	—	—	1	2	1	—	0
2014	—	—	—	—	1	—	—	—	0
2015	—	—	—	—	—	—	—	—	1
2016	—	2	—	1	—	—	—	—	0
2017	—	—	—	—	—	—	—	—	0
2018	1	—	—	1	—	—	—	—	0
2019	—	—	—	1	—	—	—	—	0
2020	—	—	1	—	1	—	—	—	1
2021	—	—	—	—	2	—	1	—	0
合计	26	17	11	12	19	19	11	2	31

注：1. 其他是指中小学音体美以及科学和计算机等学科；
  2. —表示当年丛书中没有该类教学成果。

[1] 李雯. 从基础教育教学获奖成果看北京教改基本走向——基于北京市五届基础教育教学成果奖 548 项获奖成果的分析研究 [J]. 中小学管理，2021（11）：14-17.

此外，我们也系统整理了 1999—2017 年以来五届北京市基础教育教学成果奖中与教学方法相关的成果，结果如表 4-2 所示。

表 4-2　北京市基础教育教学成果奖中教学方法相关成果[1]

学段与学科	成果名称	获奖时间
小学数学	小学数学教学改革	第一届
中学数学	"导学探索、自主解决"教学模式	第一届
中学生物	深化生物教改，为农村培养跨世纪人才奠定基础	第一届
中学政治	政治课教学方案	第一届
中学语文	中学语文课堂教学研究	第一届
中学数学	中学数学创新实践活动的设计与实施	第二届
中学历史	中学历史学科主体探究学习实验	第二届
中学数学	"引导—互动—探究"数学教学方式的实践探索	第二届
中学语文	"演、说、写"作文思维训练模式的研究	第三届
中学历史	探究　整合　多元——研究性学习在历史教学中的实施策略	第三届
小学数学	小学数学课堂教学中基础知识与创新意识培养实效性策略的研究	第三届
中学生物	创建生物情景教室，促进生物教学改革	第三届
中学化学	高中化学课堂教学问题情境的创设研究	第三届
小学语文	小学中高年级语文课堂教学依托学案培养学生自主阅读能力的研究	第三届
小学数学	小学数学融错教育的实践研究	第四届
中学数学	依托网络的中学数学建模"双课堂"教与学的实践和探索	第四届
中学音乐、美术	音乐、美术实验班实验成果	第四届
中学物理	中学物理系列实验教学研究与展示活动的实践探索	第四届
中学生物	生物概念教学实践研究	第四届
中学历史	历史"双课堂"项目实验研究	第五届
小学英语	小学英语分级阅读的理论框架构建与实践途径探索	第五届
小学数学	"儿童数学教育"的实践探索	第五届
小学语文	小学语文整体教学理论与实践体系研究	第五届
中学化学	核心概念为统领的化学教学设计研究	第五届

基于表 4-2，我们可以看到北京市基础教育教学方法改革成果从初期探索到逐步丰富深化的过程。比如，从数学学科来看，小学数学从 20 世纪 80 年代马芯兰老师的"小学数学教学改革"（四性教学法）到吴正宪老师的"儿童数学教育"。中学数学，张思

---

[1]　表中只列出了与教学方法相关的北京市基础教育教学成果奖中的特等奖和一等奖成果。

明老师从"导学探索、自主解决"教学模式到对中学数学建模"双课堂"的探索，为我们生动地呈现了北京市基础教育教学方法改革的成果积累与深化过程。下面我们就以数学学科为例，对代表性的数学教学方法改革成果进行详细介绍。

（一）马芯兰与"四性教学法"

1. 背景

20世纪70、80年代，马芯兰作为北京市朝阳区幸福村中心小学老师，潜心研究小学数学教学方法，提出了"以开发学生智力、减轻学生负担、提高教学质量"为目标的"马芯兰教学方法"[1]。这一方法极大地提高了数学课堂的教学效果和学生的学习结果，对小学数学领域的教学方法改革产生了深远影响。1999年，马芯兰推动的"小学数学教学改革"获得了北京市首届基础教育教学成果特等奖。

2. 主要内容

马芯兰教学方法本质在于重视学生思维品质的培养，包括思维的敏捷性、灵活性、深刻性和独创性，即"四性教学法"[2][3]。具体来说：（1）思维的敏捷性，强调的是智力活动的速度，要求学生争取迅速的计算能力。这就要求在确保学生计算正确的基础上，有速度的追求，具体形式包括口算、速算、完成复杂题接力赛等不同形式。同时，要求要教授学生速算的要领和方法，如马芯兰建议要按照不同年级的教学内容教给学生不同的速算方法，如"互补法"速算。（2）思维的灵活性，强调智力活动的灵活程度，重视学生概括能力的培养，包括培训学生知识间的渗透和迁移，运用"一题多解"和"一题多变"引导学生形成发散式思维。（3）思维的深刻性，是指锻炼学生思维过程的抽象程度，包括：一要培养学生对数的概括能力；二要在概括能力基础上，培养学生逻辑思维能力；三要鼓励学生大胆提出自己的假设，按照假设进行推断，以锻炼思维逻辑性。（4）思维的独创性，是指教学中非常重视培养学生的自觉性，让学生自编应用题，从模仿到独立编题。以上四个品质相互联系、互相配合。[4][5]马芯兰的"四性教学法"让本校学生数学的学习成绩和学习质量取得了很大成功，也吸引到了外界关注。1984年，北京市教委正式发布《关于向马芯兰同志学习的通知》，要求组织学习和推广马芯兰教学法，1988年开始第二轮马芯兰教学法实验。[6]

马芯兰教学法的成功，在于它"根据儿童学习过程的认知特点和规律，运用学习

[1] 廖学春. 新中国成立以来基础教育教学方法改革与发展研究 [D]. 重庆：西南大学，2010.

[2] 林崇德. 培养学生的思维品质——马芯兰数学教学法的剖析 [J]. 人民教育，1984（10）：30–31.

[3] 谢至平. 马芯兰的四性教学法 [J]. 湖南教育，1987（9）：37–38.

[4] 同 [2].

[5] 同 [3].

[6] 温寒江，奎兆禄. 谈马芯兰的小学数学教学改革经验 [J]. 人民教育，1992（5）：38–40.

迁移的原理，通盘改革小学数学的教材和教法，教学中突出重点知识的教学，给基本概念、原理、法则以中心地位。同时加强知识的内在联系，适时进行渗透，使学生形成一个好的认知结构。在应用题教学中，突出数学能力的培养，把能力培养放在中心地位"[1]。

（二）吴正宪与"儿童数学教育"

1. 背景

吴正宪老师是数学特级教师，撰写了《吴正宪与小学数学》等多本著作。吴正宪老师领衔的"儿童数学教育"获得了第五届北京市基础教育教学成果一等奖。

2. 主要内容

从"小学数学归纳组合法"实验开始，吴正宪老师就从教材、教法、考法以及教书育人等方面进行了全方位的小学数学改革实验。在教学方法上摒弃"满堂灌"，让学生在宽松的环境中主动学习。[2] 经过多年教学实验的探索和创新，吴正宪老师形成了自己的系统的小学数学教学思想与教学方法。吴正宪老师所倡导的小学数学教育的核心思想是"做一个心中有儿童的教师，为儿童提供'好吃又有营养'的数学教育"。所谓"好吃又有营养"是指"符合儿童认知水平的、适合儿童学习的、利于促进儿童可持续发展的数学知识、技能与思想方法的教育"。"有营养"是指"从数学科学的角度把握数学学习内容与资源的内涵，力图通过数学学习促进儿童长知识、增智慧、育素养"。"长知识"是引导儿童在探究学习中获得知识的再发现，"增智慧"强调通过儿童的真理解来增长智慧，"育素养"强调儿童核心素养的培育与积淀。"好吃"是指"采取符合儿童认知发展水平的数学学习方法，力图让儿童的数学学习合口味、喜欢吃、留余味"。"合口味"强调在儿童已有的经验和知识的基础上学习，"喜欢吃"强调让儿童在科学有趣的数学情境中学习，"留余味"强调要将数学知识再应用于适当的情境中或留下问题让学生课后继续思考。在数学课堂上，要始终以理解数学、理解儿童为核心，其中理解数学是指把握课堂教学内容的本质、教学内容的逻辑脉络以及教学内容的科学表述；理解儿童是指课堂教学以儿童为中心，理解儿童的经验、语言、图画和问题。[3]

数学是抽象的，学习数学很多时候是枯燥的，让很多学生望而生畏，那么让学生对数学产生兴趣并愿意坚持探索数学的奥秘，是小学阶段数学老师的重要职责和使

[1] 温寒江，奎兆禄 . 谈马芯兰的小学数学教学改革经验 [J]. 人民教育，1992（5）：38-40.
[2] 冉阳 . 画意的教育　诗情的人——记吴正宪和她的小学数学教学改革 [J]. 北京教育（普教版），2008（11）：4-5.
[3] 吕传汉，孙晓天，张秋爽 . 吴正宪儿童数学教育思想探析 [J]. 小学数学教育，2017（Z3）：4-8.

命。[1] 吴正宪老师的小学数学教育法正是通过"读懂学生、读懂数学、读懂教材、读懂课堂，努力找到实现数学教学目标和体现儿童数学教育本质要求的课堂形式"，启发和引导学生对数学进行探索，这也是吴正宪老师的教育智慧所在。[2]

（三）张思明与中学数学教学法

1. 背景

张思明老师是北京大学附属中学特级老师。经过多年的数学教学实践探索和研究，张思明老师及其带领的团队在中学数学教学法上形成了系列成果，从最初的"'导学探索、自主解决'教学模式"获得了首届北京市基础教育教学成果奖一等奖，到"中学数学创新实践活动的设计与实施"获得了第二届北京市基础教育教学成果奖一等奖，再到"依托网络的中学数学建模'双课堂'教与学的实践和探索"获得第四届北京市基础教育教学成果奖一等奖。

2. 主要内容

初期，张思明老师提出了"导学探索、自主解决"教学模式。该模式是以"引导创设问题环节—师生平等探索讨论—学生自主解决问题—自我评价、巩固成果—求异探新形成（知识和问题的）周转"为基本程序的教学模式。[3] 这五个程序也就是课堂教学的五个基本环节。首先，引导创设问题环节，是指引导学生提出问题，"如从上课开始的10分钟复习或小练习中引出问题，让学生根据学习任务或待研究的小课题自行设计相关的问题"。其次，师生平等探索讨论，是指老师通过"引导、类比、对比、联想、观察、实验、归纳、化归，形成更数学化、更抽象化的问题等"，训练学生科学化的思维。再次，学生自主解决问题，是指老师要"引导学生应用学过的知识自己解决问题"，对于不能自己解决问题的学生，不要马上给答案，要提供"指南针"，多激励学生，让学生找到自己解决问题的成就感。随后，自我评价、巩固成果是指教师要引导学生在第二和第三个环节中进行自我评价和自我总结。最后一个环节是求异探新延伸知识和问题，是指教师要引导学生用"变维""变序"的方式发散提出问题，将新问题链引向课后或后续课程。这些教学环节的核心目的是培养学生"设问、疑问、想问题的思维方法和习惯"[4]。

之后，随着新课改的推进，张思明老师大力推动中学数学的数学建模教学。[5] 所谓

---

[1] 马云鹏. 构筑数学教育之魂——吴正宪老师的数学教育实践 [J]. 小学教学（数学版），2011（1）：10-12.

[2] 同 [1].

[3] 张思明. 数学教学要为学生创设激发创造的环境——"导学探索、自主解决"教学模式初探 [J]. 人民教育，1999（6）：46-49.

[4] 赵钰琳. 简介张思明的"导学探索，自主解决"教学模式 [J]. 北京教育（普教版），1999（5）：37-44.

[5] 张思明. 中学数学建模教学的实践与认识 [J]. 数学通报，1996（6）：29-33.

数学建模是"对现实问题进行数学抽象，用数学语言表达问题、用数学知识与方法构建模型解决问题的过程，主要包括：在实际情境中，从数学的视角发现问题，提出问题，分析问题，建立模型，求解结论，验证结果并改进模型，最终解决实际问题。数学模型搭建了数学与外部世界的桥梁，是数学应用的重要形式。它是应用数学解决实际问题的基本手段，也是推动数学发展的动力"[1]。同时，张思明老师提出在数学建模的具体课堂教学中，教师应该注意三个方面[2]：一是提高认识，勇于实践。二是把握层次，及时渗透。这个层次是从数学应用渗透到数学建模活动的层次，包括：（1）为了帮助学生理解、建立概念、函数、定理、公式等而有意设计的实际情境；（2）直接套用数学概念、函数、定理、公式等，给出有实际意义的结果，或者解释、说明得到结果的实际意义；（3）通过简单的变换，间接套用数学概念、函数、定理、公式等，给出有实际意义的结果；（4）教师或教材给出实际问题，引领学生完成数学化的、简单的、具体的数学应用；（5）教师或教材给出实际问题，学生自主完成数学化的、简单的、具体的数学应用；（6）教师或教材给出问题情境，学生自主提出实际问题，师生一起完成"建立模型"和"模型求解"等主要过程的数学活动；（7）全过程（选题、开题、做题、结题）、学生部分自主（在发现和提出问题、模型的选择和建立、求解模型、给出模型结果的解释等环节中，教师部分参与，给予指导和支持）的数学建模活动；（8）全过程、全自主（学生自主发现和提出问题、自主完成数学化的建模过程、自主求解模型、自主给出模型结果的解释，在整个过程中，可以自主寻求教师的帮助）的数学建模活动。三要关注过程，积累资源。

简而言之，张思明老师提倡的数学教育理念是"让数学回归生活"，是"一种以生活中的数学问题为中心的研究性学习，把数学和生活实际问题相结合，引导学生在做中学数学"；同时，也是一种以自主、主动、合作和探究为特征的学习方式，突出学生学习的主动性。[3]

以上，从数学学科切入，我们能够看到在 20 世纪 80 年代一线教师面对教学实践中遇到的问题，主动反思片面追求考试成绩的传统教学方法的不足，并通过积极探索，摸索新的教学方法。同时，我们也能够看到，本世纪以来，在新课改的背景下，北京市基础教育的教学方法改革成果呈现出了一定的共同性，包括：（1）注重科学意识的双重性，即教学方法的选择依据不是随意的而是有科学依据的；（2）注重互动方式的多边性，即强调教学过程中师生、生生、师师等多元主体之间的互动；（3）注重学习情境的合作性，即强调教学中各因素之间的密切合作，重视培养学生的合作意识与合作能力，提升学生的非认知品质，如小组合作学习；（4）注重个人价值取向的个体性，

[1] 张思明. 做好中学数学建模，提升数学课程价值 [J]. 中国教师，2016（9）：57–62.
[2] 同 [1].
[3] 裴娣娜. 教学回归生活，让学生得到真正发展 [N]. 中国教育报，2004–11–16.

即强调学生的个性化特征，重视学生之间的差异性，倡导个性化的教学方法；（5）注重目标达成的全面性，即不是一味地追求学业成绩，而是强调学生德智体美劳的全面发展；（6）注重选择使用的综合性，即教师在教学过程中重视应用多种教学方法，而不是只应用某一种单一的方法，以达到最佳的教学效果。[1]

总体来说，迄今为止，北京市基础教育的教学方法历经改革，也取得了很多成果，涌现出了非常多的来自于一线实践者和研究者的智慧。这些教学方法成果极大地推动了北京市基础教育的发展。

第五节　考试招生和学生评价制度改革

学生评价是教育评价制度的重要内容，是撬动教育改革的重要杠杆。科学的学生评价和招生考试制度有利于帮助学校树立正确的人才观，推动教学改革，提升学生综合素养。本节将从纵横两个视角梳理北京市普通教育各个学段招生考试改革和学生评价改革，旨在总结北京市学生考试招生制度和学生评价改革的经验和特色，展望未来学生评价改革的发展趋势。

一、义务教育阶段考试招生及学生评价制度

一方面，义务教育阶段采取何种招生方式直接影响着学校之间的生源是否存在人为因素带来的差异以及差异的大小，进一步影响学校的办学水平以及社会声誉；另一方面，义务教育在一个国家教育体系中发挥着重要的基础性作用，义务教育对学生的学业和身心发展起着重要的奠基性作用，因此，如何采取科学方法客观、全面、正确评价义务教育阶段学生的发展、衡量一个国家义务教育的质量至关重要。

（一）小学与初中考试招生制度

北京市小学与初中的招生入学制度经历了从重点学校择优录取到不断推进均衡的过程。大致分为如下几个阶段。

20 世纪 60 年代到 80 年代初，为了培育一批重点小学，发挥示范引领作用，北京市在发展、普及小学教育的同时确定了一批重点小学。1982 年，小学不再有重点和非重点之分，一律就近入学。1990 年，适龄儿童入学率已达 99.5%。[2]

---

[1] 廖学春. 新中国成立以来基础教育教学方法改革与发展研究 [D]. 重庆：西南大学，2010.

[2] 北京市教育志编纂委员会. 北京市普通教育年鉴（1949—1991）[M]. 北京：北京出版社，1992.

1958 年，北京市普及初中教育，改革招生制度。初中入学由各区县教育局统一组织，统一报名条件、试题、考试时间、录取原则和标准。1967 年取消了小学毕业升学考试，小学六年级毕业后全部升学。1979 年，初中招生正式恢复小学毕业、升学的文化考试制度，实行本区县范围内就近入学。为普及九年义务教育，20 世纪 80 年代初，北京不断探索初中招生制度改革。1981 年，北京市实行考试和推荐相结合；1985 年起，全市只举行毕业考试，考试科目为语文、数学两科，取消升学考试，逐步扩大就近入学比例，缩小择优面，使大部分区县实现就近入学；1986 年，《中华人民共和国义务教育法》出台，同年 7 月，北京市政府颁布《北京市实施〈中华人民共和国义务教育法〉办法》。1990 年，北京市教委规定严格保送、推荐条件，同时在报名条件、录取标准等方面体现优抚、民族、侨务、知青等政策，进一步推进就近入学，缩小其他入学方式比例。

为了推进中小学就近入学，提高招生规范化，1991 年 3 月，北京市教育局相继发出《关于重申严格禁止中小学计划外招收"高价生"规定的通知》和《关于加强捐资助学资金管理暂行规定的通知》，要求各区县在这两方面进一步加强检查和管理。1993 年通过了对 1986 年出台的《北京市实施〈中华人民共和国义务教育法〉办法》的修改，提出"实施义务教育的学校必须执行本市中小学学生学籍管理办法和有关规定，不得随意责令学生停课、转学、退学或者开除学生，不得拒绝接收按照区（县）教育行政部门规定应当在本校接受义务教育的入学生、转学生"。从法律层面进一步保障了适龄儿童接受义务教育的权利，也为区县教育行政部门进一步推进义务教育就近入学制度提供了法律支持和保障。

1993 年，改革初中入学办法，主要包括：（1）区县不再进行小学毕业统一入学考试，由小学自行命题组织毕业考试，鼓励学校探索改革毕业考试的办法，加强对不同类型学校自行命题的指导、抽样分析、典型调查等工作；（2）除已经完全实行就近入学的区县外，大多数学生划片就近分配入学，允许少数学生按一定比例和范围经保送、推荐，选择中学就读。为了进一步严格推进就近入学，1997 年市政府办公厅印发《关于加强中小学收费专项治理工作的通知》，对治理义务教育阶段公办学校"择校生"问题作出部署。对已实行就近入学的 13 个区县继续巩固成果，原则上取消"择校生"，对尚未全部实行就近入学的 5 个区的少数学校，从严控制招生计划、严格审批程序和严格控制收取教育补偿金，坚决制止各种以权谋私的"条子生"和"关系生"，择校问题因此得到控制，小学阶段就近入学进一步推进。

为切实改革人才培养模式，推动应试教育向素质教育转变，不断提高教育质量，1997 年 5 月，北京市教委《关于进一步推进中小学素质教育的实施意见》提出："要强化基础教育的普及意识，逐步取消选拔性考试，引导中小学校形成办学特色，发展学生特长。""在义务教育阶段取消重点学校。""改革升学考试制度，形成正确的导向机制。"具体指出："基础教育升学考试制度改革包括小学升初中、中考和会考制度的改革。到 1998 年，全市实现义务教育阶段免试就近入学。逐步建立主要由区、县政府管理的初中毕业会考制度，同时建立升学指标分配与初中办学水平综合评价结果挂钩，多种升学办法并存的高级中等学校招生制度，推进学生合理分流，淡化升学考试竞争。进一步完善高中毕业会考制度。"为落实这一意见，1998 年小学毕业生全部免试就近升入初中，取消重点初中，市、区重点中学原则上停止招收初中新生和只招免试就近分配小学毕业生，加快重点中学初、高中分离；取消"市级三好生"保送升入初中制度；义务教育阶段公办学校取消择校生；文艺、体育、科技特长生按有关规定升入传统学校。[1]

1999 年，中共中央国务院作出《关于深化教育改革全面推进素质教育的决定》，在全面推进素质教育背景下，为减轻小学生过重的课业负担和升学考试的压力，让小学生能有充分的时间发挥自己的特长，生动活泼、积极主动地得到发展，北京坚持小学免试就近入学、电脑派位和就近划片的升学办法，要求各区县进一步巩固、完善小学毕业生免试就近升入初中的做法，逐步规范初中入学工作，保证所有小学毕业生免试就近升入初中学习。一是多举措扩大优质教育资源收生能力和服务范围。主要包括：加快学校布局调整，通过强弱联合等措施，实现资源重组，提高优质教育资源学校免试就近收生能力；结合危改小区建设，以社区为单位，建设一批九年一贯制学校，学生在社区内就近入小学并从六年级直接升入本校七年级；由声誉较好学校，利用校内外富余房舍、人员为学生开设寄宿班、寄宿部或办成寄宿学校，寄宿学校（班）可面向全市接收新生；鼓励区县举办不同语种外语特色初中，或开设第二外语，可参考学生外语水平证书或外语单项测试成绩在较大范围内接收新生。二是加大义务教育均衡发展工作力度。通过干部教师培训、学校结构布局调整、网上共享优质教育资源等途径，进一步缩小区域和校际差距，如提出从 2006 年起，将用三年时间，采取配套措施，加大义务教育均衡发展工作力度，到 2008 年，基本做到义务教育阶段适龄儿童少年免试就近入学。三是规定任何学校不能通过文化课考试录取新生。坚持教育资源均衡配置，依法提供相对均衡的办学条件和教育水平。小学和初中不允许组织入学考试。如2006 年提出，小学毕业考试坚持学校自主命题原则，区县不得组织统一的毕业考试。小学毕业考试科目为语文、数学、外语。四是继续完善初中入学办法，开辟并完善多种入学途径，如对口入学、电脑派位、九年一贯制直升、特长传统校招生、外国语学校招生、寄宿学校招生、企业子弟校招生、共建学校招生、办学体制改革学校招生、社会力量办学单位招生。此外，还规定民办校和民办公助学校均不得在公办校设班招生，已开办的民办校和民办公助学校，未能按申办时批准的方案进行操作形成的"校

---

[1] 北京市教育委员会.北京教育年鉴 1998[M].北京：航空工业出版社，1998.

中校"，一律不准接收新生。

此外，2006年北京市还提出重点推进四项重点工作：一是进一步规范学校招生行为，初中入学不能以考试方式选拔新生（体育、艺术、科技传统学校招收特长生除外），任何学校不能违反规定提前操作小学、初中入学工作；二是落实初中建设工程，促进初中学校发展，每年示范高中招生计划中划出一定名额分配到每一所初中学校；三是颁布《北京市中小学校办学条件达标工程实施方案》，以每年30%的进度推进中小学办学条件主要方面达到新标准；四是整顿社会力量面向义务教育阶段学生举办的学科类补习班，不能占用公办学校校舍在节假日、休息日进行补课。[1]2007年，北京市小学、初中入学工作的意见再次重申："坚持小学、初中免试入学和就近入学原则，所有学校不能通过自行组织的考试或测试录取学生。""义务教育阶段学校在招生过桯中，不得以创办特色学校为名举办重点校，以开展实验研究、办特色班为名举办重点班，并以此为名测试、选拔学生。"

强化区县在组织实施本区县义务教育阶段入学工作的主要责任，规定学校应首先接收本片内学生，严格控制跨区县流动。强调小学首先接收服务片内学生，严禁小学以面试、笔试等形式进行入学登记。初中按区县教委确定的划片入学、电脑派位、小学与初中对口直升等方式接收学生。

2014年，义务教育免试就近入学取得新突破。取消"共建"入学方式，进一步规范特长生入学工作。实行计划管理，首次启用全市统一的小学入学服务系统和初中入学服务系统，教育行政部门依据权限进行查询和监控，各区县公布学校的服务片区，做到每所学校公开透明。加强学籍管理，依据入学服务系统建立新生学籍，杜绝入学过程中的二次流动。[2]制定印发15条禁令，教育管理部门领导干部带头遵守，乱收费、占坑班、点招生等违反就近免试入学原则的利益链被斩断。

为贯彻落实《国务院关于深化考试招生制度改革的实施意见》，2016年5月，北京市教委出台《北京市深化考试招生制度改革实施方案》，对义务教育阶段入学政策提出两条举措，一是落实《中共北京市委北京市人民政府关于推进义务教育优质均衡发展的意见》，实现区域内义务教育发展在基本均衡的基础上扩大优质教育资源供给。二是坚持义务教育免试就近入学制度。具体包括，整体设计小学入学、小学升初中办法；积极推行学区制和九年一贯对口招生，推广热点小学、初中多校划片，合理确定片区范围；规范特长生招生，逐步实现义务教育阶段全面取消特长招生；利用入学服务系统和全国中小学生学籍信息管理系统组织实施义务教育免试就近入学工作，提高义务教育阶段入学管理的信息化水平。2017年，义务教育阶段入学坚持区级为主，坚持免

---

[1] 《北京市教育委员会关于2006年小学、初中入学工作的意见》（京教基〔2006〕4号）。
[2] 北京市教育委员会.北京教育年鉴（2015）[M].北京：华艺出版社，2015.

试、就近入学，坚持程序规范原则，小学根据学位供给情况和户籍、房产、居住年限等因素，积极稳妥探索单校划片和多校划片相结合的入学方式，形成更加公平完善的就近入学规则。初中入学，各区教委根据适龄学生人口、学校分布、学校规模等因素，按相对就近原则合理划定学校服务范围，根据学生志愿进行派位入学。

总之，20世纪末以来，义务教育阶段在坚持并不断优化和完善免试和就近入学原则，通过扩大优质教育资源供给，推进教育均衡发展等举措，保障适龄孩子接受公平优质的义务教育。

（二）小学、初中学生发展评价改革

北京市在不断完善义务教育阶段招生入学制度改革的同时，积极探索小学和初中学生评价改革，注重对学生进行过程性评价和综合素质评价。

1. 小学生质量综合评价探索

北京市自1984年起着手普通教育评价科学研究[1]，中小学质量综合评价便是北京市进行的一项较大的教育评价改革项目。1988年6月，北京市颁布《北京市普通中学教育质量综合评价试行意见》和《北京市小学教育质量综合评价试行意见》（以下简称"试行意见"），两个试行意见包括《学校工作质量综合评价方案》和《学生质量综合评价方案》。1991年6月，在两个《试行意见》实验基础上，修订出台《北京市中小学教育质量综合评价方案》，其中学生评价指标体系由德、智、体、美、劳、个性发展6项一级指标、13项二级指标和若干项评价标准构成。[2]

1993年2月，《中国教育改革和发展纲要》提出，"建立各级各类教育的质量标准和评估指标"，2月23日，北京市教育局下发《关于在本市小学扩大推广"小学生质量综合评价"实验的通知》，要求各区县重视并做好实验工作。5月，北京市教育局组织编写出第一套《小学生质量综合评价手册》（以下简称《评价手册》）试用本。《评价手册》按照低、中、高三个年级段设计。评价指标体系由德、智、体、美、劳、个性发展6项一级指标、16项二级指标和若干项评价标准构成。此次实验是对学生评价理念和方法的大变革，它改变了以往仅以语文、数学两门学科成绩作为标准的学生评价做法，代之以德、智、体、美、劳、个性发展六个方面构成的综合指标，由单一评价转变为综合评价；评价主体由教师转变为学生自评、学生互评、教师评、家长评相结合；评价结果由分数体现的定量评价转变为定量和定性相结合。1994年对1993年编写试用的《小学生质量综合评价手册》进行了修改。之前按三个学段改为按一年级、二年级、中年级、高年级四个学段设计；评价指标体系由六个方面改为德、智、

---

[1] 翁向新. 普通中小学如何开展教育质量综合评价 [J]. 中小学管理，1989（6）：24–28.

[2] 北京市中小学教育质量综合评价方案（下）[J]. 教育科学研究，1993（1）：18–26.

体三项。1995年1月，北京市对《评价手册》及手册使用说明进行修改，此次修改仍然保持一年级、二年级、中年级、高年级四个年级段，德、智、体三项一级指标。修改之处包括：一是对思想品德评价的十条标准及内容进行了调整和补充，突出每个年级段学生思想品德要求的重点；二是知识能力评价一项增加了学习习惯一栏，旨在强调学生掌握知识、提高能力的同时能够养成良好的学习习惯。手册使用说明旨在从不同方面帮助教师了解小学生质量综合评价的目的、意义，评价标准体系，掌握评价方法。[1]

北京市教育局决定，自1995年暑假以后，在全市小学生中全面实施小学生质量综合评价。1995年5月，《关于在全市小学实施小学生质量综合评价的通知》要求各区县教育局应从本区县实际出发，注重实施小学生质量综合评价的实效性和针对性，并提出组织学习、研究方法、加强管理三点要求，1995年暑假后，《小学生质量综合评价手册》将代替原来各年级使用的《学生成绩册》，原来学校进行的三好学生评选应按照三好学生评选条件通过小学生质量综合评价进行。[2]

在试点过程中对评价指标又进行了三次较大修改，突出了三个特点，一是基本要求和年级要求相结合，加强经常性评价；二是知识和能力、基本要求的全面性和各学科的特殊性、智力和非智力评价相结合；三是评价标准统一要求和学校自主相结合。评价具有五个方面的明显特色，即重视个体内差异评价方法的运用；增设荣誉栏，增强学生的成就感；以评语为主要方式评价学生心理素质；学业成绩评价项目体现了知识经济的要求；强调百分制、等级制与评语的相互结合。[3]此次改革促进了学校和教师教育思想和观念的转变；为学生健康成长创造了良好的教育环境，提高了学生自我教育和自我管理能力；促进了教师素质提高；向家庭和家长提出了更高要求。[4]

进入21世纪，新课程改革拉开帷幕。2001年《基础教育课程改革纲要（试行）》明确提出："建立促进学生全面发展的评价体系。评价不仅要关注学生的学业成绩，而且要发现和发展学生多方面的潜能……"2002年，北京市《小学生质量综合评价手册》在全市范围三年试用的基础上，结合新课程教材改革需要，完成修订。修订后，评价目的强调促进学生个体发展的要求，评价内容体现新课程理念及新课程标准，评价方法强调多样性与灵活性，评价主体体现多元化。9月1日，全市小学使用修订后的《小学生质量综合评价手册》。

2006年开始，北京市教育委员会基础教育处委托北京教科院基教所开展北京市中

[1] 北京市教育志编纂委员会.北京市普通教育年鉴（1996）[M].北京：北京出版社，1996.
[2] 同[1].
[3] 赵学勤.《北京市小学生质量综合评价方案》的特色[J].中小学管理，1998（11）：37–38.
[4] 北京市教育局小教处.以小学生质量综合评价为导向　深化小学教育改革[J].北京教育（普教版），1995（12）：9–10.

小学生综合素质评价研究。2009 年，在广泛征求区县、学校、教师、学生和家长等各方意见基础上对评价手册进行了修订。新版《小学生质量综合评价手册》根据不同年龄阶段学生认知能力、认知水平特点，突出学生评价的主体地位，教师、家长扮演指导者角色，评价客观全面，符合小学生视野开阔、思维敏捷、独立意识强的特点。新版《小学生质量综合评价手册》在 2009 年 9 月 1 日开学正式使用，同时编制完成《北京市小学生综合素质评价指导手册》，面向全市两万名小学班主任发放。

2010 年，北京市制定《北京市小学生综合素质评价方案》，依据《教育部关于积极推进中小学评价与考试制度改革的通知》中关于"基础性发展目标"和"学科学习目标"的规定，将评价指标分为基础性指标和发展性指标两部分，基础性指标包括思想道德、学业成就、身体健康、心理健康四个方面，发展性指标包括个性发展特长、有新意的劳动和活动成果等，共 5 项一级指标 14 项二级指标。

2014 年 5 月 7 日，北京市印发《北京市小学生综合素质评价方案（试行）》。评价指标由思想道德、学业成就、身心健康、审美素养、个性发展五项一级指标构成。其中，前四项一级指标是小学生都能够达到的基础性目标，个性发展指标体现学生的兴趣爱好和特长。评价方式坚持科学多元，学生本人、教师、家长、同学、社会相关部门人员等都参与评价。评价方法运用测试考查、测量、情境测验、日常观察记录、作品分析等多种手段，评价结果记录在《小学生综合素质评价手册》中。方案自 2014 年 9 月 1 日起试行。

2. 初中学生综合素质评价改革

2004 年，教育部在《国家基础教育课程改革实验区 2004 年初中毕业考试与普通高中招生制度改革的指导意见》中提出，为全面反映初中毕业生的发展状况，应对初中毕业生综合素质进行评价，评价结果应作为衡量学生是否达到毕业标准和高中阶段学校招生的重要依据。2004 年后，各省依据该指导意见分别制定并完善各省初中学生综合素质评价的相关指导意见。

根据《教育部关于积极推进中小学评价与考试制度改革的通知》，2006 年，北京市制定了《初中学生综合素质评价方案（试行）》，开始试行初中生综合素质评价。该版初中学生综合素质评价的内容包括思想道德、学业成就、身体健康、心理健康和个性发展等 5 项一级指标 15 项二级指标，其中，个性发展又包括德、智、劳和其他四个方面。初中学生综合素质评价包括日常的过程性评价和初三毕业生的终结性评价。由各区县制定操作办法，要求各区县应成立初中学生综合素质评价工作指导委员会，组织实施本区县的初中学生综合素质评价工作，学校应成立由有广泛代表性成员组成的初中学生综合素质评价工作领导小组；建立形成性评价制度，注重学生的日常观察但也并不意味着日常片段的简单积累和相加；建立初中学生综合素质评价的公示、监督和宣传制度。

2012 年，北京市教委制定了《北京市初中学生综合素质评价方案（修订）》，提出北京市初中学生综合素质评价指标体系，由基础指标和发展指标两部分构成。基础指标是初中学生应具备的基本素质，是所有初中学生都应达到的目标，包括思想道德、学业成就、合作与交流、运动与健康、审美与表现等五方面。发展指标旨在引导学生个性发展，包括特长和有创意的成果及实践等。

为推进北京市基础教育综合改革，2016 年北京市教委制定了《关于加强和改进初中学生综合素质评价工作的实施意见（试行）》（以下简称《实施意见》），《实施意见》在《北京市初中学生综合素质评价指标体系（2012 年修订）》基础上，既关注共同基础，又关注个性差异，确定了思想道德、学业水平、身心健康、艺术素养、社会实践和个性发展等八个方面的评价内容。与 2012 年版相比，保留道德、学业、身体健康、艺术审美、个性差异这五个方面，以社会实践代替合作与交流。评价依托学生综合素质评价管理服务平台进行管理、记录和评价，评价结果以《北京市初中学生综合素质评价报告册（试行）》形式呈现，首次提出将评价结果纳入中考评价，作为初中升学的重要参考和依据。

2018 年《北京市教育委员会关于进一步推进高中阶段学校考试招生制度改革的实施意见》提出要加强和改进初中学生综合素质评价。评价内容包括学生的思想道德、学业水平、身心健康、艺术素养、社会实践等方面，依托学生综合素质评价电子平台进行管理、记录和评价，以客观记录反映学生综合素质的代表性、关键性事实为主要方式。评价结果以《北京市初中学生综合素质评价报告册（试行）》的形式呈现，设 A、B、C、D 四个等级。各校应按市区有关要求制定评价方案和实施细则，报区教委备案后实施，评价结果最终由学校确认。初中学生综合素质评价报告册及等级经公示后提供给高中阶段学校招生使用。北京市初中学生综合素质评价一级指标演变见表4-3。

表4-3　北京市初中学生综合素质评价一级指标演变

年　份	方案名称	评价一级指标
2006	《初中学生综合素质评价方案（试行）》	思想道德、学业成就、身体健康、心理健康、个性发展
2012	《北京市初中学生综合素质评价方案（修订）》	基础指标：思想道德、学业成就、合作与交流、运动与健康、审美与表现 发展指标：特长和有创意的成果及实践等
2016	《关于加强和改进初中学生综合素质评价工作的实施意见（试行）》	思想道德、学业水平、身心健康、艺术素养、社会实践和个性发展
2018	《北京市教育委员会关于进一步推进高中阶段学校考试招生制度改革的实施意见》	思想道德、学业水平、身心健康、艺术素养、社会实践

总之，北京市在全面实施素质教育，推进基础改革的过程中高度重视对学生综合素质评价进行改革，强化科学研究，采取小范围试点—及时总结和推广—不断改革修订的探索模式。自 2006 年以来，北京市教科院基教所、教育督导与教育质量评价研究中心（现归北京教育督导评估院）在市教委委托下进行了学生综合素质评价改革的持续研究，出版了系列中小学生综合素质评价典型案例集，有效地推动了北京市综合素质评价改革的实施。该中心认为，北京市在推进学生综合素质评价过程中，逐步探索建立并完善了市、区、校整体推进，行政主导、专业引领、学校实施、技术支撑的学生综合素质评价工作机制。很多学校进行了创新探索[1]，根据项目组的调研，各区也都形成了具有区域特色的学生综合素质评价经验，如西城区把高中学生综合素质评价实施监测及实践改进项目延伸到义务教育阶段；朝阳区建立了片区研究队伍实现科研引领；海淀区把综合素质评价实施情况纳入学校绩效考核；大兴区、通州区、燕山等在规划课题中启动了学生综合素质评价校本专项研究；通州区率先探索综合素质评价在课堂上落地，已连续举办了五届"学生综合素质评价特色课评优大赛"，平谷区也开始了此项尝试；西城区、丰台区、密云区等依托课题研究，公开出版典型案例集并进行宣传推广；怀柔、顺义、昌平、房山、平谷等区定期召开专题交流推进会；等等。北京市中小学生综合素质评价形成了"市级统一规定＋区校特色探索"的模式。

二、高中阶段考试招生及学生评价制度

从管理体制上，北京市的中考招生制度经历了全市统一——区县自主——全市统一的发展历程；考试科目和考试时间安排不断调整；招生方式也由统一招生发展到单独提前招生与统一招生相结合、统一招生与"名额分配""市级统筹""校额到校""乡村计划"等多种方式相结合，不断推进素质教育实施，引导学生全面发展，促进校际间均衡发展，引导学校不断提升办学水平。

（一）高级中等学校考试招生制度沿革

1978 年，恢复文化考试制度，确定了按考生志愿，德、智、体全面衡量的招生原则。1981 年后，进行了系列招生制度改革，高中阶段由单一的普通高中招生逐步扩大到中专、师范、技校、职业高中、职业中专等各类型学校参加的统一招生。1985 年，为减轻学生考试负担，将初中的毕业、升学考试合并进行，由全市统一组织，考试科目由四门、五门发展到 1980 年后的六门，即政治、语文、数学、物理、化学、外语，1982 年起，市属重点中学考生加试体育。[2]

---

[1] 曹飞.综合素质评价促进学校育人模式变革的价值和策略 [J].中小学教师培训，2020（1）：30-34.
[2] 北京市教育志编纂委会.北京市普通教育年鉴（1949—1991）[M].北京：北京出版社，1992.

1993 年，北京市教育局规定，市重点高中招生要加试体育。1994 年，高中招生测试体育在全市普遍实施。1996 年，北京市高级中等学校考试招生政策包括：（1）依据逐步将水平和选拔考试分开并减少选拔考试科目的总体思路，调整部分文化课考试科目分数权重（语文、数学满分各为 120 分；物理、外语满分各为 100 分；政治、化学满分各为 80 分）。体育考试满分为 30 分，总成绩为 630 分。（2）继续在崇文、海淀两区进行自行命题、组考、阅卷和根据市里的分数折算办法进行成绩换算，参加全市统一录取的试验。中招采取单独提前招生和全市统一招生两种形式进行，延续至 1997 年。

1998 年，北京开始探索中招体制改革，实行全市统一考试和部分区试点自主命题招生的办法。2 月 25 日，市教委发出通知，决定在崇文、海淀和顺义三个实施素质教育实验联系区县进行中考、中招改革试点。具体包括：（1）市教委将中考、中招改革管理权限下放到崇文、海淀和顺义三个区县，由三个试点区县依据有关规定和指令性政策，自行制定中考、中招实施办法。（2）三个试点区县不参加全市毕业统一升学考试，自己确定考试科目和分数权重，自行组织命题、考试和阅卷。（3）全市各类跨区县招生学校应划出部分录取指标给三个试点区县，三个试点区县跨区县招生各类学校应划分出对外区县招生指标。（4）三个试点区县申请提前在本区县范围内招生的学校，由试点区县审批，跨区县招生的，应按市统一规定履行审批手续。（5）三个试点区县招生、录取与全市高级中等学校招生录取在统一时间、统一场地进行，三个改革区县设分会场。（6）三个试点区县按照全市统一录取原则和规定录取新生，在市中招办办理录取新生审批和加盖印章手续。此次改革的主要任务是落实区县对九年义务教育的全面管理责任；探索符合本市和区县实际的初中毕业、升学考试办法，探索形式多样的高级中学招生办法，使高级中学能从各自培养目标出发招收新生。[1]

1999 年开始，中考中招改革扩大试点范围，目的是将学校之间的升学率竞争改变为学校间的办学水平的竞争；办法是尝试名额划拨到校，即将中考中招权力下放到区县，将高中阶段热门学校的部分招生指标依据各初中学校的办学水平，并考虑毕业生人数等因素分配给各初中校，以此淡化升学率。

为进一步推进素质教育实施，2000 年 1 月，市教委发出通知，要求各区县全部进入初级中学毕业考试、高级中等学校招生考试改革之列。初中升高中改由各区县自主组织命题考试。

2001 年，北京中招采取提前单独招生、统一招生和统一招生后登记入学三种形式，继续推进毕业考试与升学考试两考分离的实施，有 17 个区县将毕业考试与升学考试分开进行。高中会考面向社会开放，把考试考查科目、自行组考、免考及替代科目考试的权限和管理权下放到区县，放开限制学生报考科目和次数规定，实行颁发《会考合

---

[1] 北京市教育委员会.北京教育年鉴（1999）[M].北京：航空工业出版社，1999.

格证书》制度，统一管理原始成绩和等第成绩，向区县发布等第成绩。

2001年，6月24—26日，怀柔调整中考考试科目。该县中考由七科减少为语文、数学、外语、物理和化学五科，体育、政治列入会考科目，由学校管理，不再记入升学总成绩。同时调整科目分数权重，将语文、数学、外语三科分别由原来每科100分改为120分，物理、化学两科由原来每科80分改为100分，中考五科总成绩为560分。

2001年，北京市有284所高中实行跨区县招生，由考试院完成跨区县录取；报考本区一般高中的考生录取工作由各区县自行组织。2002年，为进一步规范中考中招工作，全市各区县全部实行初中毕业、升学"两考"分开。初中毕业考试继续坚持区县管理为主原则，毕业考试一般由区县统一命题、学校阅卷，市教委通过抽测和抽调试卷等形式监控评价初中教学过程和教学质量。市教育行政部门统一规定初中毕业考试时间。完善中招工作，向社会公布具有招生资格的学校名单，严格要求提前招生学校和实行登记入学的学校在规定时间和范围内开展工作。普通高中提前设置单独招生试点，限在本区县范围内，考试科目不得超过四科（含四科）。普通高中录取，各学科不再设置分数线；户籍与学籍不在一个区县的考生（含报考转非农业户口专业的农业户口考生），可自愿选定参加户籍或学籍所在区县的招生，但只能选择其中一种。

《2003年北京市高级中等学校招生工作调整实施意见的通知》将考试科目由原来五科减为语文、数学、外语（含听力）三科，每科满分为120分。这是自1999年以来，北京市首次实现中考全市统一命题。

2004年，高级中等学校招生考试采用统一命题制、统一组织考试、分区县阅卷方法，考试科目为语文、数学、外语、物理、化学五科，各科分数分别为120、120、120、100、80。体育考试由各区县按全市统一标准组织实施。按规定，提前招生学校不再单独举办文化课考试，考生参加全市中招文化课考试后，持统一报考卡参加招生学校专业加试合格，选报一所学校。提前录取坚持文化课考试合格，按专业加试成绩从高到低录取；专业加试合格，按文化课考试成绩从高到低和按文化课考试与专业加试成绩之和从高到低录取三项原则，招生学校应任意遵循一项原则（提前录取＋统一录取）。

2007年，北京市中考中招继续推进示范高中向初中校分配招生名额试验，研究制定《北京市高中会考改革方案》。2008年，加大高中招生"推优"力度，6%用于招收初中学校优秀毕业生。2009年《关于做好2010年初中毕业升学体育考试工作的通知》，决定从2010年起将初中毕业升学体育考试由原来30分提高到40分计入学生升学考试总分，由现场考试成绩（30分）和过程性考核成绩（10分）组成。

2010—2013年，北京市中考依然采取全市统一命题、统一考试、分区县网上评卷的方式，考试科目依然是语文（120分）、数学（120分）、外语（120分）、物理（100分）、化学（80分）。此外，2013年，首次平稳实施进城务工人员随迁子女在京考试并参加中职学校录取工作，积累有益经验。落实首都义务教育均衡发展要求，调整示范高中"名额分配"和择校生比例。

中考招生方面，2014年，北京市中考招生全面取消招收择校生，首次采用名额分配录取，指将各优质高中当年总招生计划的30%（名额）分配给本区域的各初中校，使各初中校的毕业生都有一定比例享受到优质高中教育。各区县名额分配录取按优质高中所属初中校和其他初中校考生分别排序，择优录取。录取时，按分配给各初中校的名额和考生中考总成绩从高到低的顺序提取"参加名额分配录取考生"，所有"参加名额分配录取考生"按考试总分从高到低排序，然后按考生名额分配志愿依次录取。优质高中因初中校报考人数或志愿等原因未完成的名额分配计划返回本校统一招生普通班计划。参加名额分配未被录取的考生可以参加统一招生录取，已被名额分配录取的考生，不能再参加统一招生录取。2014年，全市83所优质高中招生名额分配到区域内所有初中校，从过去点对点的"扶贫式"分配，转变为面向全体初三考生的"普惠制"定向投放，促进优质高中教育资源的均衡分配。2015年，北京市进一步扩大优质高中名额分配比例，以优质高中校为单位，将本校2015年名额分配计划比例由2014年的30%提至40%左右，进一步增加优质教育资源供给；规范跨区县招生计划，进一步促进教育公平。[1]同时，为加强市级对优质高中教育资源的统筹力度，2015年4月，北京市教委决定高级中等学校招生名额分配批次增加"市级统筹"录取方式，具体包括三类：第一类是中国人民大学附属中学、北京市第四中学等十所优质高中的跨区县招生计划；第二类是部分优质高中新建或扩建校区或城乡一体化学校的招生计划；第三类是部分艺术、体育类高校与普通高中联合培养的专业招生计划。

为贯彻落实2014年《国务院关于深化考试招生制度改革的实施意见》，2016年5月北京市教委出台了《北京市深化考试招生制度改革实施方案》，对考试科目和分值、考试内容与形式、普通高中招生计划分配方式进行了全方位改革。此次改革改变了以往"考试科目和非考试科目"的传统划分，决定自2018年起实施"必考科目＋选考科目"的方式。考试科目调整为：语文、数学、外语、历史、地理、思想品德、物理、生物（化学）、体育九门课程。其中语、数、外为必考科目；物理（含开放性科学实践活动10分）、生物（化学）（含开放性科学实践活动10分）、历史（含综合社会实践活动10分）、地理（含综合社会实践活动10分）、思想品德（含综合社会实践活动10分）五门考试科目原始分满分均为100分。学生可以选择其中三个科目参加考试[物理、生物（化学）须至少选择1门]。总分变为580分，所选三科成绩，由高到低分别按照100%、80%、60%的系数折算为实际分数，计入总分。考试内容，注重考查学生九年义务教育的积累，注重对学生掌握基础知识、基本技能、基本思想和基本能力的考查。

---

[1] 李晓秋.北京教育年鉴：招生与考试[M].北京：方志出版社，2016.

重视发挥考试的教育功能，在各科目考试内容中融入对社会主义核心价值观和中国传统文化内容的考查。扩大选材范围，突出首都特色，贴近生活，注重实践。招生方面，完善普通高中招生计划分配方式。进一步加大市级优质教育资源统筹力度，坚持和完善优质高中校部分招生计划分配到初中校制度，2016年达到不低于招生计划50%的目标。招生政策向优质高中教育资源比较短缺的区和一般初中学校倾斜，引导全市义务教育均衡发展。

2016年，北京市高级中等学校新增"校额到校"招生方式。该招生方式针对2015年中招升入优质高中比例低于30%的一般公办初中，采用定向分配到校的方式补足名额到30%。有普通高中升学资格且具有同一学校连续三年学籍，招生考试总分达到500分的应届初中毕业生可参加"校额到校"招生。共有50所学校参加"校额到校"录取。此外，98所优质高中参加"名额分配"招生，优质高中"名额分配"比例达到49%。继续做好三类市级统筹招生，部署东城、西城和海淀三个区10所优质高中跨区招生计划；部分优质高中新建、扩建校区或实施城乡一体化学校招生计划。

至此，北京市通过优质高中"名额分配""市级统筹""校额到校""乡村计划"等方式统筹优质教育资源配置，不断促进城乡和区域内义务教育优质均衡发展。2017年，优质高中"名额分配"批次招生计划共17618人，占招生学校总计划的比例达到50.5%，一般初中校学生升入优质高中比例进一步提高，从30%提高至35%。落实教育部文件精神，北京市进一步减少和规范照顾加分，享受照顾加分的人数只占具有升学资格考生的2.6%。

此次北京市新中考改革的特点和价值表现在，一是充分尊重学生的个性化发展，赋予学生考试科目选择权和自主权。[1] 二是有利于更好地发挥学生的优势，使学生间强项与强项进行比较，有利于拔尖创新人才的培养和选拔。三是命题上贴近生活、注重实践性，降低难度、增加宽度。但在执行过程中也面临一些困难，具体表现在如下几个方面：一是非中考科目师资短缺，影响充分自主选择价值理念的实现；二是选考的盲目性、功利性以及与选择相应的责任担当能力弱并存；三是过早选考或导致选学或浅层次学习，同时选考科目不同导致同一学科学生学业水平差异较大，给日后高中教师教学带来更大挑战；四是学生的学业压力比之前增加；五是选课模式下对学校的排课、教学管理和班级管理带来新的挑战。[2]

为此，2018年，北京市对中考制度再次改革，发布了《北京市教育委员会关于进一步推进高中阶段学校考试招生制度改革的实施意见》，提出此次改革的目标是2021年初步形成基于初中学业水平考试成绩、结合综合素质评价的高中阶段学校考试招生

---

[1] 高山艳，邸磊，赵静涛. 北京市农村学生新中考科目选择现状、影响因素及对策——基于有限理性选择理论视角 [J]. 北京教育学院学报，2019（3）：26.

[2] 高山艳. 农村教师在新中考改革中的困境与行动 [J]. 中小学管理，2020（5）：51-52.

录取模式。改革举措包括：一是建立初中学业水平考试制度，将初中毕业考试和高中招生考试"两考合一"，实现一考多用。12门科目全部纳入初中学业水平考试范围，实行全开全学、全科开考；其中语文、数学、外语、道德与法治、历史、地理、物理、化学、生物9门科目由全市统一命题、统一考试、分区评卷；体育与健康、艺术（音乐、美术）、综合实践活动中的信息技术和劳动技术3门科目由各区按照市级有关要求组织实施。学生在完成每门科目课程内容学习后参加初中学业水平考试，实行随教、随考、随清。初中学业水平考试成绩以原始成绩和等级成绩呈现。初中学业水平考试所有科目合格才可毕业。二是加强和改进初中学生综合素质评价，将综合素质评价作为高中阶段招生的参考。三是改革招生录取办法。探索基于初中学业水平考试成绩、结合综合素质评价的招生录取模式，改革录取计分科目构成，适当给了学生自主选择和高中阶段学校自主招生机会。招生方式包括统一招生、校额到校、自主招生等。方案自2018年9月1日起施行，即对2018级初一学生起适用。

此次改革将学生所学科目全部列入考试范围，在一定程度上避免了2016年改革中学生不选考该科目就不学的问题，但在具体实施过程中仍存在两个科目的替代性问题，因为此次改革规定，历史、地理择优确定一门，化学、生物择优确定一门计入成绩；从考试时间安排上，地理、生物考试在初二第二学期末，历史、化学考试在初三第二学期末，因此，也存在学生如果地理、生物考得非常满意，就不太可能把过多时间和精力投入到历史和化学两科的学习中，而历史、化学缺课会严重影响高中阶段、高考专业选择乃至进入高校后的学习。除此之外，该方案被普遍诟病的第二个问题是会带来学生学业负担的加大。

（二）高中学生学业水平考试和综合素质评价改革

1. 高中毕业会考制度

1991年，北京市开始实施高中会考制度，1993年，市教育局进一步完善北京市高中毕业会考方案，对会考时间、会考免考、会考与高考的衔接等问题进行了研讨，草拟了完善本市会考的实施意见。20世纪90年代，全市高中毕业会考坚持统一命题、统一时间考试、统一评卷、统一管理成绩的原则。考试科目原始得分用百分制，报告分数用优秀（85—100分）、良好（70—84分）、及格（60—69分）、不及格（59分以下）。2001年2月20日，市教委印发《关于改革北京市普通高中毕业会考的意见》规定，每年举办春季和夏季两次会考，每次均举办语文、数学、外语、政治、物理、化学、生物、历史和地理九科会考；全市统一会考信息技术、体育和艺术三科，以及劳动技术课、信息技术课上机操作及物理、化学、生物学科实验操作考查项目下放区县。高中会考实施十余年来对全面评价学生学业水平、衡量学校教学水平发挥了重要作用。2006年，北京教育考试院原院长王健指出，生源变化和高中新课程改革的实施要求重新审视会考的功能，按新课改的要求进行会考改革。因为自 2005 年起，高中阶段入学总人数下降，而高校招生规模保持稳定或有小幅增加，会带来高考录取率提升，进一步刺激学生进入普通高中的愿望。在这种高中入口宽（普通高中入学率提高）和出口宽（高等学校录取率提高）的背景下，如果不加强对普通高中教学质量监控，学业水平较差的学生也有可能进入大学，会造成高等教育质量下降，也会带来职业技术人才的匮乏，因此，普通高中会考是在基础教育的最高阶段设置一项水平考试，是监控基础教育质量、评价学校办学水平以及评价学生基础教育终结时的学业水平的重要手段，是一种政府行为。[1] 无论在理论上，还是从一些发达国家的经验和北京市高中毕业会考实行十余年来的实践看，都是可行的。但目前，我国高中毕业会考因其组织机构、考试形式和实际功能的不完善而不被重视，研究投入力量不足，更缺乏全国范围统一部署的政策及改革等研究，因而会考的权威性和有效性时常受到质疑。[2] 因此，普通高中会考不仅要继续进行，而且应当对其进行必要的改革，要按照新课改的要求推进会考标准、会考规则以及研究新的评价办法等的全方位改革，否则会影响新课程改革的顺利实施。

2007 年秋季开始，北京市全面实施普通高中课程改革实验。为推进课程改革实验的有效实施，北京市教委印发《北京市教育委员会关于普通高中新课程会考制度改革的意见（试行）》（以下简称《意见》），对普通高中会考制度提出改革和完善的举措。《意见》重申高中会考的四个功能：对高中教学质量进行监控与评价，提高学生对学科内模块间知识整合的能力，促进高等院校招生制度改革，为高中学生就业或接受国内外其他各类教育提供高中学业水平证明。会考科目包括，全市会考统考语文、英语、数学、思想政治、历史、地理、物理、化学、生物等九个学科，区县考试（考查）体育与健康、技术（含信息技术与通用技术）、艺术（音乐、美术）、物理、化学、生物实验操作等七个学科（项），其他科目的考试（考查），由学校按规定自行组织实施。时间安排上，高一年级不安排会考；高二年级第一学期统考历史、地理、物理、化学，高二年级第二学期统考思想政治、生物；高三年级第一学期统考语文、数学、英语。考试科目原始得分采用百分制，公布成绩使用 A、B、C、D 等级制。

2. 高中学生学业水平考试

为落实《教育部关于普通高中学业水平考试的实施意见》以及《北京市教育委员会关于印发〈北京市深化考试招生制度改革实施方案〉的通知》的精神，2017 年北京市教育委员会印发《北京市普通高中学业水平考试实施办法（试行）》的通知，提出自 2017 级高一学生起，将考试类别分为合格性考试与等级性考试。所有科目均设合格性

---

[1] 王健.北京教育考试的未来五年：问题与对策研究 [J].教育科学研究，2006（3）：11.

[2] 同 [1].

考试。其中，思想政治、历史、地理、物理、化学、生物六门科目设等级性考试，由全市统一组织；体育与健康、艺术（音乐、美术）、信息技术、通用技术四门科目设合格性考试，由各区教委根据市级要求组织实施。考生根据报考高校要求和自身特长从六门等级性考试科目中自主选择参加三门考试。体育与健康、艺术（音乐、美术）合格性考试依据学生平时表现和综合测评确定成绩；信息技术、通用技术依据学生实际操作能力确定成绩。高等院校可根据办学特色和定位，以及不同学科专业人才培养需要，从六门普通高中学业水平等级性考试科目中，分专业（类）自主提出指定选考科目，并提前向社会公布。

3. 高中学生综合素质评价

2014年，《国务院关于深化考试招生制度改革的实施意见》出台后，教育部颁布《关于加强和改进普通高中学生综合素质评价的意见》，对高中生综合素质评价的内容、程序等作出明确规定。基于此，2017年北京市教委出台《北京市普通高中学生综合素质评价实施办法（试行）》，提出高中学生综合素质评价的主要内容包括思想品德、学业成就、身心健康、艺术素养、社会实践，共五个方面。评价借助"北京市普通高中学生综合素质评价电子平台"（以下简称"综评平台"）进行，要求评价要真实记录、公示确认，评价结果要用于帮助学生客观认知，帮助高中学校对学生开展针对性的指导，同时将学生综合素质档案提供给高校招生参考，并提出从2020年起，在市属高校探索开展综合素质评价招生改革试点。

三、高考制度改革

2001年，北京市启动高考"3+X"考试方案及单独命题工作，《2002年普通高等学校招生考试改革意见》（下文简称《意见》）指出，2002年高考坚持以统一考试为主，多样考试和免试保送为辅，为形成多次机会、双向选择、综合评价的考试、选拔体系创造条件。《意见》明确，自2002年春季招生开始，北京实行"3+X"考试方案，"3"指语文、数学、外语三科，为每个考生必考科目，其中，数学分为文、理试卷，外语听力计入外语科总分。"X"指由高校根据本校特点和专业要求确定的选择考试科目，分"文科综合""理科综合"。其中，"文科综合"是指政治、历史和地理三科综合能力测试，"理科综合"是指物理、化学和生物三科综合能力测试。考生根据选报高校志愿，选择参加"文科综合"或"理科综合"考试。这是本市首次实行高考单独命题，在春季高考中实行，命题科目有语文、数学、英语三科试卷。

2004年，北京市首次自主命题除小语种外的全部高考各科试题。2009年，北京公布《2010年北京市普通高等学校招生考试改革方案》，新方案稳中求新，改革的一大亮点是高中素质评价成为高校录取重要参考，综合素质评价的纳入在一定程度上纠正了学生一贯认为的"高一高二无所谓，高三一锤定音"的想法，加强了对学生不同学科的全面考查，使学生更加重视平时学习和各个学科的学习；重视终结性评价的同时强调过程性评价，一定程度上缓解了高考的压力和焦虑，同时也有助于促进学生的全面发展。

2014 年高招在保持政策基本稳定的同时，将本科一、二、三批志愿设置由小平行调整为平行志愿组方式，降低考生志愿填报风险；调整照顾加分政策，减少项目，降低分值。

考试内容方面，自主命题以来，高考北京卷特色更加鲜明，如 2015 年，高考北京卷突出政治责任，强调对考生社会主义核心价值观的引领和培育，加强对中华民族优秀传统文化的考查；试题侧重考查对考生终身发展有用的能力，强调基础性和综合性，更加灵活开放，具有鲜明的时代特征和应用功能。[1]

2015 年北京市普通高校招生首次实施"双培计划"和"外培计划"。"双培计划"是由市属高校与在京中央高校共同培养优秀学生的一项举措。市属高校每年将输送2000 余名优秀学生，按照"3+1""1+2+1"式等培养机制，到 20 余所中央高校的 110个优势专业中，进行为期 2—3 年的中长期访学；同时，每年遴选部分学生输送到在京中央高校开设的、北京社会急需的专业中，开展为期一年的短期访学，或者修习辅修专业。"外培计划"是由市属高校与海外境外知名高校共同培养优秀学生的一项举措，市属高校每年将输送部分学生到海外境外开展为期 2 年左右的访学活动。"双培计划"的中长期访学项目和"外培计划"的大部分名额列入市属高校高考招生计划，面向北京生源，分配到各区县，并适度向远郊区县倾斜；其他部分采取在校内学生中遴选的方式，2015 年，"双培计划"和"外培计划"的招生嵌入高考招生体系，安排在本科提前批次进行招生，北京地区考生可以根据自身情况进行志愿填报。

2018 年，北京市发布《北京市深化高等学校考试招生制度综合改革实施方案》，提出改革的目标是 2017 年启动北京市高等学校考试招生综合改革，建立普通高中学业水平考试制度，完善高中学生综合素质评价制度；到 2020 年，初步建立符合首都教育实际的现代高等学校考试招生制度，形成分类考试、综合评价、多元录取、公平公正的高等学校考试招生模式。改革举措包括：一是考试科目，从 2020 年起，调整为语文、数学、外语三门，不分文理科，每门科目满分 150 分，总分 450 分。二是从2018 届考生起，英语听力分值保持 30 分不变，一年安排 12 月和次年 3 月两次机考，取最高成绩；从 2021 年起，增加口语考试，口语加听力考试共计 50 分，总成绩分值不变。三是成绩由"三门统考成绩 + 三门学业水平等级成绩"构成，其中选考科目每

---

[1] 李晓秋. 北京教育年鉴：招生与考试 [M]. 北京：方志出版社，2016.

门满分 100 分，总分满分值为 750 分。四是 2019 年将本科一批与本科二批合并为本科普通批。五是在部分高校探索开展综合评价录取模式改革试点。综合评价录取依据统一高考成绩、学业水平考试成绩、面试成绩、普通高中综合素质评价进行录取，高考成绩占比原则上不低于总成绩的 60%。在总结经验的基础上，逐步扩大试点院校范围。

四、经验总结与展望

（一）经验总结

北京市始终高度重视各个学段学生评价制度改革和考试招生制度的改革。考试招生制度和学业评价改革演进呈现出鲜明的北京特点。

一是坚持免试就近入学、促进均衡发展。北京具有特大型城市所不可避免的城区和郊区发展不均衡问题，义务教育阶段入学始终秉持公平理念，多措并举，坚持并不断推进就近入学，促进义务教育均衡发展。

二是坚持全面发展，推动素质教育。一方面北京市从 20 世纪 80 年代中期便开始探索小学生质量综合评价，开展初中高中学生综合素质评价，不断调整和完善学生评价指标，改变"唯分数"现象，促进学生全面发展，推动素质教育深入实施；另一方面实施初高中会考和学业水平考试制度。除了综合素质评价外，为了推动课程设置方案中的课程得到全面充分实施，保证学生的全面发展，北京市先后实施了会考制度和学业水平考试制度，并探索将学业水平纳入中高考成绩的机制，促进了学生对非中高考科目的学习，推动了学生的全面发展和素质教育实施。

三是坚持公平理念，促进优质均衡。这集中体现在中考改革中，为抵消不同区域和学校办学水平所带来的初中学生入读优质高中机会不平等问题，北京市探索多种招生录取方式，高中招生采取了统一招生、校额到校、市级统筹等多种方式，并不断提高校额到校等招生方式的录取比例，加大了一般初中学生进入优质高中的机会，促进了教育公平；同时引导学校从升学率竞争转变为不断提高办学水平上来，进一步推动北京市教育从基本均衡向优质均衡迈进。

四是赋予学生选择权，促进学生个性发展和高校特色化培养。近些年来，尤其是2014 年以来，在中高考改革中无论是统一考试科目还是作为计入总成绩的学业水平等级考试科目，北京市都非常注重学生的选择主动权，赋予学生选择考试科目或者计入成绩科目的权利，有利于充分尊重学生的个性发展特点，充分发挥学生的特长和优势，同时也有助于高校个性化选拔、个性化培养和创新人才培养，帮助高校进一步凸显办学特色。

（二）未来展望

2020 年，国务院发布《深化新时代教育评价改革总体方案》，将教育评价改革再次提高到教育改革的核心地位，同时也为未来教育评价改革绘制了明晰的蓝图，指明了具体改革路径。在此背景下，深化考试招生制度改革，推进教育评价改革必将是未来北京市教育改革的重要任务。2021 年 9 月北京市颁布的《北京市"十四五"时期教育改革和发展规划（2021—2025 年）》将"全面深化新时代首都教育评价改革"列为"十四五"教育改革和发展十一大任务之一，提出："坚持义务教育免试就近入学，进一步完善入学机制，严格落实以多校划片为主，单校划片和多校划片相结合的入学方式，扎实推进公民同招派位录取。稳妥推进中考改革，探索基于初中学业水平考试成绩、结合综合素质评价的招生录取模式。完善和规范普通高中自主招生。完善高中学业水平考试制度和高中综合素质评价制度。巩固深化高考综合改革。"2021 年印发的《北京市贯彻落实〈深化新时代教育评价改革总体方案〉的工作方案》明确了北京市深化新时代教育评价改革的总体目标和重点任务分工，为未来首都教育评价改革绘制了时间表和路线图。预计未来北京市学生评价改革方面将会呈现如下趋势。

一是破解"唯分数"只能通过综合素质评价[1]，学生综合素质评价制度纵使有诸多难度，但其指标体系等将得到进一步探索并将与学业水平一并在中高考中发挥更加重要的作用。

二是未来打破高考一考定终身，采取多种评价方式、过程性评价和结果性评价相结合将是北京基础教育学生评价改革继续坚持的理念和做法。

三是坚持五育并举，学生评价的内容将紧紧围绕新时代教育方针，体现德智体美劳全面发展。

四是小学入学单校划片和多校划片相结合，初中电脑派位入学方式将会得到坚持和进一步巩固，范围或将进一步扩大，这是当前巩固均衡发展，进而迈向优质均衡发展的要求。

第六节　中小学教师培训

自 1953 年成立北京教师进修学院（北京教育学院前身），北京市开启了首都中小学校长、教师在职进修培训工作，为提高全市中小学教师干部队伍素质和教育教学质量作出了历史性的贡献。多年来，北京市中小学教师培训与时俱进，以不断探索的创

---

[1] 柯政. 学生评价改革的难为、应为、须为 [J]. 教育发展研究，2021（18）：29–37.

新精神推进首都中小学教师队伍持续成长，为促进基础教育的优质均衡发展和实现首都教育现代化作出了积极贡献。本节首先概要呈现北京市中小学教师继续教育与培训的政策演进与实践发展阶段，随后分析北京市教师队伍与培训面临的问题与挑战，进而对未来教师培训提出建议。

一、北京市中小学教师继续教育与培训的政策演进：1989—2019 年

《北京市中小学教师继续教育暂行规定》（1989 年）颁布以来[1]，全市中小学教师继续教育和培训工作历经六个"五年计划"。30 年间，全市教师培训工作形成了五年一个周期的制度，培训体系逐步完善，大致可分为开创探索、持续发展、创新推进三个阶段。

（一）北京市中小学教师继续教育开创探索阶段

1.《北京市中小学教师继续教育暂行规定》（1989 年）

北京市中学教师继续教育的探索工作始于 1983 年。1986 年以后，北京市教育部门、北京教育学院以及区县教师进修院校共 100 多人，就全市中学教师如何开展继续教育的问题，进行了较为广泛的调查。[2]1989 年 7 月 28 日，原北京市教育局和北京市科技干部局联合颁布了《北京市中小学教师继续教育暂行规定》（以下简称《暂行规定》），提出了中小学教师继续教育的指导思想、任务和原则，明确了继续教育的对象、内容、形式和培训目标，以及组织实施和相关政策等议题。

《暂行规定》是全国第一个教师继续教育的法规性文件。在最初五年的实践中，继续教育作为一种新的教育制度，开始在广大教师、干部中，以及在社会上基本得到了认可；并探索了继续教育的思路和实施方案，建立了一套继续教育的制度。[3]

2.《北京市中小学教师"九五"继续教育工作的意见》（1997 年）

1997 年 4 月 24 日，北京市教育委员会颁布《北京市中小学教师"九五"继续教育工作的意见》。"九五"期间的教师继续教育分为新任教师培训、教师职务培训和提高学历层次的培训三类，并对继续教育的内容、形式、课程和教材、基地建设与组织领导等方面作出规定。

---

[1] 《北京市教育局 北京市科技干部局关于颁发〈北京市中小学教师继续教育暂行规定〉的通知》（京教师字〔1989〕第 13 号）。

[2] 倪传荣.北京市中学教师继续教育的实践与认识 [J].北京师范大学学报（社会科学版），1991（3）：69-73，68.

[3] 倪传荣.总结经验 提高认识 推动继续教育的健康发展——在北京教育学院及分院继续教育理论与实践研讨会上的讲话 [J].北京教育学院学报，1995（2）：4-8.

自 1989 年至 1999 年，是北京市中小学教师继续教育兴起的十年、发展的十年。对中小学教师进行继续教育，是在 20 世纪 80 年代后期北京市中小学教师学历补偿教育基本完成之后，根据北京市教育发展需要，并基于国际研究中的终身教育理论而提出的举措。"对中小学教师进行继续教育培训，这一举措是在全国率先提出的，它使我市培训工作发生了重大的转折，开辟了北京市师资培训工作新篇章。"[1]

（二）北京市中小学教师继续教育持续推进阶段

进入世纪之交的 1999 年，相关国家政策为北京市中小学教师继续教育持续推进创造了新的契机。1998 年 12 月，教育部制定了《面向 21 世纪教育振兴行动计划》，提出实施"跨世纪园丁工程"，"以不同方式对现有中小学校长和专任教师进行全员培训和继续教育"[2]。1999 年 6 月，中共中央国务院发布《关于深化教育改革全面推进素质教育的决定》，提出"开展以培训全体教师为目标、骨干教师为重点的继续教育，使中小学教师的整体素质明显提高"[3]。1999 年 9 月，教育部颁布了《中小学教师继续教育规定》[4]，这是面向全国基础教育教师开展继续教育的第一个正式法规性文件，明确了新世纪全国中小学教师继续教育的内容与类别、组织管理、条件保障、考核与奖惩事项。2001 年 6 月，教育部印发《基础教育课程改革纲要（试行）》并提出"教师进修培训机构要以实施新课程所必需的培训为主要任务，确保培训工作与新一轮课程改革的推进同步进行"[5]。在"十五"和"十一五"期间，北京市围绕新课程和义务教育均衡发展开展了系列教师培训。

1.《关于北京市幼儿园、中小学、中等职业学校教师"十五"时期继续教育工作的意见》（2002 年）

2002 年 4 月 22 日，北京市教育委员会颁布《关于北京市幼儿园、中小学、中等职业学校教师"十五"时期继续教育工作的意见》，将"十五"时期的教师继续教育分为非学历教育（含新任教师培训、教师岗位培训、骨干教师培训）和学历教育两大类，并对继续教育的内容、课程教学建设、基地建设等方面作出规定。

2004 年，北京市教育大会确定了 2010 年首都教育改革与发展的总目标。中共北京

[1] 邵宝祥．北京市中小学教师继续教育的回顾与展望——纪念《北京市中小学教师继续教育暂行规定》发表 10 周年 [J]．北京教育学院学报，1999（3）：1-5.

[2] 面向 21 世纪教育振兴行动计划 [EB/OL]．（1998-12-24）[2021-12-24].http://www.moe.gov.cn/jyb_sjzl/moe_177/tnull_2487.html.

[3] 关于深化教育改革全面推进素质教育的决定 [EB/OL]．（1999-06-13）[2021-12-24]. http://old.moe.gov.cn/publicfiles/business/htmlfiles/moe/moe_177/200407/2478.html.

[4] 中小学教师继续教育规定 [EB/OL]．（1999-09-13）[2021-12-24]. http://www.moe.gov.cn/srcsite/A02/s5911/moe_621/199909/t19990913_180474.html.

[5] 基础教育课程改革纲要（试行）[EB/OL]．（2001-06-08）[2021-12-24].http://old.moe.gov.cn/publicfiles/business/htmlfiles/moe/moe_309/200412/4672.html.

市委、北京市人民政府《关于实施首都教育发展战略率先基本实现教育现代化的决定》提出"加强对教师培训的统筹规划和管理，提高教师继续教育工作水平和效率"[1]，并于次年发布《首都教育 2010 发展纲要》。

基于北京市教育发展的现实需要，北京教育学院于 2004 年启动了以"突出骨干、倾斜农村"为特征的"绿色耕耘"行动，为远郊区县中小学培训优秀师资；2006 年开展"春风化雨"行动，对城区初中校的校长和骨干教师开展培训，为促进北京市基础教育均衡发展作出了重要贡献。[2]

2.《关于北京市中小学教师"十一五"时期继续教育工作的意见》（2007 年）

2007 年 1 月，北京市教育委员会颁布《关于北京市中小学教师"十一五"时期继续教育工作的意见》，提出要开展"教师均衡发展""首都名师培养"等八项重点培训工作。

"十一五"期间，除了深入推进"绿色耕耘"和"春风化雨"行动之外，北京市还设立了农村中小学教师研修工作站，开展了带薪脱产培训、普通高中新课程通用技术教师培训、"迎奥运，落实阳光体育运动"体育教师培训，并采用工作室模式开展市级学科带头人及骨干教师培训等项目，切实提升了北京市教师的整体素质。同时，发布《关于印发"十一五"时期北京市区县教师培训基地建设标准的通知》，加强了各区教师培训机构建设，为培训工作的顺利实施奠定了坚实基础。

（三）北京市中小学教师培训创新发展与升级转型阶段

为贯彻落实全国教育工作会议精神和教育规划纲要，2011 年 1 月 4 日，教育部发布《关于大力加强中小学教师培训工作的意见》，提出了新时期中小学教师培训的总体要求。[3] 此后的北京市相关政策文本与教育部政策保持一致，亦采用"教师培训"的表达，而非"继续教育"的表述。

1.《关于"十二五"时期中小学干部教师培训工作的意见》（2011 年）

2011 年 9 月，中共北京市委教育工作委员会、北京市教育委员会颁布《关于"十二五"时期中小学干部教师培训工作的意见》。

根据促进首都教育均衡发展的目标，"十二五"期间，北京市继续开展面向农村地区和城区薄弱学校教师的培训，持续开展了农村教师研修工作站等项目。同时，根据

---

[1] 《关于实施首都教育发展战略率先基本实现教育现代化的决定》（京发〔2004〕13 号）。

[2] 马宪平. 为基础教育发展不断注入生机与活力——写在北京教育学院复院 30 年之际 [J]. 人民教育，2008（20）：6-9.

[3] 教育部关于大力加强中小学教师培训工作的意见 [EB/OL].（2011-01-04）[2021-12-25]. http://www.moe.gov.cn/srcsite/A10/s7034/201101/t20110104_146073.html.

《关于实施北京市中小学名师名校长发展工程的意见》，进一步加强对学科带头人、骨干校长和教师的高端培训，为推动名师、名校长的成长发展搭建平台。

根据教育部《关于深化中小学教师培训模式改革全面提升培训质量的指导意见》，为探索更加贴近学校实际的培训方式，市教委发布《关于加强中小学教师校本培训工作的意见》，并依据相关评估标准，遴选出100所北京市中小学（幼儿园）教师校本培训示范学校。

此外，根据《北京市教育委员会关于开展"十二五"期间区县教师培训机构建设水平评估暨教师培训总结评估工作的通知》的精神和要求，开展了区县教师培训机构建设水平评估，促进各区进一步加强教师培训机构建设，满足培训工作的需要。

2.《关于"十三五"时期中小学干部教师培训工作的意见》（2016年）

2016年10月，中共北京市委教育工作委员会、北京市教育委员会颁布《关于"十三五"时期中小学干部教师培训工作的意见》。"十三五"时期，北京市主动适应新形势、新要求，落实全面深化教育领域综合改革、全面提高教育质量、全面完成《北京市中长期教育改革和发展规划纲要（2010—2020年）》确定的各项任务、全面实现教育现代化等发展目标对首都教育人才队伍提出的新要求，积极推进教师培训的供给侧结构性改革。

根据《北京市乡村教师支持计划（2015—2020年）实施办法》，北京市持续推动乡村教师队伍建设。同时，根据《北京市中小学教师开放型教学实践活动计划（2016—2020年）》，全市义务教育阶段市级骨干教师、学科教学带头人、特级教师和正高级教师开放自己的课堂和组织专题性研修，为全市义务教育阶段教师提供个性化、多样化的教学实践服务。2019年11月，市教委公布了入选北京市中小学教师教育基地学校的105所（含特殊学校）学校名单，旨在通过设立教师教育基地，强化教师教育实践能力的提升，促进教师队伍的整体发展。

北京教育学院根据教师生涯发展阶段，为新任教师、青年教师、骨干教师的专业成长搭建了终身学习的体系，并通过"协同创新学校计划"以及各类专题培训，为全市教师提供了可供选择的学习课程平台。

目前，北京市已启动"十四五"时期的教师培训工作。回顾北京市教师培训30余年的发展历程，市政府持续的政策支持为教师终身学习提供了政策保障，充足的经费投入则为高质量、高效益地培训教师创造了有力的前提条件。30年间，北京市加强制度建设，完善了教师继续教育与培训体系，建立了市、区、校三级培训管理体系；同时，加强了区域间、机构间的合作与交流，逐步构建起开放联合的培训体系。通过配套的学分管理办法、教师继续教育管理信息系统等相关制度建设，确保了全市培训工作的顺利推进和持续实施。

二、北京市中小学教师培训的实践发展：1989—2019 年

30 多年来，北京市基础教育改革与发展的时代背景不断发生变化，随着新课程改革、深化基础教育领域综合改革的推进，以及社会、家庭、学生对高水平教师队伍需求的不断增加，北京市教师培训的目标、课程与内容、方式与方法、师资与资源、机构建设等方面亦不断发展。除每五年一个周期的专项培训政策之外，教育部和北京市相关的教育改革政策，亦直接影响了培训实践的发展。

（一）培训目标与课程内容

1. 培训目标

在教师继续教育发展的最初阶段，从教师的专业素养来看，除了师德方面，培训目标主要聚焦于提升教师本专业和本学科的新知识、新理论和新的教学方法，以更好地胜任教育教学工作。

自"十一五"以来，政策文本日渐强调教师的终身学习与教师的专业性。如《关于"十三五"时期中小学干部教师培训工作的意见》提出要"全面提升教师综合素养，打造一支'有理想信念、有道德情操、有扎实学识、有仁爱之心'的高素质、专业化教师队伍"，"促进教师终身学习"[1]。从培训目标来看，以人为本的思想逐渐走入政策视野，教师的主体性、基于生涯发展的教师终身学习日益得到重视。

2. 培训课程与内容

经过多年发展，北京市教师培训课程注重区分对象、按需施教，根据新任教师、青年教师、骨干教师等不同层次教师的特点，分别设计不同的培训课程与内容。

北京市教师培训课程可分为必修课程、选修课程、校本研修等类型。随着教育不断发展，培训内容逐渐拓展，从最初的主要聚焦于教师职业道德、学科知识、教材教法和基本功训练，逐渐拓展至教师综合素养（如文化修养、心理健康）、生涯发展（职业发展规划）、课程发展与教育研究等方面，并日渐凸显对学生的关注和以学生为中心的理念，如增加了学生研究与发展等方面的内容。培训课程注重提高教师的职业理想、道德修养和专业素养，积极帮助教师应对育人方式变革带来的挑战。

总体而言，北京市的教师培训课程和内容，能根据学校教育教学的实际需要和教师需求安排培训内容，凸显其实用性，使之贴近教育改革与发展的需要，贴近教

---

[1] 中共北京市委教育工作委员会北京市教育委员会关于"十三五"时期中小学干部教师培训工作的意见 [EB/OL].（2016–11–02）[2021–12–25]. http://jw.beijing.gov.cn/xxgk/zfxxgkml/zfgkzcwj/zwgzdt/202001/t20200107_1564269.html.

师专业发展的实际，既能够解决教师教育教学的现实问题，又利于促进教师的可持续发展。[1]

（二）培训方式与教学形式

北京市注重创新培训方式与手段，为教师学习提供多元选择。在最初的学历补偿教育阶段，教师继续教育主要采取面授、函授、自考、研究生课程班等形式致力于提高教师学历标准。从"九五"发展至今，尤其是"十一五"以来，教师培训更具灵活性和多样性。

经过多年发展，北京市教师培训方式与手段不断创新。最初的培训主要采取传统的集中讲座的形式展开。"十一五"以来，北京市教师培训注重加强校本培训，强化实践指导；校际间协作得到加强，教育集团/集群、学区、学校协作体等资源得到充分利用。随着信息技术的发展，培训形式从最初的广播、电视等方式，发展至网络培训与混合式学习，通过加强远程资源建设和建立在线学习平台，为教师营造网络学习环境。

根据教师在职学习的特点和成人学习规律，教师培训发展了多种有效教学方法。教学形式方面，培训采用课题研究、案例分析、参与体验、观摩诊断、自主反思、任务驱动、互动实践等方式方法，尤其注重教师在培训中的参与和体验，注重提升教师自主学习的意识。自2016年启动的"北京市中小学教师开放型教学实践活动"，将教师的人力资源属性萃取出来，精细化每一位教师的服务属性，使教师能够更好地服务于学生，实现优质资源服务属性的传播和拓展。[2]

（三）培训师资与资源建设

在培训师资方面，北京市一方面注重打破各种界限，除原有市区培训院校的师资之外，还广泛聘请高校知名教授和科研院所专家学者承担相关课程，并且充分发挥一线中小学校长、特级教师及优秀师资的专业优势，共同承担教师培训任务。专兼结合、敬业垂范的优秀教师队伍，保障了培训质量的不断提高。另一方面，注重加强培训院校的师资队伍建设，通过各种路径提升队伍自身的理论与实践水平，致力于打造一支既有理论高度又有实践深度、掌握成人教育规律和方法的培训者队伍。

在资源建设方面，北京市基于教育改革和学校发展，注重加强与其他机构的联系与协同创新。如开展跨界协同，加强与高校、科研院所、企事业单位、社会机构等各界联系，充分利用社会机构与境内外优质资源为教师专业发展服务，开拓教师的国际视野。

---

[1] 李方，钟祖荣，马效义，钟亚妮，曹青.以不断探索的创新精神推进首都中小学教师队伍持续成长——北京市中小学教师继续教育20年（1989—2009）回顾与展望[J].北京教育学院学报，2010（1）9-18.

[2] 李奕.面向国家未来的教师发展改革与创新[J].北京教育（普教版），2017（4）：11-12.

（四）培训机构建设

加强教师培训机构建设是提升培训质量的重要基础。北京市制定了加强区级教师培训机构建设的相关意见，持续开展了区县教师培训机构评估工作。例如，"十二五"期间，北京市制定了区县教师培训机构建设标准并依据标准开展了机构建设水平评估。各区县教师培训机构按照"以评促建、评建结合"的原则，通过加强基础条件、师资队伍建设、课程建设等多种方式，逐步发展成为区域内集培训、教研、科研、信息（电教）等功能为一体的教师发展中心，为进一步提升培训质量奠定了重要基础。[1]

30 年间，北京市持续优化培训课程与内容，改进培训方式与方法，加强师资队伍与资源建设和机构建设。在供给侧结构性改革的进程中，教师培训一方面减少了低端供给和无效供给，另一方面亦注重增加新的有效供给，以满足教师的个性化需求，为教师的终身学习提供专业支持。

三、北京市教师队伍与培训面临的问题与挑战

当前，北京市教师队伍面临新的挑战。在新时代背景之下，随着北京市经济社会发展和深化教育领域综合改革的推进，推进城乡教育一体化、促进教育公平，深化课程与学科教学改革、考试招生制度改革等均对教师队伍建设提出新挑战；知识经济对未来人才创新素质的诉求和人本教学的理想追求给教师队伍建设提出了新的课题。随着适应学龄人口规模的快速增长，北京市教师队伍亦存在一定问题。一是存在教师结构性和整体性缺编问题，部分小学科、非中高考科目等学科师资紧缺；二是教师来源不足，全市师范生培养规模不能满足教育发展的需要；三是新补充教师的质量不高，部分区域招聘的新任教师中，非师范专业毕业生及"教非所学"现象凸显；四是教师应对改革的能力与专业素养不足。

与此同时，北京市教师培训亦存在一些问题，主要体现在以下三个方面：一是教师培训的运行体制与管理机制存在一些问题，如机构建设与研训一体、项目统筹管理等。二是需继续提升培训的专业性，培训设计与实施需要进一步改进，分层分类培训以及培训内容和方式需继续优化；教师自主选择性有待加强。三是工学矛盾凸显，难以为教师专业学习提供充足的时间和空间保障。四是需加强相关研究，一方面加强把握理论前沿，用理论指导实践；另一方面在丰富的培训实践中开展课题研究，以研究的态度和方法促进培训质量的提升。

---

[1] 李海燕，钟亚妮. 在反思中前行——北京市中小学教师培训的基本经验和发展前景 [J]. 北京教育（普教版），2016（5）：32-33.

四、展望

北京市教师继续教育与培训在 30 年的发展历程中，随着社会变迁与教育的发展而不断演进。教师专业发展的政策和实践植根于社会和教育系统的特定情境之中。国家和市场是社会系统管理的两种基本机制，两者都影响了教师专业发展的实施。[1] 北京市教师培训体制机制从建立到逐步完善，体现了国家和北京市对教师队伍建设的高度重视，通过强化政府导向和制定相关制度，为教师继续教育和培训提供了重要的政策支持。同时，教师培训在升级转型中，坚持需求导向、贴近实践、开放协作，日益为教师终身学习提供多元选择。

回顾北京市过去 30 余年教师培训的政策与实践，"十四五"期间，教师培训工作仍需进一步创新体制机制，加强制度建设。需加强统筹规划、强化顶层设计、规范培训管理，健全教师培训体系，建立与高校、科研院所、社会机构等各界的协同机制；需进一步完善"研训一体"的教师专业学习机制，明确市、区、校三级培训职责，改变"多头培训"的现象，切实减轻教师负担。此外，需要持续提升培训的专业性，继续优化培训内容和方式，深化校本研修，将教师专业学习与其日常工作紧密结合，不断强化实践取向，坚持以教师为中心，提升教师专业学习的自主性。同时，需要通过制度创新解决工学矛盾，为教师学习提供时间与空间。进一步完善激励机制，激发教师学习的自觉意识和动力，充分发挥教师的主观能动性，引导教师积极主动参与探究并引发行动自觉，才能切实提高培训实效性。通过持续完善教师专业发展支持服务平台，为教师终身学习提供丰富、多元、可选择的机会，将进一步提升首都教师队伍的专业素养，为高质量教育发展提供优质师资保障。

第七节　教学信息化手段改革

一、教学信息化手段改革的政策梳理

20 世纪初我国开始开展电化教育实验，经过电化技术的不断升级，进入到 90 年代为了加强中小学电化教育工作管理，1997 年我国颁布了《中小学校电化教育规程》，对中小学电化教育机构、电化教育人员编制、经费设备保障、电教教材资料、电化教育的管理与领导作了详细规定，促进并规范现代教育技术在教育教学改革中的运用。

---

[1]　卢乃桂，钟亚妮．国际视野中的教师专业发展 [J]．比较教育研究，2006（2）：71–76.

2003 年 11 月教育部、国家发展改革委、财政部颁布了《农村中小学现代远程教育工程试点工作方案》，明确提出了农村中小学现代远程教育中教学光盘播放点、卫星教学收视点、计算机教室这三种模式的配置标准，促进农村边远贫困地区的现代远程教育发展。[1]紧随全国教育信息化建设的步伐，同年北京市教育委员会颁布了《关于加强北京市中小学教育信息资源建设的意见》，指出尽管北京市中小学在教育信息资源建设中已经取得了一定的成效，但是仍滞后于信息化基础设施建设，需要进一步协调发展，对首都基础教育信息资源建设提出相关建议，旨在以教育信息化带动教育现代化发展。[2]

在教育信息化推动模式上首都也有了新的突破，2009 年北京市颁发了《北京市中小学数字校园实验工作实施方案》，数字校园建设工作在首都启动，方案明确规定了数字校园实验的目标、要求、组织管理及责任分工，表明要充分依托中小学校的主体性来促进教育信息化发展。[3]

为了进一步促进教育信息化的发展，2012 年教育部印发《教育信息化十年发展规划（2011—2020 年）》的通知，明确指出推进信息技术与教育教学深度融合，实现教育思想、理念、方法和手段全方位创新。[4]其中针对基础教育特别提出要缩小教育数字鸿沟，进一步提高学校在软件教学资源上的配置水平，以建设优质数字教育资源为手段促进义务教育优质均衡发展。同年在课程建设领域北京市教育委员会颁布了《关于做好 2012—2013 学年度基础教育课程教材改革实验工作的意见》，其中在工作目标中特别强调要加强信息化建设，提升首都基础教育课程改革的信息化品质。[5]2014 年北京市颁发了《关于进一步加强中小学数字校园实验项目建设的意见》，该意见旨在推动教育部"三通两平台"建设任务的尽快完成，对北京中小学数字校园实验项目提出更具操作性和更细化的建设要求，其中包含顶层设计、办学特色、课堂教学、数据管理、经费效益等数字校园需要着力建设的内容。[6]

2016 年教育部印发《教育信息化"十三五"规划》，总结了《教育信息化十年发展规划（2011—2020 年）》颁布以来教育信息化建设的突破性进展，互联网接入率、多媒体教室普及率等均得到提升，同时也存在一些学校教育信息化应用程度不够、信息化

[1]　教育部、国家发展改革委、财政部关于实施《农村中小学现代远程教育工程试点工作方案》的通知 [EB/OL].（2003-12-25）[2021-12-26].http://www.moe.gov.cn/srcsite/A06/jcys_jyzb/200312/t20031225_82052.html.

[2]　北京市教育委员会关于加强北京市中小学教育信息资源建设的意见 [EB/OL].（2008-04-11）[2021-12-26].http://jw.beijing.gov.cn/xxgk/zfxxgkml/zfgkzcwj/zwgzdt/202001/t20200107_1562594.html.

[3]　北京市教育委员会关于开展中小学数字校园实验工作的通知 [EB/OL].（2009-06-11）[2021-12-26].http://jw.beijing.gov.cn/xxgk/zfxxgkml/zfgkzcwj/zwgzdt/202001/t20200107_1562441.html.

[4]　教育部关于印发《教育信息化十年发展规划（2011-2020 年）》的通知 [EB/OL].（2012-03-13）[2021-12-26].http://www.moe.gov.cn/srcsite/A16/s3342/201203/t20120313_133322.html.

[5]　北京市教育委员会关于做好 2012-2013 学年度基础教育课程教材改革实验工作的意见 [EB/OL].（2012-12-11）[2021-12-26].http://jw.beijing.gov.cn/xxgk/zxxxgk/201602/t20160229_1445743.html.

[6]　北京市教育委员会关于进一步加强中小学数字校园实验项目建设的意见 [EB/OL].（2014-01-24）[2021-12-26].http://jw.beijing.gov.cn/xxgk/zfxxgkml/zfgkzcwj/zwgzdt/202001/t20200107_1562307.html.

与教育教学"两张皮"等问题。[1]2018 年教育部印发了《教育信息化 2.0 行动计划》，旨在积极推进"互联网＋教育"的发展，围绕着数字资源服务普及行动、网络学习空间覆盖行动、网络扶智工程攻坚行动、教育治理能力优化行动、百区千校万课引领行动、数字校园规范建设行动、智慧教育创新发展行动、信息素养全面提升行动全面实现信息化教育与应用的覆盖。[2]同年教育部发布了《网络学习空间建设与应用指南》，为切实加快教育现代化和教育信息化的发展进程而制定了适用于各级各类学校的网络学习空间建设指南，提供优质的信息化学习环境，拓展信息时代教学、管理与服务方式。[3]2018 年 4 月，教育部发布《中小学数字校园建设规范（试行）》文件，提出了关于网络备课、网络教学、网络教研、网络环境、数字终端、数字化教学空间等在内的数字校园建设任务，以提升中小学信息化建设与应用水平，促进信息技术与教育教学的深度融合。[4]2021 年 4 月，北京市教育委员会印发《关于推进"互联网＋基础教育"的工作方案》，提出以优化空中课堂、打造双师课堂、探索融合课堂、构建学习平台等为重点任务工作。[5]同年在《北京市"十四五"时期教育改革和发展规划（2021—2025 年）》中，明确把建设智能互联的数字教育基础设施作为这一时期的主要任务，开展"北京教育云"建设，依托 5G 等一系列的网络新技术，逐步推动各个学校信息化应用"入云"，为开启首都高水平的教育现代化建设奠定坚实基础。[6]

二、教学信息化手段的演变历程

19 世纪末至今是现代教育技术在教学领域中的应用阶段，教学过程通过现代教育技术方式的革新，逐渐打破了时间和空间的限制，教学方式和理念也随之变革。我国教学信息化技术起步于 20 世纪初，大体经过了教学信息化技术初步形成期、不断发展期和逐步完善期，同时也是我国走向教育现代化的过程体现。

[1] 教育部关于印发《教育信息化"十三五"规划》的通知 [EB/OL].（2016-06-07）[2021-12-27].http://www.moe.gov.cn/srcsite/A16/s3342/201606/t20160622_269367.html.

[2] 教育部关于印发《教育信息化 2.0 行动计划》的通知 [EB/OL].（2018-04-18）[2021-12-27].http://www.moe.gov.cn/srcsite/A16/s3342/201804/t20180425_334188.html.

[3] 教育部关于发布《网络学习空间建设与应用指南》的通知 [EB/OL].（2018-04-17）[2021-12-27].http://www.moe.gov.cn/srcsite/A16/s3342/201805/t20180502_334758.html.

[4] 教育部关于发布《中小学数字校园建设规范（试行）》的通知 [EB/OL].（2018-04-17）[2021-12-27].http://www.moe.gov.cn/srcsite/A16/s3342/201805/t20180502_334759.html.

[5] 北京市教育委员会印发《关于推进"互联网＋基础教育"的工作方案》的通知 [EB/OL].（2021-04-17）[2021-12-27].http://www.beijing.gov.cn/zhengce/gfxwj/202105/t20210506_2381704.html.

[6] 北京市"十四五"时期教育改革和发展规划（2021—2025 年）[EB/OL].（2021-09-30）[2021-12-27].http://jw.beijing.gov.cn/xxgk/zfxxgkml/zwgkjhgh/202109/t20210930_2506772.html.

（一）教学信息化技术初步形成时期

自 20 世纪初受国外教育技术的影响，我国主要少数城市开始了电化教育实验，教学手段中开始出现教学电影、教学广播、幻灯片、录音等形式，这些技术作为教学辅助取得了良好效果。

20 世纪 20 年代上海商务印书馆是我国早期拍摄教学电影的主要机构，此外金陵大学从国外购买并制作了与农业种植相关的教学影片是我国最早的教学电影之一。这种可以重复播放反复学习、学习者可以自控教学节奏的教学电影使学习者获得了良好的学习体验，被广为传播。随着技术的发展，教学电影实现了从无声到有声的跨越，我国教学信息化技术进入到了视听媒体技术的应用阶段。20 世纪 50 年代之后，教学广播作为一种新技术开始应用于我国学校的教育教学之中，相对于教学电影而言其使用的灵活性高、制作周期短并且制作耗资低[1]，这些特点开拓了教学广播的应用市场。除此之外，新中国成立后承载教育信息技术发展的专属机构也开始建立，北京市电教馆是这一时期的主要代表，对信息技术在中小学教学领域的运用起到了强有力的推进作用。

（二）教学信息化技术快速发展时期

20 世纪 70 年代以后我国进入了教学信息化技术快速发展时期，这一时期计算机技术在教学领域得以应用。中小学开始在校内建立电化教室，并配备了各种投影仪、计算机、录像机等现代化教学设备。据《北京市普通教育年鉴 1949—1991》记载，截至 1979 年年底全市基础教育系统拥有电影放映机 500 余套、投影仪 4000 余台、录音机 3000 余台，到 1990 年年底以上设备的数量大幅增加，电影机 824 套、投影仪 18178 台、录音机 21412 台、幻灯机 1684 台，此外还有计算机 7643 台。[2] 计算机开始成为辅助教学的新手段，在产生初期由于其操作偏专业化，故而计算机在教学领域使用并不广泛，并且边远贫困山区的中小学教育信息化设施配备并不完备。随着改革开放的步伐加快及经济建设的全面发展，信息化社会的来临已势不可挡，为了推动计算机在教学领域内的广泛应用，1978 年中央电化教育馆成立，随后各地方省市电化教育机构相继成立，与此同时北京市电教馆也开始恢复整顿，1987 年又设立了中小学计算机教育研究中心。至 20 世纪 90 年代基础教育信息化机构基本形成了北京市电教馆、各区县电化教育机构、中小学校电化教育组的三级组织机构，教学信息化得以更加系统化建设。

（三）教学信息化技术逐步完善时期

进入到 20 世纪 90 年代以后尤其是进入到 21 世纪，多媒体技术和互联网的发展促

---

[1] 李情民.教学信息化的演变及线上教学的对策 [J].大众科技，2021（7）：112-115.

[2] 首都师范大学首都基础教育发展研究院.走向优质均衡的 30 年 [M].北京：首都师范大学出版社，2009.

使中小学教学信息化技术迈向了新高度。全国及地方相继颁发了多个远程教育相关的政策文件，并且把信息技术作为中小学的必修课开设。这一时期互联网与相关技术在教育信息化中的使用标志着信息时代的诞生，主要表现为信息和通讯技术、数字资源库、分布式远程系统、学习管理系统与教育的融合。[1]1993 年召开了全国中小学计算机辅助数学教学研讨会，继续不断推广计算机与教学的融合技术。全国中小学在计算机、计算机教师、校园网上的拥有数量不断增长。面对东中西部教育资源分布不均的现象，2003 年中央拨款 13.44 亿元用于中西部农村中小学现代远程教育工程试点工作，用以缓解中西部农村中小学信息技术设备和师资短缺的问题。

基础教育中的网络建设在这一时期发展迅速，北京教育信息网、各区区域网、校园网三部分建立联通。"校校通"工程的完工极大程度上促进了校园信息化发展，教学资源的共享、校园信息的及时更新、教学方式的革新等一系列变化随之而来。远程教学平台的搭建缩小了城乡之间教育资源分布不均的差距，让更多的学生享受到了同等的优质教学资源，助力了基础教育优质均衡发展。慕课、微课、翻转课堂、混合教学等新型教学模式越来越多地出现在教学领域，更新了基础教育的教学理念和学习方式。

三、北京市教学信息化手段的实践应用

在近年来教学信息化手段的实践应用中，首都基础教育一直走在前列，主要集中体现在教学信息化在资源建设中的应用、教学信息化在课堂教学中的应用、教学信息化在教辅和自学中的应用，其中包含空中课堂、数字校园、双师课堂、VR 课堂、智慧学伴等多种信息化手段应用模式。

（一）北京市教学信息化在资源建设中的应用

1. 空中课堂

2003 年抗击非典期间，北京市教育委员会发布了《关于为中小学开通"空中课堂"的通知》，北京市中小学暂停线下授课，为保证正常的教学进度，指导中小学生居家学习，北京市利用互联网多媒体信息技术开设了空中课堂。作为学校教育的延伸和拓展，空中课堂主要由三部分组成，分别是电视课堂、广播教学、基于国家基础教育资源网的网上学习，三位一体的空中课堂使学生居家自主学习成为可能。教学内容主要以复习课为主，辅之以体育、艺术、科普等相关内容以提升学生的人文素养，并根据教学内容同步"空中课堂"的考试内容。

从 2003 年 4 月 17 日至 7 月 25 日共录制了 1115 节电视教学节目、3450 分钟广播

---

[1] J. Michael Spector，任友群，郑旭东 . 教育技术的历史 [J]. 电化教育研究，2016（2）：114–122.

教学，400 余名教师参与了授课录制。[1]2020 年新冠疫情期间，空中课堂再次重返教学，与之前不同的是，这次辅助空中课堂教学工具以计算机和移动互联网为主，钉钉、腾讯课堂、微信等软件应用广泛。教学信息化手段的革新使停课不停学成为可能，打破了教学的地域限制，在特殊时期使有效教学得以保障，学生自主学习能力显著提高。最重要的是"空中课堂"的录制课程形成了课程资源库，是教学信息化在课程资源建设中的集中体现。

2. 数字校园

自 2014 年开始北京市数字校园建设全面提速，数字化与信息化的浪潮对基础教育的教与学产生变革性影响。一是数字学校扩大课程和用户覆盖面，2012 年北京数字学校正式上线，名师课程资源实现了全市范围内的网络共享模式，在促进首都基础教育优质均衡发展方面向前迈进了一大步。到 2014 年 9 月已有 2300 节微课在数字学校正式上线[2]，基于微课授课形式的多样化，各学科名师会对某个具体知识点或重难点问题进行片段式讲解，学生可利用闲暇碎片时间灵活观看学习。二是使互联网走进每一间教室，为推进优质教育资源班班通工作的开展，北京市各区县要使中小学教室 100% 接入互联网，50% 以上教室实现无线网覆盖。[3]与此同时，一些学校利用大数据技术进行教学管理和学生学情的精准化分析，教学诊断更加精细，促使教学内容和进度能够及时调整。三是打造家校共育新模式，网络技术的使用不仅局限于校园，还联通了家庭。教室中的摄像头设备可以把学生活动和学习状态录制下来并实时传送至"家校新时空"网络平台上，帮助家长了解孩子的在校情况，同时也是老师与家长的沟通平台，搭建了家校沟通的新模式。

数字校园建设助力中小学实现从基础设施建设到教材图书资源建设再到教学应用中的数字化发展，实现了校园宽带网络全覆盖，为学校资源建设奠定了坚实基础，进而为优质教学资源共享搭建了平台，促进了教学方式和手段的革新。

（二）北京市教学信息化在课堂教学中的应用

1. 互联网 + 课堂

信息技术的迅猛发展使"互联网 + 教育"融合于基础教育的各个方面，其中"互联网 + 课堂"使新技术与教学融合得更为紧密。北京市多个区的基础教育学校打造了"互联网 + 课堂"的项目模式。2017 年大兴区为落实"十三五"教育信息化发展规划，

---

[1] 首都师范大学首都基础教育发展研究院 . 走向优质均衡的 30 年 [M]. 北京：首都师范大学出版社，2009.

[2] 北京数字学校 2300 节"微课"9 月将正式上线 [EB/OL].（2014-04-15）[2021-12-28].https://web.ict.edu.cn/p/beijing/zzyy/n201404154807.html.

[3] 北京数字校园建设提速中小学教学进入云时代 [EB/OL].（2014-07-15）[2021-12-28].xiaoxue.ed.cn/zx/beijing/xiaoxue/201407/t20140715_1150767.html.

举办了"互联网＋课堂"教学实践研究项目启动会。"互联网＋课堂"研究项目招募实验学校对多个教学信息化应用产品进行遴选测试，通过为期一年的教学实践研究选出最为优质的教学信息化产品并在全区内推广。[1] 东城区 33 所学校也在探索互联网与课堂的深度融合，以北京市九十六中为例，该校参加"互联网＋"背景下 Pad 教学促进学生合作交流能力培养的实践研究以来，已完成实践课例 13 节、教学设计 28 份，在学校中的每一间教室老师都可以利用网络资源辅助授课，并实现了课堂内外的教学资源共享。[2] 清华附中永丰学校将 UMU 学习平台引入课堂当中，让学生扫码后实时在平台上分享自己的观点和研讨结果，大大提高了学生课堂的参与度，也使得观点分享随时发生，在师生课堂生成中完成教学。此外，"互联网＋课堂"还促进了优质教育资源的辐射共享，助力乡村教学教研与优质资源接轨。

2. 双师课堂

2021 年北京市《关于推进"互联网＋基础教育"的工作方案》中明确把打造双师课堂作为重点建设任务。双师课堂在北京市中小学中的运行模式主要有两种路径，一是以微课形式录制短课，由名师对小初高知识点进行整理并讲授重难点问题，录制好的优质微课推送给各学科教研组长和教师；二是由一名线上名师和一名线下教师进行协作直播授课，线上授课，线下答疑，远程名师的参与不仅使得优质师资在校际间共享，而且会提供从备课到教学的各个环节的标准化服务，为线下教师教学活动提供了全方位强有力的支持。双师课堂已经在北京中小学中如火如荼地开展起来了，昌平区的双师课堂以 13 所山区学校作为开展试点，并以小学《道德与法治》学科作为主要学科试点，通过课堂直播的方式提供的优质线上师资进一步缩小了城乡之间教学质量差距，带动山区教学水平大幅提升。昌平区中学双师课堂在 2021—2022 学年覆盖范围扩大到三个年级的英语、数学、语文、物理四个学科。史家教育集团响应教育部发布的《关于加强"三个课堂"应用的指导意见》，制定了针对本教育集团的《史家教育集团"双师课堂"工作方案》，规定在师德师风、专业素养、教学和教研能力、专业实践能力、创新能力等方面综合考量，成绩优异者可以作为主讲教师，一般是以特级教师、市级以上骨干教师为主。充分发挥两位教师的主动性和能动性是此学年史家教育集团主要着力点之一。

线上与线下相结合的双师课堂在中小学教育教学中发挥了重要作用，一方面为名师与异地学生之间的课堂教学搭建了平台，促进优质教育资源进一步辐射，利于全面提升基础教育质量；另一方面强有力地支持了青年教师的专业发展，双师之间伙伴关

[1] 北京：大兴区"互联网＋课堂"实践研究项目启动会成功召开 [EB/OL]．（2017-05-23）[2021-12-29].https://web.ict.edu.cn/p/beijing/sxdt/n2017052312631.html.
[2] 北京东城 33 所学校探讨"互联网＋"课堂 [EB/OL]．（2019-11-22）[2021-12-29].https://baijiahao.baidu.com/s?id=16509145734752156648&wfr=spider&for=pc.

系的搭建助力了教学资源共享和教研的合作共研，为线下的青年教师提供了与名师对话学习的机会，形成了优质师资的储备库。

3. VR 课堂

"互联网＋教育"在技术领域不断有新的突破，一种需要佩戴虚拟装备能够让体验者身临其境地进入到另一个世界进行沉浸式体验的媒体模式 VR 技术已经走入部分北京市中小学的课堂。首都首个 5G 网络下的 VR 课堂于 2019 年在朝阳实验小学落户，一节科学与美术相融合的跨学科主题课程为学生的认知打开了新世界的大门，在 VR 技术的应用下学生身临其境地学习了宇宙星体，视觉效果更加直观，为跨学科主题课程提供了新的教学模式。并且 5G+VR 的资源库已经初步建成，日后这种虚拟技术会持续应用到教学情境中，实现多主题、多场景的应用。北京第二十二中利用 VR 技术辅助教学，在物理课上学生可以真实地观察抽象的物理结构，打破了老师单一授课的枯燥形式。东城区和平里第九小学运用 VR 技术让学生佩戴 VR 眼镜来观察鸟巢的内部结构，拓展了学生对空间概念的认知。

实践证明在中小学中 VR 课堂广受师生欢迎，一方面它可以辅助教师对不易理解的知识点进行更为形象生动的展示，丰富教学方法，提升教学效果；另一方面大大增加了学生的学习兴趣和课堂的参与感，保存了学生对未知领域的好奇心和探究欲，能够更好地吸收和应用所学知识。

（三）北京市教学信息化在教辅和自学中的应用

1. 智慧学伴

智慧学伴是北京师范大学高精尖研究中心从 2015 年开始致力于研究的在线学习工具，适用于广大一线教育工作者。在智慧学伴的在线平台中不仅有丰富的学习资源，而且它还是在线教学活动的载体。

一方面，智慧学伴为教师教学提供了充足的教辅资料和数据分析，在辅助教学方面发挥了重要作用。其中专题复习教学模式在学情诊断、数据分析、重点复习、资源推荐系列流程中为教师提供了测量工具和分析报告，辅助指导教师复习课的开展。此外智慧学伴还推出了在线考—评—学的诊断教学系统，为教师提供了班级学习效果的诊断数据。学生居家学习的心理状态、学习进度、学习中遇到的困惑等问题都可以通过系统测评体现出来并出具班级诊断报告，帮助老师了解整班的学习状态及每位学生的学习难点。在了解每位学生的学习情况之后，智慧学伴还可以辅助教师制定每位学生的个性化、差异化的学习任务或作业，实现了教学辅助中的因材施教。

另一方面，智慧学伴为学生提供了大量的在线自学课程，是辅助学生自学的有效工具。尤其在"停课不停学"的特殊情境下，智慧学伴汇集北京师范大学学科教育团队和北京市优秀师资制作的涵盖数语外、史地政、理化生在内的九大学科的微课，为全北京市中学生提供了在线学习资源，电脑端和手机端均可登录使用，大大提升了学生的自学效果。[1]并且智慧学伴为不同学习进度的同学提供了个性化的课程定制，在课程资源中心中学生可以按照教师、学科、课程评分等参照指标进行课程筛选，为自身学习需求匹配适合的学习资源。

2. AI 应用于作业批改

2019 年，北京市教育委员会颁布的《北京促进人工智能与教育融合发展行动计划》中指出要推动人工智能在教育领域中的应用，探索人工智能在教学模式、评价方式中的融合。同年 7 月，北京市发布了《关于开展教育信息化融合创新"双百"示范行动的通知》，提到针对教师批改作业工作量大、学生个性化辅导不足的问题，要开展人工智能技术在此领域中的创新实践[2]，把 AI 技术与教育教学相融合，减少教师重复性工作量。在政策定位和推动下实践领域开始尝试创新，探索人工智能技术辅助教学的新模式。

在实践领域中，近年来 IN 课堂、科大讯飞系统等人工智能软件解决了批改作业这一难题。以往作业难以分层并个性化设计、教师批改作业耗时长影响备课时间、对作业分析不到位等问题长期困扰一线教学实践。AI 技术在作业批改中的应用成为了教师有效的教辅工具。一方面，AI 技术可以自动及时地完成每天的作业批改任务，减轻教师工作量，并可以根据批改结果形成全班的学习诊断报告，供任课教师参考，以调整教学进度和教学方法，了解学生的学习易错点和难点。在"双减"背景下，教师可以把节约的时间更多地应用于学生的作业答疑和课后辅导之中，提高了教学的整体效率。另一方面，AI 技术在辅助教师批改作业并提供作业反馈这一过程中，可以有助于教师根据反馈结果深入研究学情，为布置分层作业、个性化定制作业提供了依据和可能，不仅体现了作业的诊断性功能还体现出了其发展性功能。使作业在设计布置环节更加精准匹配每位学生的需求，符合了"双减"中提高作业设计质量、加强作业完成指导等相关要求。

---

[1] "智慧学伴"为全北京市中学生提供免费在线学习服务 [EB/OL].（2020-02-03）[2021-12-30].https://www.eol.cn/news/dongtai/202002/t20200203_1708002.shtml.

[2] 北京市教育委员会关于开展教育信息化融合创新"双百"示范行动的通知 [EB/OL].（2019-07-29）[2021-12-30].http://jw.beijing.gov.cn/xxgk/zfxxgkml/zfgkzcwj/zwgzdt/202001/t20200108_1566555.html.

第五章　北京基础教育教学改革的推进与产出

本章从基础教育教学改革政策的认同与响应、学校教育教学改革的探索与成效和基础教育教学改革获奖成果的综合分析研究三个方面来呈现北京基础教育教学改革的推进与产出，旨在从包括改革政策落地、学校实践推进、成效成果产出等关键环节的纵向过程来完整地分析教育教学改革的发生、发展与产生结果的实践过程。

本章主要基于实证研究的结果和结论来阐述北京基础教育教学改革的推进与产出。基础教育教学改革政策的认同与响应、学校教育教学改革的探索与成效这两个方面的内容主要基于对海淀、东城、通州、密云等四个区的学校教育工作者和学生家长两个群体的问卷调研来分析。问卷调研采取分类抽样方法，分地区、分学段、分人群确定调查样本，样本校兼顾优质校与普通校，高中涵盖示范校和普通校，力争使调研区、样本校能够代表北京基础教育的真实生态和多元构成。基础教育教学改革获奖成果的综合分析研究是对北京市 1999 年到 2017 年五届基础教育教学成果奖 548 项获奖成果进行综合分析研究。

第一节　基础教育教学改革政策的认同与响应

关于基础教育政策的认同与响应，主要进行了两项问卷调研，分别是"北京市基础教育教学改革政策认同与响应"的学校教育工作者问卷调研和学生家长调研。调研对象来自北京市东城、海淀、通州、密云等四个区，每个区各选取 20 所学校作为样本校，小学与初中、高中（完中）各 10 所。学校教育工作者调研对象包括校长、副校长、中层干部和教师代表等 1635 人，教师代表兼顾不同学科、不同年龄、不同发展阶段的教师；学生家长调研对象包括不同学段、不同年级的学生家长代表，调研对象为 3186人。具体人员情况如下：

表 5-1　学校教育工作者调研对象汇总表

所在区域					城郊区域		
海淀	东城	通州	密云	合计	城区	郊区	合计
436	396	472	331	1635	832	803	1635
26.7%	24.2%	28.9%	20.2%	100%	50.9%	49.1%	100%
学　段				城郊区域			
小学	初中	高中	合计	高中（示范校）	高中（非示范校）		合计
1015	344	276	1635	180	96		276
62.1%	21.0%	16.9%	100%	65.22%	34.78%		100%
所属群体							
校长		副校长		中层干部	教师		合计
58		111		291	1175		1635
3.5%		6.8%		17.8%	71.9%		100%

表 5-2　学生家长调研对象汇总表

所在区域					城郊区域		
海淀	东城	通州	密云	合计	城区	郊区	合计
831	532	1287	536	3186	1363	1823	3186
26.1%	16.7%	40.4%	16.8%	100%	42.8%	57.2%	100%
学　段				高中类型			
小学	初中	高中	合计	高中（示范校）	高中（非示范校）		合计
2277	650	259	3186	200	59		259
71.5%	20.4%	8.1%	100%	77.2%	22.8%		100%

一、改革政策认知的途径与方式

（一）知晓改革政策的途径

北京市基础教育教学改革政策知晓的途径呈现多样化，以教育行政部门和学校有组织地传达和介绍为主。

对学校调研发现，对于知晓改革政策的途径，69.4%的学校教育工作者主要通过"上级部门传达会议文件"，25.6%主要通过"专题培训或者培训专家报告"，还有2.0%和2.8%主要通过"听同行或者同事介绍"和"自己关注相关新闻和信息"。就差异分析而言，学校中不同群体知晓政策的途径差异显著（$x^2=38.463$，df=12，p<0.01），校长（87.9%）和副校长（84.7%）主要通过"上级部门传达会议文件"的比例显著高于

中层干部（73.2%）和教师（66.1%）。

表 5-3 学校教育工作者：知晓改革政策的途径

选 项	频 率	百分比
上级部门传达会议文件	1135	69.4%
专题培训或者培训专家报告	418	25.6%
听同行或者同事介绍	33	2.0%
自己关注相关新闻和信息	45	2.8%
其他	4	0.2%
合计	1635	100%

对学生家长调研发现，对于知晓改革政策的途径，68.3%的学生家长主要通过"学校的通知和家长会宣讲"，27.3%主要是通过"从媒体上相关新闻和文章中得知"，3.2%和1.2%分别是通过"听其他家长或者朋友讲"和其他途径得知。就差异分析而言，城区学校学生家长（65.4%）通过"学校的通知和家长会宣讲"的比例显著低于郊区（70.5%），小学学生家长（65.3%）通过"学校的通知和家长会宣讲"的比例显著低于初中（75.8%）和高中（76.4%）。

表 5-4 学生家长：知晓改革政策的途径

选 项	频 率	百分比
学校的通知和家长会宣讲	2177	68.3%
从媒体上相关新闻和文章中得知	871	27.3%
听其他家长或者朋友讲	101	3.2%
其他	37	1.2%
合计	3186	100%

（二）领会改革政策的方式

北京市基础教育教学改革政策领会的方式呈现多样化，以培训机构解读和学校咨询为主，相互交流和学习学术研究专家的文章也发挥了积极意义。

对学校调研发现，对于领会改革政策方式，77.0%的学校教育工作者主要通过"参加政策解读培训"，14.3%主要通过"跟同行或者同事讨论交流"，还有4.5%和4.0%主要是通过"查找专家解读文章"和"自己学习和研究"。就差异分析而言，校长（81.0%）和副校长（82.9%）通过"参加政策解读培训"的比例显著高于教师（75.6%）。

表 5-5　学校教育工作者：领会改革政策的方式

选　项	频　率	百分比
参加政策解读培训	1259	77.0%
跟同行或者同事讨论交流	233	14.3%
查找专家解读文章	74	4.5%
自己学习和研究	66	4.0%
其他	3	0.2%
合计	1635	100%

对学生家长调研发现，对于领会北京市基础教育教学改革政策的方式，54.6%的学生家长主要通过"跟学校老师咨询"，36.4%主要是"自己查找媒体上相关解读文章"，还有4.6%和3.1%分别是通过"请教其他家长或朋友"和"自己学习和研究"。就差异分析而言，城区学生家长（49.8%）"跟学校老师咨询"比例显著低于郊区（58.2%），小学学生家长（52.1%）"跟学校老师咨询"的比例显著低于初中（63.2%）。

表 5-6　学生家长：领会改革政策的方式

选　项	频　率	百分比
跟学校老师咨询	1740	54.6%
自己查找媒体上相关解读文章	1160	36.4%
请教其他家长或朋友	148	4.6%
自己学习和研究	100	3.1%
其他	38	1.2%
合计	3186	100%

二、改革政策设计的整体情况

（一）改革政策设计的价值取向

北京市基础教育教学改革非常注重价值取向的选择和坚守，教育教学改革政策设计的价值取向得到学校教育工作者的普遍认可。

对学校调研发现，对于北京市基础教育教学改革政策设计的价值取向，92.6%的学校教育工作者认为"非常适切"和"比较适切"，其中41.4%认为"非常适切"，51.2%认为"比较适切"，6.9%认为"一般"，仅有0.4%和0.1%认为"不太适切"和"不适切"。就差异分析而言，小学（47.6%）认为政策设计价值取向"非常适切"的比例显著高于初中（32.6%）和高中（29.7%）。

表 5-7　学校教育工作者：改革政策设计的价值取向

程　度	频　率	百分比
非常适切	677	41.4%
比较适切	837	51.2%
一般	113	6.9%
不太适切	6	0.4%
不适切	2	0.1%
合计	1635	100%

（二）改革政策设计的科学性

北京市基础教育教学改革强调以目标导向和系统设计提升政策设计的科学性，教育教学改革政策设计的科学性得到学校教育工作者的普遍认可。

对学校调研发现，对于北京市基础教育教学改革政策设计的科学性，93.0% 的学校教育工作者认为"非常科学"和"比较科学"，其中 41.6% 认为"非常科学"，51.4% 认为"比较科学"，6.4% 认为"一般"，仅有 0.5% 和 0.1% 认为"不太科学"和"不科学"。就差异分析而言，小学（48.3%）认为"非常科学"的比例显著高于初中（32.6%）和高中（28.3%）。

表 5-8　学校教育工作者：改革政策设计的科学性

程　度	频　率	百分比
非常科学	680	41.6%
比较科学	841	51.4%
一般	104	6.4%
不太科学	8	0.5%
不科学	2	0.1%
合计	1635	100%

（三）改革政策设计的可行性

对北京市基础教育教学改革强调以完善保障措施和有序推进提升政策设计的可行性，教育教学改革政策设计的可行性得到学校教育工作者的普遍认可。

学校调研发现，对于北京市基础教育教学改革政策设计的可行性，92.1% 的学校教育工作者认为"非常可行"和"比较可行"，其中 39.4% 认为"非常可行"，52.7% 认为"比较可行"，7.4% 认为"一般"，仅有 0.4% 和 0.1% 认为"不太可行"和"不可行"。就差异分析而言，城区学校（35.2%）认为"非常可行"的比例显著低于郊区（43.8%），小学（46.4%）认为"非常可行"的比例显著高于初中（31.1%）和高中（24.3%）。

表5-9　学校教育工作者：改革政策设计的可行性

程　度	频　率	百分比
非常可行	645	39.4%
比较可行	862	52.7%
一般	121	7.4%
不太可行	6	0.4%
不可行	1	0.1%
合计	1635	100%

（四）改革政策设计的主要亮点

北京市基础教育教学改革的政策设计有诸多的亮点，这些亮点主要体现高度注重教育公平与均衡发展、着力化解教育教学改革实践难题和提升学校办学质量等方面。

对学校调研发现，对于北京市基础教育教学改革政策设计的主要亮点，学校教育工作者认为首先是"促进了学校办学质量提升"，其次是"为学生提供了高质量教育服务"，再次是"切实解决了当前学校教育的突出问题""促进了城乡学校均衡发展"，还有"加强了教育资源投入和建设""形成北京市基础教育教学改革基本模式"和"提升了北京市基础教育在全国的影响力"等。就差异分析而言，小学（68.6%）对"促进了学校办学质量提升"认同的比例显著高于初中（62.8%）和高中（58.7%）。

表5-10　学校教育工作者：改革政策设计的主要亮点

选　项	第　一	第　二	第　三	入选次数	平均综合得分
切实解决了当前学校教育的突出问题	647	85	98	830	3.89
促进了学校办学质量提升	385	518	172	1075	4.73
为学生提供了高质量教育服务	209	399	461	1069	4.42
促进了城乡学校均衡发展	164	234	224	622	2.63
提升了北京市基础教育在全国的影响力	79	135	165	379	1.57
加强了教育资源投入和建设	69	164	235	468	1.90
形成北京市基础教育教学改革基本模式	80	100	279	459	1.84
其他	2	0	1	3	0.01
合计	1635	1635	1635	4905	21

对学生家长调研发现，对于改革政策设计的主要亮点，学生家长认为首先是"为学生提供了高质量教育服务"，其次是"促进了学校办学质量提升"，再次是"切实解决了当前学校教育的突出问题""形成北京市基础教育教学改革基本模式"和"促进了城乡学校均衡发展"，还有"提升了北京市基础教育在全国的影响力"等。就差异分析而言，城区学校学生家长（25.3%）将"促进了学校办学质量提升"排在第一位的比例显著高于郊区（22.5%）。

表5-11 学生家长：改革政策设计的主要亮点

选 项	第 一	第 二	第 三	入选次数	平均综合得分
切实解决了当前学校教育的突出问题	1068	170	256	1494	3.54
促进了学校办学质量提升	755	874	341	1970	4.46
为学生提供了高质量教育服务	559	860	765	2184	4.73
促进了城乡学校均衡发展	248	381	396	1025	2.21
提升了北京市基础教育在全国的影响力	154	269	326	749	1.59
加强教育资源投入和建设	171	362	500	1033	2.17
形成北京市基础教育教学改革基本模式	214	268	592	1074	2.24
其他	17	2	10	29	0.07
合计	3186	3186	3186	9558	21

（五）改革政策设计的主要不足

北京市教育教学改革的政策设计存在一些不足，主要体现在一些重要改革领域需要进一步优化和一些实践难题需要进一步解决。

对学校调研发现，对于北京市基础教育教学改革政策设计的主要不足，学校教育工作者认为首先是"考试评价制度需进一步优化"，其次是"教师工作负担重"，再次是"教学方式改革需进一步促进""学生全面发展需进一步促进"和"招生制度需进一步完善"，还有"学生课业负担重""校长教师队伍建设需进一步加强"和"家庭教育投入压力大"等。就差异分析而言，校长（24.1%）和中层干部（23.0%）将"考试评价制度需进一步优化"排在第一位的比例显著高于副校长（16.2%）和教师（15.7%），小学（15.2%）和高中（12.7%）将"教师工作负担重"排在第一位的比例显著高于初中（8.7%），校长（3.4%）将"教师工作负担重"排在第一位的比例显著低于副校长（12.6%）、中层干部（10.7%）和教师（14.8%）。

表 5-12　学校教育工作者：改革政策设计的主要不足

选　项	第　一	第　二	第　三	入选次数	平均综合得分
招生制度需进一步完善	436	53	69	558	2.95
教学方式改革需进一步促进	321	270	147	738	3.72
学生全面发展需进一步促进	212	278	271	761	3.69
考试评价制度需进一步优化	283	383	329	995	4.84
校长教师队伍建设需进一步加强	70	135	133	338	1.62
学生课业负担重	68	168	106	342	1.65
教师工作负担重	221	287	417	925	4.41
家庭教育投入压力大	21	60	152	233	1.06
其他	3	1	11	15	0.07
合计	1635	1635	1635	4905	24

对学生家长调研发现，对于改革政策设计的主要不足，学生家长认为首先是"学生全面发展需进一步促进"，其次是"教学方式改革需进一步促进"，再次是"招生制度需进一步完善""家庭教育投入压力大"和"考试评价制度需进一步优化"，还有"校长教师队伍建设需要进一步加强""教师工作负担重"和"学生课业负担重"等。就差异分析而言，城区学校学生家长（18.9%）将"学生全面发展需进一步促进"排在第一位的比例显著低于郊区（24.2%）。

表 5-13　学生家长：改革政策设计的主要不足

选　项	第　一	第　二	第　三	入选次数	平均综合得分
招生制度需进一步完善	954	218	253	1425	3.80
教学方式改革需进一步促进	624	574	467	1665	4.23
学生全面发展需进一步促进	699	924	586	2209	5.58
考试评价制度需进一步优化	195	489	513	1197	2.91
校长教师队伍建设需进一步加强	169	248	326	743	1.82
学生课业负担重	108	164	142	414	1.03
教师工作负担重	119	223	202	544	1.34
家庭教育投入压力大	307	340	667	1314	3.19
其他	11	6	30	47	0.11
合计	3186	3186	3186	9558	24

三、改革政策设计与落实的满意度

（一）改革政策设计的满意度

北京市基础教育教学改革是围绕教育教学质量提升而推进的综合改革，改革政策设计既涉及教育教学改什么，也涉及如何改、谁来改和如何支持和保障改革顺利进行等；既涉及学校层面的教育教学改革如何推进，也涉及区域层面如何整体布局和有力支持。整体而言，学校教育工作者和学生家长对改革政策设计的方方面面满意度比较高。

对学校调研发现，对于改革的政策设计，在"招生""考试""学生综合素质评价""课程与教学""教师队伍建设""学校布局""教育经费投入""资源供给"和"网络信息平台建设"等九个方面，基本上85%—90%的学校教育工作者表示"非常满意"和"比较满意"，其中33%—37%左右表示"非常满意"。在九个方面改革政策设计的满意度中，满意度最高的是"课程与教学"，满意度为90.8%；其次为"教师队伍建设"和"学校布局"，满意度分别是88.8%和88.7%。满意度最低的是"学生综合素质评价"，满意度为84.7%；其次是"教育经费投入"，满意度为85.8%。就差异分析而言，整体来说，城区学校对于改革政策设计的满意度显著低于郊区学校，小学的满意度显著高于初中和高中，校长的满意度显著高于副校长、中层干部和教师。

对学生家长调研发现，对于改革的政策设计，在"招生""考试""学生综合素质评价""课程与教学""教师队伍建设""学校布局""教育经费投入""资源供给"和"网络信息平台建设"等九个方面，基本上80%—87%的学生家长表示"非常满意"和"比较满意"，其中34%—42%表示"非常满意"。在九个方面改革政策设计的满意度中，满意度最高的是"教师队伍建设"，满意度为87.6%；其次为"课程与教学"和"学生综合素质评价"，满意度分别是86.9%和85.2%。满意度最低的是"招生"，满意度为81.7%；其次是"考试"和"教育经费投入"，满意度都是84.2%。整体来说，城区学校学生家长对于改革政策设计的满意度显著低于郊区，小学学生家长的满意度显著高于初中和高中，示范高中学生家长的满意度显著高于普通高中。

（二）改革政策落实的满意度

整体而言，对于基础教育教学改革政策的落实，学校教育工作者和家长整体满意度比较高，改革政策落实的满意度与改革政策设计的满意度基本相当；学校教育工作者对改革政策落实的满意度普遍稍高于对改革政策设计的满意度，学生家长对改革政策落实的满意度普遍稍低于对改革政策设计的满意度。

对学校调研发现，对于改革的政策落实，在"招生""考试""学生综合素质评价""课程与教学""教师队伍建设""学校布局""教育经费投入""资源供给"和"网络信息平台建设"等九个方面，基本上85%—91%的学校教育工作者表示"非常满意"和"比较满意"，其中33%—36%左右表示"非常满意"。在九个方面改革政策落实的满意度中，满意度最高的是"课程与教学"，满意度为91.5%；其次为"考试"和"招生"，满意度分别是90.2%和90.1%。满意度最低的是"教育经费投入"和"学生综合素质评价"，满意度都是85.2%；其次是"网络信息平台建设"，满意度为88.7%。就差异分析而言，整体来说，城区学校对于改革政策落实的满意度显著低于郊区，小学的满意度显著高于初中和高中，示范高中的满意度显著高于普通高中，校长的满意度显著高于副校长、中层干部和教师。

对学生家长调研发现，对于改革的政策落实，在"招生""考试""学生综合素质评价""课程与教学""教师队伍建设""学校布局""教育经费投入""资源供给"和"网络信息平台建设"等九个方面，基本上80%—87%的学生家长表示"非常满意"和"比较满意"，其中35%—41%表示"非常满意"。在九个方面改革政策落实的满意度中，满意度最高的是"教师队伍建设"，满意度为87.%；其次为"课程与教学"和"学生综合素质评价"，满意度分别是86.3%和86%。满意度最低的是"招生"，满意度为81.7%；其次是"考试"和"教育经费投入"，满意度都是84.2%。就差异分析而言，整体来说，城区学校学生家长对于改革政策落实的满意度显著低于郊区学校，小学学生家长的满意度显著高于初中和高中，示范高中学生家长的满意度显著高于普通高中。

四、改革政策的响应与实施

（一）学校如何响应新发布改革政策

面对新发布的基础教育教学改革政策，学校普遍高度关注并能够立刻响应，按照改革政策内容与要求积极谋划和推进在自己学校的具体实施。在这个过程中，政策文件本身发挥了重要的规范和导向作用，学校自身的校本实践探索也很突出，少数先行学校的实践经验也发挥了积极的作用。

对学校调研发现，面对新发布的改革政策，41.5%学校教育工作者"按照上级部门要求立刻行动"，50.7%"根据学校办学实际自主探索和设计"，6.8%"先了解和借鉴外校成功经验"，0.9%"按兵不动先观察一阵再说"。就差异分析而言，城区学校（54.3%）"根据学校办学实际自主探索和设计"的比例显著高于郊区（46.9%）。小学（43.7%）"按照上级部门要求立刻行动"的比例显著高于初中（39.8%）和高中（35.1%）。

表 5-14　学校教育工作者：如何响应新发布改革政策

选　项	频　率	百分比
按照上级部门要求立刻行动	678	41.5%
根据学校办学实际自主探索和设计	829	50.7%
先了解和借鉴外校成功经验	111	6.8%
按兵不动先观察一阵再说	14	0.9%
其他	3	0.2%
合计	1635	100%

（二）学校如何面对改革政策落实过程的难题

学校普遍能够以积极、包容的态度面对改革政策落实过程中遇到的各种难题，保持坚定的改革信念，并且按照政策设计的内容和要求，主动想方设法化解难题和推进改革。

面对落实改革政策过程中的难题，69.1% 的学校管理者和教师选择"相信政策，自己积极探索解决问题"，25.9% 选择"相信政策，借鉴别的学校经验"，3.7% 选择"向上级部门反映，希望政策能够调整"，1.0% 选择"质疑政策，先等等再说"。

表 5-15　学校教育工作者：如何面对改革政策落实过程的难题

选　项	频　率	百分比
相信政策，自己积极探索解决问题	1130	69.1%
相信政策，借鉴别的学校经验	424	25.9%
向上级部门反映，希望政策能够调整	61	3.7%
质疑政策，先等等再说	16	1.0%
其他	4	0.2%
合计	1635	100%

（三）促进学校理解与落实改革政策的主要因素

促进学校理解与落实改革政策的因素体现在不同层面，主要包括教育行政部门层面和学校自身层面两个方面。

对学校调研发现，对于促进学校层面理解和落实改革政策的主要因素，学校教育工作者认为首先是"政策设计契合实践需求"，其次是"教育行政部门大力推进""校长教师培训能力建设到位"和"学校自身自主实践探索"，再次是"一些学校率先实践探索引领"和"经费投入和配套资源供给到位"等。

表 5-16　学校教育工作者：促进学校理解和落实改革政策的主要因素

选项	第一	第二	第三	入选次数	平均综合得分
政策设计契合实践需求	779	120	147	1046	4.86
校长教师培训能力建设到位	287	420	135	842	3.70
一些学校率先实践探索引领	151	229	297	677	2.81
教育行政部门大力推进	237	383	261	881	3.76
经费投入和配套资源供给到位	66	172	186	424	1.74
学校自身自主实践探索	98	275	493	866	3.47
家长高度关注和深度参与	15	36	115	166	0.65
其他	2	0	1	3	0.01
合计	1635	1635	1635	4905	21

对学校调研发现，对于影响改革政策深度落实和效果产出的主要因素，学校教育工作者认为首先是"区际、校际差异大，优质教育资源不足"，其次是"教师队伍建设需进一步加强"和"经费投入和配套资源供给不够"，再次是"学校办学自主权不够""政策设计本身不够完备""家长期望值过高"和"校长推进改革能力需进一步提升"等。就差异分析而言，城区学校（48.8%）将"区际、校际差异大，优质教育资源不足"排在第一位的比例显著低于郊区（59.0%）。

表 5-17　学校教育工作者：促进改革政策深度落实和效果产出的主要因素

选项	第一	第二	第三	入选次数	平均综合得分
政策设计本身不够完备	307	46	80	433	1.99
区际、校际差异大，优质教育资源不足	880	330	145	1355	6.25
校长推进改革能力需进一步提升	79	172	143	394	1.65
教师队伍建设需进一步加强	152	476	303	931	3.89
经费投入和配套资源供给不够	112	329	337	778	3.19
学校办学自主权不够	47	155	329	531	2.10
家长期望值过高	58	127	294	479	1.91
其他	0	0	4	4	0.01
合计	1635	1635	1635	4905	21.00

（四）优化改革政策设计与落实的建议

对学校调研发现，对于优化北京市基础教育教学改革政策设计与落实的建议，学校教育工作者认为首先是"加强教师培训"和"关注教师发展"，其次是"减少城乡差距""增加教育经费投入""减轻教师负担"和"完善政策，加强解读"，再次是"促进学生全面发展""优化配置资源""加强教师队伍建设"，还有"加强专家引领与指导""减轻学生负担"和"加强对家长的指导"等。

表 5-18　学校教育工作者：优化改革政策设计与落实的建议

关键词	频　次	关键词	频　次	关键词	频　次
加强教师培训	399	促进学生全面发展	267	加强专家引领与指导	89
关注教师发展	362	优化资源配置	239	减轻学生负担	79
减少城乡差距	308	加强教师队伍建设	216	加强对家长的指导	66
增加教育经费投入	298	积极落实，有实效	161	加强交流与分享	65
减轻教师负担	281	提高学校自主权	124	加强家校合作	59
完善政策，加强解读	274	完善评价体制	122	做好顶层设计	49

对学生家长调研发现，对于优化北京市基础教育教学改革的政策设计与落实的建议，学生家长认为首先是"关注学生特长发展"，其次是"促进学生全面发展"，再次是"加强教学方式变革，提供教学质量""促进城乡学校均衡发展""加强师资力量""减轻家长负担"和"优化资源共享"，还有"减轻孩子负担""注重教育公平""完善招生制度""加大教育投入""加强体育锻炼"和"加强网络平台建设"等。

表 5-19　学生家长：优化改革政策设计与落实的建议

关键词	频　次	关键词	频　次	关键词	频　次
关注学生特长发展	1026	优化资源共享	266	加强网络平台建设	109
促进学生全面发展	814	减轻孩子负担	187	减轻教师负担	90
加强教学方式变革，提高教学质量	559	注重教育公平	185	增加课外活动	87
促进城乡学校均衡发展	448	完善招生制度	133	加强交流	75
加强师资力量	439	加大教育投入	132	优化升学制度	71
减轻家长负担	332	加强体育锻炼	121	加强宣传	39

五、改革政策的实施效果

北京市基础教育教学改革政策的实施效果非常突出，体现在不同层面：一是显著提升了学校的办学质量，二是显著促进了学校管理者和教师的专业发展，三是显著加强了学生的实际获得。

（一）显著提升了学校的办学质量

对学校调研发现，对于改革政策的实施显著提升了学校的办学质量，91.4%的学校教育工作者表示"非常认同"和"比较认同"，7.8%表示"一般"，仅有0.6%和0.2%表示"不太认同"和"不认同"。就差异分析而言，城区学校（37.5%）教育工作者"非常认同"的比例显著低于郊区学校（42.6%），小学（47.6%）"非常认同"的比例显著高于初中（30.8%）和高中（23.6%），校长（37.9%）、副校长（31.5%）和中层干部（36.4%）"非常认同"的比例显著低于教师（41.8%）。

表5-20　学校教育工作：对改革政策促进了学校办学质量的认同度

程　度	频　率	百分比
非常认同	654	40.0%
比较认同	840	51.4%
一般	128	7.8%
不太认同	10	0.6%
不认同	3	0.2%
合计	1635	100%

（二）显著促进了学校管理者和教师的专业发展

对学校调研发现，对于改革政策的实施促进了个人专业发展，90.1%的学校管理者和教师"非常认同"和"比较认同"，其中39.0%"非常认同"，51.1%"比较认同"，9.0%表示"一般"，仅有0.9%和0.1%表示"不太认同"和"不认同"。就差异分析而言，城区学校（35.3%）"非常认同"的比例显著低于郊区（42.7%），小学（45.4%）"非常认同"的比例显著高于初中（31.7%）和高中（24.3%）。

表5-21　学校教育工作者：对改革政策促进了个人专业发展的认同度

程　度	频　率	百分比
非常认同	637	39.0%
比较认同	835	51.1%
一般	147	9.0%
不太认同	14	0.9%
不认同	2	0.1%
合计	1635	100%

（三）显著加强了学生的实际获得

对学生家长调研发现，对于"孩子是北京市基础教育改革政策的受益者"，84.0%的家长"非常认同"和"比较认同"，其中39.9%"非常认同"，44.1%"比较认同"，13.8%表示"一般"，仅有1.5%和0.6%"不太认同"和"不认同"。就差异分析而言，城区学校家长（31.9%）"非常认同"的比例显著低于郊区（45.9%），小学学生家长（41.7%）"非常认同"的比例显著高于初中（36.5%）和高中（32.8%）。

表5-22 学生家长：对"孩子是北京市基础教育改革政策的受益者"的认同度

程　度	频　率	百分比
非常认同	1272	39.9%
比较认同	1404	44.1%
一般	441	13.8%
不太认同	49	1.5%
不认同	20	0.6%
合计	3186	100%

对学生家长调研发现，对于"北京市基础教育改革政策为孩子提供了高品质的教育服务"，83.9%的家长"非常认同"和"比较认同"，其中有40.1%"非常认同"，43.8%"比较认同"，13.9%表示"一般"，仅有1.7%和0.6%"不太认同"和"不认同"。就差异分析而言，城区学校学生家长（32.2%）"非常认同"的比例显著低于郊区（46.0%），小学学生家长（41.7%）"非常认同"的比例显著高于初中（37.4%）和高中（33.2%）。

表5-23 学生家长：对"改革政策为孩子提供高品质教育服务"认同度

程　度	频　率	百分比
非常认同	1278	40.1%
比较认同	1394	43.8%
一般	443	13.9%
不太认同	53	1.7%
不认同	18	0.6%
合计	3186	100%

六、切实促进改革政策认同与响应的建议

（一）教育行政部门层面

1.进一步优化改革政策的配套制度设计

改革政策设计在基础教育教学改革推进过程中发挥着重要的导向作用，这种导向作用的发挥不仅与改革政策的内容本身有关，也与改革政策相关的制度建设密切相关。为此，改革政策的设计涉及相互密切关联和相互影响的诸多方面，在进行改革政策内容本身设计的同时，还要加强配套制度的建设。特别是在当前教育教学改革实践中的重点和难点领域，比如教师队伍建设、考试和评价改革、教育资源配置等，需要统筹实践探索中不同层面的诸多要素，把改革政策本身的设计和配套制度建设有机结合起来。

2.进一步细化改革政策的精准解读

学校管理者和教师对于改革政策的理解与改革政策的实施直接相关，学校办学实践层面有效的改革政策实施首先建立在学校管理者和教师对政策文本的正确和深度理解之上。为此，在教育教学改革实践的进程中，首先要细化改革政策的精准解读。改革政策的精准解读要注意几个方面：一是权威解读，由政策研制、发布部门和政策研究机构联合进行解读；二是系统解读，对改革政策的背景、内容、实施要点、条件保障和配套制度进行全面解读；三是深入解读，针对教育教学改革实践涉及的不同利益相关者都要进行培训，除了学校的校长、副校长、中层干部、全体教师之外，还要对教育行政部门、教研机构、培训机构人员以及学生家长等，都进行有针对性的培训。

3.进一步加强改革政策的实施保障

改革政策的有效推进离不开实施保障，坚强有力的实施保障能够为改革政策落地、落实保驾护航。改革政策的实施保障主要包括两个方面：一是改革政策推进需要的配套资源建设与保障，为改革政策落地、落实提供物质基础；二是改革政策运行需要的工作机制，为改革政策落地、落实提供行动依据。

（二）学校办学实践层面

1.进一步促进改革政策的学习与理解

面对改革政策，学校首先需要全面学习和深入理解。进一步促进改革政策的学习与理解，学校不仅要学习和理解政策文本本身，还要学习和理解改革政策出台背景和与改革政策密切相关的政策设计；不仅要参加教育行政和培训部门组织的培训，还要自主组织校本的改革政策培训，把改革政策学习与理解和学校教育教学改革实践探索研讨有机结合起来。

2.进一步强化推进改革的心态和勇气

改革是基础教育教学实践的主基调，学校教育教学的改革实践永远在进行中。在办学实践中不断强化改革的心态和勇气，能够持续激发学校开展改革的内生动力。学校一方面要通过对改革政策的系统学习和深入理解来强化学校全体教职工对改革政策的认知和信心，另一方面要通过学校落实改革政策的科学部署来强化学校全体教职工对学校改革与发展的意识和信念。

3.进一步整合改革政策落实中的坚守与创新

基础教育教学改革是立足确定的过往与当下和迎接不确定的未来的进程中的实践探索。学校一方面要坚守既定的价值取向、办学目标和优良传统，另一方面要在教育教学改革的核心领域和策略方法方面不断创新，把坚守和创新有机结合起来。

第二节　学校教育教学改革的探索与成效

学校教育教学改革的探索和成效主要进行了两项问卷调研，分别是"北京市基础教育教学改革在中小学的实践探索"的学校教育工作者问卷调研和学生家长调研。调研对象来自北京市东城、海淀、通州、密云等四个区，每个区各选取20所学校作为样本校，小学与初中、高中（完中）各10所。学校教育工作者调研对象包括学校校长、副校长、中层干部和教师代表共1783人，教师代表兼顾不同学科、不同年龄、不同发展阶段的教师；学生家长调研对象包括不同学段、不同年级的学生家长代表3288人。具体人员情况如下。

表 5-24　学校教育工作者调研对象汇总表

所在区域					城郊区域		
海淀	东城	通州	密云	合计	城区	郊区	合计
438	436	516	393	1783	874	909	1783
24.6%	24.5%	28.9%	22.0%	100%	49.0%	51.0%	100%
学　段				城郊区域			
小学	初中	高中	合计	高中（示范校）	高中（非示范校）		合计
1067	400	316	1783	220	96		316
59.8%	22.4%	17.7%	100%	12.3%	5.4%		17.7
所属群体							
校长		副校长		中层干部		教师	合计
65		121		314		1283	1783
3.6%		6.8%		17.6%		72.0%	100%

表 5-25　学生家长调研对象汇总表

所在区域					城郊区域		
海淀	东城	通州	密云	合计	城区	郊区	合计
671	547	1487	583	3288	1218	2070	3288
20.4%	16.6%	45.2%	17.7%	100%	37.0%	63.0%	100%
学　段				高中类型			
小学	初中	高中	合计	高中（示范校）	高中（非示范校）		合计
2268	722	298	3288	233	65		298
69.0%	22.0%	9.1%	100%	78.2%	21.8%		100%

一、学校教育教学改革的推进动力分析

（一）推进路径

学校教育教学改革在推进路径上自上而下与自下而上相结合，教育行政部门政策文件的主导作用非常突出。一方面，教育行政部门在政策设计层面进行系统化的工作部署，发挥强有力的主导作用；另一方面，中小学在实践层面积极响应，并立足学校实际情况和发展需要开展丰富多彩的实践探索。

对学校调研发现，69.5%的学校教育工作者通过"严格落实上级文件和工作部署"的方式开展基础教育教学改革的实践探索，27.3%的学校教育工作者则是"按照自己学校的思路有选择地落实"，另外，还有少数学校"充分借鉴媒体上相关研究文章的内容"和"先看看别的学校怎么做"。就差异分析而言，小学（71.7%）通过"严格落实上级文件和工作部署"开展基础教育教学改革的实践探索的比例显著高于高中（64.6%），而高中（31.0%）通过"按照自己学校的思路有选择地落实"基础教育教学改革的实践探索的比例显著高于小学（25.0%）。

表 5-26　学校教育工作者：学校教育教学改革的推进路径

选　项	频　率	百分比
严格落实上级文件和工作部署	1239	69.5%
按照自己学校的思路有选择地落实	486	27.3%
先看看别的学校怎么做	3	0.2%
充分借鉴媒体上相关研究文章的内容	37	2.1%
其他	18	1.0%
合计	1783	100%

（二）推进力量

学校在推进教育教学改革实践中注重政策引导、学术支持和学校自主实践三种力量相互配合、协同发力，学术支持作用非常突显。在改革实践进程中，教研、培训部门的专业支持、学校自身的努力实践与创新探索以及政府部门的行政力量成为保障改革顺利推进和取得成效的核心因素。

对学校调研发现，对于推进北京市基础教育教学改革的三个"主要力量"的选择与排序，学校教育工作者选择最多的是"教研部门的专业支持"，其次是"学校自身的努力实践""政府的行政力量"，还有"培训部门的专业支持"和"优质学校的先行探索"等。就差异分析而言，城区教育工作者（20.4%）认为"教研部门的专业支持"排第一位的比例显著低于郊区教育工作者（26.7%），教师（25.7%）认为"教研部门的专业支持"排第一位的比例显著高于校长（4.6%）和副校长（14.9%）。

表5-27　学校教育工作者：推进改革的主要力量（选择前三位并排序）

选　项	第　一	第　二	第　三	入选次数	平均综合得分
政府的行政力量	850	81	86	1017	4.42
培训部门的专业支持	218	363	130	711	2.84
教研部门的专业支持	421	597	372	1390	5.48
高校研究者的学术研究	29	79	61	169	0.65
优质学校的先行探索	73	285	256	614	2.31
学校自身的努力实践	170	334	701	1205	4.43
家长的参与和支持	22	44	177	243	0.87
合计	1783	1783	1783	5349	21

（三）主观心态

学校在推进改革的主观心态上积极主动，改革推进比较顺利，能够以积极的态度和主动求变的姿态面对和推进教育教学改革，学校层面的教育教学改革实践比较顺利。

对学校调研发现，对于学校推进教育教学改革实践的心态，96.3%的学校教育工作者认为"非常积极"和"比较积极"，其中69.0%认为"非常积极"，27.3%认为"比较积极"，仅有3.3%和0.3%表示"不太积极"和"不积极"。就差异分析而言，城区学校（67.3%）持"非常积极"心态的比例显著低于郊区学校（70.7%），小学（75.4%）持"非常积极"心态的比例显著高于初中（59.3%）和高中（60.1%），示范高中（64.5%）持"非常积极"心态的比例显著高于非示范性高中（50.0%）。

表 5-28　学校教育工作者：学校推进教育教学改革的心态

程　度	频　率	百分比
非常积极	1231	69.0%
比较积极	487	27.3%
一般	59	3.3%
不太积极	5	0.3%
不积极	1	0.1%
合计	1783	100%

对学生家长调研发现，对于学校推进教育教学改革实践的心态，90.9%的学生家长认为"比较积极"和"非常积极"，其中55.2%认为"非常积极"。就差异分析而言，城区学生家长（57.2%）认为心态"非常积极"的比例显著高于郊区学生家长（54.1%），高中（92.9）和初中学生家长（93.5%）认为心态"比较积极"和"非常积极"的比例显著高于小学学生家长（89.8%）。

表 5-29　学生家长：自己孩子所在学校推进教育教学改革的心态

程　度	频　率	百分比
非常积极	1816	55.2%
比较积极	1174	35.7%
一般	262	8.0%
不太积极	29	0.9%
不积极	7	0.2%
合计	3288	100%

二、学校教育教学改革的实际推进分析

（一）改革的核心领域

北京市基础教育教学改革紧紧围绕学校提升办学质量的核心领域和重要保障开展探索。不管是全市层面教育教学改革的整体发展，还是学校层面具体教育教学的改革举措，北京市基础教育教学改革始终围绕课程建设、课堂教学、教师发展、学生学习、学校文化建设等学校提升办学质量的核心领域展开，另外还有教育资源开发配置、考试与评价体系等重要保障等。

对学校调研发现，对于北京市全市层面基础教育教学改革的核心领域，学校教育工作者选择最多的是"学校课程建设"，其次是"考试和评价体系"和"教师队伍建

设"，再次还有"课堂教学方式""教育资源开发与配置"和"学生学习方式"等。就差异分析而言，小学（35.0%）认为"学校课程建设"排第一位的比例显著高于初中（19.8%）和高中（22.8%），校长（41.5%）和中层干部（38.5%）认为"学校课程建设"排第一位的比例显著高于副校长（28.9%）和教师（26.6%）。

表 5-30　学校教育工作者：改革的核心领域（选择三项并排序）

选　项	第　一	第　二	第　三	入选次数	平均综合得分
招生	164	33	33	230	1.49
考试和评价体系	547	212	138	897	5.76
学校课程建设	524	382	191	1097	6.95
课堂教学方式	158	354	218	730	4.47
学校德育工作	59	95	110	264	1.60
教师队伍建设	158	327	365	850	5.13
教育经费投入	48	90	125	263	1.58
信息技术平台建设	10	48	47	105	0.63
教育资源开发与配置	71	113	274	458	2.71
学生学习方式	32	92	226	350	2.05
城乡一体化发展	12	36	53	101	0.60
其他	0	1	3	4	0.02
合计	1783	1783	1783	5349	33

对于自己所在学校主要开展的改革实践探索，学校教育工作者选择最多的是"课堂教学方式变革"，其次是"学校课程体系建设"，再次是"学生综合素质评价改革""学生学习方式变革"和"学校文化建设"，另外还有"德育工作变革""教师队伍建设"和"学校教研变革"等。就差异分析而言，城区学校（24.9%）认为"课堂教学方式变革"排在第一位的比例显著低于郊区（31.4%），初中（32.0%）认为"课堂教学方式变革"排第一位的比例显著高于高中（24.1%）和小学（28.0%），校长（16.9%）认为"课堂教学方式变革"排第一位的比例显著低于教师（30.6%）。

表 5-31　学校教育工作者：自己所在学校改革的核心领域（选择三项并排序）

选　项	第　一	第　二	第　三	入选次数	平均综合得分
学校课程体系建设	833	129	84	1046	6.29
课堂教学方式变革	503	618	122	1243	7.19
德育工作变革	80	128	144	352	1.94

选 项	第 一	第 二	第 三	入选次数	平均综合得分
学生综合素质评价改革	99	286	306	691	3.76
学生学习方式变革	74	253	289	616	3.33
学校文化建设	92	160	300	552	2.98
学校治理方式变革	15	28	78	121	0.64
教师队伍建设	42	93	194	329	1.76
学校教研变革	22	49	173	244	1.28
学校信息技术平台建设	20	38	90	148	0.79
其他	3	1	3	7	0.04
合计	1783	1783	1783	5349	30

（二）改革取得成效最突出的领域

北京市基础教育教学改革成效最突出的领域与改革的核心领域一致，体现在紧紧围绕学校教育教学的核心领域开展实践探索，同时也在学校教育教学和核心领域取得成效。

对学校调研发现，对于北京市基础教育教学改革过程中成效最突出的领域，学校教育工作者选择最多的是"学校课程建设"，其次是"学校教学方式"和"考试和评价体系"，再次是"教师队伍建设""教育资源开发与配置""信息技术平台建设"，另外还有"学生学习方式变革""学校德育工作""教育经费投入""招生改革"和"城乡一体化发展"等。

表5-32 学校教育工作者：改革取得成效最突出的领域（选择三项并排序）

选 项	第 一	第 二	第 三	入选次数	平均综合得分
招生改革	163	38	38	239	1.54
考试和评价体系	351	185	97	633	4.05
学校课程建设	496	288	229	1013	6.40
学校教学方式	224	305	203	732	4.53
学校德育工作	83	138	108	329	2.02
教师队伍建设	106	247	270	623	3.75
教育经费投入	78	93	114	285	1.74
信息技术平台建设	102	161	175	438	2.66
教育资源开发与配置	69	158	258	485	2.89
学生学习方式变革	56	102	183	341	2.03

选 项	第 一	第 二	第 三	入选次数	平均综合得分
城乡一体化发展	54	67	106	227	1.37
其他	1	1	2	4	0.02
合计	1783	1783	1783	5349	33

对学生家长调研发现，对于孩子学校教育教学改革最突出的亮点，学生家长认为首先是"注重学生全面发展"，其次是"设置课程科学，课外活动丰富多彩"，再次是"教学方式灵活多样""尊重学生想法，发挥学生主动性"和"教师教育教学水平高"，另外还有"考试和综合评价越来越科学""办学条件明显改善"和"教育教学质量明显提升"等。就差异分析而言，初中学生家长（67.9%）把"注重学生全面发展"排在第一的比例显著高于小学（60.5%）和高中（61.7%）。

表 5-33 学生家长：自己孩子所在学校教育教学改革的亮点（选择三项并排序）

选 项	第 一	第 二	第 三	入选次数	平均综合得分
注重学生全面发展	2047	314	236	2597	7.66
课程设置科学，课外活动丰富多彩	396	1084	354	1834	5.03
教学方式灵活多样	162	509	695	1366	3.58
尊重学生想法，发挥学生主动性	175	484	521	1180	3.12
教师教育教学水平高	218	412	513	1143	3.04
办学条件明显改善	118	160	224	502	1.34
各区之间、学校之间差异缩小	34	65	124	223	0.58
教育教学质量明显提升	40	119	261	420	1.08
考试和综合评价越来越科学	81	134	344	559	1.45
其他	17	7	16	40	0.11
合计	3288	3288	3288	9864	27

（三）改革问题最多的领域

北京市基础教育教学改革过程中问题最多的领域主要与改革的导向与保障有关，特别是考试和评价体系。在改革进程中产生了诸多现实问题，比较突出的问题主要是评价导向和资源保障。

对学校调研发现，对于改革过程中问题最多的领域，学校教育工作者选择最多的是"考试和评价体系"，其次是"教育资源开发与配置""教育经费投入"和"学生学习方式"，再次是"城乡一体化发展""招生改革""信息技术平台建设"和"教师队伍建设"等。

表 5-34　学校教育工作者：改革问题最多的领域（选择三项并排序）

选　项	第　一	第　二	第　三	入选次数	平均综合得分
招生改革	257	73	66	396	2.55
考试和评价体系	551	240	137	928	5.96
学校课程建设	106	154	140	400	2.45
学校教学方式	83	140	128	351	2.14
学校德育工作	70	81	78	229	1.41
教师队伍建设	91	146	148	385	2.34
教育经费投入	204	205	191	600	3.71
信息技术平台建设	85	170	136	391	2.38
教育资源开发与配置	118	261	317	696	4.18
学生学习方式	107	177	232	516	3.11
城乡一体化发展	109	135	206	450	2.72
其他	2	1	4	7	0.04
合计	1783	1783	1783	5349	33

（四）改革的促进因素

北京市基础教育教学改革进程中的促进因素主要与把握正确方向、注重内涵式发展有关。改革实践推进通过正确理解和把握政策设计来把握正确方向，通过纳入、拓展和发挥改革实践探索迫切需要的专业支持来促进学校内涵式发展，另外还有学校自身的创新探索和持续改革。

对学校调研发现，对于促进学校改革实践的核心因素，学校教育工作者认为首先是"深度把握教育政策"，其次是"注重教师专业发展"和"开展相关课题研究"，再次是"勇于创新实践"和"优化学校内部管理"，还有"多学习其他学校经验""积极参加校长教师培训""鼓励教职工参与""家校协同"等。

表 5-35　学校教育工作者：学校改革实践的促进因素（选择三项并排序）

选　项	第　一	第　二	第　三	入选次数	平均综合得分
深度把握教育政策	848	61	66	975	5.91
积极参加校长教师培训	143	233	41	417	2.40
多学习其他学校经验	120	179	164	463	2.57
开展相关课题研究	188	327	206	721	4.03
鼓励教职工参与	94	154	120	368	2.05
勇于实践创新	120	237	273	630	3.45

选 项	第 一	第 二	第 三	入选次数	平均综合得分
优化学校内部管理	141	220	219	580	3.21
家校协同	15	100	128	243	1.30
注重教师专业发展	95	237	444	776	4.16
积极拓展办学资源	19	35	122	176	0.93
合计	1783	1783	1783	5349	30

（五）改革的主要困难

北京市基础教育教学改革进程中的困难和问题主要与教师队伍建设、改进推进的外部环境与保障等因素有关。教师队伍建设既涉及教师队伍的质量，也涉及教师队伍的数量，以及教师的工作状态等。改革推进的外部环境与保障主要涉及校际之间均衡发展和配套资源发现等。

对学校调研发现，对于开展教育教学改革过程中遇到的主要困难，学校教育工作者选择最多的是"教师专业水平有待提升"，其次是"工作负担重、压力大"和"校际之间生源差异大"，再次是"上级部门检查评估多""教学方式变革难"等。对于北京市基础教育教学改革实践过程中的突出问题，学校教育工作者选择最多的是"工作负担重、压力大"，其次是"校际之间生源差异大"，再次是"上级部门检查评估多"和"教学方式变革难"，还有"学校校舍和空间不够""教师缺编"和"家长期望和要求高"等。

表5-36 学校教育工作者：改革过程中的主要困难（选择三项并排序）

选 项	第 一	第 二	第 三	入选次数	平均综合得分
教师专业水平有待提升	561	121	154	836	4.92
学校校舍和空间不够	246	139	48	433	2.54
教师缺编	163	132	76	371	2.13
校际之间生源差异大	277	283	150	710	4.05
学校安全风险大	28	61	47	136	0.75
改革配套资源不到位	85	217	201	503	2.76
教学方式变革难	113	213	244	570	3.12
上级部门检查评估多	133	237	244	614	3.38
家长期望和要求高	41	141	163	345	1.87
工作负担重、压力大	136	239	453	828	4.47
其他	0	0	3	3	0.02
合计	1783	1783	1783	5349	30

对学生家长调研发现，学生家长对区际、校际差异非常关注，认为差异比较大。关于对各区之间、校际之间的差异，55.9%的学生家长认为差异"比较大"和"非常大"，其中12.5%认为"非常大"，22.7%认为"一般"，13.6%和7.8%认为"不太大"和"不大"。就差异分析而言，城区学生家长（64.5%）认为差异"非常大"和"比较大"的比例显著高于郊区学生家长（50.9%），高中学生家长（66.4%）认为差异"非常大"和"比较大"的比例显著高于初中学生家长（57.0%）和小学学生家长（54.2%）。

表5-37 学生家长：各区之间、校际之间的差异

程　度	频　率	百分比
非常大	412	12.5%
比较大	1427	43.4%
一般	745	22.7%
不太大	447	13.6%
不大	257	7.8%
合计	3288	100%

（六）学校自主探索与创新的作用

在北京市基础教育教学改革的实践进程中，少数学校率先探索、锐意创新的实践经验在改革进程中发挥了重要示范引领作用。少数先行学校推进改革整体思路、设计、具体措施和方法都对其他学校产生了积极有效的影响。

对于如何看待其他学校推进教育教学改革的实践经验，46.8%的学校教育工作者"选择和借鉴其他学校的具体举措和方法"，41.5%的学校教育工作者"在研究的基础上借鉴其工作思路"，还有11.0%的学校教育工作者"积极学习和整体移植应用"，仅有0.4%的学校教育工作者"不太理会"。

表5-38 学校教育工作者：改革过程中如何对待其他学校的实践经验

选　项	频　率	百分比
积极学习和整体移植应用	197	11.0%
选择和借鉴其他学校的具体举措和方法	834	46.8%
在研究的基础上借鉴其工作思路	740	41.5%
不太理会	8	0.4%
其他	4	0.2%
合计	1783	100%

（七）改革的突出亮点

北京市基础教育教学改革实践过程中的突出亮点是科学的顶层设计和务实的实践探索。一方面教育行政部门对于改革全局领导和整体把握比较到位，另一方面学校的实践探索也非常活跃。

对学校调研发现，对于北京市基础教育教学改革的实践过程中的突出亮点，学校教育工作者选择最多的是"自上而下与自下而上相结合"，其次是"注重改革过程的实践问题研究"，再次还有"注重政策的系统设计""注重培训和教研机构发挥作用"和"注重区域之间的分享和交流"，还有"注重优质学校创新探索和经验推广""注重配套资源建设"和"注重高校研究力量作用发挥"等。

表5-39　学校教育工作者：教学改革实践的突出亮点（选择三项并排序）

选　　项	第　一	第　二	第　三	入选次数	平均综合得分
注重政策的系统设计	484	75	107	666	3.57
自上而下与自下而上相结合	472	339	115	926	4.87
注重配套资源建设	146	176	249	571	2.82
注重改革过程的实践问题研究	274	399	266	939	4.74
注重培训和教研机构发挥作用	123	285	275	683	3.36
注重区域之间的分享和交流	142	257	271	670	3.31
注重国际交流和借鉴	14	34	47	95	0.46
注重高校研究力量作用发挥	36	70	95	201	0.98
注重优质学校创新探索和经验推广	91	148	355	594	2.85
其他	1	0	3	4	0.02
合计	1783	1783	1783	5349	27.00

（八）改革的突出问题

北京市基础教育教学改革中的突出问题与改革推进的问题比较多的领域和改革推进中的主要困难比较相关和一致。主要体现在学校教师队伍建设、教师工作负担、改革推进进程中的配套政策与资源保障上。

对学校调研发现，对于北京市基础教育教学改革实践进程中的突出问题，学校教育工作者认为首先是"教师工作负担重"，其次是"师资队伍建设急需加强"和"校际差异比较大"，再次是"没有充分考虑城乡差异"和"改革配套支持不够"，还有"经费投入不足""家长期望太高""学生课业负担重"和"校长领导变革能力有待提升"等。就差异分析而言，城区学校（11.1%）把"教师工作负担重"排在第一位的比例显著高于郊区学校（7.3%），小学（64.3%）认为突出问题是"教师工作负担重"的比例显著高于初中（57.3%）和高中（57.3%）。

表5-40 学校教育工作者：改革中的突出问题（选择三项并排序）

选 项	第 一	第 二	第 三	入选次数	平均综合得分
没有充分考虑城乡差异	490	79	85	654	3.53
改革配套支持不够	258	229	195	682	3.48
师资队伍建设急需加强	331	244	193	768	3.95
校长领导变革能力有待提升	74	99	58	231	1.17
经费投入不足	130	162	146	438	2.20
校际差异比较大	216	345	216	777	3.92
家长期望太高	79	144	135	358	1.78
学生课业负担重	42	166	130	338	1.66
教师工作负担重	163	315	618	1096	5.28
其他	0	0	7	7	0.03
合计	1783	1783	1783	5349	27

对学生家长调研发现，学校教育教学改革实践中的问题或者不足主要与学生健康、学业表现和升学有关，主要是"体育锻炼不够，体质健康有待加强"，其次是"升学压力大，上好学校难"，再次是"校园生活单调、沉闷""关注每个学生成长不够"，还有"教师教育教学水平有待提升"和"学生课业负担重"等。就差异分析而言，对于"体育锻炼不够，体质健康有待加强"和"升学压力大，上好学校难"这两点，城区学生家长（77.4.%、78.7%）认同的比例都显著高于郊区学生家长（72.2%、62.5%），小学（29.1%）和初中学生家长（30.2%）把"升学压力大，上好学校难"排第一位的比例显著高于高中学生家长（25.8%）。

表5-41 学生家长：孩子所在学校教育教学改革实践的不足（选择三项并排序）

选 项	第 一	第 二	第 三	入选次数	平均综合得分
学生课业负担重	270	133	207	610	1.13
体育锻炼不够，体质健康有待加强	1275	716	455	2446	4.71
升学压力大，上好学校难	955	837	460	2252	4.26
教师教育教学水平有待提升	187	346	394	927	1.63
校园生活单调、沉闷	222	675	640	1537	2.68
关注每个学生成长不够	194	487	864	1545	2.62
其他	185	94	268	547	0.97
合计	3288	3288	3288	9864	18

对于学校的学生课业负担，学生家长调研发现，15.1%的学生家长认为"比较重"和"非常重"，其中4.9%的学生家长认为"非常重"，"44.0%"的学生家长认为学生课业负担"一般"，还有17.1%和23.8%的学生家长认为学生课业负担"不太重"和"不重"。就差异分析而言，城区学生家长（18.0%）认为学校学生课业负担"非常重"和"比较重"的比例显著高于郊区学生家长（13.4.%），高中学生家长（35.2%）认为学校学生课业负担"非常重"和"比较重"的比例显著高于初中（23.5%）和小学学生家长（9.8%）。

表5-42 学生家长：学校的学生课业负担

程　　度	频　　率	百分比
非常重	160	4.9%
比较重	337	10.2%
一般	1447	44.0%
不太重	563	17.1%
不重	781	23.8%
合计	3288	100%

（九）改革的顺利程度

整体而言，北京市基础教育教学改革的实践推进比较顺利，能够按照既定政策设计和进程部署，平稳而有效地开展。

对学校调研发现，对于学校推进改革实践的顺利程度，93.7%的学校教育工作者认为"比较顺利"和"非常顺利"，其中45.4%认为"非常顺利"，48%认为"比较顺利"，5.6%认为"一般"，仅有0.6%和0.1%认为"不太顺利"和"不顺利"。就差异分析而言，城区学校（43.5%）认为"非常顺利"比例显著低于郊区学校（47.3%），小学（51.5%）认为"非常顺利"的比例显著高于初中（38.8%）和高中（33.5%），示范高中（37.7%）认为"非常顺利"的比例显著高于非示范性高中（24.0%），教师（48.9%）认为"非常顺利"的比例显著高于中层干部（39.2%）、副校长（32.2%）和校长（32.3%）。

表5-43 学校教育工作者：学校教育教学改革实践的顺利程度

程　　度	频　　率	百分比
非常顺利	810	45.4%
比较顺利	862	48.3%
一般	99	5.6%
不太顺利	10	0.6%
不顺利	2	0.1%
合计	1783	100%

对学生家长调研发现，90.3%的学生家长认为学校开展基础教育教学改革实践"比较顺利"和"非常顺利"，其中45.3%的学生家长认为"非常顺利"，45.0%认为"比较顺利"，9.3%认为"一般"，仅有0.3%和0.1%认为"不太顺利"和"不顺利"。就差异分析而言，城区学生家长（93.7%）认为"比较顺利"和"非常顺利"的比例显著高于郊区学生家长（88.2%）。

表5-44　学生家长：学校开展教育教学改革实践的顺利程度

程　度	频　率	百分比
非常顺利	1489	45.3%
比较顺利	1478	45.0%
一般	306	9.3%
不太顺利	11	0.3%
不顺利	4	0.1%
合计	3288	100%

三、学校教育教学改革的实际成效

（一）区域教育发展

从区域教育发展的视角看，北京市基础教育教学改革实际成效体现在多个方面，其核心是通过锐意改革和创新探索提升了首都基础教育的质量与品质。

对学校调研发现，对于北京市基础教育教学改革实践在区域教育发展层面的实际成效，学校教育工作者认为首先"促进了学校特色发展"，其次是"促进了区域教育均衡发展"和"提升了区域教育质量"，再次是"促进了薄弱学校改进""促进了学生全面发展"，另外还有"提升了北京基础教育的影响力""促进了区域教育的创新意识和实践"和"提升了家长的满意度"等。就差异分析而言，小学教育工作者（17.1%）把"促进了学校特色发展"排在第一位的比例显著高于初中（11.8%）和高中（13.9%）。

表5-45　学校教育工作者：改革在区域教育发展层面的实际成效（选择三项并排序）

选　项	第　一	第　二	第　三	入选次数	平均综合得分
促进了区域教育均衡发展	718	82	85	885	4.82
提升了区域教育质量	320	419	112	851	4.41
促进了薄弱学校改进	208	234	254	696	3.49
促进了学校特色发展	273	419	311	1003	5.04
提升了北京基础教育的影响力	117	213	221	551	2.72

选 项	第 一	第 二	第 三	入选次数	平均综合得分
促进了学生全面发展	90	229	338	657	3.18
提升了家长的满意度	10	69	140	219	1.03
促进了区域教育的创新意识和实践	40	110	290	440	2.08
促进区域教育的国际交流和影响力	5	7	30	42	0.20
其他	2	1	2	5	0.03
合计	1783	1783	1783	5349	27

（二）学校教育发展

从学校教育发展的视角看，北京市基础教育教学改革切实推动了学校的改革与发展，对学校教育发展产生了非常显著的促进作用，成效体现在多个方面，其核心是促进了学校的内涵式发展；同时大大提升了学生家长的满意度，体现了办人民满意的教育的办学宗旨。

对学校调研发现，对于学校教育教学改革对学校发展的促进作用，89.2%的学校教育工作者认为促进作用"比较大"和"非常大"，其中41.4%认为促进作用"非常大"，47.8%认为"比较大"，9.7%认为促进作用"一般"，仅有0.6%和0.5%认为促进作用"不太大"和"不大"。就差异分析而言，小学教育工作者（47.8%）认为促进作用"非常大"的比例显著高于初中（34.5%）和高中（28.5%）。

表5-46 学校教育工作者：改革实践对学校发展的促进作用

程 度	频 率	百分比
非常大	738	41.4%
比较大	852	47.8%
一般	173	9.7%
不太大	11	0.6%
不大	9	0.5%
合计	1783	100%

对学校调研发现，对于北京市基础教育教学改革实践在学校层面的实际成效，学校教育工作者认为首先是"促进了学校课程体系建设"，其次是"促进了学校教学方式改革"和"促进了学校文化建设"，再次是"促进了学生学习方式变革"和"提升了教师专业发展水平"，另外还有"提升了学校办学质量""提升了学校德育工作实效"，以及"历练了学校管理队伍""优化了学校信息化建设"和"促进了家校协同"等。就差异分析而言，城区学校（33.0%）把"促进了学校课程体系建设"排第一位的比例显著

高于郊区学校（23.0%），高中（33.5%）把"促进了学校课程体系建设"排第一位的比例显著高于小学（27.2%）和初中（25.3%）。

表5-47 学校教育工作者：改革实践在学校发展层面的成效（选择三项并排序）

选 项	第 一	第 二	第 三	入选次数	平均综合得分
促进了学校文化建设	719	74	103	896	5.37
促进了学校课程体系建设	497	554	99	1150	6.67
促进了学校教学方式改革	221	406	454	1081	5.93
促进了学生学习方式变革	80	235	290	605	3.28
提升了学校德育工作实效	64	101	110	275	1.52
提升了学校办学质量	85	129	175	389	2.13
提升了教师专业发展水平	61	161	289	511	2.74
历练了学校管理队伍	24	47	98	169	0.91
优化了学校信息化建设	18	50	87	155	0.83
促进了家校协同	13	26	76	115	0.61
其他	1	0	2	3	0.02
合计	1783	1783	1783	5349	30

（三）学校教育工作者个人专业发展

学校教育教学改革的实践探索为学校教育工作者个人专业发展提供了历练的舞台和创新的场域，大大提升了学校教育工作者个人的专业发展。

对学校调研发现，对于学校改革实践对个人专业发展的促进作用，86.5%的学校教育工作者认为"比较大"和"非常大"，其中39.9%认为"非常大"，46.6%认为"比较大"，12.2%认为"一般"，仅有0.8%和0.6%认为"不太大"和"不大"。就差异分析而言，城区学校（36.8%）认为促进作用"非常大"的比例显著低于郊区学校（42.9%），小学（44.3%）认为促进作用"非常大"的比例显著高于初中（36.8%）和高中（29.1%）。

表5-48 学校教育工作者：改革对学校教育工作者个人发展的促进作用

程 度	频 率	百分比
非常大	712	39.9%
比较大	830	46.6%
一般	217	12.2%
不太大	14	0.8%
不大	10	0.6%
合计	1783	100%

（四）学生实际获得

基础教育教学改革的成效最终体现在学生的培养和成长上。北京市基础教育教学改革的一个重要的价值取向是学生立场，或者说以学生为中心。围绕学生的学习和成长开展学校办学实践探索，促进学生全面发展和健康成长。

对学校调研发现，在关于北京市基础教育教学"改革的核心领域""自己所在学校改革的核心领域""改革取得成效最突出的领域"等问题，学校教育工作者在很高频次上都提到了"学生学习方式变革"的实际获得。

对家长问卷调研发现，学生家长对学校办学条件、课程设置、教学方式、教师教育教学水平、学生品德教育、学生综合素质评价、教育质量、信息技术资源和家校协作育人等九个方面的满意度非常高，绝大部分的"非常满意"和"比较满意"的比例都在90%以上，"非常满意"比例在52%—66%之间。其中满意度最高的为学生品德教育和教师教育教学水平，满意度为94.4%，满意度最低的是信息技术资源，满意度为85.8%。就差异分析而言，城区学校学生家长的满意度普遍高于郊区学校，高中学校学生家长的满意度普遍高于初中和小学，示范高中学生家长的满意度普遍高于非示范高中。

对家长问卷调研发现，学生家长普遍认为北京市基础教育教学改革及其成果非常有益和在很大程度上惠及了自己孩子的成长。83.8%的学生家长认同"孩子是他所在学校教育教学改革的受益者"，其中43.2的家长表示"非常认同"，14%表示"一般"，仅有1.5%和0.7%表示"不太认同"和"不认同"。就差异分析而言，城区学生家长（40.1%）"非常认同"的比例显著低于郊区学生家长（45.1%），示范性高中学生家长（45.9%）"非常认同"比例显著高于非示范性高中学生家长（26.2%）。

表5-49　学生家长对"孩子是他所在学校教育教学改革的受益者"的认同

程　度	频　率	百分比
非常认同	1421	43.2%
比较认同	1335	40.6%
一般	460	14.0%
不太认同	50	1.5%
不认同	22	0.7%
合计	3288	100%

对学生家长调研发现，学生家长普遍认同学校教育教学改革促进了教育服务品质。84.6%的学生家长认同"孩子所在学校的教育教学改革为其提供了高品质的教育服务"，其中46.1%的学生家长表示"非常认同"。就差异分析而言，城区学生家长（88.2%）"非常认同"和"比较认同"的比例显著高于郊区学生家长（82.5%），高中学

生家长（49.3%）"非常认同"的比例显著高于小学学生家长（45.8%）和初中学生家长（46.0%），示范性高中学生家长（53.2%）"非常认同"的比例显著高于非示范性高中学生家长（35.4%）。

表 5-50　学生家长对"孩子所在学校的教育教学改革为其提供了高品质的教育服务"的认同

程　度	频　率	百分比
非常认同	1517	46.1%
比较认同	1265	38.5%
一般	458	13.9%
不太认同	31	0.9%
不认同	17	0.5%
合计	3288	100%

四、基础教育教学改革的实践探索与"北京模式"

（一）"北京模式"的存在状态

基于首都的城市功能定位和社会经济发展特点，立足首都基础教育发展的现实情况和发展方向，北京市基础教育教学改革在实践探索中逐渐形成了清晰的"北京模式"。

对学校调研发现，学校教育工作者普遍认同基础教育教学改革"北京模式"的存在。对于北京市基础教育教学改革是否存在不同于外地的"北京模式"，56.3%的学校教育工作者认为"有清晰的'北京模式'"，39.1%认为"有'北京模式'，但不清晰"，仅有4%认为"不存在'北京模式'"。

表 5-51　学校教育工作者：如何看待基础教育教学改革的"北京模式"

选　项	频　率	百分比
有清晰的"北京模式"	1003	56.3%
有"北京模式"，但不清晰	698	39.1%
不存在"北京模式"	72	4.0%
其他	10	0.6%
合计	1783	100%

对学生家长调研发现，学生家长普遍认同基础教育教学改革"北京模式"的存在。对于北京市基础教育教学改革是否存在不同于外地的"北京模式"，55.8%的学生家长认为"有清晰的'北京模式'"，37.4%认为"有'北京模式'，但不清晰"，仅有4.9%

认为"不存在'北京模式'"。

表 5-52　学生家长：如何看待基础教育教学改革的"北京模式"

选　项	频　率	百分比
有清晰的"北京模式"	1836	55.8%
有"北京模式"，但不清晰	1229	37.4%
不存在"北京模式"	162	4.9%
其他	61	1.9%
合计	3288	100%

（二）"北京模式"的核心要素

基础教育教学改革"北京模式"的核心要素集中体现在北京基础教育教学改革契合我国基础教育改革大方向、符合教育发展规律又突显首都特色的价值取向和教育质量观等方面。北京市基础教育教学改革"北京模式"的核心要素是体现首都定位的教育价值取向和质量追求。

对学校调研发现，对于基础教育教学改革"北京模式"的核心要素，学校教育工作者认为最突出的是"强调以学生为中心的理念"，其次是"注重教育质量"和"注重教育公平"，再次是"注重学校实践创新"和"契合北京城市定位"，还有"系统设计和推进改革""注重国际视野和借鉴"等。

表 5-53　学校教育工作者："北京模式"的核心要素（选择三项并排序）

选　项	第　一	第　二	第　三	入选次数	平均综合得分
注重教育质量	707	122	151	980	6.36
注重教育公平	439	520	101	1060	6.73
强调以学生为中心的理念	409	447	483	1339	8.22
注重学校实践创新	78	286	310	674	4.03
系统设计和推进改革	27	118	165	310	1.84
注重国际视野和借鉴	33	77	117	227	1.35
经费投入力度大	16	47	60	123	0.73
契合北京城市定位	52	95	192	339	2.01
重视信息技术应用	11	36	100	147	0.86
重视大学和科研培训机构的智力支持	6	27	61	94	0.55
发挥区县改革自主权	5	8	40	53	0.31
其他	0	0	3	3	0.02
合计	1783	1783	1783	5349	33

对学校调研发现，用关键词描述"北京模式"，学校教育工作者表达最多的是"关注学生全面发展"，其次是"注重系统设计""注重课程建设"和"加强合作与交流"，再次是"注重实践探索""变革教学方式""注重教师队伍建设"，还有"加强教师培训""促进教育公平""注重教育创新""缩小区域和校际差异""以学生为中心""注重资源均衡""加大教育投入"等。

表 5-54　学校教育工作者：描述基础教育教学改革的"北京模式"的词汇

关键词	频　次	关键词	频　次	关键词	频　次
关注学生全面发展	462	注重教师队伍建设	220	注重资源均衡	154
注重系统设计	410	加强教师培训	195	加大教育投入	148
注重课程建设	365	促进教育公平	193	优化评价体系	83
加强合作与交流	319	注重教育创新	188	减轻教师负担	68
注重实践探索	230	缩小区域和校际差异	171	推广经验	56
变革教学方式	221	以学生为中心	163	提高教师待遇	45

对学生家长调研发现，对于基础教育教学改革"北京模式"的核心要素，学生家长认为最突出的是"注重教育质量"，其次是"注重教育公平"和"强调以学生为中心的理念"，再次是"尊重学校的实践创新"，还有"注重国际视野和借鉴""系统设计和推进改革""契合北京市城市定位"和"重视信息技术应用"等。

表 5-55　学生家长："北京模式"核心要素（选择三项并排序）

选　　项	第　一	第　二	第　三	入选次数	平均综合得分
注重教育质量	1719	361	268	2348	8.30
注重教育公平	553	975	291	1819	6.17
强调以学生为中心的理念	416	651	776	1843	6.06
尊重学校的实践创新	235	527	580	1342	4.38
系统设计和推进改革	63	178	276	517	1.66
注重国际视野和借鉴	113	219	275	607	1.98
经费投入力度大	23	52	70	145	0.47
契合北京城市定位	80	112	234	426	1.38
重视信息技术应用	29	105	254	388	1.23
重视大学和科研培训机构的智力支持	33	76	184	293	0.93
发挥区县改革自主权	18	31	67	116	0.37
其他	6	1	13	20	0.06
合计	3288	3288	3288	9864	33

对学生家长调研发现，用关键词描述"北京模式"，学生家长表达最多的是与学生成长有关的要素，首先是"关注和注重学生全面发展"和"注重并加强教育质量与公平"，其次是"注重优化教师队伍""缩小城乡差距""注重系统设计"和"注重创新"，再次是"注重体育锻炼""注重素质教育"，还有"注重学校创新""注重德育教育""拓展国际视野""加大经费投入""注重课程设计"和"注重心理健康"等。

表5-56　学生家长：描述基础教育教学改革的"北京模式"的词汇

关键词	频　次	关键词	频　次	关键词	频　次
关注和注重学生全面发展	1819	注重体育锻炼	227	注重课程设计	156
注重并加强教育质量与公平	1294	注重素质教育	221	注重信息技术	152
注重优化教师队伍	995	注重学校创新	179	注重心理健康	101
缩小城乡差距	680	注重德育教育	178	注重家校合作	69
注重系统设计	534	拓展国际视野	160	减轻课业负担	60
注重创新	460	加大经费投入	156	优化招生制度	51

（三）"北京模式"的实践成效

在长期的实践探索中，北京市基础教育教学改革逐渐形成了自己独到的"北京模式"，其实践运行反过来又有力促进了教育教学改革的深度推进。

对学校调研发现，学校教育工作者普遍比较认可"北京模式"的实践成效。86.0%的学校管理者和教师认为"比较好"和"非常好"，其中32.6%认为"非常好"，53.4%认为"比较好"，13.3%认为"一般"，仅有0.4%和0.2%认为"不太好"和"不好"。就差异分析而言，小学教育工作者（38.3%）认为"非常好"的比例显著高于初中（27.5%）和高中（19.9%），教师（35.4%）认为"非常好"的比例显著高于校长（26.2%）、副校长（25.6%）和中层干部（25.5%）。

表5-57　学校教育工作者："北京模式"的实践成效

程　度	频　率	百分比
非常好	582	32.6%
比较好	953	53.4%
一般	238	13.3%
不太好	7	0.4%
不好	3	0.2%
合计	1783	100%

对学生家长调研发现，学生家长普遍比较认可基础教育教学改革"北京模式"的实践成效。81.8%的学生家长认为"比较好"和"非常好"，其中34.4%认为"非常好"，47.4%认为"比较好"，17.2%认为"一般"，仅有0.7%和0.3%认为"不太好"和"不好"。就差异分析而言，城区学生家长（27.7%）认为"非常好"的比例显著低于郊区学生家长（38.4%），示范性高中学生家长（30.0%）认为"非常好"比例显著高于非示范性高中学生家长（18.5%）。

表5-58 学生家长："北京模式"的实际成效

程　度	频　率	百分比
非常好	1131	34.4%
比较好	1558	47.4%
一般	565	17.2%
不太好	24	0.7%
不好	10	0.3%
合计	3288	100%

五、基础教育教学改革与"北京模式"的发展战略

（一）完善"北京模式"要特别关注的改革领域

完善基础教育教学改革的"北京模式"要特别关注的改革领域，主要与基础教育的优质均衡发展有关。

对学校调研发现，学校教育工作者认为完善"北京模式"，首先要特别关注"优化教师队伍建设"，其次是"缩小区域和校际差异"，再次是"完善学校课程建设""优化考试和评价体系""加强教学方式变革"和"推进互联网＋教育和智慧教育"，另外还有"创新学校德育""关注学生学习方式变革"等。就差异分析而言，郊区学校（58.5%）对于"优化教师队伍建设"的关注度显著高于城区学校（53.3%），校长（36.9%）把"优化教师队伍建设"排在第一位的比例显著高于教师（22.2%）；郊区学校（49.7%）把"缩小区域和校际差异"排在第一位比例显著高于城区学校（38.9%）。

表5-59 学校教育工作者：完善"北京模式"特别关注的领域（选择三项并排序）

选　项	第　一	第　二	第　三	入选次数	平均综合得分
缩小区域和校际差异	792	65	84	941	5.67
优化教师队伍建设	443	470	84	997	5.79
创新学校德育	86	156	186	428	2.34

选 项	第 一	第 二	第 三	入选次数	平均综合得分
完善学校课程建设	120	289	226	635	3.50
加强教学方式变革	76	214	224	514	2.80
推进互联网＋教育和智慧教育	80	171	239	490	2.66
优化招生制度	51	88	80	219	1.21
优化考试和评价体系	79	178	278	535	2.89
关注学生学习方式变革	30	121	280	431	2.28
优化学校内部治理	26	31	101	158	0.84
其他	0	0	1	1	0.01
合计	1783	1783	1783	5349	30

对学生家长调研发现，学生家长认为完善"北京模式"，首先要特别关注"缩小区域和校际差异"，其次是"优化教师队伍建设"，再次是"推进互联网＋教育和智慧教育""关注学生学习方式变革""创新学校德育"和"完善学校课程建设"，另外还有"加强教学方式变革""优化考试和评价体系"和"优化招生制度"等。

表 5-60 学生家长：完善"北京模式"特别关注的领域（选择三项并排序）

选 项	第 一	第 二	第 三	入选次数	平均综合得分
缩小区域和校际差异	1806	209	167	2182	7.80
优化教师队伍建设	524	900	186	1610	5.49
创新学校德育	222	340	413	975	3.20
完善学校课程建设	164	405	365	934	3.06
加强教学方式变革	96	349	425	870	2.81
推进互联网＋教育和智慧教育	182	383	458	1023	3.34
优化招生制度	80	170	213	463	1.51
优化考试和评价体系	50	183	353	586	1.87
关注学生学习方式变革	142	302	587	1031	3.31
优化学校内部治理	15	45	110	170	0.54
其他	7	2	11	20	0.07
合计	3288	3288	3288	9864	33.00

（二）完善"北京模式"的主要策略

完善基础教育教学改革"北京模式"迫切需要加强政策设计优化、学术研究支持和创新实践探索等方面。

对学校调研发现，对于完善"北京模式"的主要策略，学校教育工作者认为首先是"加强政策设计的系统性和连贯性"，其次是"加强教育实践研究"和"加强区域之间教育交流"，再次是"推广优质学校创新实践经验"，还有"加大教育经费投入""扩大学校办学自主权""注重国际经验与合作"和"加强城乡学校一体化建设"等。就差异分析而言，城区学校（49.2%）把"加强政策设计的系统性和连贯性"排第一位的比例显著高于郊区学校（42.2%），高中（55.4%）把"加强政策设计的系统性和连贯性"排在第一位的比例显著高于小学（44.3%）和初中（41.5%），校长（56.9%）和副校长（59.5%）把"加强政策设计的系统性和连贯性"排第第一位的比例显著高于中层干部（51.0%）和教师（42.5%）；城区学校（11.6%）把"加强区域之间教育交流"排在第一位的比例显著低于郊区学校（19.1%），校长（4.6%）把"加强区域之间教育交流"排在第一位的比例显著低于教师（17.5%）。

表 5-61　学校教育工作者：完善"北京模式"的主要策略（选择三项并排序）

选　项	第　一	第　二	第　三	入选次数	平均综合得分
加强政策设计的系统性和连贯性	814	103	120	1037	5.04
加强教育实践研究	349	559	168	1076	4.93
加强区域之间教育交流	275	364	453	1092	4.80
注重国际经验与合作	66	155	102	323	1.43
推广优质学校创新实践经验	109	301	349	759	3.27
扩大学校办学自主权	59	123	179	361	1.55
加大教育经费投入	74	109	207	390	1.68
加强城乡学校一体化建设	36	68	203	307	1.28
其他	1	1	2	4	0.02
合计	1783	1783	1783	5349	24

对学生家长调研发现，对于完善"北京模式"的主要策略，学生家长认为首先是"加强教育实践研究"，其次是"加强区域之间教育交流"，再次是"加强政策设计的系统性和连贯性""推广优质学校创新实践经验"，还有"加强城乡学校一体化建设""注重国际经验与合作""加大教育经费投入"和"扩大学校办学自主权"等。就差异分析而言，城区学生家长（20.0%）把"加强教育实践研究"排在第一位的比例显著低于郊区（26.3%）；城区学生家长（14.7%）把"加强区域之间教育交流"排在第一位的比例显著低于郊区（18.9%）。

表 5-62 学生家长：完善"北京模式"的主要策略（选择三项并排序）

选　项	第　一	第　二	第　三	入选次数	平均综合得分
加强政策设计的系统性和连贯性	1162	224	313	1699	5.94
加强教育实践研究	789	825	409	2023	6.88
加强区域之间教育交流	570	738	715	2023	6.72
注重国际经验与合作	166	321	283	770	2.54
推广优质学校创新实践经验	280	683	722	1685	5.50
扩大学校办学自主权	56	126	156	338	1.10
加大教育经费投入	99	157	241	497	1.62
加强城乡学校一体化建设	162	213	437	812	2.63
其他	4	1	12	17	0.05
合计	3288	3288	3288	9864	33.00

六、深度推进北京市基础教育教学改革的建议

（一）教育行政部门层面

1. 保持和强化既有优势

主要体现在三个方面：一是立足新时代立德树人根本任务和首都北京城市发展定位，进一步优化基础教育教学改革的顶层设计和政策体系；二是持续聚焦课程建设、教学改革、教师发展、学生成长等学校办学实践的核心领域，深度推进改革；三是充分发挥北京丰厚、专业的教研、培训和学术研究资源优势，系统构建促进基础教育改革与发展的支持体系。

2. 研究和解决现实问题

主要体现在三个方面：一是持续深化和切实推进考试和评价改革，以考试和评价导向倒逼和引领教育教学改革深度推进；二是在"双减"政策落实中积极探索教育全要素资源均衡配置，切实缩小教育发展的区域和校际差异，办好每一所学校；三是从职前、职后一体化培养的视角系统构建教师专业发展提升的专项计划，切实建设高质量教师队伍。

（二）学校办学实践层面

1. 强化敢为人先、锐意创新的改革心态

在北京市基础教育教学改革的进程中，少数改革先行学校发挥了重要的示范、引

领作用，也有效带动了自己学校的优先发展。为此，期待更多的学校能够加入到改革先行者的行列，在改革探索中促进学校发展，让改革创新成为北京市中小学发展的新常态。

2. 坚持以学生为中心的价值取向

在改革的价值取向上要坚守和坚持以学生为中心，服务促进学生全面发展。以学生为中心和促进学生全面发展是北京市基础教育教学改革的突出特征，也是基础教育教学改革"北京模式"的核心要素，其最终落实在学校办学实践中才能得以实现。坚守、坚持和落实改革的价值取向，才能真正体现基础教育教学改革的"北京模式"和首都品质。

3. 深化整体推进教育综合改革的实践策略

基础教育教学改革已经进入深化综合改革的深水区，未来的改革必须从整体上推进综合改革。为此，学校要聚焦"双减"政策落地、落实，系统重构学校综合改革，把课程建设、教学变革、教师发展、学生培养及其支持体系有机整合起来，在新发展格局下全方位、深层次推进教育教学改革。

第三节　基础教育教学改革获奖成果的综合分析研究

在基础教育教学改革实践推进的不同阶段，都会涌现出一些敢为人先、创新探索的教学成果，这些成果集中体现了基础教育教学改革的实践探索与成效产出。北京市基础教育教学成果评选是北京市教委组织的选拔北京市基础教育教学创新实践与研究成果、持续和深度推进北京市基础教育教学改革的重要举措。从1999年开始到2017年，北京市教委每四或五年组织一次，先后组织了五届基础教育教学成果奖评选。在很大程度上，这五届教学成果代表了北京市推进基础教育教学改革实践的核心领域，也代表了北京市基础教育教学改革实践成果的最高水平。笔者通过系统、细致分析北京市五届基础教育教学成果的核心要素来全面梳理、细致研究北京市基础教育教学改革的实践探索与创新成果。

一、研究的基本设计

（一）研究对象

研究对象是北京市五届基础教育教学成果奖的548项获奖成果。具体包括：1999

年第一届 39 项，其中特等奖 4 项、一等奖 10 项、二等奖 25 项；2004 年第二届 34 项，其中特等奖 1 项、一等奖 8 项、二等奖 25 项；2009 年第三届 155 项，其中一等奖 46 项、二等奖 109 项；2013 年第四届 160 项，其中一等奖 40 项、二等奖 120 项；2017 年第五届 160 项，其中特等奖 9 项、一等奖 51 项、二等奖 100 项。

表 5-63　北京市五届基础教育教学成果奖汇总表

年　度	届　次	总　计	特等奖	一等奖	二等奖
1999 年	第一届	39	4	10	25
2004 年	第二届	34	1	8	25
2009 年	第三届	155	0	46	109
2013 年	第四届	160	0	40	120
2017 年	第五届	160	9	51	100

（二）研究关注的核心要素

对于每一届的获奖成果，从改革领域、改革主体和申报人员等三个维度确定研究关注的核心要素。

改革领域是指改革的内容，旨在呈现"改革什么"。改革主体是指改革设计和实施者，旨在呈现"谁在改革""在什么范围改革"和"从什么角度改革"。主要按照三个角度进行划分，一是机构角度，包括幼儿园、小学、中学、特教学校、区级教育机构与行政部门、市级教育机构与行政部门、高校等；二是区域角度，包括城区、郊区、全市；三是成果性质，包括实践探索、理论研究和政策设计。申报人员分为个人和团队两种，旨在呈现改革实践探索由个人完成还是团队集体攻关。

（三）研究方法

本研究采用质性研究方法对研究关注的核心要素进行系统分析和详细编码，来全面、深入呈现北京市基础教育教学改革实践产出的主要标志，采用 Excel2013 对编码信息进行全面梳理、对比分析和归纳总结，基于调研数据进行研究结果的基本情况分析、差异分析和变化趋势分析，在研究结果的基础上得出研究结论。

二、五届改革成果的基本分析

（一）1999 年第一届教育教学成果奖分析

1999 年北京市第一次进行基础教育教学成果奖的评选，共评选出特等奖 4 项、一等奖 10 项、二等奖 25 项。

1. 改革领域

根据统计结果，学科教学改革相关领域的获奖成果比例为39%（18项），学生全面发展领域的获奖成果比例为17%（8项），另外教材研究领域和学校整体改革领域的比例均为13%。具体频次统计详见下表。

表5-64　1999年获奖成果的改革领域统计表

改革领域	频　次	百分比
学科教学改革	18	39%
学生全面发展	8	17%
教材研究	6	13%
学校整体改革	6	13%
学生学习	2	4%
考试及评价改革	2	4%
课程建设	1	2%
薄弱学校和农村学校改进	1	2%
基于信息技术的教育改革	1	2%
德育改革	1	2%
合计	46	100%

通过对每个改革领域的关注点进行编码，主要发现如下特点：学科教学改革领域的关注点主要集中在中小学校语文、数学、生物、政治、音乐、美术、环境教育和作业指导上，特教学校关注点在语文学科上，另外还关注到了学科教学改革的创新实践方面；学生全面发展领域主要关注点在学生综合发展、素质教育（包括科学素质、劳动技能）和超常儿童教育上；教材研究主要关注点在德育、地理、计算机、数学、英语和语文学科上，其中语文和地理学科是在初中段，而英语是在小学段；学校整体改革领域的关注点集中在学校综合改革的有5项，还有1项关注学校办学思想。

2. 改革主体

就获奖成果的区域而言，来自城区的获奖成果比例为64%（25项），全市层面的获奖成果比例为26%（10项），郊区的获奖成果仅有4项。就获奖成果的学段而言，来自中学的获奖成果比例为41%（16项），来自区级教育机构与行政部门的获奖成果比例为21%（8项），来自市级教育机构与行政部门和小学段的获奖成果的比例均为18%（7项）。其中，39项获奖成果中由两个或两个以上机构联合的获奖成果共有7项，具体频次统计详见下表。

表 5-65 1999 年获奖成果改革主体的区域和学段统计表

改革领域	城 区	郊 区	全 市	联合主体	合 计	百分比
区级教育机构与行政部门	6	2	0	2	8	21%
市级教育机构与行政部门	0	0	7	2	7	18%
小学	6	0	1	1	7	18%
幼儿园	0	0	1	1	1	3%
中学	13	2	1	1	16	41%
合计	25	4	10	7	39	100%
百分比	64%	10%	26%	18%	100%	

从获奖成果的性质来看，重在实践探索的获奖成果的比例为 62%（24 项），重在理论研究的获奖成果共有 15 项。具体频次统计详见下表。

表 5-66 1999 年获奖成果改革主体的性质统计表

成果性质	频次	百分比
实践探索	24	62%
理论研究	15	38%
合计	39	100%

3. 申报人员

申报人员包括个人和团队两类。1999 年的获奖成果中，个人完成的成果的比例为 38%（15 项），团队共同完成的成果的比例为 62%（24 项）。

表 5-67 1999 年获奖成果的申报人员统计表

个体团体	频 次	百分比
个人	15	38%
团队	24	62%
合计	39	100%

（二）2004 年第二届教育教学成果奖分析

2004 年北京市进行第二届基础教育教学成果奖的评选，评选出特等奖 1 项、一等奖 8 项、二等奖 25 项。

1. 改革领域

根据统计结果，学科教学改革相关领域的获奖成果比例为46%（19项），学生全面发展领域的获奖成果比例为22%（9项），另外课堂教学改革、教材研究和教师专业发展三个改革领域均为2项。具体频次统计详见下表。

表 5-68　2004 年获奖成果的改革领域统计表

改革领域	频　次	百分比
学科教学改革	19	46%
学生全面发展	9	22%
课堂教学改革	2	5%
教材研究	2	5%
教师专业发展	2	5%
学校整体改革	1	2%
区域教育改革	1	2%
基于信息技术的教育改革	1	2%
学生学习	1	2%
考试、评价改革	1	2%
薄弱学校、农村学校改进	1	2%
课程建设	1	2%
合计	41	100%

通过对每个改革领域的关注点进行编码统计，主要发现如下特点：学科教学改革领域的关注点主要集中在幼儿园、小学、初中、高中、完中等学校，小学主要关注数学、语文、体育，中学主要关注物理、生物、地理，高中关注数学、信息技术和综合实践活动课程，另外还有校外机构的美术学科；学生全面发展领域关注点主要在学生的创新、素养和综合发展方面，具体为创新精神、创新能力、创新思维、科学素养、探究素养、幼儿行为习惯和学生综合发展等。

2. 改革主体

就获奖成果的区域而言，来自城区的获奖成果比例为68%（23项），来自郊区的获奖成果有6项，来自全市层面的获奖成果有5项。就获奖成果的学段而言，来自区级教育机构与行政部门的获奖成果比例为41%（14项），来自中学和小学的获奖成果分别有6项，来自市级教育机构与行政部门的获奖成果有5项。其中，两个及以上机构联合的获奖成果比例为44%（15项）。具体频次统计详见下表。

表 5-69　2004 年获奖成果改革主体的区域和学段统计表

改革主体	城 区	郊 区	全 市	联合主体	合 计	百分比
区级教育机构与行政部门	10	4	0	8	14	41%
市级教育机构与行政部门	0	0	5	5	5	15%
高校	1	0	0	0	1	3%
特教学校	1	0	0	0	1	3%
小学	5	1	0	1	6	18%
幼儿园	0	1	0	0	1	3%
中学	6	0	0	1	6	18%
合计	23	6	5	15	34	100%
百分比	68%	18%	15%	44%	100%	

从获奖成果的性质来看，重在实践探索的获奖成果比例为 41%（14 项）；重在理论研究的获奖成果比例为 59%（20 项）。具体频次统计详见下表。

表 5-70　2004 年获奖成果改革主体的性质频次统计表

成果性质	频　次	百分比
实践探索	14	41%
理论研究	20	59%
合计	34	100%

3. 申报人员

从获奖成果的申报人员来看，个人申报的成果比例为 29%（10 项），团队共同申报的获奖成果比例为 71%（24 项）。

表 5-71　2004 年获奖成果的申报人员统计表

个体团体	频　次	百分比
个人	10	29%
团队	24	71%
合计	34	100%

（三）2009 年第三届教育教学成果奖分析

2009 年北京市进行第三届基础教育教学成果奖的评选，一共评选出一等奖 46 项、二等奖 109 项。

1. 改革领域

根据统计结果，学科教学改革相关领域的获奖成果比例为 20%（44 项），课程建设领域的获奖成果比例为 12%（27 项），区域教育改革领域的获奖成果有 17 项，另外学生全面发展、基于信息技术的教育改革和薄弱学校、农村学校改进三个改革领域的获奖成果分别有 15 项、14 项和 14 项。具体教学改革领域频次统计详见下表。

表 5-72　2009 年获奖成果的改革领域统计表

改革领域	频　次	百分比
学科教学改革	44	20%
课程建设	27	12%
区域教育改革	17	8%
学生全面发展	15	7%
基于信息技术的教育改革	14	6%
薄弱学校、农村学校改进	14	6%
学校整体改革	13	6%
课堂教学改革	10	5%
考试及评价改革	10	5%
德育改革	9	4%
学生安全与健康教育	9	4%
教科研改革	9	4%
教师专业发展	8	4%
教材研究	7	3%
学生学习	7	3%
教师研修及培训改革	7	3%
教育（优质）均衡发展	1	0%
合　计	221	100%

通过对各改革领域的关注点进行统计，主要发现如下特点：学科教学改革领域的关注点在 2004 年第二届关注点的基础上增加了对研究性学习、思政学科和综合文科的关注；在学生全面发展领域的关注点在 2004 年第二届的基础上增加了人格教育、艺术素养培养和整体发展等关注点；在课程建设领域的关注点主要为各个学段校本课程、特色课程、课程资源建设等方面；区域教育改革领域主要的关注点为课程建设、教学、教师等方面；基于信息技术的教育改革主要关注点为技术支持（最多）、教学评价等方面；学校整体改革领域主要关注点为学校办学特色、办学思想和学校发展特色等方面；课堂教学改革领域主要关注点为课堂教学创新与策略、课堂教学效益等方面；考试及

评价改革领域主要的关注点为学生评价和教学评价等。

2. 改革主体

就获奖成果的区域而言，来自城区的获奖成果比例为52%（81项），来自郊区的获奖成果比例为27%（42项），来自全市层面的获奖成果比例为21%（32项）。就获奖成果的学段而言，中学的获奖成果比例为30%（46项），区级教育机构与行政部门的获奖成果比例为26%（40项），小学的获奖成果比例为18%（28项），市级教育机构与行政部门的获奖成果有24项。其中，两个及以上机构联合的获奖成果比例为17%（27项），具体频次统计详见下表。

表 5-73　2009 年获奖成果改革主体的区域和学段统计表

改革主体	城　区	郊　区	全　市	联合主体	合　计	百分比
区级教育机构与行政部门	19	21	0	16	40	26%
市级教育机构与行政部门	0	0	24	3	24	15%
高校	0	0	8	4	8	5%
特教学校	3	0	0	0	3	2%
小学	23	5	0	1	28	18%
幼儿园	4	1	0	0	5	3%
中小学一贯制学校	1	0	0	0	1	1%
中学	31	15	0	3	46	30%
合计	81	42	32	27	155	100%
百分比	52%	27%	21%	17%	100%	

从获奖成果的性质来看，重在实践探索的获奖成果比例为54%（83项）；重在理论研究的获奖成果比例为45%（70项），重在政策研究的获奖成果有2项。具体频次统计详见下表。

表 5-74　2009 年获奖成果改革主体的性质频次统计表

成果性质	频　次	百分比
实践探索	83	54%
理论研究	70	45%
政策研究	2	1%
合计	155	100%

3. 申报人员

从获奖成果的申报人员来看，团队共同申报的成果比例为92%（143项），个人申报的成果比例为 8%（12 项）。

表 5-75　2009 年获奖成果的申报人员统计表

个体团体	频　次	百分比
个人	12	8%
团队	143	92%
合计	155	100%

（四）2013 年第四届教育教学成果奖分析

2013 年北京市进行第四届基础教育教学成果奖的评选，一共评选出一等奖 40 项、二等奖 120 项。

1. 改革领域

根据统计结果，课程建设领域的获奖成果比例为 22%（51 项），学科教学改革相关领域的获奖成果比例为 16%（38 项），区域教育改革领域的获奖成果比例为 9%（22 项），学生全面发展领域的获奖成果有 19 项，另外教师研修及培训改革、德育改革、学生安全与健康教育三个改革领域的获奖成果分别有 11 项、6 项和 5 项，具体领域频次统计详见下表。

表 5-76　2013 年获奖成果的改革领域统计表

改革领域	频　次	百分比
课程建设	51	22%
学科教学改革	38	16%
区域教育改革	22	9%
学生全面发展	19	8%
薄弱学校、农村学校改进	12	5%
教师专业发展	11	5%
教师研修及培训改革	11	5%
学生学习	11	5%
学校整体改革	11	5%
课堂教学改革	10	4%
教材研究	8	3%
德育改革	6	3%
考试及评价改革	6	3%
学生安全与健康教育	5	2%
基于信息技术的教育改革	5	2%

改革领域	频　次	百分比
教育（优质）均衡发展	5	2%
教科研改革	3	1%
合计	234	100%

通过对 2013 年的各改革领域的关注点进行统计，主要发现如下特点：课程建设领域的关注点主要为各个学段校本课程、特色课程、课程体系、课程资源建设等方面；学科教学改革领域的关注点主要集中在中学、小学等各学段的数学、英语、语文等学科上；区域教育改革领域主要的关注点为全市的课程资源建设、学科教学改革、城区和郊区的地方课程建设、教师队伍建设等方面；学生全面发展领域主要关注学生各种素养、学生综合发展、健全人格等方面；学生学习领域主要关注点为有效学习、学习能力、学习方式等方面；学校整体改革领域主要关注点为学校办学思想、办学特色和学校协同等方面；教师研修及培训改革领域的关注点主要在中小学教师；课堂教学改革领域主要关注点为课堂教学策略、课堂教学模式等方面。

2. 改革主体

就获奖成果的区域而言，来自城区的获奖成果比例为 53%（84 项），来自全市层面的获奖成果比例为 26%（41 项），来自郊区的获奖成果比例为 22%（35 项）。就获奖成果的学段而言，中学的获奖成果比例为 29%（46 项），区级教育机构与行政部门的获奖成果比例为 20%（32 项），市级教育机构与行政部门和小学段的获奖成果均有 25 项，高校的获奖成果有 17 项。其中，两个及以上机构联合的获奖成果比例为 6%（10 项），具体频次统计详见下表。

表 5-77　2013 年获奖成果改革主体的区域和学段统计表

改革主体	城　区	郊　区	全　市	联合主体	合　计	百分比
区级教育机构与行政部门	15	17	0	7	32	20%
市级教育机构与行政部门	0	0	25	0	25	16%
高校	1	0	16	0	17	11%
特教学校	2	1	0	0	3	2%
小学	20	5	0	1	25	16%
幼儿园	7	1	0	2	8	5%
中小学一贯制学校	3	1	0	0	4	3%
中学	36	10	0	0	46	29%
合计	84	35	41	10	160	100%
百分比	53%	22%	26%	6%	100%	

从获奖成果的性质来看，重在实践探索的获奖成果比例为54%（86项）；重在理论研究的获奖成果比例为44%（70项），重在政策研究的获奖成果有4项。具体频次统计详见下表。

表5-78　2013年获奖成果改革主体的性质频次统计表

成果性质	频　次	百分比
实践探索	86	54%
理论研究	70	44%
政策研究	4	3%
合计	160	100%

3. 申报人员

从获奖成果的申报人员来看，团队共同申报的成果比例为94%（150项），个人申报的成果比例为6%（10项）。

表5-79　2013年获奖成果的申报人员统计表

个体团体	频　次	百分比
个人	10	6%
团队	150	94%
合计	160	100%

（五）2017年第五届教育教学成果奖分析

2017年北京市进行第五届基础教育教学成果奖的评选，一共评选出特等奖9项、一等奖51项、二等奖100项。

1. 改革领域

根据统计结果，课程建设领域的获奖成果比例为20%（46项），学科教学改革相关领域的获奖成果比例为19%（44项），学生全面发展领域的获奖成果比例为17%（39项），区域教育改革领域的获奖成果有22项，学校整体改革领域的获奖成果有20项，具体领域频次统计详见下表。

表5-80　2017年获奖成果的改革领域统计表

改革领域	频　次	百分比
课程建设	46	20%
学科教学改革	44	19%

改革领域	频　次	百分比
学生全面发展	39	17%
区域教育改革	22	10%
学校整体改革	20	9%
学生学习	13	6%
基于信息技术的教育改革	9	4%
教师专业发展	8	4%
课堂教学改革	7	3%
考试及评价改革	7	3%
学生安全与健康教育	4	2%
教科研改革	3	1%
教师研修及培训改革	3	1%
德育改革	2	1%
教材研究	1	0%
合计	228	100%

通过对各改革领域的关注点进行统计，主要发现如下特点：课程建设领域的关注点主要为中小学、幼儿园各学段的校本课程、特色课程、课程体系、课程资源建设、传统文化教育课程等方面；学科教学改革领域的关注点主要集中在中小学等各学段的数学、英语、语文、物理、生物等学科上；学生全面发展领域主要关注学生各种素养、学生综合发展、学生个人发展等方面；区域教育改革领域主要的关注点为全市的课程资源、教育和学生，城区的地方课程和教育教学等方面；学校整体改革领域主要关注点为学校办学、学校育人等方面；学生学习领域主要关注点为学习方式的各层面、科目学习和幼儿学习等方面。

2. 改革主体

就获奖成果的区域而言，来自城区的获奖成果比例为59%（94项），来自全市层面的获奖成果比例26%（41项），来自郊区的获奖成果比例为16%（25项）。就获奖成果的学段而言，中学的获奖成果比例为32%（51项），区级教育机构与行政部门的获奖成果比例为19%（30项），市级教育机构与行政部门和小学段的获奖成果均有25项，高校的获奖成果有15项。其中，两个及以上机构联合的获奖成果比例为6%（10项），具体频次统计详见下表。

表 5-81　2017 年获奖成果改革主体的区域和学段统计表

改革主体	城　区	郊　区	全　市	联合主体	合　计	百分比
区级教育机构与行政部门	20	10	0	1	30	19%
市级教育机构与行政部门	0	0	25	0	25	16%
高校	0	0	15	7	15	9%
特教学校	0	1	1	0	2	1%
小学	22	3	0	1	25	16%
幼儿园	6	4	0	0	10	6%
中小学一贯制学校	2	0	0	0	2	1%
中学	44	7	0	1	51	32%
合计	94	25	41	10	160	100%
百分比	59%	16%	26%	6%	100%	

从获奖成果的性质来看，重在实践探索的获奖成果比例为 56%（90 项）；重在理论研究的获奖成果比例为 42%（67 项），重在政策研究的获奖成果有 3 项。具体频次统计详见下表。

表 5-82　2017 年获奖成果改革主体的性质频次统计表

成果性质	频　次	百分比
实践探索	90	56%
理论研究	67	42%
政策研究	3	2%
合计	160	100%

3. 申报人员

从获奖成果的申报人员来看，团队共同申报的成果比例为 95%（152 项），个人申报的成果比例为 5%（8 项）。

表 5-83　2017 年获奖成果申报人员统计表

个体团体	频　次	百分比
个人	8	5%
团队	152	95%
合计	160	100%

三、北京市五届基础教育教学成果奖的综合分析

（一）改革领域

1. 改革领域的基本情况分析

五届获奖成果共涉及 17 个改革领域。1999 年第一届涉及 10 个改革领域，主要包括：学科教学改革、学生全面发展、教材研究、学校整体改革、学生学习、考试及评价改革、课程建设、薄弱学校和农村学校改进、基于信息技术的教育改革以及德育改革。2004 年第二届涉及 12 个改革领域，在第一届的基础上增加了课堂教学改革、教师专业发展和区域教育改革等 3 个改革领域，删除了德育改革领域。2009 年第三届和 2013 年第四届都涉及 17 个改革领域，在 2004 年第二届的基础上增加了德育改革、学生安全与健康教育、教科研改革、教师研修及培训改革、教育（优质）均衡发展等 5 个改革领域。2017 年第五届涉及 15 个改革领域，删除了薄弱学校和农村学校改进、教育（优质）均衡发展等 2 个改革领域。

每项获奖成果关注的改革领域为 1—2 个，五届 548 项成果共包括 770 个频次的关注点。其中，关注学科教学改革的频次最多，为 163 次；排在第二的是课程建设，为 126 次；其次是学生全面发展，为 90 次；再次是区域教育改革和学校整体改革，分别为 62 次和 51 次；另外 12 个改革领域的关注频次在 6—34 次之间。具体信息如下表。

表 5-84　获奖成果关注改革领域频次统计表

改革领域	1999 年	2004 年	2009 年	2013 年	2017 年	合　计
薄弱学校和农村学校改进	1	1	14	12	0	28
德育改革	1	0	9	6	2	18
基于信息技术的教育改革	1	1	14	5	9	30
教材研究	6	2	7	8	1	24
教科研改革	0	0	9	3	3	15
教师研修及培训改革	0	0	7	11	3	21
教师专业发展	0	2	8	11	8	29
教育（优质）均衡发展	0	0	1	5	0	6
考试及评价改革	2	1	10	6	7	26
课程建设	1	1	27	51	46	126
课堂教学改革	0	2	10	10	7	29
区域教育改革	0	1	17	22	22	62
学科教学改革	18	19	44	38	44	163

改革领域	1999 年	2004 年	2009 年	2013 年	2017 年	合　计
学生安全与健康教育	0	0	9	5	4	18
学生全面发展	8	9	15	19	39	90
学生学习	2	1	7	11	13	34
学校整体改革	6	1	13	11	20	51
合计	46	41	221	234	228	770

2. 改革领域的差异分析

不同区域关注的改革领域存在显著差异。城区在课程建设、学生全面发展、学科教学改革、学校整体改革方面的关注频次都显著高于郊区和全市；全市层面在区域教育改革、教师专业发展领域的关注频次显著高于城区和郊区；郊区在课堂教学改革、薄弱学校和农村学校改进领域的关注频次显著高于城区和全市。

不同机构关注的改革领域存在显著差异。中小学校等在课程建设、学生全面发展、学校整体改革、德育改革和学生安全与健康教育方面的关注频次显著高于高校、区级教育机构与行政部门和市级教育机构与行政部门；高校和区级教育机构与行政部门在区域教育改革、薄弱学校和农村学校改进、教科研改革、教育（优质）均衡发展几个方面的关注频次显著高于市级教育机构与行政部门和中小学校等；高校在基于信息技术的教育改革、教师专业发展两个方面的关注频次显著高于区级和市级教育机构与行政部门以及中小学校等；高校和市级教育机构与行政部门在教师研修及培训改革方面的关注频次显著高于区级教育机构与行政部门和中小学校等；市级教育机构与行政部门在考试及评价改革方面的关注频次显著高于高校、区级教育机构与行政部门和中小学校等。

不同发展水平的高中关注的改革领域存在显著差异。示范高中对课程建设的关注频次显著高于普通高中；普通高中对学生全面发展的关注频次显著高于示范高中。

3. 改革领域的变化趋势分析

五届获奖成果关注的改革领域呈现出非常明显的变化。课程建设改革的成果在 1999 年和 2004 年基本没有，从 2009 年开始呈现逐届增加的趋势，至 2013 年和 2017 年关注频次达到最多，分别高达 51 次和 46 次。学科教学改革和学生全面发展的成果在 1999 年就非常突出，分别有 18 次和 8 次，后续每届都呈现持续上升趋势，至 2017 年关注频次分别达到 44 次和 39 次。区域教育改革和学校整体改革的成果在 1999 年和 2004 年基本上没有，从 2009 年开始呈现逐年上升的趋势，至 2017 年关注频次分别达 22 次和 20 次。另外，考试及评价改革、课堂教学改革、学生安全与健康教育和学生学习等几个改革领域的关注频次相对比较少。详细信息见下图。

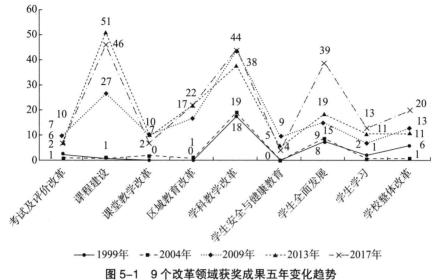

图 5-1　9 个改革领域获奖成果五年变化趋势

薄弱学校和农村学校改进在 1999 年、2004 年均有 1 次，2009 年和 2013 年有显著增加，关注频次分别达到 14 次和 12 次；基于信息技术的教育改革在 2009 年比较突出，关注频次达到 14 次，2013 年和 2017 年也分别有 5 次和 9 次；教师研修及培训改革和教师专业发展领域在 1999 年和 2004 年基本没有，2013 年非常突出，关注频次都达 11 次；德育改革、教材研究、教科研改革和教育（优质）均衡发展的关注频次相对比较少。具体信息见下图。

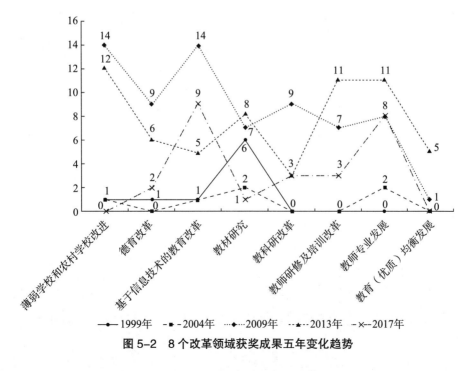

图 5-2　8 个改革领域获奖成果五年变化趋势

（二）改革主体

1. 改革主体的基本分析

就获奖成果的机构而言，来自中学的获奖成果最多，有165项；其次是来自区级教育机构与行政部门的获奖成果，有124项；再次是来自小学和市级教育机构与行政部门的获奖成果，分别有91项和86项，其余为高校、幼儿园、特教学校和中小学一贯制学校等获奖，从7到41项不等。具体统计详见下表。

表5-85　来自不同机构的获奖成果数量统计表

改革主体	1999 年	2004 年	2009 年	2013 年	2017 年	合　计
区级教育机构与行政部门	8	14	40	32	30	124
市级教育机构与行政部门	7	5	24	25	25	86
特教学校	0	1	3	3	2	9
高校	0	1	8	17	15	41
小学	7	6	28	25	25	91
幼儿园	1	1	5	8	10	25
中小学一贯制学校	0	0	1	4	2	7
中学	16	6	46	46	51	165
合计	39	34	155	160	160	548

就获奖成果的区域而言，来自城区教育改革的获奖成果最多，有307项；其次是面向全市教育改革的获奖成果，有129项；再次是来自郊区教育改革的获奖成果，有112项。具体统计详见下表。

表5-86　不同地区的获奖成果数量统计表

地　区	1999 年	2004 年	2009 年	2013 年	2017 年	合　计
城区	25	23	81	84	94	307
郊区	4	6	42	35	25	112
全市	10	5	32	41	41	129
合计	39	34	155	160	160	548

从获奖成果的性质看，重在实践探索的获奖成果最多，共有297项；其次是重在理论研究的获奖成果，共有242项；重在政策研究的获奖成果最少，仅有9项。具体统计详见下表。

表 5-87　不同性质的获奖成果统计表

成果性质	1999 年	2004 年	2009 年	2013 年	2017 年	合　计
实践探索	24	14	83	86	90	297
理论研究	15	20	70	70	67	242
政策研究	0	0	2	4	3	9
合计	39	34	155	160	160	548

2. 改革主体的发展趋势

从获奖成果的区域分布来看：来自城区和面向全市的获奖成果数量一直稳步上升，来自郊区的获奖成果数量从 2013 年开始呈现明显下降趋势；来自城区的获奖成果数量始终高于来自郊区和面向全市的获奖成果。具体信息见下图。

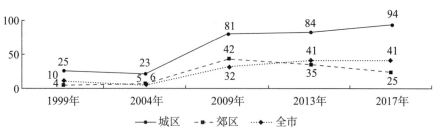

图 5-3　五届成果主体—区域变化趋势

从获奖成果的学段分布来看：1999 年和 2004 年每个学段的获奖成果数量差异不大，但 2009 年、2013 年和 2017 年不同学段的获奖成果数量差异比较大；从 1999 年到 2017 年，不同学段获奖成果数量基本呈上升态势，其中，中学获奖成果数量一直持续增长；2009 年，区级教育机构与行政部门获奖成果数量增幅显著。具体信息见下图。

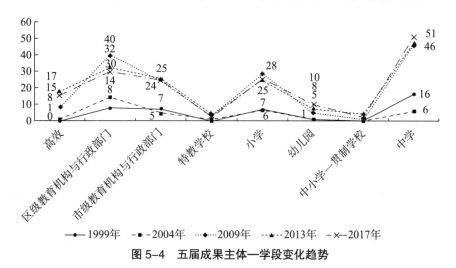

图 5-4　五届成果主体—学段变化趋势

从获奖成果的呈现视角看，侧重实践探索的获奖成果呈现持续稳定增长的态势，其次是侧重理论研究的获奖成果，侧重政策研究的获奖成果数量不多、增幅较少。具体信息见下图。

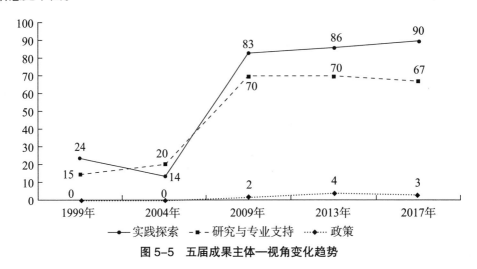

图 5-5 五届成果主体—视角变化趋势

（三）申报人员

1. 申报人员的基本分析

申报人员体现了推进基础教育教学改革的人员参与情况，包括个人申报和团队申报两种情况。五届获奖成果主要是团队攻关，有 493 项，个人完成比较少，仅有 55 项。其中，1999 年和 2004 年个人完成数量比较多，分别占到获奖总数的 38.5% 和 29.4%。而 2009、2013 和 2017 年，个人参与成果数量非常少，分别仅占获奖总数的 7.7%、6.2% 和 5.0%。具体统计信息见下表。

表 5-88 获奖成果参与人员统计表

人 员	1999 年	2004 年	2009 年	2013 年	2017 年	合 计
个人	15	10	12	10	8	55
团队	24	24	143	150	152	493
合计	39	34	155	160	160	548

2. 申报人员的变化与趋势

团队申报呈现持续增长的态势，特别是从 2009 年开始，团队申报的获奖成果数量增长数倍；个人申报则呈现持续减少的态势。具体统计信息如下图。

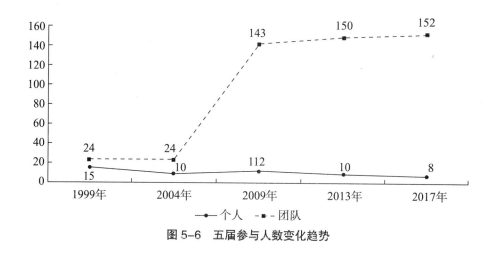

图 5-6　五届参与人数变化趋势

四、北京市基础教育教学改革的内容变迁

从五届基础教育教学成果奖 548 项获奖成果关注的 770 频次的改革领域来看，获奖数量排在第一位的是与教学改革直接相关的学科教学领域成果 163 次，排在第二位的是课程建设成果 126 次，排在第三位的是学生全面发展成果 90 次，排在第四位和第五位分别是区域教育改革成果 62 次和学校整体改革成果 51 次。获奖数量前五位相加总共是 441 项，占总成果数的 80.5%，是教学改革成果的主体或者主流。把这些占比 80% 以上的主体或者主流的教学改革成果嵌入到从 1999 年的第一届到 2017 年的第五届这 18 年的教学改革的进程中，可以清晰地看出北京市教育教学改革从教学改革到整体优化的内容变迁，具体有如下三个突出表现。

（一）从学科教学改革一枝独秀到学科教学改革与课程改革齐头并进

在 1999 年第一届教学改革获奖成果中，学科教学改革成果有 18 次，占比 39.1%；在 2004 年第二届教学改革获奖成果中，学科教学改革成果有 19 次，占比 46.3%。与此同时，在这两届中课程改革成果各自只有 1 次。所以，在教学改革成果的整体中，学科教学改革成果可谓一枝独秀。从 2009 年第三届开始，到 2013 年的第四届，再到 2017 年的第五届，这三届的情况发生了明显的变化。其中，学科教学改革成果分别为 44 次、38 次和 44 次，而课程建设成果分别为 27 次、51 次和 46 次。也就是说，从 2009 年的第三届开始，在学科教学改革成果依然保持数量众多的同时，课程建设成果急速增加，到 2013 年第四届和 2017 年第五届，已经反超学科教学改革成果，成为获奖成果最多的领域。这种表象背后是北京市基础教育教学改革实践探索中对学校课程建设的普遍关注和创新探索。这种变化则体现了北京市基础教育教学内容变迁的一个突出表现：从学科教学改革一枝独秀到学科教学改革与课程改革齐头并进。

（二）从关注教学工作领域到教学工作领域与教育对象并重

就获奖数量排名第三的学生全面发展而言，1999 年第一届和 2004 年第二届，获奖成果分别为 8 次和 9 次；到 2009 年第三届、2013 年第四届和 2017 年第五届，则分别为 15 次、19 次和 39 次，表现出持续的增长，其中 2017 年第五届则出现了跨越式增长。这种表象背后是北京市基础教育教学改革实践探索中对学生全面发展的普遍关注和创新探索，以及对学生研究、学生主体地位、儿童立场的高度重视。这种变化也体现了北京市基础教育教学内容变迁的第二个突出变现：从关注教学工作领域到教学工作领域与教育对象并重。

（三）从学科教学改革到区域教学改革和学校整体改革

就获奖数量排名第四、第五的区域教育改革和学校整体改革的成果而言，1999 年第一届和 2004 年第二届，区域整体改革获奖成果分别为 0 次和 1 次，学校整体改革获奖成果分别为 6 次和 1 次；到 2009 年第三届、2013 年第四届和 2017 年第五届，区域整体改革获奖成果分别为 17 次、22 次和 22 次，学校整体改革获奖成果则分别为 13 次、11 次和 20 次，表现出显著的增长。这种表象背后是北京市基础教育教学改革实践探索中对区域教育改革整体格局设计和学校整校改进的高度关注和创新探索。这种变化则体现了北京市基础教育教学内容变迁的第三个突出表现：从学科教学改革到区域教学改革和学校整体改革。

五、北京基础教育教学改革的突出特征

（一）始终坚持内涵式发展，但仍需推动诸多改革领域协同共进

从获奖情况来看，学科教学改革、课程建设、学生全面发展、区域教育改革、学校整体改革是获得持续关注和最多关注的改革领域，尤其学科教学领域一直是改革实践的核心。从 2009 年开始，课程建设领域的改革显著增加，其关注度在 2013 年和 2017 超过了学科教学领域的改革。这突出体现了北京市基础教育教学改革的实践探索始终聚焦区域教育发展的核心要素和关键领域，始终坚持区域教育的内涵式发展，这是北京基础教育获得优质发展的重要保障。但与此同时，还需要加强对其他一些重要领域的关注，如德育创新、学生学习、教师专业发展、考试评价、基于信息技术与网络平台等领域的改革，同时还要关注首都基础教育特色、教育国际化视野下的教育改革等领域的实践探索。

（二）始终谋求均衡发展，但仍需推动不同改革主体共同进步

北京市基础教育教学改革主体包括幼儿园、小学、中学等不同学段，以及城区、郊区等不同区域，这些不同主体的改革促进了北京基础教育的均衡发展。同时我们也清晰地看到，不同学段之间、示范校与非示范校之间、不同区域之间的获奖成果数量呈现显著差异。中学获奖成果数量显著多于小学和幼儿园，示范校获奖数量显著多于非示范校，城区获奖成果数量显著多于郊区。这些差异背后反映的是不同改革主体参与和投入改革的态度、能力和成效。为此，促进不同学段、不同发展水平的学校以及城乡学校之间的共同发展仍任重道远。

（三）始终注重协同创新，但仍需推动不同教育力量有机结合

获奖成果来自学校、区域和全市三个层面。这三个层面的改革实践彼此呼应又互相促进，在推进方式上自上而下与自下而上相结合，体现了不同层面的协同创新。同时我们可以看到，这三个层面的改革实践之间也存在差异，如学校层面的教育改革非常活跃，全市层面的教育改革很有影响，未来需要突显各区的教育特色，加强区域层面教育改革的实践探索与研究。

从作用发挥上讲，北京有诸多知名高校、科研院所和专业教研与培训机构，因此获奖成果不仅包括中小学一线的创新实践探索，教研与培训机构着力加强校长教师专业发展的研修与培训支持，以及普通高校和科研院所的学术研究和政策研究支持也发挥了重要的指导和促进作用。今后，仍需要进一步把实践的、学术的和政策的力量有机结合起来。

六、北京市基础教育教学改革的发展战略

（一）发挥首都资源优势构建基础教育高质量发展体系

北京作为首都有其独特的地域特点和文化传承，也拥有丰富多元的专业资源与条件保障。北京基础教育教学改革的深度推进既要立足首都的地域特点和文化传承，又要充分利用和发挥首都的专业资源和条件保障，坚持首善标准和首都品质，着力打造首都基础教育的内在基因与独特名片。《中共中央关于制定国民经济和社会发展第十四个五年规划和二〇三五年远景目标的建议》，明确了建设高质量教育体系的政策导向和重点要求。当前，我国基础教育改革与发展紧紧围绕构建高质量教育体系这一战略目标，聚焦立德树人根本任务构建五育并举教育体系，培育新理念，构建新格局，创设新模式，为建设教育强国奠基固本。为此，北京基础教育教学改革的战略方向就要把着力打造首都基础教育的内在基因与独特名片和积极构建基础教育高质量体系有机结

合起来。

（二）立足首都城市发展定位培养时代新人

北京与其他城市最大的不同就在"首都"两个字，北京的基础教育要培养什么样的人也要契合首都两个字的时代内涵。《北京城市总体规划（2016年—2035年）》明确提出北京的发展建设要处理好"都"与"城"的关系，紧紧围绕实现"都"的功能来谋划"城"的发展，以"城"的更高水平发展服务保障"都"的功能。北京市的城市发展定位强调北京作为全国政治中心、文化中心、国际交往中心、科技创新中心的独特要素，大力倡导努力建设国际一流的和谐宜居之都。为此，北京市基础教育教学改革的深入推进必须要立足首都城市发展定位培养时代新人，强化政治立场与方向，提升文化素养与品位，扩大国际视野与开放交流，培养科技素养与创新能力。

（三）聚焦"双减"政策落实，探索首都基础教育提质增效之路

2021年7月24日，中共中央办公厅、国务院办公厅发布《关于进一步减轻义务教育阶段学生作业负担和校外培训负担的意见》，8月14日，中共北京市委办公厅、北京市人民政府办公厅发布北京市《关于进一步减轻义务教育阶段学生作业负担和校外培训负担的措施》。"双减"是基础教育的革命，是教育生态的重构，也是教育初心的回归，是教育系统贯彻新发展理念、构建新发展格局、推进高质量发展、促进学生健康成长的重大举措。"双减"政策的外在表现是减轻学生作业负担和校外培训负担，内在本质是基础教育的提质增效。为此，北京市基础教育教学改革要聚焦"双减政策"落实来探索首都基础教育提质增效之路。

第六章　北京基础教育教学改革的特色多元探索

第一节　东城区基础教育教学改革的特色实践

一、东城区基础教育基本情况

（一）东城区区域定位与区情

东城区是首都功能核心区，辖区面积41.84平方千米。东城区是北京文物资源最丰富、分布最集中、历史文化街区最多的城区，总面积的70%以上在老城，是老北京城的文化缩影；同时，拥有京城唯一的中轴文脉，并由此辐射了大量的历史文化遗产。东城区集皇城文化和民俗文化两大文化的精华于一身，具有"数量多、品级高、密度大、种类全"的特点。最具中国象征的天安门城楼、天安门广场坐落在东城区，东城区还有618年前的顺天府学、新中国成立后第一所完全公立中学北京市第十一中学，留存着古韵遗迹的孔庙、国子监等。此外，东城区经济基础雄厚，也是国际旅游、交流、会议的重要目的地和接待地，是展示国家首都形象的重要窗口地区。

可以说，东城区的地域特点集中体现在：一是城市空间格局固化，处于城市最中央，占地面积小；二是文化积淀深厚，作为历史上的皇城、现代的政治中心，在文化发展方面具有得天独厚的优势，文化强区是其重要发展理念；三是优质资源聚集，经济、文化、教育等各项事业发达，在首都城市功能定位中肩负重大历史使命。

按照《首都功能核心区控制性详细规划（2018—2035年）》的规定，东城区在北京城市空间结构中占有非常重要的地位，未来将成为全国政治中心、文化中心和国际交往中心的核心承载区，成为我国重点历史文化名城保护的重点地区。在北京市的整体规划和部署下，东城区立足自身，锐意改革、积极进取，落实核心区职责，着力提升"四个服务"水平，践行"红墙意识"，提出打造"文化东城""活力东城""精致东城""创新东城"和"幸福东城"（即五个东城），加快建设"国际一流的和谐宜居之都"的首善之区。

（二）东城区基础教育情况

截至 2021 年，东城区教育系统所属单位 169 个，其中中学（职教）43 所，小学 65 所，特殊教育学校 2 所，幼儿园 30 所，校外及直属单位 31 个；在北京市认定的百年老校有 30 所，占全市的三分之一；民办单位 171 个，其中学历学校 4 所，幼儿园 24 所，社区办园点 9 所，民办培训机构 134 个；在校学生 12.9 万人，在职教职员工总数 15932 人。

东城区教育历史悠久，文化底蕴深厚，优质教育资源丰富。1983 年邓小平同志曾为景山学校题词："教育要面向现代化、面向世界、面向未来。"作为北京教育高地之一的东城区，始终秉承科学的发展理念不断改革创新，开展了许多先行先试、示范引领的教育改革实验，"蓝天工程""学区制改革""义务教育均衡发展"等原创性改革经验，获得了社会的高度赞誉；发端于东城区的"我能行教育""快乐教育""和谐教育""宏志教育"等教育品牌，在北京市乃至全国产生了较大影响。

东城区是最早一批获评全国未成年人思想道德建设工作先进城市荣誉称号的地区，是首批国家推进义务教育均衡发展工作先进地区、国家基础教育综合改革实验区、教育部中小学教育质量综合评价改革试验区、教育部首批教师队伍建设"区管校聘"管理改革示范区、全国"管办评"分离改革试点单位、国家义务教育质量监测先进区县等，曾获首届全国教育改革创新特别奖。[1]2019 年，东城区列入全国八个"智慧教育示范区"创建区域之一。

二、东城区基础教育教学改革历程

基础教育区域性发展的核心是基本公共教育服务供给。按发展线索，东城区基础教育教学改革主要可分为三个阶段。

（一）第一阶段（20 世纪 90 年代至 2004 年）

20 世纪 90 年代初东城区实施"教育资源整合战略"。"十五"之前，东城教育重点是规范办学、普及和公平、标准化建设。按照开放性要求进行教育的第一次布局，包括空间和类型的布局，突出重点发展与全面普及，努力探索现代化与国家化的新路子。此阶段有三个重点，即保障义务教育的稳步实施和逐步普及、学校标准化建设并带动

---

[1] 仲玉维.东城区统筹各领域资源为教育服务——专访北京市东城区人民政府副区长刘俊彩 [J].中小学信息技术教育，2019（22）：29-31.

薄弱学校改造、"三个增长""两个提高"保障机制的落实。

（二）第二阶段（2005—2014年）

"十五"到"十二五"，东城教育重点是优质均衡发展。2010年是"十二五"规划和区域中长期发展规划纲要的启动之年，又恰逢北京市进行区划调整，东城区深入研究区域发展规划，提出实施"精品特色发展战略"。

此阶段的工作主要通过学区化和"盟—贯—带"建设，完成第二次教育地图的规划和布局。在重点发展的基础上突出全面普及与提高，逐步开始学区化管理尝试，通过深度联盟、九年一贯、优质资源带的建设，统筹课程和观念的一体化发展，东城区教育优质均衡发展水平进一步提高。东城区创新实施了"学区化管理"和"蓝天工程"，建成了"学习e网通"网络共享交互平台，被评为"全国推进义务教育均衡发展工作先进区""全国社区教育示范区"，荣获"首届全国教育改革创新特别奖"[1]。

（三）第三阶段（2014年至今）

十八大后，围绕"深化教育领域综合改革"的总体要求，东城区开启学区制义务教育综合改革，通过"深度联盟""九年一贯制""优质教育资源带""教育集团"多措并举不断扩大优质教育资源覆盖率。

"十三五"时期，东城教育进一步突显"精品"与"特色"，更好地促进学生全面而个性化的发展。2015年，东城区提出"教育+"的理念，把智慧教育作为推动"新优质"教育的动力。随着东城区教育综合改革的推进，每一个学区都结合自身优势，实现教育系统内部各资源单位之间、教育系统内部资源与外部社会资源的共建、共治、共享。2019年，东城区入选全国首批"智慧教育示范区"创建区域。

三、东城区基础教育教学改革面临的核心问题与顶层设计

（一）东城区基础教育教学改革面临的核心问题

过去，东城区作为中心城区，空间狭小，教育规模化发展受制约；文化底蕴丰厚、优质教育资源密集，但分布不均，难以满足人民群众对优质教育的需求，教育发展遇到了瓶颈。随着"学区化"管理和学区制义务教育综合改革，东城区的教育资源品质普遍提高，优质资源更加丰富且分布相对均衡。然而，新时期、新形势下，落实首都城市战略定位，推动京津冀协同发展，建设国际一流的和谐宜居之都对核心城区教育提出了新要求。

---

[1] 李奕. 首都基础教育的战略转型与模型建构 [M]. 北京：教育科学出版社，2015.

随着经济社会的快速发展，人民群众的教育需求也呈现出多样化、多层次的特点。生育政策调整，人口结构将发生新变化。提升教育质量的要求更为严格，促进教育公平的任务更为艰巨，实现教育创新的挑战更为严峻，扩大教育开放的需求更为迫切。对照现实，东城教育面临诸多挑战：一是城市人口增长面临新变化，教育发展速度还不匹配，教育资源配置仍不均衡。二是素质教育有待深化，人才培养模式单一，还不能满足学生个性化、多样化需求。学习方式变革缺少动力，"互联网＋教育"的运用还不充分，课程资源开发利用不足，不同学段的课程目标衔接不够。三是人力资源优势还不够明显，教育人才管理、培养、激励机制还不够健全，不能满足教育综合改革的需要。四是现代教育治理体系和治理能力建设亟待提高，管办评分离有待深化。五是对外开放合作力度有待加强。这些问题是东城区教育改革发展的导向。[1]

围绕"深化改革、提高质量"的战略核心，如何推进教育治理结构改革，进一步提高教育质量、激发教育活力、扩大教育开放，成为东城区基础教育教学改革面临的核心问题。

（二）东城区基础教育教学改革的顶层设计

综合改革的前期，东城区注重机构的整合，资源的扩充，通过组团发展，充分发挥优质教育资源的辐射带动，进一步推进均衡发展，实现机会均等。在结构、模式改革的基础上，东城区继续深化教育综合改革，走内涵特色发展道路，扩大优质教育资源的同时，进一步深化学院人才培养模式，构建教育课程新地图，全面聚焦教育质量的提升，并最终实现质、量双公平。特别是在提升教育质量，满足百姓需求的基础上，努力打造全国一流的示范区，在学生全面、个性、可持续发展方面走出具有东城特色的育人之路。

一是积极推进"健康工程"建设。东城区继"蓝天工程"后，实施"健康工程"，旨在提升东城区广大青少年学生的身心健康水平。二是继续推进教育管办评治理体系和治理结构改革。积极推进全国教育管办评改革试验区的探索，对照三定方案，理清职责。完善区域、学区、学校三个层面的管理制度建设，形成三轴联动（教委、学区、学校）、三位一体（管理、学术、评价）的管办评治理体系和治理结构。三是继续整合资源，构建"教育＋"生态。立足教育本质，充分利用各种资源为教育服务、为学生服务，形成"教育＋文化""教育＋科技""教育＋共享""教育＋理念""教育＋健康""教育＋互联网"，等等。以国际化视野和现代信息技术等为资源整合途径，进一步加强互联网环境下的教育发展研究，全面提升教育质量。

---

[1] 东城区"十三五"时期教育事业发展规划 [EB/OL]. （2019-08-20）[2021-10-24].http://www.bjdch.gov.cn/xydc/qjzc/20190820/943.html.

四、东城区基础教育教学改革主要举措

（一）创新"学院制"课程育人模式

2004年，东城区针对地域狭小、文化资源丰富的实际，率先提出"蓝天工程"，将资源聚集起来，为学生打造第二课堂。在"蓝天工程"的整体架构下，东城区形成了一个资源库、一本活动手册、一个信息化管理平台、一套评价体系、一个课外活动管理中心的资源建设成果；创编"蓝天博览课"，编写了小低、小中、小高、初中四个学段共四册教材，实现社会资源和三级课程的有效对接。

随着素质教育的不断深入，为搭建人才整体贯通、个性多样、可选择可持续发展的人才培养体系，2010年东城区创新性地开启"学院制"改革探索。2015年东城区成立青少年学院，统筹规划、组织管理学院制育人模式的整体改革与发展。在"蓝天工程"的基础上，挖掘、集聚、拓展、统筹学校、市区、国内外优质社会资源，集"资源的扩容、课程的建设、领域的分类、运行的机制"四点考虑，将学院建设与实施中小学生素质教育提升工程紧密结合，努力形成社会各界共同支持参与、课内外与校内外相互融通的育人新格局。

在区域课程建设过程中，东城区逐步形成了"G+1+N+8+X"课程多主体联盟，即1个青少年教育学院、N个专业学院、8个学区分院、X个学院课程中心和实践基地。具体来说，"G"指东城区教育行政部门；"1"是指区域内总体推进课程建设的青少年教育学院总院，是依托东城区教育研修学院成立的非法人实体机构；"N"是指区域课程建设的专业学院，依托少年宫、科技馆、部分直属单位成立，目前已先后成立了文学艺术学院、科学技术学院、国际教育学院、体质健康学院、社会实践学院、法治学院、媒介素养学院、信息素养学院等八个专业学院；"8"是根据东城区的学区分布和职教转型改革现状，依托职业学校成立的学区分院，设置了农林牧渔类、交通运输类、信息技术类、医药卫生类、财经商贸类、旅游服务类、文化艺术类、公共管理与服务类八个专业课程类别；"X"指依托区域内部分中小学校和区域外企业、公益组织、社会机构、科研院所等成立的课程基地。[1] 随着专业学院和优质课程的不断增多，"N"和"X"的数量也不断增加。

---

[1] 郭鸿.区域课程治理的机制重构与实践创新——北京市东城区"学院制"课程体制的实践探索 [J].课程·教材·教法，2020（8）：19-24.

表 6-1 "学院制"课程建设的多主体分权赋能

功能定位	权利主体	主要内容
课程保障与支持	"G":东城区教育行政部门。	承担机构设置、人员配置、财务支持与绩效评估、政策与制度制定、机制建设。
课程专业性发展	"1":青少年教育学院总院。	承担课程目标、结构、内容的顶层设计,课程运行、管理、监控,区域性重点课程建设。
课程实践	"N+8+X":专业学院、学区分院、社会机构、职业学校、中小学校、企业等组成的课程基地。	承担课程的开发与实施。

在专业推进上,科学技术学院构架金字塔型四级课程体系,形成由普惠到尖端的人才培养梯队;文学艺术学院课程跨多学科、触多技能的课程设置,提升了学生文艺素养;国际教育学院建立了国际教育课程核心素养模型;体质健康学院课程在培养运动兴趣、学习体育技能、传递体育精神上成效显著;法治学院通过普法讲堂、旁听庭审等形式培养了学生的法治意识;社会实践学院融通系统内外资源,探索实践育人的有效路径;媒介素养学院明确了小学普及、中学拓展、高中提升的三阶段教育内容;信息素养学院引导学生探索人工智能技术领域的新知识;八个学区分院及升级后的职业体验中心积极探索中小学生职业启蒙教育,开发了劳动教育新平台。目前,学院课程数量增至近 500 门,覆盖率达到 100%,为青少年个性发展、自主选择提供了课程给养。

在课程内容上,青少年学院构建起一个"三层次、六领域、七大课程群"的课程结构体系,解决了区域课程建设片面化、不系统的问题,缓解了学校课程供给不足的问题。基础性课程面向东城区全体学生,以普及为主。拓展性课程面向东城区大部分学生,依据学生差异化发展需求而设置。提高性课程面向东城区部分学生,学生通过在某一领域连贯性的学习,实现扬长式、个性化发展。六个学习领域包括科学与技术、人文与社会、文学与艺术、体质与健康、生涯职业教育、国际教育与交流。七大课程群是基于中国学生核心素养发展目标构建起来的,包括职业启蒙、学术启蒙、社会实践、创新实践、体质健康、传统文化、公民意识课程群。

在实施路径上,学院通过不断摸索,逐步形成了五种实施路径、四种授课方式、三种选课方式。五种实施路径包括将"学院制"课程纳入东城区义务教育课程设置,进入学校课表;学校依据特色发展需要选择"学院制"课程,以校本课程方式供学生使用;作为学校实施北京市"课后 330"活动的选择课程,以课外选修课程的方式供学生使用;学生基于自身个性发展需要,以自主选修的方式使用课程;部分课程进入北京市开放性科学实践活动供全市学生使用。四种授课方式是指:在课程实践基地的专业教室集中授课；根据学校选择、学生需求送课到校；在社会资源单位集中授课；综合授课的方式。学生具有三种选课方式，即学生自选、学校团选（定制）和混合选择方式（学校团选＋学生自选）。

为了进一步提升课程质量，东城区青少年教育学院成立了课程质量监测中心。监测中心依据信息管理平台记录的学生学习数据，了解学生的选课倾向和课程参与情况。为了详细地了解学生的学习收获和感受，监测中心研究编制了"职业体验课程质量调研问卷"，对课程实施效果进行定期监测，对不同门类的课程进行精准分析，形成课程质量监测报告。课程质量监测中心每学年都会将质量监测数据及时反馈给学校，通过反馈互动，促进学校、课程开发团队和任课教师修改完善课程，提升课程品质。[1]

"学院制"以"基础教育在学校，个性特长在学院"为理念，尊重教育规律和学生身心发展规律，积极整合各级各类优质资源，坚持以人为本，以资源为基础，以满足学生个性化成长需求为目标，以课程建设为载体，以学生发展为中心，创新机制体制建设，搭建整体贯通、个性多样、可持续发展的人才培养体系，为学生创建区域学习的大学院，创设无边界的学习空间。"G+1+N+8+X"的区域课程治理体制架构，主体来源和性质的多元、参与主体构成数量和内容的多元形成开放协调式运行方式，实现了优质课程资源的整合与共享，产生了促进学生全面而有个性发展的改革效能。

（二）五育并举发展素质教育

东城区坚持德育是主导、智育重能力、体育推普及、美育促发展、劳育见实效。通过贯穿中小学教育全过程、全方位、全覆盖的"五育并举"，提升学生综合素养，建立起成熟的素质教育培养模式。[2]

东城区坚持"德育为先、育人为本"，形成了具有区域特色的六大育人途径，即"建设德育干部队伍、推动德育课程创新、展示特色德育活动、创新网络育人模式、拓宽德育工作氛围、加强常态育人评价"。2004年东城区成立"东城区教育系统未成年人思想道德建设领导小组"，依托领导小组统筹部门协同，形成横向贯通、上下联动的工作体系。围绕核心价值观教育形成一批优秀校本课程和主题教育活动，编辑出版《北京市东城区德育课程体系建设初探》。2012年，东城区教委获评全国未成年人思想道德建设先进单位。2019年，东城区优化全区教育资源，携手建立一批青少年素质教育基地，打造多条具有东城特点的"教育活动实践路线图"，开辟创新人才培养基地路线

[1] 姜婷，徐昌，张志鹏．普职联动共建区域中小学职业体验课程[J]．中小学管理，2019（3）：46-48．
[2] 北京市东城区委教育工作委员会，北京市东城区教育委员会．落实立德树人根本任务　大力发展素质教育[J]．北京教育（普教版），2020（1）：58-59．

图、体质健康运动路线图、高雅艺术美育活动路线图和劳动实践活动路线图等。[1] 在相关资源单位的支持下，东城区确定了 17 家爱国主义教育基地和 16 家红色文化教育基地，并发布了小学版、中学版《北京市东城区中小学红色文化教育地图》，让红色基因渗透到家校教育和研学旅行中去。此外，东城区通过多部门联动，以品德评价项目为依托，以评价为导向，在区域层面形成了"诊断、设计、评价"提升学校德育工作实效性的"三部曲"。如五十中分校的"旗前主题微课"活动、前门小学的传统文化系列活动、府学胡同小学的《府学家训》课程、和平里第四小学的"日常礼仪三字经"活动、地坛小学的"习惯养成自我教育"活动、东交民巷小学的"七彩阳光课堂"、景山学校的德育课程体系等在提升实效的同时，成为学校德育的特色品牌。

东城区还大力推进"健康·成长 2020"工程、"文化·传承 2030"工程、"家校社·共育 2035"工程，促进学生全面而有个性的发展。"健康·成长 2020"工程关注学生身心健康发展，包括保证义务教育阶段平均每天一节体育课，冰雪运动项目也逐步纳入体育必修课，与国家体育总局体操管理中心密切合作，将"大体操"（即排舞、健美操、拉拉操、街舞）、高尔夫球等项目引入校园，每所学校至少要具有一项 80% 的学生通过测试的品牌运动项目。"文化·传承 2030"工程，将京剧国粹艺术、书法教育、诵读国学、中医药文化和历史建筑研习纳入首批文化传承项目。打造"六个一"，即每个学校均有一门及以上的优秀传统文化教育校本课程，均有一支优秀传统文化教育的专兼职教师队伍，均有一个及以上的优秀传统文化教育特色社团，每年至少举办一次优秀传统文化展示活动，均与一个或多个优秀传统文化社会资源单位牵手合作，每个学生均能掌握一门及以上的优秀传统文化艺术形式。2017 年启动"可持续发展 2050"工程，规划了四条路径为学生的终身学习能力养成提供可能的"全学习生态系统"[2]。落实"立德树人"根本任务、关注人的终身发展、优化资源配置，并改进教与学以及评价方式。2020 年新冠疫情期间，东城区率先启动"家校社·共育 2035"工程，获批首个"北京市家校社协同育人示范性实践研究区"，启动"家校社共育咨询室"试点工作；建立了家校社协同育人的三层级"双主管"管理机制、"1+8+X"家庭教育指导服务实践的纵向运行机制、多部门有效沟通的横向联动机制，以及家校社共育的课程、培训和交流平台，初步形成了具有东城特色的家校社协同育人新格局。

（三）探索区域教与学方式系统变革

创新落实学科教学改进意见。一是组织专题研讨，积极推进基于学科的教学有效

---

[1] 北京市东城区委教育工作委员会, 北京市东城区教育委员会. 加快推进东城教育现代化, 建设教育强区, 办好人民满意的教育 [J]. 北京教育（普教版）, 2020（1）：52-55.

[2] 仲玉维. 东城区统筹各领域资源为教育服务——专访北京市东城区人民政府副区长刘俊彩 [J]. 中小学信息技术教育, 2019（8）：29-31.

研究。针对学科改进意见，由研修部门积极开展调查研究，认清目前学科教学的现状和问题。同时，以现场会形式展开研讨，引领广大教师转变观念。二是开展了"教与学方式系统变革"研究，构建培养学生创新意识与实践能力的多样化的学习方式。通过开展学生学习方式系统变革实验研究，深入研究学科本质、学生已有的认知结构，探索形成自主、合作、探究等多样化的学习方式，切实提高课堂教学效益，打造高效课堂，构建有利于学生个性成长、特色发展的人才培养模式。

探索数字化环境下"双课堂"教学模式。近年来，东城区全面推动智慧教育示范区建设，聚焦信息技术智能化的未来趋势，积极推进区域教育云平台、区域教育大数据及人工智能教育融合发展进程，探索"人工智能＋教育"，在构建智慧化课堂环境、开展多样化教学模式应用与实践等方面取得突出成效。东城研究智慧化课堂环境构成，区域启动多个"在现代信息化环境下的教学改革合作研究"项目，从教师的技术手段、课堂形态、课程形态、评价内容等教育要素，深入探索信息技术与教育教学深度融合规律；成立区域"双课堂"教学模式应用与探索实践共同体，积极推进项目式学习、翻转课堂、平板课堂等一批基于"互联网＋"和大数据环境下的有效教与学模式，区域内信息化教学方式、数字校园全面普及。如北京第一师范学校附属小学将平板电脑引入课堂，工美附中开展信息技术与美术特色教学深度融合，北京市第一七一中学搭建了教师全场景发展平台和网络化同步课堂，北京市第五十中学应用虚拟实验室打造未来学习空间……

为推进智慧教学实践和研究，东城区教师研修中心申报了国家级课题"小学人工智能学习资源的开发与实践"，确定了一师附小、黑芝麻胡同小学、培新小学等六所小学为首批实验校。各校成立实验小组，在整体课程体系中安排人工智能教学时间，制订了研究和实施计划，并引入由各大院校与知名企业的专家组成的团队进行指导。利用人工智能技术加快推动人才培养模式、教学方法改革，促进"课堂革命"的有效、有序开展。

（四）全面深化教师队伍建设改革

多年来，东城区通过一系列举措稳步推进队伍建设，形成了一个层级带动、统筹安排、均衡布局的教师队伍培养模式。

实施"双名工程"，以点带面帮扶教师成长。"双名工程"是东城教育的一个品牌，是培养高素质、高水平的优秀骨干人才的重要举措。2008年，东城区实施人才建设工程，建立区际人力资源共享机制"名师名校长工作室"。2018年，在原有名教师、名校长工作室的基础上延展，新建名教研员、名学科工作室，经过3—5年，重点培养一批能够积极发挥引领与辐射作用的名教研员和优秀学科教师。建立区级、学区、学校三个层级的班主任工作室，纳入"双名工程"管理。工作室主持人从课题、论文、教学活动等方面为工作室成员搭建平台，不断提炼特色教学理念。各工作室还充分利用基地校的资源，开展浸润式培训。

推进"十百千万"计划，提高教师队伍素质。2011年，东城区启动"十百千万"计划，即启动数十名教育家培养计划、百名优秀干部教师留学计划、千名骨干教师提升计划、万名教师全员轮训计划，大力培养优秀师资，为教育发展提供优质的人力资源保障。

"双三百"实践创优，正面引导示范带动。以"上好每一节课、教好每一名学生"为引领，为发挥正面引导、示范带动的作用，东城开展"双三百"实践创优活动，即推出区级百节思政课、百节班队课、百节学科课的"三百课程"交流展示；推出区级百名身边党员榜样、百名师德标兵、百名优秀班主任的"三百先进人物"评选活动。东城教育系统已与清华大学、北京大学、中国人民大学、北京师范大学及中国社会科学院联动，双向成立思政课青年教师成长营，开展中小学"双三百"课程展示活动。

"三个一"工程，培养一流思政教师。实施思政课教师"三个一"工程，保障每位思政课教师参加一次"思政教师走进高校"党性思政教育专题研修、一次综合社会实践考察、一次专项思政学习培训。三年内实现思政课教师"三个一"工程全覆盖，鼓励思政课教师用足用好课堂教学主渠道，改进课堂教学和授课方法，提高教育的感染力、亲和力和实效性。

构建"1+3+N"教师教育培训体系。"1"是指师德师风建设一条主线；"3"是指新任教师学区培训基地、骨干教师境内高校培训基地和学科实践基地；"N"是指分岗、分层、分类的培训课程体系和管理体系，满足教师专业发展需求。此外，为促进青年教师成长，东城区将35周岁以下青年教师全员纳入"成长营"，建立青年教师成长档案，全过程记录青年教师的教育教学历程和成长轨迹，通过"红色基因传承计划"和"激励计划"[1]，引领广大青年教师的成长。

（五）营造新型区域智慧教育生态

东城区在信息化建设上突出以应用为核心，助力教育发展的现代化。2007年，东城区启动以"学习e网通"应用为核心的数字东城教育品牌建设。2010年，东城区"学习e网通"网络平台全线贯通，集教师备课、学生学习、社会课堂、成人教育、行政管理这五大教育模块为一体。重点内容包括建设东城区数字校园群；建设远程优质课程超市，让学生足不出户，即可享受不同特色名师的优质课程及在线咨询服务；建设网络名校长、名师交流群；建设多元家校沟通网络等。"学习e网通"在为学习者提

---

[1] 北京市东城区委教育工作委员会，北京市东城区教育委员会.加强队伍建设，培养高素质专业化优秀人才[J].北京教育（普教版），2020（1）：62.

供全时空、多功能、无障碍的学习资源等方面有着独特优势。

2017 年，东城区进一步推出"教育＋"发展战略，注重新技术与教育发展的深度融合。2019 年，为推进建设国家"智慧教育示范区"，东城区探索"人工智能＋教育"，研究智慧化课堂环境构成，探索青少年感受、体验、学习人工智能知识的课程实施路径，形成人工智能资源库，开展人工智能社会体验实践活动，提高学生自主学习、创新实践、团结协作等能力，促进学生个性化发展，落实核心素养，培养全面发展的人。[1] 东城区教委成立了区域基础教育大数据实验室，并提出了以资产化管理模式推进全区教育数据建设的信息化发展理念，进一步确立以教育数据资产化管理为核心，以教育大数据应用为目标的信息化工作新思路，并形成了一套结构清晰、初具规模的综合教育数据资源体系及教育数据的汇聚机制，实现教育数据的贯通共享，教育资源市区校共享。

为提升大数据支持下的现代教育治理水平，东城区提出构建"1+7+N"的智慧教育总体框架，构建以东城数据大脑为核心，以生态开放平台为载体的泛在化、智能化智慧教育生态体系。"1"是指 1 个核心——东城教育"数据大脑"，作为东城现代教育治理、智慧决策和应急处置的指挥中枢，是一个基于"互联网＋现代治理／精准教学"思维，创新运用教育大数据、云计算、人工智能等前沿科技构建的人工智能中枢平台，整合汇集实体空间（学校、班级等）、虚拟学习空间与混合学习空间的数据，让数据辅助管理者思考、决策，为智慧决策、精准教学、个性化学习与个性化服务提供数据依据；"7"是指基础信息化环境建设工程、教与学变革创新工程、教育综合服务能力提升工程、评价与测评工程、未来学习空间建设工程、师生信息素养提升工程、优质数字资源共建共享工程等智慧教育示范区建设七大工程；"N"是指建设若干所未来学校，积极探索以人工智能为代表的新一代信息技术在校园中的融合应用，选取有条件、有意愿的学校，建设 5—10 所"未来学校"，引领区域的智慧教育发展。[2]

（六）以评价推动区域精品特色发展

东城区不断创新评价方式，健全综合评价体系。2015 年，东城区探索基于学科素养的"乐考"实验。近两万名一、二年级的学生告别纸笔统一测试，以学科综合实践活动的形式接受"乐考"的综合评价，实现了"乐考"在八大学区的基本覆盖。所谓"乐考"，就是设计一些非书面考题，引导小学生用所学知识去应对。运用立体图形走出迷宫、在中轴线上进行汉字闯关、"科技嘉年华"里用英语对话等。随后，东城区又

[1] 北京市东城区委教育工作委员会，北京市东城区教育委员会 . 加快推进东城教育现代化，建设教育强区，办好人民满意的教育 [J]. 北京教育（普教版），2020（1）：52-55.
[2] 北京市东城区委教育工作委员会，北京市东城区教育委员会 . 建设国家"智慧教育示范区"构建新型教育生态 [J]. 北京教育（普教版），2020（1）：61.

出台了小学期末质量综合评价方案，关注到学段的衔接，体现学生可持续发展的指导原则。东城区青少年学院小学"学院日"课程也以评价改革为主体，着力探索各学段各学科依次递进的评价方法，实现3—6年级、小学与初中在评价目标、评价内容、评价方法的有效对接和全面贯通，让学生感受到知识与生活实践、学科综合实践活动以及不同学科之间的联系，激发学生的潜力和可持续发展的动力。

探索信息化评价方式，推进教育评价智慧测评。建立学生健康、学业成绩、个性发展、社会实践等综合全息数据档案和教师全息数据档案，构建学生"德智体美劳"全方位评价指标体系和评估模型，以评价促进学生核心素养与实践能力协调综合发展。教育教学的智能测评和诊断也将逐步实现，支持教学示范、模拟教学和虚拟教研等促进教师发展的模式。

以数据建设推动教育治理创新，以"实现教育数据资源全面汇聚、深度集成、可信监测、规范管理、安全应用"为总目标，打造东城区教育"数据大脑"。融通学校管理"一校一档"、教师发展"一师一档"、学生成长"一生一档"三类教育数据，形成了结构清晰、初具规模的综合教育数据资源体系及汇聚机制，实现了教育数据、教育资源与市教委、区政府及下属教育单位的贯通共享。以学生体质健康数据为例，通过互联网、数据、云计算、智能穿戴设备、人工智能等新技术对学生体育数据的收集和分析，整合区健康管理平台和健康成长档案信息化系统的学生体检数据、近视情况、肥胖情况，以及《国家学生体质健康标准》测试成绩、体育课成绩，形成学生健康电子档案，为体育决策、体育课和课外锻炼提供全维度的"科学化、智能化、便捷化"支持，从学生终身体育发展需求出发，构建贯通中小幼的一体化育人体系。

（七）"学区制"提升教育优质均衡水平

多措并举，推进教育优质均衡发展。东城区自2003年针对优质教育资源较多但分布不均衡的状况，按照街道行政区划将本区教育机构划分学区，开展学区化管理的教育改革。2004年，本着"不求所有、但求所用"的资源共享理念，东城区在教育系统内部实现"三个共享"，即设施、设备资源共享，课程资源共享和人力资源共享。同年11月，学区化管理模式率先在和平里学区试点，随后扩展到其他学区。2010年，区划调整后，东城区通过学校深度联盟、九年一贯制、优质教育资源带和初中双优工程建设等一系列举措，实现中心校和周边校、普通校和重点校一体化共享。至2012年，学区化管理在东城区的八个学区全面实行。

2014年，在十年"学区化"管理的基础上，东城区启动了学区制义务教育综合改革，开始由学区化走向学区制。学区制改革打出"深度联盟—九年一贯制—优质教育资源带—教育集团"一系列"组合拳"，目的是通过构建组团发展模式，逐渐缩小校际间差异，让每一个孩子都能享受优质教育资源，最大限度满足区域百姓对优质教育的需求。2015 年 4 月，东城区顺利通过了国家级义务教育均衡发展督导评估，推出的综合改革举措得到了高度评价。自 2015 年起，东城区选取在全国、全市有较高知名度的优质学校，陆续组建了北京五中、北京二中、北京一七一中学、北京景山学校、北京广渠门中学、北京汇文中学和北京史家小学七个教育集团，形成了管理协作、资源共享、文化共融、品牌共生、课程互授、学分互认、学籍互通、共同发展的教育联合体，充分发挥了现有教育品牌的辐射带动作用，形成了共荣、共享、共通、共识、共育、共促、共创的联合培养局面。为相对规模不大、影响力不强但极具发展潜质的教育品牌、教育特色创设发展空间。

2016 年，东城区教委出台了《东城区教育集团管理办法（试行）》，为教育集团发展保驾护航；各集团也都制定了集团章程，在"扩优、提质、合作、发展"的基础上各显特色。在推进教育集团化办学的过程中，努力做到"五坚持、五探索"：坚持资源共享，探索供给侧改革之路；坚持优质均衡并举，探索组团共赢之路；坚持因地制宜，探索现代学校治理之路；坚持文化先行，探索教育内涵发展之路；坚持以人民为中心，探索教育公共服务品质提升之路。[1]

五、东城区基础教育教学改革成效、经验与特色

（一）东城区基础教育教学改革的成效

东城区通过新一轮教育综合改革，实现了教育资源的跨界融通，教育供给的深刻变革，让优质品牌学校发挥"种子"作用，实现优质教育资源的区域全覆盖，在机制建设上统筹破冰，全面提升了均衡服务力、持续创新力和核心竞争力，形成了七个"新"气象。[2]

一是资源共享发生新变革。东城区在资源的统筹布局上做文章，打出"盟贯带团"一系列教育综改"组合拳"，整合教育资源，建立共享机制，同时打破教育内外界限，进一步扩大优质教育资源的供给方式，提升供给能力，实现了教育系统内部各资源单位之间、教育系统内部资源与外部社会资源的共建、共治、共享。

二是课程供给构建新通道。通过积极探索依托学区、学校、校外教育机构、职业体验中心、社会资源单位的"学院制"人才培养创新模式，形成"1+N+8+X"的模式，与此同时，在全国及境外建设学生游学基地。青少年学院让越来越多的学生能自主择师、自主选课，从而实现优质课程资源的扩大和深度共享，为学生个性而全面地发展

---

[1] 周玉玲.优质跃动　悦享均衡——北京市东城区集团化办学的行与思 [J]. 北京教育（普教版），2019（1）：50–53.

[2] 周玉玲.不忘本来　吸收外来　面向未来——东城教育"可持续发展 2050"工程的思考和实践 [J]. 北京教育（普教版），2018（1）：50–54.

提供支撑。

三是两大工程取得新进展。"健康·成长2020"工程借助校内外体育资源，在学生体质提升、运动场地拓展、营养餐改善、近视肥胖防控、心理健康培育等方面推出系列举措。以区域内每一名学生均能熟练掌握两项运动技能为目标，初步形成了体育项目"一校一品""一校多品"发展模式。"文化·传承2030"工程，逐步优化传统文化资源配置，成为落实学生核心素养的有效举措。

四是智慧共享迸发新活力。东城区实施干部教师交流轮岗作为促进教育优质均衡发展的重要举措。提倡"头脑"共享，通过扩大优秀干部的管理经验和教师教育成果的影响，盘活存量、形成增量，形成了"学校人"向"学区人""系统人"转变的"区管校聘"人才管理模式。

五是多元评价形成新体系。区政府教育督导室建立了学区均衡发展水平的综合评估和奖励机制，加强了教研部门对学区内的成员学校教育质量的指导和监控，实现"学校教育质量整体提高、校际差异大幅降低"的目标；加强了对学区"硬件资源共享使用效率、干部教师校际轮岗交流作用、学校共同发展提高的水平"等方面的专项督导。

六是管办评分离探索新格局。东城区探索管办评分离改革新路径，形成"政府规划布局、资源配置、政策保障、依法督评的统筹管理；引领学校依法依规行使办学自主权，逐步完善现代学校制度；强化政府教育督导，委托社会评估检测教育质量，建构学校、家庭、社会多元教育质量评价机制及评价体系"的管、办、评既相互分离又相互联系的现代教育发展新格局。

七是教育取得新成绩。目前全区优质教育资源覆盖率达到了95%，小学就近入学率达到99.12%，初中就近入学率达到96%。立德树人取得显著成效，学生综合素养再度全面提升。

（二）东城区推进基础教育教学改革的主要经验

东城教育多年来在改革创新上坚持创体制机制之新、创资源观念之新、创合作发展之新，经过持续不断地积淀、传承和发展，形成了若干基本经验。

1. 始终从全局出发，确保教育优质均衡发展

在发展东城教育时，始终从全局出发，使教育呈现均衡发展的趋势。以学区为基础单元，通过空间调整，合理增加教育资源，举全区之力，不断为优质教育的发展提供空间，提升区域教育公共服务品质与社会治理能力。推行"学区制""学院制"改革，以"深度联盟—九年一贯制—优质教育资源带—教育集团"作为教育领域综合改革的基本形态，不断扩大优质教育资源覆盖面。各个学校，校校不同，校校精彩，各美其美，美美与共，共同促成了东城教育的良性生态。

2. 强化教育质量管理，实现全方位发展

教育要做细做精，不断提高教育质量和教育管理水平。重视抓党建引领，抓干部教师队伍建设，抓学校管理规范运行，增强综合质量意识，提高办学质量。强化质量，注重内涵，持续在"小而精""精而精"上作努力。在教育过程中不断提高学生的综合素养，不仅要重视成绩和升学率，还要注重素质教育，把各种可利用的教育资源整合起来加以利用，突出科技、创新等方面的教育，争取在全市范围内处于领先地位，然后再在全国名列前茅。

3. 持续系统化教育改革，追求公平教育理念

东城区发挥已有基础教育优势，不断扩优提质，借助学区制、学院制改革，探索贯通培养体系。充分发挥"学院制"的课程体系优势，普惠与拔尖创新人才培养并举，为不同学段、不同爱好的学生提供中、小一以贯之的学习资源平台，成为学校学习与个性成长的有效补充，形成校内外结合的小初高个性化贯通成长体系。

4. 加强教育理论研究，形成智慧引领高地

一方面，东城区充分发挥教育咨询专家顾问团的作用，试点开展专家对接直管学区、学校的支持发展研究，在教育理论研究、资源平台搭建、品牌项目打造、家校社共育等方面形成强大的教育智慧支持，提升每一个学区、每一所学校的办学水平，形成具有东城品格的教育生态。另一方面，加强具有东城品格特色的教育理论研究，构建聚集优质社会资源、教育品牌项目支持、特色教育实践基地于一身的教育智慧高地，为推动东城教育的进一步科学发展提供不竭的动力源泉。[1]

（三）东城区推进基础教育教学改革的特色模式

多年来，东城区坚持实施教育精品特色战略，探索"教育+"发展模式，让每所学校都精彩。

"东城教育"是以精品特色为标识的高品质教育。东城教育发展面临教育基础比较好、文化底子比较厚、优质资源比较聚集的优势和城市快速发展、区域空间相对狭小的劣势，这就要求东城走精品特色发展之路。特色是实现精品的重要手段，优质教育不在于学校大小、学段差距和历史长短，而在于每一所学校超越自身条件，实现内涵发展。东城教育改革就是要沿着"做好自己、影响别人、做精做强"的思路进行探索，在区域内发挥作用，形成品牌带动提升效应；突破区域局限，在不同层次范围内建立联盟，形成普遍价值，引领异地发展；在未来中国乃至世界教育的发展蓝图中找准时

---

[1] 关于东城区政协第十四届四次会议第 72 号提案的办理答复意见 [EB/OL].（2020–11–02）[2021–10–24].http://www.bjdch.gov.cn/n7434/n4963132/n6077795/c10151425/content.html.

空坐标，成为教育的典范。

2015 年底，在制定"十三五"规划之初，东城教育人逐步认识到"教育＋"才是立足教育本质的融构创新。2016 年，《中国学生发展核心素养》发布后，东城区将"教育＋"与"核心素养"紧密结合，提出"教育＋健康生活"，启动"健康·成长 2020工程"；2017 年提出"教育＋文化基础"，启动"文化·传承 2030 工程"；同年提出"教育＋信息技术"，统筹为 2019 年的"智慧教育示范区建设"；2018 年以来，提出"可持续发展 2050"理念和"教育＋社会参与"，发展了"学院制"改革，推进了家校社协同育人的"心手·相连 2035 工程"。在"十三五"时期教育改革实践中，东城教育始终坚持党建引领，通过"盟贯带团"促进了教育优质均衡，几大工程的落地发展了素质教育，深化改革持续提升了五育并举水平。

六、东城区未来基础教育教学改革的思考与展望

2019 年，东城区教育大会上明确了"1+5"教育目标任务作为未来 3—5 年乃至2035 年的教育发展方向标。"1"是指一个目标：加快推进教育现代化，建设"东城品格、首都标准、中国特色、世界水平"教育现代化示范区。"5"是指五大任务：一是加强党对教育工作的全面领导，落实立德树人根本任务；二是深化体制机制改革，持续推进教育优质均衡发展；三是建设国家"智慧教育示范区"，构建新型教育生态；四是为学生终身成长奠基，大力发展素质教育；五是加强队伍建设，培养高素质专业化优秀人才。[1]

站在实现"两个一百年"奋斗目标的历史交汇点上，东城区将东城教育的发展放在中国社会经济发展新阶段、北京城市总体规划新阶段、首都教育发展新阶段的历史方位中来定位和建设，立足首都战略定位，坚持"崇文争先"理念，落实"文化＋""教育＋"战略，继续打造"1+7+N"智慧教育服务体系，以高水平教育推动"五个东城"建设，努力建设首都教育现代化示范区。东城区将加强人口对教育发展影响、教育投入和体制机制改革、信息技术和教育融合发展、强化教育系统政治性、优化教育资源空间布局、持续推进教育开放国际化、育人方式变革、教师队伍建设、学习型教育强区九个方面的研究和建设；发挥政治中心区的区位优势，凸显教育的政治生态和意识形态；发挥文化中心区的区位优势，凸显教育的文化传承与创新；发挥区域高位均衡的优势，破解学校间仍存在不均衡现象的现状，探索东城教育优质均衡发展的"2.0 方案"；抓住教育信息化发展的机遇，率先探索"东城智慧教育方案"；抓住城教融合发

[1] 东城区教育新闻中心. 深入学习贯彻党的十九届五中全会精神　推动东城教育高质量发展 [J]. 北京教育（普教版），2021（1）：59-64.

展的机遇，率先探索"学习型教育强区"建设；抓住破解难点和关键改革点的机遇，探索具有东城特色的破解方案。[1]

"十四五"征程的号角业已吹响，东城区将按照中央、市区的工作部署，锐意进取、攻坚克难，在汲取人民智慧的基础上，为建设国际化、现代化的东城教育，为在首都教育改革中率先走在前列，为推动中国基础教育的发展贡献力量。

第二节　海淀区基础教育教学改革的特色实践

海淀区是全国知名的教育大区，教育是国之大计、党之大计，是海淀的"命根子"和"金名片"，是海淀兴区强区的重要支柱，为海淀经济社会发展提供了强大的原动力。随着教育改革的不断深入，教育理念、教育内外部环境都发生了深刻变化。海淀教育志存高远，脚踏实地，坚持落实立德树人根本任务，持续深化教育教学改革，全面推进素质教育，全面提高教育质量。

一、海淀区基础教育情况

（一）区域定位与区情

海淀区位于北京市区西北部，以其独特的自然风光、浓厚的文化氛围、丰富的高素质人才资源、发达的现代科技产业、田园式的生态环境，成为我国最富魅力、最具活力与创新精神的地区之一。

海淀区是全国知名的教育文化科技大区，基础教育体量大、体系全、样态多，教育质量在全国享有盛誉，持续保持领先地位。区内高校在校大学生人数占全市的一半以上，具有全国最大的高校群体规模。区内科技教育人才资源丰富，高新技术企业聚集，海淀区是中关村国家自主创新示范区的核心区。

（二）海淀区基础教育情况

海淀区是北京市科技、教育和文化中心。截至 2020 年，区域辖区内有 223 所幼儿园、176 所普通中小学。幼儿园、中小学在校学生有 38.5 万余人，约占北京市的五分之一，是北京市基础教育阶段办学规模最大的区，教育发展水平居于全国前列。[2]2021

---

[1] 刘藻.深化东城教育综合改革实现"十四五"时期高质量发展 [J].中国教育学刊, 2021（31）：1–5, 24.
[2] 王方.坚持统筹发展，突出海淀特色——建设高水平现代化的教育强区 [J].中国电化教育, 2019（5）：120–123, 132.

年，海淀区普通中小学有教职工 4.2 万人，其中专任教师 2.9 万人，生师比 14：1。其中，小学和中学专任教师均达到 1.1 万人。

"十三五"末（2020 年），海淀区主要教育发展指标已达到世界发达国家平均水平，义务教育巩固率达到 99% 以上，高中阶段教育毛入学率全口径统计已达到 99.91%，全区主要劳动年龄人口接受过高等教育的比例达到 55% 以上，新增劳动力平均受教育年限达 16 年以上，海淀区被评为普通高中新课程新教材实施国家级示范区、全国中小学劳动教育实验区、教育部教育质量综合评价改革实验区、教育部深度学习教学改进项目先行示范区、全国中小学生艺术素质测评实验区、智慧教育示范区、"基于教学改革、融合信息技术的新型教与学模式"实验区、大中小学思政课一体化市级示范区、北京师范大学中国教育创新研究院"指向核心素养的项目学习区域整体改革"先行试验区等诸多示范区。

近年来，海淀区教育普及水平进一步提升，优质教育资源覆盖面不断扩大；建立"人才储备库"，完善聘、管、用运行机制，涌现出一批当代教育名家、名师；教育教学质量持续保持北京市领先地位；教育治理体系和治理能力现代化水平不断提高，教育对外开放更具成效，国际教育水平与海淀区域定位更加协调。

二、海淀区基础教育教学改革历程

海淀区委区政府历来高度重视教育，始终将教育放在优先发展的战略地位。20 世纪 80 年代，海淀区教育得到大力发展。1987 年，海淀区普及九年义务教育。1988 年，海淀区普及高中阶段教育。面临世纪之交，自 20 世纪 90 年代开始，海淀区开启了区域教育教学改革。

（一）启动改革与初步推进（1994—2005 年）

1994 年 8 月 19 日，中共北京市委办公室、北京市人民政府办公厅同意建立海淀区教育改革试验区。市委、市政府的批复强调："教育改革试验区要以邓小平同志建设有中国特色社会主义理论为指导，认真贯彻实施《中国教育改革和发展纲要》，在保证完成国家及市政府下达的各项教育任务的基础上，进行各项教育试验。思想要解放，工作要扎实，统筹规划，分步实施，重点突破。教育改革试验在海淀区行政区域内进行，除双管和市属高等院校外，其他各类教育均可列入改革试验范围。要充分发挥海淀区人才、智力和高科技优势，通过实行经济、科技、教育三结合，普教、职教、成教三统筹，实现教育资源的优化配置，推动区域教育与经济协调发展，从而把海淀区建成全市乃至全国教育最发达、教育质量最高的地区之一，为首都的教育改革和教育现代化提供经验。"[1]

1995 年 1 月，中共海淀区委教育工作委员会、海淀区教育委员会、海淀区人民政府督导室三个机构举行挂牌仪式。

海淀教育改革试验区提出，1995 年"要在教育资源的开发利用和优化配置方面，取得显著成效"，这是改革试验区要抓的两项关键性工作之一。海淀区把充分开发利用、合理配置现有教育资源作为试验区启动的关键来抓，进行了一系列工作，如调整中小学布局、进行适度规模办学试点；发动社会力量办学，扩大投资渠道；打破封闭的格局，充分利用社会教育资源；加大教育体制改革力度，形成大教育格局，充分利用教育资源等。[2]

（二）"十一五"期间：开展具有海淀特色的教育改革实验（2006—2010 年）

"十一五"期间（2006—2010 年），海淀区主动承担多项教育改革项目。2010 年，海淀区承担七个国家级教育体制改革项目，探索城区义务教育均衡发展，完善城乡教育一体化的体制机制，围绕办学体制改革、课程教材改革、拔尖创新人才培养、高中特色发展等方面，开展了具有海淀特色的教育改革实验探索。

（三）"十二五"期间：深化教育领域综合改革（2011—2015 年）

"十二五"期间（2011—2015 年），海淀区继续深化教育领域综合改革。2013 年 12 月，海淀区成为教育部"中小学教育质量综合评价改革试验区"。2014 年 10 月，海淀区获批教育部《义务教育学校标准（试行）》实验区。此外，海淀区亦成为教育部"首批全国中小学心理健康教育示范区"、教育部区域综合信息化试点单位。2015 年，海淀区成立了教育改革与发展领导小组，统筹推进教育改革发展。在此期间，海淀区义务教育巩固率、高中阶段入学率均达到 99% 以上，素质教育硕果累累，区域教育影响力显著提升。

（四）"十三五"期间：提升教育现代化水平、建设教育强区（2016—2020 年）

"十三五"（2016—2020 年）期间，海淀区致力于提升教育现代化水平、建设教育强区。《海淀区提升教育现代化水平　建设教育强区行动计划（2019—2022 年）》和《海

---

[1] 中共北京市委办公厅，北京市人民政府办公厅.海淀区建立教育改革试验区 [J].北京教育（普教版），1994，（11）：12.

[2] 朱晓茵.让现有教育资源释放出更大能量——来自海淀教育改革试验区的报道（二）[J].北京教育（普教版），1995（3）：11–12.

淀区"十三五"时期教育改革和发展规划》明确了未来一段时期的教育改革具体目标和主要任务。

在此期间，海淀不断扩大义务教育学位供给，建立残疾儿童少年就近入学优先保障机制，实现"零拒绝"，确保残疾儿童少年能够在公平、包容的环境中接受适宜的教育；海淀的市级骨干教师、学科带头人和特级教师数量、比例均继续保持全市领先地位；海淀持续大力推进新优质、新品牌和潜力学校建设工程，探索建设科技、人文、语言、艺术、体育等五大领域特色优质高中。

2020 年 7 月，海淀区成为教育部普通高中新课程新教材实施国家级示范区。示范区建设成为区域教育质量提升的牵引力和推动力，是深化育人方式改革的重要举措、教育教学再上新台阶的重要契机。

三、海淀区教育面临的主要问题与教育教学改革思路

（一）海淀教育发展面临的问题

党的十九大报告提出，我国社会的主要矛盾已经转化为人民日益增长的美好生活需要和不平衡不充分的发展之间的矛盾。海淀区的基础教育在全市规模最大，各级各类学校组织的复杂化、结构的多样化、水平的差异化以及人民群众教育诉求的个性化都在不断增强。

海淀教育面临的困难和挑战主要是：一是教育资源供给尚难以满足人民群众对更加充分、更加均衡、更高质量、更加多样教育的期盼，义务教育阶段均衡度有待进一步提升，教育公共服务供给规模不能完全适应人口变化新趋势，基础教育全学段学位供给压力巨大，小学、初中、高中总学位缺口接近 6 万个；二是教师编制紧缺，结构亟待优化，干部队伍建设与发展速度、改革形势不匹配，吸引最优秀人才从教的制度与保障有待加强，培育先进教育思想、培养顶尖教育大家的土壤还不够深厚；三是教育深度支撑海淀发展，服务海淀区加快建设北京国际创新中心核心区的直接贡献力有待加强，教育的规模、布局、结构、质量还不能完全适应新时期海淀区经济社会发展变化的节奏；四是治理能力和教学能力有待进一步提升，尚需形成更加科学有效的整体思路，教育治理能力与教育现代化目标还存在差距，进一步激发办学活力的举措针对性还不强；五是实施"五育"并举，深度融合的有效路径有待探索，学校、家庭、社会"三位一体"协同育人机制需要进一步巩固，学校心理健康教育工作还要更加适应时代发展形势和学生身心发展规律。

形势和环境的深刻变化，为海淀教育的发展带来一系列新机遇和新挑战。机遇更具战略性、变革性，挑战更具紧迫性、艰巨性。海淀教育处于机遇与挑战并存、优势与矛盾叠加的特殊时期，处于在持续高位发展的基础上，继续敢为人先、全面深化改

革、实现教育高质量发展的关键突破期。

（二）改革的思路与设计

海淀教育的发展目标是：到 2025 年，海淀教育现代化水平全面提升，建成更高水平、更高质量、更富活力、更具特色的教育强区，建成与海淀区建设北京国际科技创新中心核心区、高品质民生幸福城区相适应的高质量教育体系，为区域发展提供高水平的人才支撑、智力支持和创新引领；培养具有家国情怀、国际视野、创新精神的担当民族复兴大任的时代新人；在北京市和全国基础教育发展中继续发挥示范与引领作用。

以习近平新时代中国特色社会主义思想为指导，全面贯彻党的十九大和十九届二中、三中、四中、五中、六中全会精神，全面落实习近平总书记关于教育的重要论述，深入贯彻全国、全市和全区教育大会精神，全面贯彻党的教育方针，把握新发展阶段，贯彻新发展理念，构建新发展格局，牢牢把握首都城市战略定位，牢牢把握加快建设北京国际科技创新中心核心区，打造以首都发展为统领的现代化强区高品质海淀的区域发展目标，扎根海淀办教育，立足海淀科技文化资源优势，进一步强化"命根子""金名片"的认识，弘扬伟大建党精神和新时代中关村精神，对标世界一流基础教育，坚持优先发展教育事业，统筹发展与安全，以党建引领教育改革，以人民为中心发展教育，以推动高质量发展为主题，以改革创新为动力，以促进学生全面健康发展为着眼点，遵循规律，系统设计，重点突破，加快建设具有海淀品质、海淀特色的高质量教育体系，建成更高水平的现代化教育强区。

海淀区不断完善五育并举、全面发展的教育体系，坚守正确的教育观和人才观，培养更多具有国际视野、能肩负起民族复兴大任的时代新人；深化教育改革创新，以高质量的教育满足人民群众的新期待。深入推进教育综合改革，着力推进教育治理体系和能力现代化，加快解决群众关心的教育热点难点问题，增强支撑经济社会发展的能力，让更多的人享受教育改革红利。坚持以教师为本，建设高素质专家型教育人才队伍。坚持把师德师风作为第一标准，坚持教育者先受教育，为优秀教师脱颖而出创设良好环境，提高教师地位和职业幸福感。

2019 年 5 月 29 日召开的海淀区教育大会上，结合"提升教育现代化水平，建设教育强区"的大会主题，区委区政府出台了事关海淀教育未来发展定位、发展路径、发展战略的《海淀区提升教育现代化水平建设教育强区行动计划（2019—2022 年）》主文件和涉及加强教师队伍建设、推进中小学集团化办学、提高教育教学水平、推进"五育并举"人才培养模式改革、启动智慧教育 2.0 行动计划等内容的五个配套文件，形成了目标清晰、措施可行、内容呼应、互为支撑的文件体系，为海淀教育改革发展注入新动力。

《海淀区提升教育现代化水平建设教育强区行动计划（2019—2022年）》中明确，到2020年，海淀区要全面实现"十三五"教育发展目标，到2022年，进一步巩固区域教育现代化水平，实现高水平优质均衡发展，初步建成世界水平、中国特色、首都特点、海淀品质的教育强区，全面提升海淀教育国际影响力、吸引力和竞争力。区委书记于军强调，要以习近平新时代中国特色社会主义思想为指导，坚持以人民为中心的发展思想，坚持把教育放在优先发展的位置，紧紧围绕首都"四个中心"功能定位，深化落实"两新两高"战略，以凝聚人心、完善人格、开发人力、培育人才、造福人民为工作目标，以"教育＋智能"为手段，扎实推进教育事业现代化，办好人民满意的教育，努力培养德智体美劳全面发展的社会主义建设者和接班人，为加快建设具有全球影响力的全国科技创新中心核心区提供强大的人才智力支撑。[1]

四、海淀区教育教学改革主要项目与措施

（一）聚焦主要矛盾，深化体制机制改革

1. 统筹规划，优化教育结构和布局

坚持"筑巢引凤、外引内升、南北同步、优质均衡"的发展思路，促进城乡一体化发展。在区域教育布局方面，以学区为单位，实施精细化管理，研判资源现状，精准发力，通过教育集团化办学、九年一贯对口直升机制、教育联盟等举措，构建学校成长共同体，使优质教育资源在17个学区均衡分布。

持续深化新优质、新品牌学校和潜力学校项目建设。以三大项目建设为带动，采取专家诊断、领导一对一联系、找准发展定位等举措，推动学校在办学理念、队伍建设、特色发展等方面实现全方位提升。

在普通高中阶段，加强分类引导、指导，形成以综合优质高中、品牌特色高中为基本架构的多样化办学格局，丰富人文、科技、体育、语言、艺术等五大类特色高中形态，为学生提供多元、差异化的教育供给，努力实现学有所教。

2. 精准发力，切实增加足量优质的学位供给

按照"尽早摸底、预测难点、提前预警、政府统筹"的思路，全区加大综合协调力度，加快新建项目建设，增加办学空间，在个别学位紧缺地区，统筹配置公园、绿地、体育文化设施等公共资源用于中小学办学，全力解决居民"上学难"矛盾。

扩大优质教育学位供给是基础，但更重要的是如何分配好这些优质学位，要通过制度设计保障人人都有机会上好学，扩大优质教育学位的惠及面。近年来，海淀区深

---

[1] 昂扬奋进的海淀教育之路 [EB/OL]. [2020–12–10]. https://www.bjhdedu.cn/zt/hdjyzl/#parts4.

化招生制度改革，小升初取消"推优"、特长生等入学途径，实施"公民同招"，规范民办学校招生和寄宿制招生，率先出台"六年一学位"政策，推进"19.1.1"后购房家庭、新建小区、新建校等多类型的多校划片政策，在初中入学中设立"登记入学"途径，全面规范义务教育入学规则，大力推进机会公平和资源公平。下一步，全区将坚持义务教育免试就近入学，合理控制区域教育总体规模；进一步完善中小学按比例对口直升机制。稳步推进中高考改革，完善高中学业水平考试制度和高中综合素质评价制度。规范"公参民"转型机制下的招生办学行为。

3. 规范管理，全面提升教育治理能力

加大对学校办学行为的规范力度，以管理促内涵提升。海淀区是教育部《义务教育学校管理标准》八大实验区之一。2017 年 12 月，国家正式颁布《义务教育学校管理标准》，全区的改革实验进入全面实施阶段。海淀区依托管理标准的全面落实，在学校章程、内控制度、教育教学、课程建设等重点领域，对每一所学校进行对标研判，在依法保障学校办学自主权的同时，加强学校管理的规范性，切实做到依法依规办学。

以学区为抓手构建现代治理体系。2016 年，海淀区实施实体化的学区制改革。改革实施以来，从横向上搭建了政府、学校和社会之间的新型关系，提供了区域教育资源统筹和共建共享的新机制。全区将进一步优化学区职能，充分发挥学区的统筹、协调、服务作用，加强区域教育精细化管理，探索构建学区、街镇、驻区单位互动共享、协商共治的长效工作机制。2025 年，将持续推动学区制改革 3.0 优化升级，社会参与教育治理机制更加完善，学校办学自主权更为充分，办学活力全面激发。

不断提升教育治理能力和水平。以集团为依托提升学校办学品质。海淀区优质教育资源丰富，目前有近 36 所教育集团，集团化学校通过输出先进的办学理念、促进干部教师交流、强化课程整合开发、推动人才贯通培养，带动发展了相对薄弱学校和农村学校，在教育优质均衡发展方面发挥了重要作用。海淀已完成集团化办学质量评估平台的初步建设，以科学手段衡量和评价集团化工作成效，发挥指标体系的规范、引领和导向作用。完善集团化办学专项经费支持机制，建立与质量评估挂钩制度，加大审核力度，突出规范使用，发挥激励作用。学区制改革和集团化办学是促进教育优质均衡发展的重大改革举措。海淀区及时总结实践经验，逐步健全以学区为抓手构建现代治理体系、以集团为依托提升学校办学品质的区域纵横矩阵式改革模式，为全市乃至全国提供可借鉴的经验。

以优质带动、协同发展、结构优化、政策导向为原则，积极引导和支持教育集团有序发展，成立和支持发展一批教育集团，全区优质教育资源覆盖面和受益面进一步扩大，教育结构和布局更加合理，办学体制机制不断完善，政策支持保障机制不断健全，现代学校制度初步建立，教育公共服务水平和能力全面提升。

（二）内涵攻坚，全面深化中小学教育教学改革

海淀区坚持守正创新，严格规范教材使用，提高课程建设质量；强化课堂主阵地作用，深化教与学方式的变革；坚持正确的教育质量观，健全质量评价监测体系；加强队伍建设，促进教师专业发展；全面提升教研能力，充分发挥海淀教研专业支撑作用；加强教学组织管理，丰富资源供给。

1. 坚持立德树人，深化"五育并举"人才培养模式改革

坚持以德为先，全面发展，统筹推进，探索创新，深化思想品德教育、学习能力培养，提高学生身心健康水平，提高学生审美素养，培养学生劳动精神，形成以社会主义核心价值观为统领、彰显海淀教育特色的一体化育人体系，建立德智体美劳有机融合、协调发展的长效育人机制，形成全员、全程、全方位的育人新格局。

大力开展未来教育探索工程。海淀的教育改革探索始终在积极前行，十一学校的走班选课、中关村三小的 3.0 未来学校形态，都是对新的教育理念和变革的积极回应。多年来，海淀区持续深化人才培养模式改革，积极探索传统教育优势与新的教育理念的有效融合，鼓励学校进行管理机制、课程整合与实施、教学模式等的有效创新。进一步打通学校边界，探索跨学校、跨学段、跨学科整体育人模式。充分发挥海淀教研、科研的品牌优势，建成一批学科教研基地和课程建设基地校，为学生时时学习、个性学习提供课程、资源和环境支撑。

全面实施核心素养培育工程。坚持育德为先，构建大中小幼思政课一体化建设，建立家长委员会达标制度，实现家校共育多元化。持续打造海淀区心理健康教育周、家庭教育大讲堂、传统文化展示月、敬德书院春秋论坛等区域性教育活动品牌。狠抓课堂教学和规范管理，安心办教育，静心提质量，提高教育教学的整体品质和质量。促进学生身心健康全面发展。2017 年，教育部在海淀区设立"校园足球综合改革试验区"，积极搭建具有区域特色的校园足球竞赛、课程、培训、人才梯队培养等七大体系，创新区域性学生体育活动机制。探索建立少年科学院，依托区域院士资源优势，探索拔尖创新人才发现和培养新途径。在北部农村地区规划建设一所 STEAM 教育实践学校，依托区域教育和科技资源密集的优势，大力开展创新人才培养。加强中小学校艺术教育工作，拓宽学生艺术素养培育的渠道和平台。

积极建构具有海淀特色的学生综合素质评价指标体系。建立初一年级学业水平和学段成长监测机制，强化学生成长的动态评价。突出道德品质、心理健康、兴趣特长和体质健康等方面的监测和评价，特别将体质监测作为学校评价、学生综合素质评价的重要指标。推进智慧教育工程，建立网络和数据中心，开展学生学情数据分析，对教学质量和学生发展进行追踪评估。

2. 义务教育阶段的一贯制办学探索与育人模式变革

海淀区一直坚持通过国家级教育改革试点，对教育发展进行高位引领。2014年10月，海淀区获批教育部义务教育学校标准实验区。

2014年4月，海淀区教委委托当时的海淀区教科所（现海淀区教科院）组建了九年一贯制办学实践研究共同体，以育英学校等最早一批开展一贯制探索的学校为龙头，借助国家教育基金课题"小、初、高一体化课程建设与育人模式变革研究"，成立了九年一贯制项目组，就一贯制办学的学校治理、教师队伍建设、德育一体化的构建等问题展开研究。通过实验探索和项目研究，这些学校在区域内外形成了良好的辐射作用，不断出经验、出典型，促进了九年一贯制学校的发展。

一贯制办学有很多优势，不仅能够有效地缓解择校压力，而且通过以提高质量、优化结构为特征的内涵式发展，实现学校的特色发展，从根本上促进教育优质均衡发展，解决教育发展中不平衡、不充分的问题。从更深的层面考虑，一贯制办学基础上的一体化课程体系构建、一体化育人途径探索、一体化师资队伍建设以及合作办学、对口直升等形式，更有助于把社会主义核心价值观落实、落细到中小学教育教学的全过程，不断增强学校教育工作的导向性、科学性和有效性。一贯制办学的独有优势只有真正做到"一贯"才能体现出来。一是要在办学思想、教育理念、管理理念、教学理念、发展愿景乃至学校文化等方面做到"一贯"；二是要在育人体系上做到"一贯"；三是要在课程整合方面做到"一贯"；四是要在教学模式和学习方法上做到"一贯"；五是要在学校管理方面做到"一贯"；六是要在学生评价方面做到"一贯"。[1]

经过多年探索，海淀区部分学校在一贯制办学的实践探索中已经形成了比较成熟的经验、取得了显著成绩，努力满足人民群众日益增长的享受公平、优质、多样化教育的需求，在区域内外产生了很好的影响，为区域"率先实现教育现代化，建设教育强区"作出了积极贡献，服务于海淀教育优质均衡发展，交出了令人民群众满意的优质教育"新答卷"。

3. 依托普通高中新课程新教材实施国家级示范区建设，提升教育教学质量

2020年，教育部启动了普通高中新课程新教材实施国家级示范区（校）建设工作，海淀区被确定为教育部普通高中新课程新教材实施国家级示范区，人大附中、一零一中学、十一学校为国家级示范校。

区委区政府高度重视，将示范区建设作为区域教育质量提升的牵引力和推动力，作为深化育人方式改革的重要举措，作为教育教学再上新台阶的重要契机，作为落实核心素养培养全面而有个性发展的高中生的重要支点。在2020年9月16日教育部召

---

[1] 尹丽君.深化一贯制办学模式　推进海淀教育优质均衡发展[J].北京教育（普教版），2019（5）：50-51.

开的普通高中新课程新教材实施国家级示范区示范校建设工作启动会上，进一步明确了海淀示范区的如下建设思路、建设任务和突破点。[1]

海淀示范区的建设思路是：做好顶层设计，统筹推进示范区建设，坚持科研引领、教研支撑，加强实践研究与指导，激发办学活力，破解改革中的重难点问题，发挥示范校"龙头"作用，构建学校特色联盟，开展行动研究，注重评估与改进，注重成果推广，将成功经验向全市全国辐射。

海淀示范区的五大建设任务是：制订示范区课程规划，提高普通高中课程实施质量；变革课程组织管理方式，全方位构建学生发展指导体系；深化普通高中教学改革，全面培养学生核心素养；聚焦考试评价改革，培养学生综合素质；加强教研工作队伍建设，提高海淀高中教师队伍专业素养。

未来三年，海淀示范区的重点突破点是：根据新时代对人才培养的要求，建设"五育并举"的海淀高中课程体系；整合高校科研院所资源，实现大学中学联动贯通培养人才；以完善选课走班制度为抓手，优化教学组织形式管理；探索建立教育质量综合评价体系，激发学校办学活力和学生发展活力；大力发展智慧教育，促进信息技术与教育教学融合创新；以特色品牌选修课建设为突破，促进普通高中多样化发展。

双新示范区建设工作推进以来，区教育两委带领各普通高中学校奋发有为，形成合力，将"双新"示范区建设作为区域教育重要发展战略。在普通高中"双新"示范区建设过程中，北京市海淀区以综合素质评价工作为重要突破口，在建立区、校两级推进机制，规范学校组织实施，固化监督工作流程方法，用好评优评先制度等方面取得实效，培养了学生综合素养，更新了家长教育观念；转变了教师教育理念，提高了教师评价能力；形成了一批不同类别与特色的普通高中校典型。[2]各领域工作齐头并进，为"擦亮海淀金名片""示创新引领之范"，形成了海淀特色。

（三）创新机制，加强教师队伍建设，为教育教学改革提供优质师资保障

海淀区注重切实提高教师地位和待遇，提升教师职业幸福感。比如加大教师住房保障力度，将教师纳入区域人才保障体系，逐年增加教育人才公寓供给等。提供有力的乡村教师支持政策。全区进一步统筹城乡教师资源，优先为农村学校补充优质师资和紧缺人才，建立海淀区乡村教师从教十年荣誉制度，为农村地区教师成长创设土壤和氛围，全面提升农村教育质量和水平。

---

[1] 教育部召开普通高中新课程新教材实施国家级示范区示范校建设工作启动会 [EB/OL].（2020-09-18）[2021-12-30].https://www.bjhdedu.cn/xw/jwdt/202011/t20201120_27347.html.

[2] 史怀远，唐建东，文军庆，宋世云.普通高中综合素质评价的区域组织与管理实践 [J].基础教育课程，2022（21）：55-61.

为充分吸纳教育人才，2016年，海淀区创新教育人才管理机制，启动教育人才储备库改革，通过体制机制创新，探索建立区聘校用、动态调剂的非编制教育人才管理新制度。

全区进一步健全人才储备库的政策保障和运行机制，深化"教育人才储备库"改革，将"一库一统筹"模式发展为"五库三统筹"，分层次扩充建立高端人才、一般人才、顶岗教师、特岗人才、返聘人才五大人才储备库，大幅拓展师资补充渠道，充分发挥人才储备库的双向调整功能，优化教师队伍结构、激发人才队伍活力。

建立健全以学区、集团为单位的教师资源统筹机制，分层次、分学科有序推进师资调配，开展教师交流。深化教育集团化办学，赋予集团一定的教师编制、绩效工资和岗位设置等人事管理自主权。进一步缩小校际之间收入差距，为促进教育优质均衡发展提供政策和机制保障。

倡导、培育、推出更多的当代教育名家、名师。海淀区持续多年开展领军人才培养，涌现出一批全国知名的基础教育名校长和名教师，这是海淀优良的传统和文化。

全区教师队伍管理体系更加高效，教师培训培养服务更加精准优质，教师队伍素质继续保持全国领先，教师获得感得到大幅提升，已建成一支政治可靠、师德高尚、理念先进、业务精湛、数量充足、结构合理的现代化教师队伍，保持海淀区教育人才聚集高地优势，为海淀区提升教育现代化水平、建成教育强区奠定人才基础。

（四）实施智慧教育工程，提升教育教学的针对性和有效性

为进一步加快"互联网＋教育"规划布局，2014年，海淀教委专门成立智慧教育建设与管理办公室，出台《海淀区智慧教育中长期发展规划（2014—2020年）》，统筹规划全区教育信息化和智慧校园建设。2019年5月，海淀区教育大会上，发布了《海淀区智慧教育2.0行动计划》，提出发挥海淀区位优势，推进"互联网＋教育"和"人工智能＋教育"，探索具有海淀特色的智慧教育发展路径。

依托信息技术，海淀区建立了"互联网＋"环境下的管理体系，构建了信息技术支撑下人才培养新模式，创新了信息时代教育治理新模式，提升了教育均衡共享能力、师生信息素养与创新能力、教育系统网络安全保障能力，形成海淀智慧教育发展新态势。到2025年，海淀区将持续推进教育部全国"智慧教育示范区"和"基于教学改革、融合信息技术的新型教与学模式"实验区建设。

五、海淀区教育教学改革成效、主要经验与特色

（一）改革成效

海淀区强化"教育是海淀的命根子"的认识，坚持优先发展教育事业，立足海淀

科技文化资源优势，传承和弘扬海淀创新文化，对标世界一流基础教育，以立德树人为根本任务，以深化改革为动力，以人才队伍建设为基础，以教育信息化为支撑，着力补齐短板、优化结构，加快提升海淀教育现代化水平，建设具有海淀特色的教育强区。

到 2020 年，海淀区已全面实现"十三五"教育发展目标。"十三五"期间，海淀教育发展取得以下新成就。[1]

一是教育发展水平达到新高度。完成"十三五"时期教育规划确定的主要任务，为"两新两高"战略发展提供人才保障和智力支持，人民群众获得感明显提升，学校社会满意度水平持续提升至 87%。

二是全面育人探索实现新突破。成为第一个全国青少年校园足球综合试验区，创建 55 所市级足球特色校、44 所国家级特色校，创建 25 所市级冰雪运动特色校、18 所奥林匹克示范校，创建 25 个市级金鹏科技团、40 个市级金帆艺术团、27 所市级科技教育示范校、36 所市级艺术教育特色校，推进初中"全学全考"改革，义务教育均衡发展迈上新台阶，积极应对高中"四新"变化，向高校输送更多优秀学子。

三是服务民生能力迈上新台阶。完成两期学前三年行动计划，投入资金 31.6 亿元，毛入园率达 91%，其中普惠性学位增加 1.64 万个，普惠率达 92%。多措并举保障学位供给，增加学位 4.7 万个。全区纳入集团化办学校址近 140 址，22 对中小学实现按比例对口直升。海淀区中小学生在优质校就读比例达到 90%。建成中法实验学校和清华附中外籍人员学校，与 30 多个国家（地区）近 300 所学校建立友好关系，国际教育水平与海淀区定位更加契合。

四是教育综合改革释放新活力。形成教育发展共同体，打造共治、共建、共享的治理新模式。学区制改革被评为"全国促进义务教育均衡发展典型案例"。深化集团化办学，近 140 个校址被纳入教育集团，出台经费支持办法，累计投入 2.87 亿元。推进各级各类考试和招生综合改革落地，在全市率先出台义务教育阶段"六年一学位"政策，推进多类型的多校划片，推进教育机会公平。

五是教育发展环境实现新提升。构建督政、督学、评估监测于一体的教育督导体系，建成海淀"智慧教育云中枢"，铺设教育光缆专网，开发各类智能化应用，创新信息技术应用，成立互联网教育研究院和中关村人工智能学院，发挥海淀资源禀赋，信息技术与教育教学融合创新。

六是干部教师队伍建设取得新进展。实行校长职级制、干部聘任制。建立校长培养基地和名校长工作室，实施成长中的教育家工程。培养特级校长 24 人、特级教师

---

[1] "数"说十四五：海淀区"十四五"时期教育改革和发展规划发布 [EB/OL].（2022-01-06）[2022-03-12]. https://www.bjhdedu.cn/xw/yw/202201/t20220106_47845.html.

221人、市级带头人和骨干教师等461人。建立"人才储备库"，完善聘、管、用运行机制。构建"三维四级"教师研修课程体系，建设106个中学学科教研基地，35个小学学科教研基地。深化职称改革，增加人才公寓供给，投入房源791套，推出具有丰富拓展功能的海淀"教师证"。

"十三五"时期，海淀教育教学改革取得引领性成果，立德树人、学生德智体美劳全面发展有效落实，教育发展水平显著提升，教育取得诸多新成就，现代教育治理逐步形成新格局，为"十四五"时期开启教育强区建设新征程奠定了坚实基础，海淀教育已经站在了新的历史起点上。

（二）基本原则

海淀立足海淀科技文化资源优势，进一步强化"命根子""金名片"的认识，弘扬伟大建党精神和新时代中关村精神，对标世界一流基础教育，坚持优先发展教育事业，统筹发展与安全，以党建引领教育改革，以人民为中心发展教育，以推动高质量发展为主题，以改革创新为动力，以促进学生全面健康发展为着眼点，遵循规律，系统设计，重点突破，加快建设具有海淀品质、海淀特色的高质量教育体系，建成更高水平的现代化教育强区。概括起来，主要有以下五个方面的原则。

一是坚持立德树人，育人为本。牢牢把握为党育人、为国育才的初心使命，全面贯彻党的教育方针，坚持马克思主义指导地位，坚持中国特色社会主义教育发展道路，坚持社会主义办学方向，更加关注每一名学生的身心健康和全面发展，培养担当民族复兴大任的时代新人。

二是坚持扎根海淀，服务社会。充分发挥区域人才、智力和科技优势，扎根海淀大地，孕育一流教育，立足国家战略，围绕首都城市战略定位、海淀区"两区""三平台"建设需要和人民群众需求，以一流教育成就区域、国家的发展，为紧缺型战略创新人才的培养奠定基础。

三是坚持系统设计，统筹推进。系统设计分区域发展路径，形成中部核心地区辐射带动引领，北部跨越式发展，东西部两翼齐飞，南部再上新台阶的教育发展新格局。总体把握改革任务，统筹兼顾，提高效能，增强改革的系统性、整体性和协同性，实现整体推进和重点突破，为全市乃至全国贡献海淀智慧。

四是坚持遵循规律，彰显特色。遵循教育发展规律和人才成长规律，因材施教，教好每一名学生，因地制宜，办好每一所学校和幼儿园，多措并举，充分激发办学活力，走出具有海淀特色的教育强区之路。

五是坚持改革创新，敢为人先。秉承海淀教育人大胆探索、勇于开拓、敢为人先的创新精神，充分发挥教育评价的导向作用，推进教育领域"破五唯"，系统推进，精准施策，促进教育各领域、各环节、各要素深化改革、提质增效，不断提高人民群众的获得感和满意度。

六、海淀区基础教育教学改革未来展望

改革开放以来，海淀教育始终站在教育改革的最前沿。坚持改革创新是海淀教育最为优良的传统。2002年，海淀区成为基础教育课程改革实验区。2010年，海淀区承担七个国家级基础教育体制改革项目，包括城区义务教育均衡发展、城乡教育一体化发展等，积极推进教育均衡发展，通过名校办分校、九年一贯制等改革，着力提升海淀区农村学校、普通学校的办学品质，扩大优质教育资源总量，推动区域教育优质均衡发展。十八届三中全会之后，海淀教育相继承担了教育部《义务教育学校管理标准》实验区、中小学教育质量综合评价改革实验区等六个国家级项目。改革创新为海淀教育的发展注入了源源不断的动力和活力。

党的十九大报告为教育事业的发展提出了新命题，指出了新方向。在新时代，海淀区作为基础教育高地，需要更加全面、深入地领会党中央的教育方针，进一步聚焦教育领域不平衡不充分的主要矛盾，攻坚克难、锐意进取，努力在幼有所育、学有所教上取得新进展，办好更加公平而高质量的教育，切实满足人民群众对更好教育的期盼。

教育是关乎人成长的事业，人是教育最核心的要素。在教育改革进程中，海淀教育始终牢牢把握"学生"和"教师"这两个群体，坚守初心，尊重规律，落实关爱的教育，倡导尊重的教育，办好负责的教育，探索未来的教育，努力建设高水平均衡化教育强区，建设世界一流基础教育高地，继续引领教育现代化进程的发展目标。

根据《海淀区提升教育现代化水平建设教育强区行动计划（2019—2022年）》，到2022年，海淀区将进一步巩固提升教育现代化水平，实现高水平优质均衡发展，初步建成世界水平、中国特色、首都特点、海淀品质的教育强区，全面提升海淀教育国际影响力、吸引力和竞争力。办好每一所学校，教好每一个孩子，成就每一位教师，聚力培养担当民族复兴大任的时代新人，培养德智体美劳全面发展的社会主义建设者和接班人，满足海淀人民高品质多元化的教育需求，让教育成为海淀区培育创新文化、培养创新人才、传承创新精神的基础和先导工程。

十九大报告指出，要优先发展教育事业，加快教育现代化。在新时代、新使命面前，海淀教育将更加注重内涵发展，更加注重质量提升，更加注重多样化办学，更加注重创新人才培养，更加注重教师队伍建设，也更加注重求真务实、开拓创新，向高水平均衡化教育强区迈进，建设与全国科技创新中心核心区和中关村科学城功能定位相适应的教育，以适应创新型国家发展和人才强国的战略要求。

第三节　通州区普通高中教育教学改革的特色实践

一、通州区普通高中教育基本情况

（一）区域定位与区情

通州区位于北京市东南部，京杭大运河北端，地处北京长安街延长线东端，是京杭大运河的北起点、首都北京的东大门，素有"一京二卫三通州"之称。

1. 北京城市副中心发展规划与定位

中小学教育均衡优质发展。提升百年校、挖掘特色校、扶持农村校、保障优质校四大工程持续推进。获批"基于教学改革、融合信息技术的新型教与学模式"国家级实验区、北京市普通高中新课程新教材实施示范区，"新两区"为深入推进教学模式变革、加快多样化发展赢得新机遇。学校发展共同体和中小学城乡一体化"手拉手"项目持续深化，校际深度交流互动频繁。坚持毕业年级目标管理和"双线"全过程服务，促进教育质量提升。

打造国际一流的和谐宜居之都示范区。坚持生态优先，实现人与自然和谐共生；坚持以人为本，提高民生保障和公共服务供给水平；坚持绿色发展，科学配置资源；坚持文化传承，萃取大运河历史文化精髓，注入时代创新活力，提升文化软实力，满足人民群众日益增长的美好生活需要。

打造新型城镇化示范区。坚持公平共享，推进以人为核心的新型城镇化，推进城乡要素平等交换和公共资源均衡配置，围绕城市副中心形成"众星拱月"的整体城乡格局，形成功能联动、融合发展、城乡一体新型城镇化格局。

打造京津冀区域协同发展示范区。坚持分工协作，激活带动顺义、平谷、大兴（亦庄）等东部各区联动发展，实现与廊坊北三县地区统筹发展，协助廊坊北三县地区提升公共服务水平。实现要素有序自由流动，携手构建京津冀协同创新共同体。

2. 北京城市副中心教育发展规划与定位

凸显政治，加强党建。提高政治站位，加强党员干部队伍建设，打造一支为党育人、为国育才的高精尖高品质团队，引领通州区教育优质均衡发展。

关注需求，深化综改。立足通州区教育实际，以问题和需求为导向，依托"接诉即办""全面调研"中学、家长、学生反映的难点、痛点问题，整体推进教育供给、因材施教、多元融通，使人民群众教育满意度明显提升。

五育并举，全面培养。把立德树人融入课程、课堂和课业，培养有理想、有道德、有文化的学生团体，培养德智体美劳全面发展的建设者和接班人，形成良好的"家校社"协同育人体系。

高标优质，均衡发展。义务教育优质均衡发展格局更加完善，城乡、校际优质教育资源差距显著缩小，办好百姓家门口的每一所学校，确保每一个适龄儿童少年都能接受公平优质的义务教育。确保适龄儿童接受优质、安全的学前教育。

质量为基，多样特色。高中阶段教育毛入学率超过 99%。优质高中阶段教育资源和育人模式更加丰富多样，普通高中与中等职业教育协调发展，逐步提升学生的个性化发展和社会适应能力。教师素养显著提升，普通中小学专任教师研究生以上学历人员比例达到 25%。

完备职成，有效支撑。依托高校、科研院所建立对口合作机制，支持面向各种社会群体提供多样化教育与培训。扩大校企合作领域，提高订单式人才培养规模。职业教育"双师型"教师比例达到 80% 以上。

关注残障，优化特教。健全布局合理、学段衔接、普职融通、教康结合的特殊教育体系，让特殊儿童同样接受优质、平等的教育。做好资源教室、特殊服务实体和资源中心建设和统筹使用工作，使优质资源惠及每一个融合教育和特殊教育学生。

深度融合，推动转型。结合"基于教学改革、融合信息技术的新型教与学模式"实验区建设，建成北京城市副中心（通州区）教育大数据中心，整体提升教育教学智能化水平。形成人人皆学、处处能学、时时可学的终身学习服务体系，打造更多的职工继续教育基地和市民终身学习基地。

共建共享，治理创新。鼓励社会力量兴办教育的政策机制逐步完善，民办学校内涵发展，形成覆盖各学段的民办学校品牌。

（二）区域普通高中教育情况

通州区现有小学 87 所（含农村完小）、九年一贯制学校 7 所和民办小学 9 所；初中学校 32 所和民办初中 4 所；普通高中校 11 所，其中公立高中 9 所，民办高中 2 所。北京城市副中心确立之前，高中学校发展水平相对固化。随着城市副中心教育的发展，办学主体多元化，打破了固化的层级，推动高中校向多种样态发展。目前通州区普通高中学校形成了四种类型的特色样态，分别是：全能综合发展样态、课程逐渐成熟样态、特色课程发展样态和国际课程发展样态。

1. 改革基本思路

（1）系统筹划，分层分类。立足本区实际，从办学机制体制、培养模式、课程建设、评价方式、队伍建设、教育教学、学校文化等方面系统筹划，按照特色发展方向分层分类推进。

（2）搭建平台，学术引领。建立区级普通高中教育研究会及不同类型学校研究分会，搭建便捷交流平台共同进步。尝试与高校建立沟通协作机制。

（3）示范效应，以点带面。着力打造普通高中学校若干所课程实施特色学校，为其他学校提供引领和示范，以点带面、整体推进。

（4）精准定位，特色发展。学校充分挖掘办学历史和特色资源、凝结明晰发展愿景，积极借鉴先进办学理念与区域实践经验，实现科学精准定位。学校结合区域发展需要与学校实际制订多样化特色发展规划和实施方案，实现学校特色发展。

（5）多措并举，扩充供给。结合落实城市副中心发展总体规划，盘活存量，优化增量，通过新建、改扩建、集团化办学、一体化管理等方式，扩大优化教育资源供给。

2. 面临的挑战和困难

（1）快速城镇化过程中城乡教育布局亟待优化和调整。城市副中心建设推动通州区的快速城镇化。在既有城乡教育二元发展的基础上，高中教育发展需要在小学、初中整体布局调整过程中进行布局优化，从而满足快速增长的高中优质学位需求。

（2）学校内涵式优质（高质量）发展的整体基础较弱，内生动力不强。一方面，通州区原有高中学校中，只有潞河中学、运河中学和永乐店中学是优质校，数量少、底子薄，对百年老校教育资源的挖掘不够，辐射带动和区域引领不够。另一方面，优质高中教育资源，特别是引进首师大附中、人大附中、北理工附中、北京二中等优质资源，共享共建体系急需建立与加强。

（3）城市副中心教师队伍总体水平不适应高标准建设发展要求。通州区高中教师队伍中优秀骨干教师、副高级以上职称教师、高学历教师占比较低，发展机会相对较少。特级、学科带头人、骨干教师共计 62 人，仅占教师总数的 8.3%；副高级以上职称教师 243 人，仅占教师总数的 32.6%；硕士及以上学历 178 人，仅占教师总数的 12.3%。

二、通州区普通高中教育教学改革的主要历程

通州区普通高中新课程实施进程可以分成三个阶段。

第一阶段，准备阶段（2017 年 9 月—2018 年 8 月）。

在准备阶段，通州区作为北京市第二批高考综合改革试点地区，重点在于落实相关项目和制定区域实施意见。

（1）启动《通州区基础教育质量提升支持计划（2017—2020 年）》子项目。

（2）制定并落实《通州区关于落实〈北京市深化考试招生制度改革实施方案〉的工作意见》。

第二阶段，实施阶段（2018 年 9 月—2020 年 8 月）。

在实施阶段，通州区启动落实新课程方案，制定了区域教学组织管理意见。

（1）启动落实《普通高中新课程方案（2017 年版）》工作。

（2）北京市教委发布《关于做好新高考背景下普通高中教学组织管理工作的通知》。

（3）制定《通州区关于新高考背景下普通高中教学组织管理工作的意见》。

第三阶段，深化与总结阶段（2020 年 9 月—2021 年 8 月）。

在深化与总结阶段，通州区制定了普通高中多样化特色发展方案，开展高中课程实施的现状调查，对通州区新课程实施特色路径进行归纳总结。

（1）制定《通州区普通高中多样化特色发展实施方案》。

（2）通州区普通高中课程实施的现状调查。

通州区教育的基本思路是统筹规划、布局调整，总体看历经了三个阶段。

第一阶段是 2015 年以前（共 10 所高中校）。

第二阶段是 2015—2019 年（共 9 所高中校）。

第三阶段是 2019 年至今（共 11 所高中校，其中 1 所正在建设中）。

表 6-2　通州区教育发展阶段表

阶　　段	学　　校	备　　注
第一阶段：2015 年以前	潞河中学、运河中学、永乐店中学、通州二中、通州三中、通州四中、张家湾中学、潞州中学、北京二中通州分校（2005 年成立）、首师大附中通州分校（2015 年成立）。	
第二阶段：2015—2019 年	潞河中学、运河中学、永乐店中学、张家湾中学、首师大附中通州校区、北京二中通州校区、北理工附中通州校区、人大附中通州校区、北京五中通州校区。	2017 年通州二中、四中停止普通高中招生。
第三阶段：2019 年至今	潞河中学、运河中学、永乐店中学、张家湾中学、北京二中通州校区、首师大附中通州校区、北理工附中通州校区、人大附中通州校区、北京五中通州校区、景山学校通州校区、北京学校。	景山学校通州校区正在建设中。

三、通州区普通高中教育教学改革的思路、项目与措施

（一）扩大优质，多种样态

优质均衡是北京城市副中心通州区教育发展的根本追求，加快推进与市行政副中心相适应的公平普惠、优质特色、改革创新、开放有序的教育体系的形成。

立足本区实际，坚持体制创新，打造特色课程，培养优秀的干部教师队伍，培育德智体美劳全面发展的建设者和接班人。满足首都社会发展对不同人才的需求，推动

城市副中心普通高中全面、协调、高质量发展。

通州区目前共有 9 所公立高中和 2 所民办高中，在课程资源建设方面，通州区高中发展呈现不同样态。

1. 全能综合发展样态

潞河中学、人大附中通州校区、首师大附中通州校区，课程体系成熟，课程特色凸显，在通州高中发展处于引领地位，表现出全能综合发展的特征。

2. 课程逐渐成熟样态

运河中学、北京五中通州校区、北京二中通州校区处于快速发展阶段，课程体系逐渐成熟，正在探索课程特色。此外，五所优质引进校的本部具有完善的课程体系和课程资源，将优质课程资源引入通州校区，结合校情实际，适应师生发展，更好地落地、生根、成长，实现教育教学管理与校本部的一体化。

3. 特色课程发展样态

北理工附中通州校区、永乐店中学、张家湾中学，着力在特色课程方面下功夫。

4. 国际课程发展样态

潞河国际教育学园、中加学校，在国际课程研发和实施方面有着长期的探索，表现出国际课程发展的特征。

此外，通过成立以三个示范高中为核心的教育联盟，开展拔尖创新人才培养项目（翱翔计划、雏鹰计划）、英才学校建设项目、特色高中建设项目、生涯规划指导项目等，引导高中学校合理定位，多样态发展，办出特色。

（二）基于核心素养的区域学科课程建设和教学改革

自 2017 年通州区被确立为北京市第二批高考综合改革试点地区以来，按照"整体统筹、逐步推进、科学管控、反思提升"的实施策略，通过构建各高中校特色课程体系，从而赋予干部教师课程领导力，激活课程研发与建设活力，为学生提供丰富多元的课程选择。

1. 学校特色课程体系的构建

第一，基于办学思想，建设学校课程体系。

潞河中学"健全人格教育"课程体系。潞河中学构建和完善了由三个层面、十三个类别组成的显性课程体系。以"成就每一名潞河学子个性成长与全面发展"为原则，建立了生态文明建设背景下 E-STEAM 课程实验工作室，以"钱学森班"为依托，构建"1+3"一体化课程体系贯通培养创新人才。

永乐店中学"责任·发展"特色课程体系。"责任·发展"特色课程体系，包括纵向层级维度德育类课程、基础类课程、拓展类课程和发展类课程。针对高一年级全体学生开展冰雪课程（滑冰、冰球、陆地冰壶、滑雪），以推进友善用脑课堂教学模式带动课堂教学改革，开展无人机创客、弦丝画创课等创课课程，将生涯规划纳入校本课程中。

北京五中通州校区"精致"课程体系。北京五中秉承"精气神"文化理念，践行"精致教育"，传承"精致教育成就每个学生"，高中课程内容遵循国家课程方案，重点发展人工智能项目，积极探索人工智能教学实践与研究。

北京理工大学附属中学通州校区"钻石型"课程体系。学校以"人文奠基、艺体科技见长"的办学理念为核心，构建特色科技课程体系，包括常规科技课程（必修）、选修科技课程、社团科技课程；开设了包括经典诵读、学科融合、技艺涵养、文化游学四个方面相结合的"四维国学"特色课程以开展传统文化教育；建构起常规活动、特色活动、校本选修和社团活动、研学阅历、德育学科以及学科渗透六大类德育课程体系；开展以"共铸生命成长乐园　奠基自主发展之路"为教育目标的生涯规划与管理课程建设。

首师大附中通州校区"四修"课程体系。以"'成德达才'与新时代同行"为宗旨，构建基础通修、兴趣选修、专业精修、特色必修课程体系。此外，通过大力扶持学科竞赛项目，探索学科竞赛和日常教学相结合，借鉴本部的学科竞赛辅导经验，建立和完善学科竞赛辅导课程。

第二，基于学校既有基础，培育优势课程领域。

运河中学"和谐德育"课程。运河中学在长期的办学实践中孕育形成了"和谐发展教育"的办学理念，开设多样化的校本课程，包括运河文化课程、学科拓展类课程、兴趣特长类课程、实践活动类等。

北京二中通州校区生涯规划教育。北京二中通州校区开展高中三年的整体连贯规划，必修和选修1的课程遵循国家标准，完成合格性考试的规定内容，选修2的课程根据北京二中教育集团标准执行，开展选修学习，帮助学生减少高考"6选3"选科的盲区和误区，实现终身发展的能力。此外，通过大力提倡信息科技特色项目，不断创新教与学的新模式，探索体现数据智能课堂综合课例，形成教与学新模型成果集。

张家湾中学美术特色课程。努力将"一切为了每个学生的发展"办学理念融入三类课程建设中。在不同年级开设生涯规划课。其中美术特色课程通过"1+3"项目培养美术方面的拔尖创新人才，开展为期四年的更有针对性的课程设置，提升学生的美术素养和专业水平。

2. 聚焦核心素养，推进课堂教学改革

第一，探索学科融合课程。通州区在学科融合课程方面进行了大胆的尝试，如人大附中通州校区在第二届"国际理解教育周"活动中开展融合语文、历史、政治、地理四个学科的"一带一路"专题课程外，还开展"大运河里流淌的中医药文化"全学科融合课程。

第二，综合实践"体验"课程。通州区因地制宜有效利用学生社会实践大课堂，建设实践基地。通过进基地考察调研，为学生搭建实践活动平台；实施网络平台管理，通过 OA 管理系统平台，平均每年审批学校在线申请单 800 余份；同时指导部分学校教师，利用武马艺术馆现场观摩、丹墨园交流研讨展示学校特色；开展"体验教育"引领下的实践活动课，对走进军博、木作、绢人、运河瓷画馆等博物馆系列活动成果进行展示，通过课题引领实践，申报了北京市"十三五"科研规划课题《非物质文化遗产教育促进区域特色实践课程的研究》。

（四）学生为本，发展指导

为落实北京市教委印发的《通州区基础教育质量提升支持计划（2017—2020 年）》文件要求，通州区教委建立了区、校两级工作小组，研究制定《通州区关于新高考背景下普通高中教学组织管理工作的意见》，建立和完善校级相关制度，包括学校选科走班方案、走班组织管理制度、学生发展指导方案、学分认定管理办法、学生选科指导手册等。

1. 建立学生发展指导制度

通州区全面贯彻《北京市关于深化育人方式改革推进普通高中多样化特色发展的意见》文件精神，适应副中心教育发展趋势，加强学生发展指导，大力推进未成年人思想道德建设，成立了通州区未成年人心理健康辅导站、通州区学生学习研究中心，不断健全指导机制，加强对学生德智体美劳全面指导。如"通州区学生学习研究中心"成立于 2017 年 3 月，以"促进学生思维发展，推进学习方式变革"为宗旨，以教育学、心理学、认知科学等为理论依据，从学习研究共同体、学情分析、学法指导、学风建设和学习策略研究五个维度开展工作。

2. 推进生涯规划教育

第一，基于调研测评，科学合理规划。

从生涯测评角度，帮助学生减少高考"6 选 3"选科的盲区和误区，指导学生认识自己，妥善处理自己的兴趣特长、潜能倾向与未来社会需求、个人发展的关系，提高学生的生涯规划能力和主动发展能力。

通州区学校从高一第二学期开始，采取分层次、分主题的学生选科意向调研，提前对各校"学生生涯测评"及"高中生的选科意向"进行调查分析，使超过 50% 的学生拥有非常清晰的价值观，选科方向清晰。

通过价值观、职业兴趣、性格类型、职业能力等方面测评，学校基于学生学科学情数据分析与学生志愿申报意向，结合学生综合素质情况，为学生提供科学的选科指导，帮助学生合理选择高考科目，形成了区级—学校—学生三个层面的报告，为推进各层面工作提供大数据参考。

第二，家校资源支持，多元助力发展。

建立学生生涯规划"导师制"。通过关注生涯规划课程及学生生涯发展指导育人模式建设，组建专业队伍，采用专职教师与兼职教师相结合的方式，实行"导师制"；开设统一的培训，阐明学校的课程规划、分班原则，实施模拟选择，通过志愿辅导与专业体验等方式指导学生选择专业；开展主题讲座、团体辅导、生涯班会课以及对个别有需要的学生进行个别指导，鼓励学科教师、班主任成长为生涯导师。

此外，关注吸收家长职业资源、校友资源，形成一个相对完备的生涯服务体系，通过利用学生家长已有的资源，让学生到相关机构、公司进行职业体验。

第三，科研课程引领，专业学术提升。

通州区积极参与北京市"中小学生涯发展指导课程开发、应用与推广项目"，区、校共同探索、实践，让生涯课程与指导成为学校课程体系的重要内容。如首师大附中通州校区开设生涯规划课程，从自我认知、职业考察和职业选择三个模块初步规划自己未来的发展方向。张家湾中学帮助学生认识高中学习的方式，在高一起始年级开设生涯规划课程，为全体高中班主任作了生涯规划集训指导，学校开展丰富多彩的校园文化活动。

3. 创新选课管理方式

第一，作好课程实施规划，建立选课指导制度。

区教委组织各校多次学习和交流研讨，形成了比较一致的几点意见：一是选课过程中必须充分发挥学生的主体地位，尊重学生的个人兴趣、特长及发展方向，老师、家长可以提供参考，但不能替代学生进行选择。二是实行行政班和教学班双轨制，采取行政班为主、走班为辅的管理模式，行政班是学校教学组织的基本单位，班主任是工作的核心；教学班实行导师制，辅助班主任进行管理。三是在实际操作中，各校可以结合自身实际情况选择不同的具体方案，对走班的范围和程度进行控制。

制定学生选课指南。学校结合北京市高考改革相关文件以及学校课程规划方案，制定学生选课指南，为学生提供课程说明。学校建立学分考核认定制度，指导学生形成个性化的课程修习方案。统筹学科优质教学资源。根据学生选课情况、学校学科组建设以及选修课开设情况，探索教育集团、教育联盟内学生跨校选课机制，依据市级学分认定办法，满足学生修习需求。

第二，学校结合实际，满足学生选课需求。

区教委通过调研，探索教育集团、教育联盟内学生跨校选课机制，指导学校制定选课走班指南，建立科学高效的选课走班运行机制。在具体实施中，学校结合自身实际和选课结果，从高二年级开始进行选课走班教学，合理编班排课。构建行政班与教学班相结合的班级管理制度，确保教学秩序稳定。学校实时监测、检查学生情况，加强学生教育，利用综合素质评价手段，提升学生自我管理能力。

潞河中学采取对语文、数学、英语按行政班分组分层教学，选课的六科完全采取学科分层走班教学的模式；人大附中通州校区、北理工附中通州校区、首师大附中通州校区、北京二中通州校区采取语文、数学、英语按行政班固定上课，选课的六科完全采取走班教学的模式；运河中学、永乐店中学、张家湾中学采取语文、数学、英语按行政班固定上课，选课的六科根据学生的选择数据，尽量按行政班分组，进行"行政班固定授课"加"定2走1"或"定1走2"的选科走班模式，减少走班的人次。目前各校选课走班模式整体运行平稳，涌现了一些特色案例。

北京五中通州校区提供课程说明和选课指南，安排班主任或导师指导学生选课，并与学生建立相对固定的联系，指导和帮助学生形成符合个人特点的、合理的课程修习计划。在走班教学管理制度方面，制定与新课程相适应的课务调度、教师安排、学生管理、教学设施配套等新制度，明确管理责任，为学生走班学习提供保障。

人大附中通州校区在多年高中教学管理和两年选课走班的经验基础上，积极健全指导机制，高二和高三学段实施行政教学双轨并行，班主任导师协同并进，在高一学生选科意向的基础上，实现4+2方案。班主任和导师协同促进学生发展，班主任主要负责日常管理等工作，导师给学生提供"思想引导、学习指导、心理疏导、生活辅导和成长向导"，促进学生全面发展。

运河中学充分体现了课程改革中确定课程内容的"基础性、选择性、关联性"等基本原则，在保证每个学生达到共同基础的前提下，充分考虑学生的不同发展需求。学校尽最大努力克服各方面的困难，尽可能满足学生的选科意愿，促进学生发展。

张家湾中学打破了原来"行政班"教学模式及学生管理形式，平时集体活动、日常规管理按行政班管理，选课走班时按教学班管理，对学生实行双师管理，即班主任和学科教师的协同管理，形成"全员育人"的良好氛围。班主任主要是负责行政班学生的日常管理，学科教师是教学班的责任人，既要完成学科教学任务，又要承担起对所任的教学班学生管理的责任。建立形式多样的教师考核评估机制，建立多元的学生评价机制，采用"等级制＋评语"的评价方式，全方位、多层面对学生进行评价。

4. 推进学生综合素质评价

通州区深刻领会高中学生综合素质评价的现实价值，建立健全组织领导机构，加强综评工作管理指导与培训，坚持培训、基地校、经验分享、专题课题研究、评价课引领，构建区域学生综合素质评价运行体系和推进举措，形成本区综评工作特色，助推本区教育课程改革。按照综评工作要求，各校关注学生成长过程，科学使用评价手段，客观记录学生发展状况，加强学生培养模式的研究，探索学生多元发展、科学评价的成长途径，促进学生健康发展。

第一，探索三级互动的学生综合素质评价区域运行体系。

通州区形成教委—区教师进修中心—中小学三级互动的学生综合素质评价区域运行体系，明确了各级职责定位。区教委负责学生综合素质评价的领导决策和行政监督；教师进修中心负责学生综合素质评价工作的培训、研究、服务、指导与管理；中小学校负责学生综合素质评价的实施、探索与研究。三级职能定位，使通州区的综评工作更加条理化、系统化和科学化。

第二，加强基地校建设，促进发展。

通州区加强基地校建设，充分发挥基地校研究、示范、引领、辐射作用。目前，全区有一所市级基地校：永乐店中学；两所区级高中基地校：潞河中学、运河中学。这三所基地校充分发挥示范作用，促进全区综评工作的有效开展。

2019年第一学期，在永乐店中学成功召开"以评促育　铸健全人格——学生综合素质评价与学生健全人格发展的研究"成果交流研讨会，永乐店中学肖秀华作题为"以综合素质评价为抓手，促学生健全人格养成——综合素质评价与学生人格发展的研究"发言，刘江一老师作"给学生最美的遇见"的交流，从教师层面进行专题研究成果总结，周洁、李蓉丹老师分别上两节评价课。

通州区潞河中学、永乐店中学被评为北京市综评先进高中，潞河中学吴丽茹、郭帅老师在北京市综评论坛中作全市经验交流介绍，扩大了通州区综评工作的影响，深化了通州区综评工作的开展。

第三，以"三课"为载体，引领发展。

"三课"指课堂、课程、课题。课堂立足评价课，课题、课程是指学生综合素质评价的教师培训课程开发与实施的研究，在研究中构建学生发展规划课程、教师和学生评价主体课程、评价内容课程。2016年，"中小学学生综合素质评价的教师培训课程开发与实施的研究"被立项为北京教育学会"十三五"重点关注课题。目前，此研究已取得了阶段性研究成果。2017年，通州区在市评价中心的引领下，开展了"学生综合素质评价的校本化研究"。目前，此研究也取得了阶段性研究成果。为了固化综评研究成果，通州区出版了《以评促育——学生综合素质评价通州探索》。

（五）研学共振，精准培训

1."研学共振"理念贯彻培训始终

所谓"研学共振"，就是教师研修中心与基层学校彼此相互作用，寻找干部教师专业发展供给与需求的平衡点，达成共识、形成合力，实现研修效果最大化。"研学共振"

的最大价值在于用巧妙的付出换取最佳的效果；其最高境界是在基层干部教师发展的同时，研修员自身素养也同样得到发展。"精准培训"就是针对不同干部教师的需求，开展有针对性和实效性的培训。"研学共振"在干部教师培训中的功能主要表现在三个方面：需求定位、过程监控、效果测量。

第一，"研学共振"精准定位干部教师的需求。

"研学共振"最突出的表现为精准定位干部教师的需求，确保培训的科学性、针对性和实效性。通州区在"十三五"之初，组织了"千名干部、万名教师"的需求调研，从而了解干部教师对于培训内容、形式、时间、地点等要素的需求。

培训内容以学科教学、班级管理、教师心理为重点。

培训实施体现在八结合上：线上与线下研修相结合，全员与分层研修相结合，同伴与导师研修相结合，内部与联动研修相结合，自我与群体研修相结合，外出与请入研修相结合，跟踪与基地研修相结合，示范与指导研修相结合。

第二，"研学共振"及时调控培训过程。

通州区教师研修中心建立培训过程监控机制，其中包括作为培训者的研修员自我监控和作为培训管理部门的集体监控。培训者通过课堂观察的方法及时了解学员的学习状态，及时调整学习的内容、方式和进度。培训管理部门运用课堂观察表、访谈提纲，及时了解培训的前期准备和培训进程中存在的优势与不足，从而为培训者提出建设性意见。

第三，"研学共振"把握培训效果程度。

"研学共振"可以全面快捷地明确培训的效果。通州区教师研修中心及各业务部室有计划地开展培训效果评估，这种评估包括对学员学习效果、培训课程和全区整体培训效果的评估。评估内容包括四个层次：心理的满意度、知识的掌握度、行为的改进度、成果的转化度。

2. 精品课程为精准培训示范引航

一是高中校长课程领导力培训。

第一种形式是通州区名校长工作室。2017年启动以来，名校长工作室系统研修活动不断深入，以导师指导、同伴互助方式，开展了课程方案的研讨与交流活动。如潞河中学、人大附中通州校区、北京二中通州校区等高中学校校长或执行校长都是工作室主持人。

第二种形式是组织校长到苏州大学等地培训，考察、学习当地高中课程建设和实施。培训中，开设了"新中高考背景下苏州课堂改革与评价""基于核心素养的课程建设思考"等课程，对苏州十中、三中进行考察学习。

二是教学干部学科教学和学校治理的专题研修。

通过优秀初中校、高中校实践探索个案的解读与研讨，指导学员学习和借鉴开展学科教学和学校治理的思路与经验；通过学员所在学校工作思路的分析与研讨，指导学员提升改革背景下的教学管理能力和水平。培训教学管理人员约 120 人。持续培训各中学教学副校长 30—50 人。培训方式包括对话式学习、案例式学习、反思式学习和分享式学习。

三是"评价课 +"让评价植根于课堂。

2016 年以来，通州区已经举办了五届评价课大赛。评价课的影响力越来越大，高中一线教师参与逐渐增多。2019 年三所高中学校共 7 名教师参加，2020 年六所高中学校共 15 名教师参加。

通州区研制了"通州区评价课教学设计标准""通州区评价课教学设计模板"，以及现场课评价标准，把评价课细分为学科评价课和主题评价课。教师在课堂教学中尝试"评价课 +"的模式，在语文、数学、英语、物理、地理、政治、历史、信息等学科教学中，落实评价理念，改进评价语言，制作评价量表，探索评价方式，做到"以评促学""以评促育"。

3. 分层施训为精准培训开辟路径

2020 年 6 月，通州区为了促进每一位教师的个性化发展，实施了"通州区教师教学个性化培训项目"。为了促进校本培训的规范性和有效性，教师研修中心精心设计了校本培训视导"五步"方案，包括一听、二查、三研、四观、五导。对于薄弱学校提供支持性策略，最具代表性的就是依托教科研部门支持中小学校发展项目，帮助五所农村薄弱学校进行为期三年的支持行动。对于普通学校采取指导性策略，帮助学校发现校本培训中的闪光点，为学校搭建交流展示平台。

4. 技术创新为精准培训提供支撑

教育部在"基于教学改革、融合信息技术的新型教与学模式"的课题研究中，明确把"互联网 +"跨校、跨区县的教师培训方式的研究作为重要内容。

依托研究项目开展精准培训。2016 年，通州区出台《智慧课堂变革教与学方式区校联动研究方案》，跨学段、多学科广泛开启"智慧课堂"实验研究。2018 年，启动"全学科阅读"（ASR）实施项目，借力信息技术，深耕阅读实践，提升学生阅读素养。两大项目有效促进了信息技术与教学的深度融合。

依托大数据开展精准培训。2017 年 9 月至今，通过与北京师范大学高精尖项目组深度合作，启动"网络研修模型的研究与实践"。

依托网络平台开展精准培训。研修中心依托无限宝、腾讯会议、钉钉等网络平台大力探索线上培训方式。尤其是新冠疫情期间，开展了网络直播课堂和研修活动。

（六）区域政策和制度保障

1. 教师队伍的城乡统筹与配置

一是统筹城乡师资配置，合理优化教师队伍结构。为统筹城乡师资配置，协调通州区研究解决中小学教师编制总体超编与结构性缺编并存、教师来源不足与专业性不断下降（非师范专业教师、教非所学教师比例不断提高）、教师的年龄结构与学历结构不够合理等问题，不断优化教师队伍的结构。

二是拓宽教师补充渠道，引进优秀教师和优秀毕业生。通州区探索实施了教师招聘制度改革行动，为优秀人才引进、使用和管理工作提供制度支撑和保障。在编制供给有限的情况下，通州区以毕业生招聘为主线，以社会化教育人才、调入区外教师为补充，实现师资增量优质、盘活存量。

三是区级统筹教师资源。依据《通州区教育系统优秀人才管理暂行办法》，区级统筹师资调配，建立优秀教师资源库，统筹解决选课带来的师资结构性短缺，鼓励并统筹优秀教师在完成所在校教学任务的基础上跨校兼课。实施"区管校聘"改革，建立教育部门统筹教师资源配置、学校负责岗位聘用新机制。先后调剂 100 余名教师补充到紧缺学校，实现师资均衡配置和合理流动。

四是支持教师参加城区的教师研修活动。协调东城区、西城区、海淀区教委和教师研修机构开放教师日常研修活动，通州区教委和教师研修机构统筹组织，通州区学校和教师自主选择系统参加三个城区各学科的教师日常研修活动，实现全覆盖，全年共有 1729 人次参与日常研修活动。

2. 优质教育资源的引进与支持

一是驻通工作补贴。优质资源引进校派驻干部教师，按每人每月 2000 元的标准发放驻通补贴。截至 2020 年 11 月，已发放三个学期驻通补贴共计 543.4 万元，共涉及八所优质资源引进校。

二是师资配备政策。高中干部教师的待遇比其他学段高 30%。在教师配置指标上，对高中校有倾斜。

三是支持骨干教师送教到校。重点对通州区九所学校进行支持，解决乡村教师在教学中存在的突出问题，明显缩小城乡师资水平差距。

3. 高中教育教学资源的保障与共享

信息技术支撑。基于中高考改革架构，依托现有网络设备、技术，利用通州区教育云服务平台，构建基于网络的工作新机制。

统筹校内外资源。合理有效地安排师资，以满足选科教学的需要。

加大经费投入。区教委安排专项资金提供经费保障，根据年度工作计划，给予经费支持。重点投向改革相关的教室改造、设施设备、师资补充、课程建设以及平台管理等领域。

四、通州区普通高中教育教学改革的成效、经验与特色

通州区教育改革实现了高起点特色化发展的"通州特色"实践模式。

（一）基于城乡一体化的高中课程管理机制

通州区充分抓住区域功能变迁的历史机遇，针对城乡教育二元发展的基点，创新高中课程管理机制，破解城乡教育一体化难题，以高中课程实施带动区域教育整体质量提升。

1. 区域功能变迁中的教育规划统筹机制

在十二五末、城市副中心确立和城市副中心建设提速三个时间节点中，通州区将小学、初中和高中三个学段的学位需求进行统筹，既有老城区的老校退出高中办学，也有市中心优质高中校的进驻；既有农村高中校的转型升级，也有依托优质高中的初高中联合办学。近几年通过高中新校的进驻、原有高中的托管、老高中校的退出，通州高中布局更加合理，有效带动通州区基础教育的整体提升。

2. 提升教师素质的市区联合支持机制

依托《关于促进通州区教师素质提升支持计划》的文件要求，强化市级统筹，充分整合高等学校、研究机构、市区两级教师培训（研修）机构和中小学校优质资源，优化和健全通州区教师专业发展支持服务体系，聚焦学科教学改革、新中高考改革等重点目标任务，细化落实了近 20 个支持项目，快速提升通州区教师的整体素质，全面提高通州区教育的整体水平。

3. "三位一体"的课程实施支撑机制

在高中新课程实施过程中，专业支撑必不可少。从机构设置上，将高中新课程实施的教研、科研和课程研修三位一体结合起来。在科研引领、教研主导、课程落实的过程中，通过市区校三级联动教研、课程设置的区级指导、课程重难点科研攻关等途径，实现了课程实施的有效支撑。

（二）基于育人方式变革的课程体系建构机制

1. 全面性：五育有机融合，形成课程的内生动力

在指导学校的课程建设过程中，在德育为先，继续夯实智育的基础上，在体育、美育和劳动教育方面进行大力探索，包括体育学科建设，美育和劳动教育基地的建设。

目前各高中校的课程体系都能够体现出五育的有机融合，形成了课程的内生动力。

2. 选择性：基于学情与生涯教育，形成课程个性化属性

通州区针对课程选择，成立了学生学习研究中心；建立学生生涯规划"导师制"。从制度的顶层设计到具体课程选择的指导，为学校的课程个性化奠定了基础，保障了课程选择性的落实。

3. 实践性：探索综合性活动性课程，拓展实施途径

通州区引领各学校积极探索学科融合课程，围绕新教材实施中遇到的综合性问题、实践性问题进行了大胆的尝试。同时健全社会教育资源有效开发配置的政策体系，因地制宜打造学生社会实践大课堂，建设一批稳定的学生社会实践基地。

（三）基于多种样态的高中学校特色品牌建设机制

1. 深厚历史的特色积淀——潞河模式

在深厚历史积淀的基础上，在历次高中课程改革过程中，潞河中学围绕"人格教育"制订选课走班课程方案，开展基于深化基础教育领域综合改革背景下学校自主建设课程的探索与思考，构建多元成长指导体系。

2. 成熟体系的特色生长——人大附中通州模式

人大附中通州校区开发了"魅力课程"体系。以各学科核心素养培养为落脚点，完善德智体美劳全面培养体系。如教育戏剧课程、机器人与人工智能课程、生命健康课程、中英双语文学阅读与创意写作课程等。

3. 优势领域的特色成长——张家湾中学模式

张家湾中学的美术特色课程通过"1+3"项目培养美术方面的拔尖创新人才，目前该校的美术特色课程已经形成体系，还在持续发展过程中。

五、通州区高中教育教学改革的未来展望

（一）通州区教育需要构建和谐教育生态

教育生态涉及课程建设、教师专业成长、学生发展和学校特色发展等多方面内容，多方合力构建一个稳定而创新、竞争而协作、均衡而个性化的良性运作机制，内部保持强有力的生机，外延展现通州特色。但通州区教育生态内部存在一些短板：部分干部教师存在课改与升学之间的认知矛盾，如有的学校反映校本课程与国家课程有机结合不够，学生的升学与深造联系不够紧密；现实课程体系中存在以教师传授知识为核心，教师成为课程体系的主角而学生处于不对等的地位，缺少对国家政策、课程标准

方面政策的专业性解读与指导；从外部因素看，缺少专项资金与人才支持，体现在课程建设专业人才与劳动教育师资方面。此外，通州区还存在外来引进校与本土学校的融合矛盾，如生源竞选压力，教师由于待遇及发展问题导致队伍稳定性有所减弱。

基于这些现状，教育行政部门从实际出发，整体协调统筹，平衡各校需求，切实把握扎根通州、服务通州的核心要求，引导各校良性竞争，从资金、人力资源方面为学校提供支持。

（二）基于课程建设的课堂教学改革

新课程新教材的建设应该落实于课堂、服务于课堂，推动教与学方式的变革，引导教师在传统讲授式的基础上，采用启发式、探究式、合作学习、实验操作、社会调查等方式组织教学，改变学生被动学习的现状，关注学科核心素养培养，使得课程目标更加集中指向学生综合素质的发展和健康成长，引导教师特别关注课程在传递知识之外其他更有价值和意义的课程目标。不少教师由于疲于应对高考教学，没有精力开发新的课程资源，对学科核心素养的理解还有待提高，这些问题均需要进一步推进基于课程建设的深度课堂改革，突出学科课程内容的情境性，与现实生活、学生经验的意义关联，强调知识的迁移与应用性。

（三）高质量高学历教师队伍的构建

在教师队伍建设方面，存在一些瓶颈。

一是教师队伍专业素质仍需持续提升。从整体上看，通州区教师队伍呈现"一多一少"的态势，即青年教师多、高层次教育人才较少。通州区近几年教育事业发展迅速，教师队伍快速扩充，大量新入职教师教学经验不足，学科素养和教学能力不高。尽管通过一系列培训提升了教师的专业素养，但是与城市副中心教育发展水平还存在一定差距，亟须得到高水平的系统培训和整体提升，区域内城乡二元结构也体现在城乡教师群体二元结构上，即城乡教师群体在数量和质量上呈现不平衡。

二是一些驻通州区的市属学校教师由于人事关系隶属于不同区，导致同岗不同酬，对学校内部教师工作积极性产生一定影响。

三是通州区教师群体结构合理性有待加强，缺少专业心理教师，需要从行政上予以编制及人员支持，建设高水平、合理科学的教师队伍。

要实现副中心教育的目标，即提升办学品质，提高教育教学质量，创建两个品牌：优质均衡发展和特色多样化发展。采取三项举措：其一是打造三个课堂，即双师课堂、名师课堂和互联网课堂、其二是队伍建设，即研修员队伍、干部队伍、教师队伍和班主任队伍建设。其三是校本教研，要提高研修活力和教育教学质量，进行评价改革。

今后，通州区教育要与东、西、朝、海的教育看齐，适应副中心教育的要求，必须在教师队伍建设、课程实施、课堂教学质量提升以及教研水平、能力提升上有一定的突破。

第四节　密云区基础教育教学改革的特色实践

一、密云区基础教育情况

（一）区域定位与区情

密云区位于北京市东北部，是首都重要饮用水源基地和生态涵养区。区域面积2229.45平方公里，是北京市面积最大的区，辖17个镇、2个街道、1个乡，常住人口52.77万人。2020年，地区生产总值338.56亿元。密云属燕山山地与华北平原交接地，是华北通往东北、内蒙古的重要门户，故有"京师锁钥"之称。全区东、北、西三面群山环绕、峰峦起伏，巍峨的古长城绵延在崇山峻岭之上；中部是华北地区最大的人工湖、碧波荡漾的密云水库，西南是洪积冲积平原，自然地貌特征为"八山一水一分田"。密云生态环境优美，全区林木覆盖率达73.63%，生态质量全市排名第一。近年来，密云区深入贯彻习近平总书记给建设和守护密云水库的乡亲们回信精神，牢牢把握"保水、护山、守规、兴城"的总体要求，始终把保水作为首要政治责任，成功创建全国首批水生态文明城市、国家生态文明建设示范区、"绿水青山就是金山银山"实践创新基地、"基本无违法建设区"，积极创建全国文明城区、国家森林城市，确立了打造践行习近平生态文明思想典范之区的发展目标。

（二）密云区基础教育情况

截至2021年7月，全区有普通中小学63所（小学40所、中学21所、九年一贯制学校2所），在校生38710人（小学22801人、初中10091人、高中5818人）。共有在职教职工5836人，其中，专任教师4556人，占78.07%。推进基础教育优质均衡发展、建设高质量教育体系是促进教育公平和办人民满意教育的重要举措。自2009年被教育部评为"全国推进义务教育均衡发展工作先进地区"以来，密云坚持将提升城乡教育优质均衡发展水平作为首要民生工程，给予高度重视，努力做到更好地满足广大人民群众公平享受高质量教育的需求。2010年，密云与北京市同步完成了初步实现基本公共教育服务均等化和基本实现教育现代化的发展目标。2019年，召开全区教育大会，进入了全面加快推进教育现代化的新发展阶段。目前，密云区义务教育入学率、巩固率保持100%，蝉联北京市《国家学生体质健康标准》测试"十三连冠"，被教育部评为"全国阳光体育先进区"；初中毕业生升入高中阶段学校比例保持99%以上，中高考成绩稳居生态涵养区前列；以教育信息化推动教育现代化，荣获全国"家园共育"优秀试点区；在全市率先实行城乡干部教师轮岗交流制度，以全市第一98分的成绩高标准通过义务教育均衡发展国家级验收；连续三年教育工作满意度居全市前列。

二、密云区基础教育教学改革历程

回顾密云基础教育教学改革的轨迹，本世纪以来，大致经历了四个阶段。

（一）改革加速阶段

2001年10月，密云召开教育机构改革大会，撤销密云县文教办公室、密云县教育局、密云县成人教育局，合并成立密云县教育委员会。教育委员会的成立，将"成教"与"普教"进行统筹管理，精简了机构，理顺了关系，推动了密云教育事业的发展。在此时期，密云充分认清形势，全面贯彻党的教育方针，严格执行《教育法》和《教师法》，以全面实施素质教育为中心，深化课堂教学改革，加强和完善学校内部体制改革，努力落实三个《评价方案》，大力推进学校规范建设和管理，教育质量和办学效益都得到大幅提高。县委、县政府依据《纲要》提出的采取深化教育改革，坚持协调发展，增加教育投入，提高教师素质，提高教育质量，注重办学效益，实行分区规划，加强社会参与的战略，加快了教育事业改革和发展的步伐，密云的教育发展和改革从1993—2001年，进入快速前进期，取得了可喜的成果。

（二）飞跃发展阶段

2002—2011年，在县委、县政府的正确领导下，密云根据党的十六大和十六届三中全会精神，深入贯彻落实北京市教育工作会议精神，坚定不移地实施"科教兴县"战略，制定和颁布了《密云县建设首都农村教育现代化试验区的方案》《密云教育2010发展纲要》《关于进一步加强中小学骨干教师队伍建设的意见》。几年间，密云进一步推进学校布局结构调整，全面改革办学条件；采取具体措施，加强干部教师队伍建设；以德育为核心，以培养学生创新精神和实践能力为重点，努力提高办学水平；进一步深化基础教育课程改革，稳步提高教育质量；抓住首都建设"新北京，新奥运"和率先实现现代化的发展机遇，全面推进首都"农村教育现代化试验区"建设，努力探索具有农村特色的教育现代化建设之路等方面的工作都得到了飞跃式发展。

（三）持续快速发展阶段

2012年11月，党的十八大胜利召开，以习近平同志为核心的党中央坚定不移全面推进教育领域综合改革，办人民满意的教育。2015 年 11 月，密云撤县改区。在区委、区政府的正确领导下，在市委教育工委、市教委的指导支持下，密云区委教育工委、区教委团结带领广大干部教师，坚持教育优质均衡发展，全力推进教育改革，教育布局持续优化，教育公平大力彰显，教育质量全面提升，干部教师队伍建设卓有成效，教育保障能力切实增强，全区教育现代化建设取得长足进步。2012—2016 年，密云基础教育实现持续、快速、健康发展。

（四）高质量发展阶段

2017 年以来，密云区坚持以习近平新时代中国特色社会主义思想为指导，深入贯彻党的十九大和十九届二中、三中、四中、五中全会精神，认真学习领会习近平总书记给建设和守护密云水库的乡亲们回信精神，全面落实全国全市教育大会精神，合并教育督导室，以加强党的领导和政治建设为坚强保证，坚持以人民为中心，坚持优先发展，持续深化综合改革，党的领导全面加强，各级各类教育优质协调发展，素质教育全面实施，师资队伍素质整体提高，教育保障不断增强，全区教育优质均衡发展水平、服务经济社会发展能力、人民群众获得感均有明显提升，教育现代化建设加快推进，密云教育步入高质量发展的新阶段。

三、密云区基础教育教学改革的主要问题与改革思路

（一）主要问题

"十三五"以来，密云教育改革与发展取得了显著成绩，但面对经济社会发展和人民群众日益增长的新要求、新期盼，仍面临诸多新挑战，主要表现在：

第一，基础教育学位在新开发区域和人口密集区域的供给存在一定缺口。国家经济快速发展也积极促进了密云区域的经济发展，新开发区域不断增加，人口流动形成了新的聚集特点，这要求基础教育需要紧跟区域发展，不断跟进调整教育资源配置的地理空间布局结构。

第二，优质教育资源总量不足、空间分布不合理的现象仍然存在。密云区义务教育均衡取得了显著成绩，实现了教育基本均衡，但是离优质均衡还有较大差距，优质教育资源在城乡间、校际间依然存在不均衡。这需要不断创新基础教育领域优质教育资源增长和共享机制，持续扩大优质教育资源的辐射力度和增加优质教育资源的总量。

第三，教育治理体系和治理能力现代化建设需进一步加快。应对新时期系列基础教育改革，区域教育体系还有待完善，治理能力也亟待提升，否则很难为区域基础教育改革提供坚实的体制机制保障。

（二）改革思路

针对以上问题，密云区积极落实区域对教育的主体责任，旨在通过区域教育现代化建设加快全方位的基础教育综合改革进程。

2019 年 9 月，密云区教育大会胜利召开，出台了《密云教育现代化 2035》《加快推进密云教育现代化实施方案（2019—2022 年）》等系列文件，明确了建成思政课建设、生态文明教育、义务教育优质均衡发展、优秀教育工作者培育、学校特色建设"五个典范"的新时代教育改革发展目标，为密云教育事业改革发展规划了宏伟蓝图。

2020 年 4 月，根据市委批复的《北京市密云区机构改革实施方案》，组建由区委书记任组长，区委常委、宣传部部长和主管教育副区长任副组长，相关部委办局负责同志为成员的区委教育工作领导小组，负责落实区委对教育工作的集中统一领导，负责全区教育重大工作的顶层设计，总体布局、统筹协调、整体推进。

四、主要改革项目与措施

"十三五"以来，密云区重点采取以下措施，深化基础教育教学领域的综合改革。

（一）加强党对教育工作的全面领导

密云区加强学校领导班子和干部队伍建设，重点提高领导科学发展的能力。创新和完善教育系统领导干部培养、选拔、任用、培训、管理和考核机制，坚持德才兼备、以德为先的选人用人标准，选齐配强学校领导干部。加强基层党组织建设，进一步发挥基层党组织在学校工作中的政治核心作用。完善基层党组织工作制度，推动基层组织工作规范化、科学化、制度化。推进中小学校党组织领导的校长负责制，重视学校共青团、少先队工作，不断强化党组织的思想建设、组织建设、作风建设、制度建设和反腐倡廉建设，为实现办好人民满意的教育提供坚强的组织保障。

（二）推进基础教育优质、协调发展

密云区深入推进义务教育优质均衡发展，优化学校空间布局和资源配置，加强农村地区师资建设，扩大优质教育资源覆盖面，推进城乡教育一体化发展。促进普通高中多样化发展，优化高中布局和办学条件，不断提高高中办学水平。健全特殊教育服务和管理体系。

（三）全面实施素质教育，提高学生综合素养

密云区加强和改进德育工作，培育和践行社会主义核心价值观，大力推动文化育

人和实践育人。深化和创新课程改革，建立充满活力、体现密云特点的课程体系。以学生学习为中心，创新教学管理，推进信息技术与教育教学的深度融合，全面提升教学质量。强化体艺科技教育特色，培育区域体育特色，提高学生艺术素养，培养学生科学精神。完善质量评价体系，引导学校、教师树立科学的教育质量观。

（四）深化教育领域综合改革

密云区建立教育行政部门依法、科学、民主决策机制，提高教育治理水平。积极引导区域内外社会力量多种途径参与办学，形成政府主导、多元主体参与的办学格局。全面推进依法治校，形成一校一章程格局，建设现代学校制度。深化考试招生制度改革，深化教育集团、学区、共同体管理和城乡一体化学校建设，多种途径扩大优质教育资源覆盖面。推进义务教育管理标准化、平安校园建设，确保达标率100%。深化教育督导改革，成立教育督导委员会，完善督政、督学、监测评估三位一体的教育督导体系，促进教育公平、科学发展。

（五）深化人事制度改革，全面提升干部教师综合素质

密云区坚持把师德建设摆在教师培养首位，制定并实施《密云区中小学师德建设五年行动计划（2016—2020年）》，全面提升师德素养。加强班主任、骨干教师、教科研人才等队伍建设，创新培训方式，提高培训实效。坚持推进干部教师轮岗交流，完善交流机制，优化城乡师资结构。加强人才引进，深化书记、校长、教师工作室建设，全方位打造一批在全市乃至全国都具有一定影响力的名师、名校长。深化教育人事制度改革，全面落实乡村教师岗位生活补助，促进乡村教师队伍稳定和整体素质的提高。

（六）加大经费保障力度，提高经费使用效益

密云区完善政府投入为主、多渠道筹措教育经费机制，严格落实教育经费法定增长要求。优化教育投入结构，集中力量解决制约教育改革发展中的瓶颈问题和事关人民群众切身利益的教育问题，切实提高教育经费管理使用效益。加大教育投入，通过新建、改扩建学校等措施，不断改善城乡中小学办学条件，促进全区教育优质均衡发展水平的提高。加强信息化基础设施建设，不断提升教育信息化水平。

六、密云区基础教育教学改革的成效、经验与特色

（一）成效

1. 党对教育工作的领导全面加强

密云区政治建设全面过硬。建立专家课堂、书记课堂、先锋课堂、微信课堂、实

践课堂"五大课堂"渠道，形成"四四五七"工作机制，推进"不忘初心、牢记使命"主题教育走深走心走实。组织建设全面强化。理顺管理体制，46个中小学党组织隶属关系从乡镇管理调整到教育工委管理，保证了党的建设与教育综合改革同步谋划。不断抓实管党治党责任，强化监督执纪力度，坚决破除形式主义、官僚主义，全面从严治党得到有效落实。

2. 基础教育优质协调发展

密云区成立两个中学教育集团、四个中学学区、七个小学城乡教育共同体，深化城乡一体化学校、友好合作校建设，优质教育资源覆盖面不断扩大。普通高中优质多样化发展，高中毛入学率保持99.5%以上，高考成绩稳居生态涵养区前列。

3. 素质教育全面实施

密云区实施"美丽少年"教育，德育实效性进一步增强。持续推进中小学"知行合一育人课堂""生动课堂"研究，探索高中管理、教研、分班、走班的有效方法，全面深化基础教育课程改革。切实保证学生每天一小时校园体育活动，蝉联北京市《国家学生体质健康标准》测试十三连冠。美育科技教育特色发展，建成全国优秀文化艺术传承学校三所、市金帆书画院两所、市金鹏科技团一个。劳动教育、生态文明教育不断加强。

4. 教育领域综合改革不断深化

推进学校管理标准化建设，密云区中小学全部建成义务教育学校管理标准达标校。全面推进依法治校，建立健全学校章程，形成一校一章程的格局。深化考试招生制度改革，通过多种形式扩大优质高中资源覆盖面，公平、合理分配优质高中学校招生名额，并向农村学校倾斜。完善教育督导制度，成立密云区教育督导委员会，构建教育督导室督政、督学、评估监测三位一体的现代教育督导体系，实现中小学、幼儿园挂牌督导全覆盖。

5. 师资队伍素质整体提高

密云区颁布《新时代密云区教师职业行为规范》《密云区中小学师德建设五年行动计划（2016—2020）》等系列文件，健全师德师风建设保障、约束机制。成立35个教师工作室，成功引进河南省正高级名校长一名，评审认定特级校长四名。深化交流机制，推进集团交流、中小衔接交流。平稳发放乡村教师岗位生活补助，有效促进了乡村教师队伍的稳定和发展。

6. 教育保障不断增强

密云区加大教育投入力度，优化城乡资源配置，全区办学条件持续改善。实现

100% 师生网络空间"人人通"，实现 100% 建成平安校园。在全市率先向社会开放城区中小学体育场馆，满足市民就近健身需求。落实"七有""五性"工作要求，做好接诉即办工作，积极回应群众关切的问题。实现中小学营养午餐全覆盖，满足学生在校就餐需求。

（二）经验与特色

1. 区域干部教师轮岗交流

2005 年以前，密云区教师队伍建设工作面临诸多困境，师资结构不合理、教师发展通道狭窄、资源配置单一等问题十分突出。义务教育发展不均衡，学校、城乡、区域间教育发展水平差距较大。2006 年 6 月，第十届全国人大常委会第 22 次会议通过了新修订的《义务教育法》，明确规定"县级人民政府教育行政部门应当均衡配置本行政区域内学校师资力量，组织校长、教师的培训和流动，加强对薄弱校的建设"，为密云区干部教师轮岗交流工作吹响了号角。

第一，分阶段稳步推进岗位交流工作。

为稳步推进干部教师岗位交流，密云区实施分步走战略，从"人动关系不动"到"人动关系动"，从重"量"交流到重"质"交流，从单一形式交流到多种形式交流的实践，经历了实验、探索、深化三个阶段。

实验阶段（2005 年）：2005 年，按照区政府要求，实施城乡间的双向流动：安排 30 名城区教师到乡村任教；同时，抽调 50 名乡村学校校级以上骨干教师到城区学校学习提高。

探索阶段（2005—2010 年）：在总结 2005 年实验工作的基础上，2006 年，密云区正式实施教师轮岗交流，将交流时间由一年延长至三年。在此基础上，积极探索实行校级干部轮岗交流制度。2007 年年初，首批 33 名学校正职干部进行了轮岗，2007—2010 年共有 110 名校级干部进行了轮岗。

深化阶段（2011—2021 年）：在全面总结上一阶段经验的基础上，开始进行"人动关系动"、从单一形式交流到多种形式交流的实践，建立轮岗交流为主、兼职交流、对口交流、学科指导等多种交流形式相结合的交流机制。2011 年至今，有 1956 名任课教师参加轮岗交流，20 名教师进行兼职交流，55 名教师进行学科指导；266 名校级干部轮岗交流。

自 2005 年至今，密云区共有 3340 名教师参与交流，占到了全区中小学、幼儿园专任教师总数的 72.25%，涉及所有中小学和幼儿园，涵盖了所有学科；所有校级干部都参与了轮岗交流，人均 1 次以上。

第二，加强岗位交流工作的实效规范。

一是精心准备，增强岗位交流的计划性。密云区岗位交流初，采取加强宣传、舆论引导、思想教育等措施，使干部教师和家长充分认识到教师岗位交流是教育均衡发展的必然要求，使教委系统形成了思想统一、上下齐心的良好工作氛围。为全面掌握师资队伍现状，组织相关科室深入各中小学校进行调研，做到情况在一线了解，资料在一线提取，数据在一线核实，民意在一线掌握。结合实际，制定《教师岗位交流实施意见》，找准岗位交流的工作目标，明确岗位交流的时限和交流教师条件，使效能最大化。

二是量才使用，提高岗位交流的针对性。密云区立足于改善，实施"互补性"交流。针对各中小学校相对薄弱的学科，选派交流教师进行"补强"，促进了学校办学水平的整体提高。立足于帮带，实施"支援性"交流。城内骨干教师到山区学校后，要求其采取师带徒等形式，加大教学指导力度，充分发挥"种子"作用，催生、培养出一大批新的山区教学骨干。立足于锻炼，实施"培养性"交流。从乡村到城内交流的教师，要求接收学校按 2/3 工作量安排工作任务，另外 1/3 工作量安排其锻炼学习。同时，接收学校为每位交流教师安排一名教育教学经验丰富的骨干教师作指导教师，促进山区教师快速成长。

三是建章立制，突出交流的规范性。密云区成立由区委教育工委和区教委主要领导任组长的教师岗位交流工作领导小组，全面负责交流工作的组织、协调。明确区教委相关科室、学校的职责，逐步形成了各负其责、相互配合的组织管理体系。建立教师岗位交流督导评价机制，教师岗位交流工作领导小组采取定期检查和随机抽查的方式对交流工作进行督导，确保各项工作任务有效落实。完善激励措施，同等条件下，交流教师优先参加中、高级专业技术职务评聘，优先参加评优、评先活动。建立健全优秀交流教师评选表彰制度，召开总结表彰大会，宣传先进教师、典型事迹，充分调动交流教师的工作积极性。

第三，岗位交流工作成效显著。

干部教师岗位交流为密云基础教育教学带来了"三大变化"。

第一大变化：城镇教师下乡"播撒爱心"，重塑师德，引领山区教育共提高。交流到山区的教师切身感受到了山区教师的艰辛，在师德修养方面得到了熏陶和重塑。交流到山区的骨干教师通过示范引领，毫不保留地把自己的教学经验"传递"到山区教师手中，培养出一大批新的山区教学骨干。

第二大变化：农村教师进城潜心"学艺"，抓住机遇，奋勇拼搏敢争先。从山区到城内的教师，充分利用城内学校的优质教学资源和良好的生源条件，珍惜学习锻炼的机会，迅速成长起来。城内接收学校安排本校教师与交流教师结成师徒、帮扶对子，使交流教师在教育教学能力、教科研水平及师德等方面均得到明显提高。

第三大变化：山区、城内教学齐发展，让学生成为了最大的受益者，赢得了全区百姓的普遍支持。2018 年 4 月，《中国教育报》头版以"教师轮岗 13 年，密云收获了什么"为题,对密云教师轮岗交流工作进行了专题报道。

2. 学校体育工作

多年来,密云区牢固树立"健康第一"的理念,认真贯彻落实市、区关于全面加强和改进新时代学校体育工作的相关要求,将学校体育工作作为深化教育改革、全面实施素质教育的切入点,逐步探索出切合区域实际的学校体育特色工作机制,不断提高体育工作水平,促进中小学生健康成长。

第一,强统筹,秉持一个发展思路。

密云区坚持将学校体育工作列入教育事业发展规划,将学生体质健康水平纳入政府绩效管理和学校年度评价考核,不断加大学校体育工作组织管理力度,逐步形成了"区政府统筹领导、教育部门牵头组织、相关委办局分工协作、社会广泛参与"的工作机制,确立了"全员参与抓落实,全面推进促均衡,恒久坚持成特色,促进学生健康成长"的发展思路。从2008年开始,就将学校评价考核指标中的体育工作权重提高至20%,每年对学生体质健康测试、防近视、控肥胖进行专项评选奖励,不断提高学校体育工作科学化、制度化、规范化水平。

第二,深改革,推进两项重点工作。

密云区用好"财",持续增加体育投入。持续加大学校体育场地设施、设备投入,改善体育教学条件。建设综合体育场馆,配备各类体育器材,保障每所学校都有一块塑胶操场,在全市范围内率先实现中小学校体育场馆向社会开放,为满足学校体育教学需要、开展丰富多彩的体育活动提供了有力保障。同时,充分利用首都教育资源,用好课外活动计划经费,发挥市级专家和优秀体育人才的作用,促进了校园足球、篮球、软式棒垒球和冰雪运动等一批体育项目的持续发展。

密云区关注"人",深化体育教学改革。区域内各学区、城乡教育共同体定期组织交流、研讨活动,推进"一校一品"体育教学改革,解决体育教学中的实际问题,促进城乡学校体育一体化发展。整合地方课程、校本课程和课后服务时间,为学生创造更多走向户外、参与体育锻炼的机会。体育课时设置按照小学每周五节、初中每周四节、高中每周三节分步落实。将培养学生体育运动技能作为提升教学效益的重要评价指标,将体育融入德智美劳教育当中,五育并举,促进学生全面发展。加强教师基本功考核,充分发挥市、区级学科带头人和骨干教师的示范引领作用,促进教师教学方式的转变和教学质量的提升。涌现出了全国劳模、全国十佳活力园丁张洪斌等一批优秀体育教育工作者。

第三,重恒持,打造三个特色品牌。

一是全员参与,集体跑步见成效。从2008年起,密云区在全区实施学生每天半小时集体跑步进课表,现已坚持15年。聘请北师大体育与运动学院专家团队指导密云区集体跑步工作，经多次深入调研论证，根据学生年龄特点，科学核定跑步距离，并常年进行心率监测，科学调整运动负荷，确保全员参与。将跑步与音乐有机结合，通过音乐和节奏的变化，调控学生跑步速度和运动负荷。根据学生年龄阶段、场地空间，设计不同的跑步路线，通过队形变换，勾画出各种组合图案，在富有艺术性的队列变换中跑齐、跑变、跑美，有效提高了学生跑步的注意力，让原本乏味的跑步变得生动有趣，实现了"育体、育德、育心、育美"的有机结合。15年来，每天半小时的集体跑步已融入密云区每一名师生的血液，融入密云教育的基因，成为展现学校校风、师生精神风貌的重要窗口。学生体质的不断增强，使得冬季患感冒的师生大量减少，成为让一批批孩子受益终身的习惯。全国多地教育部门自发到密云区观摩学习集体跑步经验。教育部体育卫生与艺术教育司王登峰司长，在上任不到半年的时间里，两次来密云调研指导学校体育工作，对密云区学校体育工作给予充分肯定。

二是自主发展，特色校建设成品牌。本着"校校有特色、人人都参与"的工作思路，密云区开设篮球、足球课，每年举办三级联赛，促进学生身心健康成长。特别值得一提的是，密云二中篮球队成立30年来，曾22次获北京市冠军，在全国赛场也屡创佳绩，培养的队员绝大部分升入清华、交大等名校，有的甚至出现在了CBA赛场；位于库北深山区、只拥有300余名学生的不老屯镇中心小学的"山里娃"，勤学苦练、顽强拼搏，勇夺北京市中小学生校园篮球"冠军杯"比赛第四名；果园小学获北京市校园足球公开赛男子U8冠军；密云二小获北京市校园足球特色学校比赛女子组亚军。各校从区域实际出发，发挥资源优势，打造了跳绳、空竹、武术、舞龙、舞狮、软式棒垒球等多彩体育特色项目，师生参与区全民运动会开幕式表演，取得良好社会反响。自2015年起，密云区加大冰雪运动推广力度，普及冬奥知识，每年组织万名学生上冰面、进雪场，享受冰雪运动带来的乐趣。参加创编操评选，35所学校被评为"北京市百所课间操优秀校"。目前，全区有国家级、市级校园篮球、足球特色校21所，市区级体育传统项目校15所。

三是精准施策，体质健康筑名片。《国家学生体质健康标准》是检验学校体育工作成效和学生体质健康状况的标尺。密云区要求学校将体质健康标准融入体育课教学、课间操、体育社团、校园体育活动。对各校实施《国家学生体质健康标准》情况进行指导、监测，每年举办区级测试赛，掌握各学段、各区域学生体质健康状况，提升学校对青少年儿童体质健康工作的重视程度。根据体质健康测试结果为学生开具"运动处方"，让家长参与进来，利用寒暑假带动孩子科学开展体育锻炼。同时，将测试结果纳入学校素质教育综合评价，对测试优秀的学校，给予教师一定的绩效奖励，使学生体质健康成为对学校考评的一项常态化指标。

在市委、市政府的正确领导下，在市教育"两委"的指导支持下，在教育专家的关心帮助下，全区上下真抓实干、共同努力，学校体育工作屡创佳绩：连续13年获得北京市《国家学生体质健康标准》测试团体总分第一名；防近控肥工作成效显著，第三方抽测显示，密云区青少年儿童近视率全市最低，"小眼镜""小胖墩"越来越少；密云区被教育部评为"全国阳光体育先进区"。

六、密云区基础教育教学改革的未来展望

"十四五"时期，密云区将坚持以习近平新时代中国特色社会主义思想为指导，全面贯彻党的十九大和十九届二中、三中、四中、五中全会精神，深入贯彻全国全市全区教育大会精神，全面贯彻党的教育方针，坚持以人民为中心发展教育，坚定不移贯彻新发展理念，围绕服务北京"四个中心"建设，聚焦密云生态涵养区功能定位，遵循教育规律和人才培养规律，培养德智体美劳全面发展的社会主义建设者和接班人。全面深化教育教学改革，优化教育结构，促进教育公平，加快建设高质量教育体系，推进思政课建设、生态文明教育、义务教育优质均衡发展、学校特色建设、优秀教育工作者培育"五个典范"建设，全面提升教育现代化水平，努力办好人民满意的教育，为打造践行习近平生态文明思想典范之区提供人才保障和智力支持。

展望未来区域基础教育教学改革与发展，密云区拟围绕"五个典范"建设，加快推进密云教育治理体系治理能力现代化。到2025年，全面构建密云高质量教育体系，教育公平、优质、创新、开放程度明显提升，教育优质均衡水平保持全市乃至全国前列，成为北京市乃至京津冀协同区域可持续发展教育的示范区，教育现代化水平有极大提升，人民群众教育获得感进一步增强。具体体现在以下几个方面。

第一，党对教育工作的领导全面加强。全面贯彻党的教育方针，坚持社会主义办学方向，落实立德树人根本任务，中小学校党组织领导的校长负责制试点工作有序推进，党组织发挥领导作用的组织体系、制度体系、工作机制基本形成，职责明确、协调顺畅、运转高效、作用到位的新时代中小学校治理体系初步构建。

第二，基本形成优质均衡、协调发展的教育新局面。体制机制改革不断深化，基础教育优质均衡发展，优质教育资源总量、布局与区域人口总量和布局的适应性进一步增强，优质教育资源覆盖面不断扩大，教育规模、布局和结构更加科学合理，学校办学水平和教育质量显著提升，人民群众对公平、优质、多元教育的需求得到更好满足。

第三，探索出全面发展、健康成长、五育并举的新时代育人模式。社会主义核心价值观教育不断深化，"五育并举"全面落实，素质教育深入推进，多方参与、齐心协力、互相配合的育人新模式基本形成。创新型人才培养有效加强，学生学习能力、实践能力、创新精神和社会责任感显著提高，学生核心素养、综合素质进一步提升。

第四，形成法治高效、富有活力的教育体制改革新态势。重点领域和关键环节的

改革加快推进，人才培养方式有效创新，促进学生全面而富有个性的发展；质量评价和考试招生制度进一步完善，考试招生对素质教育的引导作用不断突显；学校管理工作全面加强，教育治理能力和治理水平现代化加快推进。

第五，实现德能并重、固本强基的师资素养新突破。师德师风建设取得新进展。"金字塔"式人才培养模式深入推进，师资素养整体提升。教育人事制度改革不断深化，保障优秀教育人才引得进、留得住、用得好。

第七章　基础教育教学改革的国际比较研究

进入 21 世纪以来，随着全球化、信息化的发展，全世界的教育都面临着挑战，就关于培养什么样的人进行讨论。在基础教育阶段，为了培养能够适应未来社会生活的世界公民，美国、日本、芬兰和中国都在进行着基础教育改革。本章从国际比较的视角，对北京基础教育教学改革的特色进行剖析，以期为北京市基础教育教学改革的未来发展提供参考和借鉴。

第一节　美国基础教育教学改革内容及特点分析

近些年来，由于受到经济原因的影响，美国 K-12 教育的发展受到国内的普遍关注和担忧，高中毕业生需要为适应大学生活以及满足社会中职业的需求更加努力地学习，从而来适应日益激烈的竞争环境。社会各界人士表示，提高 K-12 教育质量有利于降低经济差距，并让更多的毕业生摆脱就业不足或失业的困境，从而过上幸福的生活。

一、美国基础教育改革历程

从历史上看，俄罗斯于 1957 年发射人造卫星后，美国人民开始担心国家安全，并对基础教育的质量进行了质疑。美国人担心高中和大学毕业生缺乏在先进科学技术上参与竞争的数学和科学技能。大量的联邦资源被重新分配，用于制定更严格的学校课程，以及更好的学生发展，尤其是能提出创新性想法的学生，他们对社会的发展更有价值，并且更能促进国家的繁荣发展。

在 1983 年，一份名为《国家处在危险之中：教育改革势在必行》的联邦报告激发了人民对美国基础教育质量的重视和担忧，这个报告关注的重点是经济问题，美国人意识到了世界上存在更为强劲的对手。2003 年，斯坦福大学胡佛研究所"克莱特基础教育工作组"（Koret Task Force on K-12 Education）在回顾 1983 年国家教育优异委员会在《国家处在危险之中：教育改革势在必行》报告中提到的美国基础教育的问题时，不无失望地写道："自从那些文字被写下后，我们在取得更好的成绩方面几乎一无所获。20 年来，大约有八千万儿童纷纷跨入小学一年级的教室，但他们并没有机会比 20 年前的孩子们学到更多的东西……"

1994 年美国政府基于基础教育发展现状，针对基础教育发布了《2000 年目标：美国教育法》，在其中对未来基础教育发展的公平与质量的均衡问题提出了思考和期待。2001 年，美国联邦政府发布了《不让一个孩子掉队》的文件，明确提出了建立和提高基础教育中的学术标准，建立基于测试的问责制度和基于标准的教学制度。在保证教育公平和均衡发展的基础上，2016 年，联邦政府发布了《每个学生都成功法》，目的是确保每一个儿童都拥有均等的教育机会，并对教育公平进行了重新思考。

对于最近 20 年的改革而言，为了衡量从现在到 2030 年美国 K-12 教育实际可能发生的变化，一种方法是回顾过去 20 年（1990—2010 年）发生的一些事情。总体而言，在这段时间里，所有人都是"国家的"，1990 年初，政府在宣布美国有史以来第一个"国家教育目标"时获得了基础教育发展的动力，学术目标、标准、评估、跟踪指标和问责制开始成为全国范围内的重要事件，这种趋势在现如今也在不断地加强。政府和家长主要是根据学校（以及学区、州等）的成绩来评判学校，而不是根据他们的投入、提供的服务或者意图。其次，基于标准的改革时代已经使联邦教育政策发生了重大变化。1990 年，华盛顿的"教育援助"在很大程度上就是这样——向州和地方学校系统提供额外资金，以便他们能够提供各种附加服务，主要是为有需要和残疾的年轻人提供服务。然而，从 1994 年开始，随着《2000 年目标：美国教育法》和《改善美国学校法案》的通过，联邦政府开始部署其资金以努力改变美国学校的表现，主要是通过设定目标和标准，以及衡量这些目标和标准的进展。

在过去的 20 年时间里面，美国政府从"帮助"到"恳求"，再到"推动"和"要求"，虽然对于教育的资金资助数量越来越大，但是附加的条件也不断调整。随着《不让一个孩子掉队》和 2009 年经济刺激计划中的相关规定的颁布，标志着经济对于教育的限制和要求越来越多。

除了教育援助性质的根本改变之外，美国政府改变了它的关键监测系统，即国家教育进步评估（NAEP），又名"国家报告卡"。1988 年对 NAEP 的重新授权将原本只提供一般信息的普通监测程序变成了现代绩效监控系统，该系统包括半独立治理、更频繁地对关键年级的更多科目进行测试，报告结果和趋势的透明度更高，真正实现了州与州之间的比较，并建立统一的国家标准，用于跟踪和判断美国年轻人的学术实力及其在教育中的表现。

另一个教育改革的重要特征是学校选择的兴起。特许学校出现且遍布美国，并赢得了一定程度上的合法性。这些"选择的独立的公立学校"由无数私人实体经营，与私立学校不同的是，这些特许学校由纳税人资助，向所有人开放，其教育结果向公共当局负责。从统计数据来看，50%的家庭是选择离居住地比较近的学校，超过1/3的家庭可以有权利选择学校，包括在家向父母学习，或进行各种远程学习，接受"虚拟教育"。有些人甚至使用私立学校公共资助的代金券。到了2010年，美国已经改变了一个基本的原则，即学校现在是可以自己选择而不是被系统分配的东西。数十家营利性公司为学校提供数据系统、辅导计划、课程包等。

过时的基础教育治理和领导模式也经历了修正。州长们以历史上大多数人都回避的方式在州级K-12政策和行动中表明了自己的立场。在几个主要的城市，市长接管了学校系统。以前地区总监的头衔总是授予一位从教师到校长再到助理总监的教育工作者，而在少数先驱社区中，领导权现在被授予非常规的人物，一些州的管理者也来自非教育工作者的行列。

信息技术在教育实践和管理方面带来了重大的变化。在教师的教学方式中，在学校学习中，在父母的监督下进行的家庭学习中，在虚拟学校或虚拟学院组织的在线课堂中，在线课程广泛传播和推广。改进的数据系统可以使跟踪学生的课堂表现，评估教师的教学效率，为家长、教师和校长提供即时访问有关儿童进步的信息等成为可能。电子邮件使家长能够与教师随时交流，互联网使教师和学生都能访问大量信息和材料，一个充满活力的硬件和软件市场意味着——至少对于有能力负担得起的个人和家庭来说——现在可以随时随地进行一种或者多种教学和学习。

美国用于支付公共教育的费用发生了改变。尽管大多数地方的学校财政仍然是联邦、州和地方税收的混合体，通过无数的公式和计划提供，但少数州基本上承担了支付公立学校费用的责任，并且几个社区试验了"加权"资金，以满足儿童的教育需求。学校财政诉讼甚至发生了翻天覆地的变化，有争议的"充分性"概念取代了备受争议的平等原则。学校教育开始与其他教育层次和其他社会服务长期隔离。国家并没有将K-12教育与其他类型的教育隔离，而是探索将其与学前教育和中学后教育以及其他部门更加充分整合的方法。新的数据系统和治理方式简化了之前的探索，使跟踪个人从幼儿到研究生的教育进展成为可能。

二、美国基础教育教学改革的主要内容

（一）培养目标：尊重学生的个性，培养学生的多方面全人发展

美国中小学教育深受进步主义教育思想影响。进步主义反对传统教育中的以教师为中心，以书本为中心，脱离生活实际，忽略儿童身心全面发展，认为学生的学习是

被动地接受知识等观点，主张尊重儿童，从生活实际中学习，注重培养学生解决实际问题的能力。[1]因此，美国教育改革提出基础教育的培养目标是注重儿童身心的全面发展，培养学生健康的人格，以及多方面能力的发展。在此目标下，美国基础教育改革中强调尊重学生，尊重学生的兴趣和需要，鼓励学生个性的自由发展和自我表现。这样的培养目标体现在教师对学生的态度、学校生活的组织、教学方式的变革以及对学生的评价等许多方面。

（二）课程改革：多样性、灵活性

课程是实现教育目标的重要手段，也最能充分体现教育的目的和办学宗旨。美国基础教育课程门类繁多，是一个显著特点。这一特点是由美国基础教育学校性质及其办学宗旨决定的。美国的课程改革立足于面向全体学生，体现了"满足所有学生所有需要"的办学宗旨。学分制、选修课以及分层次教学有利于个性化的教育，使不同能力的学生都得到相应发展。

（三）评价改革：多元化、弹性化

《不让一个孩子掉队》法案要求各州对3—8年级的学生在阅读和数学两个科目上进行年度测评，进入高中后再度进行新一轮的测评。法案还要求在小学、初中和高中每一个学段都进行一次科学科目的测评。而《每个学生都成功法》的要求则是：各州还是要在相同的年级进行同样的测评，但在如何测评以及何时测评方面赋予各州弹性化处理的权力。例如，允许各州将年度测评拆分为更小规模的系列考试，而且还强调运用不同类型的考试来更精确地测评学生的学习情况。显然，《每个学生都成功法》的要求明显弹性化了，而且将决定权下放给各州，这样各州在教育评价方面的自主权得以扩大。[2]

三、美国基础教育改革的特点梳理及经验分析

（一）"共同核心"下的以生为本

美国基础教育在行政管理上拥有强烈的地方分权色彩，公立学校的教育改革一直掌握在各州和地方学校委员会手中。因此在联邦政府推动改革的进程中，全国都依照"共同核心"，本着以生为本的思想进行教育改革。在改革中，始终强调以促进学生的发展、让学生能够更好地在社会中生存并就业为基础。

---

[1] 曾德琪. 美国基础教育的特点、问题与改革 [J]. 四川师范大学学报（哲学社会科学版），1999（2）：29-32.

[2] 杨明全. 美国基础教育改革走向 [J]. 光明日报，2016-10-02（5）.

（二）兼顾公平与质量

在改革的过程中，美国联邦政府始终在权衡基础教育中的公平和质量。在兼顾公平和质量的基础上提出有效的教育改革策略。这从《不让一个孩子掉队》到《每个学生都成功法》的制定中就可以看得出来，政府在努力为每个孩子提供公平与高质量的教育。

（三）基于测试的问责制度

受到国际学生评估项目（PISA）测试结果的影响，美国基础教育开始了基于测试的问责制度，学校教育与社会各个有机部分相关联，包括政府、企业、学校、家长、社区等，使全社会都承担起相应的责任，共同推动教育的发展。

（四）基于标准的教学制度

在整个教育改革历程中，美国的教学标准清晰可见。联邦政府制定了整体的目标和规范，各个州、地区有权利根据实际情况将标准进行调整和优化。基于标准的教学制度让教育更加科学规范。

第二节　日本基础教育教学改革内容与特点分析

一、日本基础教育改革的历程

1868—1880 年，日本教育在明治初期发生改革，主要内容是以现代化为目的进行西方教育。日本的方法极为务实，1868 年 4 月 6 日帝国宪章誓言呼吁人民避开陈旧的方法，坚持"应向全世界寻求知识"的理念。明治维新的内容包括借鉴西方教育的优点，并系统地应用到日本的具体情况当中。结果，从法国借鉴来的是一个高度集中的管理结构；学习德国建立少数精英的公立学校，并从美国学习到了使用的教学方法，以及加强了对职业教育的重视。然而随着借鉴国外的做法，日本人发现有些措施并不适合日本的国情，需要符合教育的本质。在学习国外教育方法的同时，一些文化理念等内容也灌输到日本的教育当中。1941 年，教育部长在一次演讲中呼吁根除基于个人主义和自由主义的思想，以及坚定地建立日本的国家道德标准，强调为人民服务。

1945—1952 年期间，日本投降时，美国人计划对日本的教育进行"占领"，即对日本进行教育领域的扩张。自 1868 年明治维新以来，日本政治领导人有意识地将教育作为一种促进国家发展的手段和目标，包括经济发展、民族融合、军事力量的壮大等。美国占领日本的主要目标包括日本的民主化、非军事化和权力下放社会。美国意识到教育是实现这些目标不可或缺的元素，尤其是将日本改造成为一个正常运作的民主国家。因此，美国发起的教育改革的宗旨是按照美国模式改革日本教育的。美国人忠于自己的传统，拒绝了大部分战前日本教育的要素，坚持民主，打破强大的教育部的中央集权，将其改造为当地社区自己控制教育的管理模式。在美国改革者的呼吁下，日本去除了多轨制的教育系统，学习美国的 6—3—3—4 模式，要求学生身心健全，热爱真理和正义，尊重和重视个人价值，尊重劳动，有强烈的责任感，充满独立精神，作为和平社会和国家的建设者，将这些作为教育的培养目标。

1952—1960 年是后占领时期。1952 年 4 月 28 日，《旧金山对日和平条约》的正式生效标志着美国对日本的占领正式结束，并将教育主权归还给日本。1958 年，教育部对学校的"学习课程"进行了规定，包括每周一个小时的道德课程。中央政府为了保证每个孩子都享受平等的受教育机会，规定由教育部制定教育的规则，在教科书、教师标准等方面都有统一的标准，反映出日本的文化精神。在新民主主义思想的影响下，日本政府提高日语在教育中的应用，并建立高质量的教育体系，提高教育质量。1945 年后出生率急剧上升，1947 年开始了战争后的"婴儿潮"，1953 年达到小学年龄的孩子数量激增。为了适应这一趋势，政府开始系统地扩大教育机会，完成小学和中学教育的学生百分比持续增加。1940 年后建立起来的新教育体系使公民获得更高水平的教育。1950 年后经济复苏，1960 年后经济迅速增长，为实现教育公平提供了机会。

毫无疑问，战后日本的教育取得了巨大的进步，为年轻人提供了更多更公平的教育机会。从"二战"结束到1980 年的 35 年间，在日本上学的学生人数增加了80% 以上，从 1500 万到 2700 万。几乎所有的年轻人都完成了九年义务教育，这些毕业生中有 94.2% 进入了非强制性的高级中学。1980 年，37.4% 的高中毕业生就读于高等教育机构。

由于政府努力提供平等丰富的教育机会，同时也需要提供高教育质量所需的资源和教师力量。从 1958 年开始，教育部发布五年计划，旨在解决班级规模、人员配备需求和其他技术问题。自 1980 年以来，一项十二年（1980—1992 年）计划一直在执行，这是最有效的教育改革发展活动之一。在计划中，教育部官方修订课程，制定学科的学习指南。1950 年的政策强调教育质量评估和战后教育的有效性。第二次修订是在1968 年，专注于提供更高水平的数学、科学和其他学科的学习。

自 1989 年至 2013 年的 24 年间，日本教育改革完成了从"新学力"1.0 版到"21世纪型能力"3.0 版的转变。

1989 年，日本修订的《中小学学习指导要领》提出了以"兴趣、态度、意愿"和"思考、判断、表现"为中心的教育理念，这就是所谓的"新学力观"。与以往只强调知识和技能相比，"新学力观"首次提出要注重情感、态度与学习的兴趣，尤其强调要培养学生的思考力、判断力与表现力。

1998年，修订的《中小学学习指导要领》实施。2002年，时任日本文部大臣远山敦子发表了《劝学》一文，提出了"扎实学力观"的概念。"扎实学力观"包含以下三个方面：一是基础知识与基本技能；二是思考力、判断力、表现力及其他能力；三是主动学习的态度。"扎实学力观"的提出，标志日本教育改革进入了"2.0时代"。

为全面落实从"新学力观"走向"扎实学力观"，2007年修订的日本《学校教育法》第30条第2款规定："在掌握基础知识与基本技能的同时，培养应用知识和技能解决问题所需的思考能力、判断能力、表现能力等，培养自主的学习态度。"这就从法律的层面明确了"扎实学力观"的"学力三要素"。

2007年，日本中央教育审议会发表的《教育课程分会关于全部审议结果的总结报告》提出，学力要素包括：（1）基础知识与基本技能的掌握；（2）应用知识和技能解决问题所需的思考能力、判断能力、表现能力等；（3）学习意愿。

2008年，针对培养学生的思考能力、判断能力、表现能力，日本中央教育审议会在报告中提出，必须开展以下活动：（1）表达所获得的体验；（2）正确理解并传达事实；（3）解释、说明并应用概念、法则、目的等；（4）分析和评价，并论述信息；（5）针对课题，确立思路进行实践并加以评价、改进；（6）互相交换想法，促进自己思考和集体思考的进步。

日本人深深感悟到，在一个信息化高度发达的多元文化共生的社会，人类面临着诸如环境、地球规模等问题，仅靠培养具有"扎实学力"的日本国民，是难以满足社会发展需要的。为此，他们在思考教育到底应该培养具有什么素养的国民。

在2003—2008年这五年间，日本内阁府、福利劳工部、经济产业部和文化科技教育部根据自身所需人才的规格与要求，分别提出"完整的人素养""职业素养""公民素养"和"大学生素养"培养目标，四部门均从"知识素养""社会与人际关系素养"和"自我管理素养"三个维度构建指标体系，为"21世纪型能力"框架建构奠定了基础。

2013年，日本国立教育政策研究所对上述四部门所提出的"核心素养"进行完善与提炼，最终形成了日本"21世纪型能力"框架。从此，在日本学校以培养学生"基础力、思考力和实践力"三位一体的"生存力"为具体方向，引起了全日本社会的广泛关注。

同年，日本向社会公布了以"培养适应社会变化的素质与能力的教育课程编制的基本原理"为标题的研究报告，提出了面向国际、立足本国的核心素养框架——"21世纪型能力"。

二、日本基础教育教学改革的主要内容

2017 年，日本明确指出，培养目标是学生"资质与能力"的全面养成。1996 年，日本首次在中央教育审议会报告中提出"生存能力"，包括能够自律并与他人合作，拥有恻隐之心及丰富的人性，拥有健康与体力，养成自己发现问题、自主学习、自主思考、自主进行判断和行动及解决问题的能力。

1998 年，日本提出"新学力观"，即以"兴趣、态度、意愿"和"思考、判断、表现"为中心的教育理念。2008 年，教育改革提出将"基础知识与技能"和"思考与判断"有机统一。2009 年，教育改革提出培养学生在 21 世纪社会生存下去的能力，在 2008 年二维的基础上增加了"资质与能力"的要素，培养具备"21 世纪型能力"的人才。日本"21 世纪型能力"架构由基础力、思考力和实践力三大部分构成。"思考力"居于"21 世纪型能力"的核心地位。具体而言，"思考力"是指"每个人自主学习、自我判断、形成自己的想法，与他人商讨，比较并整合自己的想法，形成更好的见解，创造新的知识，进而发现下一个问题的能力"。"思考力"由发现问题的能力、解决问题的能力、创造力、逻辑思维能力、批判性思维能力、元认知、学习适应力构成。

支撑"思维力"的是"基础力"，它对促进思维力起着强大的支撑作用。"基础力"即"通过熟练使用语言、数学、信息通信技术等来实现目标的技能"。"基础力"由听、说、读、写的语言技能、有效利用数学信息的数量技能、通过计算机有效运用信息的信息技能构成。这三种技能与所有的学科、领域均有联系，需要在全部的教育课程中有计划地进行培养。

在"21 世纪型能力"架构的最外侧是"实践力"，它引导着"思维力"。"实践力"是指"在日常生活、社会和环境中发现问题，并运用自己掌握的知识，寻求出对自己、社区和社会有价值的解决办法，并将解决办法通报社会，与他人共同协商讨论这种解决方法，通过这种方式认识到他人和社会的重要性的能力"。"实践力"涵盖了调整自主行动和自主选择生活方式的生涯规划能力、与他人进行有效沟通的能力、与他人共同参与构建社会的能力以及伦理道德意识和市民责任感等能力。

为了实现促进学生全面发展的培养目标，日本基础教育的课程内容是面向社会的课程；教学方式是"主体性、互动性、深度"的主动学习；以支持学生成长为主要目标，注重以生为本；重视学校与地方的协同。总体而言，在日本的教育改革中，"生存能力"体现出综合性和真实社会情境的要求，旨在培养"适应 21 世纪生活的日本人"，从而建立以资助、合作、创作为核心的终身学习型社会。

第三节　芬兰基础教育教学改革内容与特点分析

一、芬兰教育教学改革的历程

芬兰从 20 世纪 80 年代起，先后开展了三次大规模基础教育改革。第一次改革是 20 世纪 80 年代，从强调知识和概念的学习与掌握出发，对学校教育的基础理论和教学方法进行了全面的反思。第二次改革是 20 世纪 90 年代，芬兰重新探讨了教育的价值和教育评估方法的问题，通过全方位调动社会资源、运用互联网资源等方式，对教育效果进行改进和提升。进入 21 世纪以来，尤其是 2010 年之后，芬兰基于教育的前瞻性，实施了第三次大规模基础教育改革。芬兰教育界提出了一系列问题：教育是否能够帮助我们面对未来的挑战？教育要塑造什么样的未来？教育是否为学生发展良好的自我意识、社会责任感并适应技术作好了准备？教育是否培养了学生高质量的能力，以便他们能够在生活、职业生涯和社会中实现自己的潜能？[1] 这些问题为芬兰第三次基础教育改革提供了根本指引。

最终，芬兰确立了第三轮改革的根本宗旨：通过教育共同体的努力，改变教师的理念和实践，增强学生的探索、思考、合作和创造能力，帮助学生更好地适应不断变化的、充满挑战的社会生活，进而实现世界的可持续发展。

本轮教育改革中，芬兰通过调整重构教育结构，提高教育管理效率，在实现教育公平的基础上，不断提升教育质量，让学生普遍享有优质教育资源。[2]2012 年，芬兰政府发布《预测 2030》报告，提出第三轮基础教育改革目标：到 2030 年，芬兰拥有全球最好的教育系统。[3] 随后，芬兰国家教育委员会开始研制学前和基础教育课程草案，2014 年底完成新版国家核心课程设计，在此基础上，2016 年 8 月完成地方课程设计。2016 年 9 月，正式在全国范围内启动实施课程教学改革。[4]

---

[1] 唐科莉 . 世界第一的芬兰教育，将迎来怎样彻底的教改？[N]. 现代教育报，2015–11–17.

[2] 帕斯·萨尔伯格 . 芬兰道路：世界可以从芬兰教育改革中学到什么 [M]. 林晓钦，译 . 南京：江苏凤凰科学技术出版社，2015.

[3] Airaksinen T.，Halinen I.，Linturi H.Futuribles of Learning 2030–Delphi Supports the Reform of the Core Curricula in Finland[J].*European journal of futures research*，2017（2）：1–14.

[4] 同 [3].

二、芬兰基础教育教学改革的主要内容

（一）价值取向：适应未来生活，以学生为中心

芬兰围绕教育改革的根本宗旨确立了新的教育改革理念：以学生为中心，促进学生开展有广度的终身学习，促进学生全人发展，并通过通用技能培养，使学生为未来生活作好准备，适应并构建可持续发展的未来社会。

芬兰基础教育界围绕"以学生为中心"的理念，提出一系列问题，从而以问题为导向引领改革方向，明确改革内容。这些问题包括：好的学习体验是什么样的？是在什么环境下发生的？如何创建有利于学生开展"良好"学习的环境？在"良好"的学习环境中，如何组织教学过程？在学校教育中，如何使每个学生都实现有意义的、全人的发展？

（二）培养目标：培养未来的世界公民，提升学生的"横贯能力"

在价值取向基础上，芬兰将基础教育培养目标确立为：培养 21 世纪的未来公民能力，具体包括思考能力、行动与表达能力、交往能力、参与能力、自我管理能力等。

根据芬兰国家教育委员会在 2014—2016 年国家核心课程改革中的要求，基础教育教学目标应突出学生作为未来世界公民所应具备的素养，融合知识、技能、价值观、态度和意志等方面，培养七种"横贯能力"（见图 7-1），促进学生的全人发展。[1]

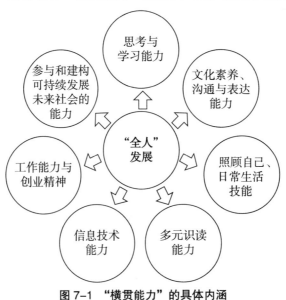

图 7-1　"横贯能力"的具体内涵

---

[1]　帕斯·萨尔伯格. 芬兰道路：世界可以从芬兰教育改革中学到什么 [M]. 林晓钦，译. 南京：江苏凤凰科学技术出版社，2015.

思考与学习能力。未来教学不再受书本和教室限制，因此要培养学生在不同的环境中主动学习的意识和积极思考的能力，为学生的终身学习奠定基础。

文化素养、沟通与表达能力。指学生能够适应多元环境与文化，学会以尊重为前提，在多元文化背景下实现人际沟通和交流。

照顾自己、日常生活技能。指以世界公民为目标，培养学生的健康、安全、人际关系、理财等适应未来社会必要的生活技能。

多元识读能力。培养学生通过文字、图像、声音等多媒介手段来理解文化的多样性，并能对多元文化进行批判性思考。

信息技术能力。信息技术能力是未来世界公民的必备技能。因此学校各个学科的教学和活动当中，全面渗透信息技术应用能力的培养。

工作能力与创业精神。指通过实践活动帮助学生积累未来工作相关知识，学习创业的运行方式，让学生认识到自身能力对于职业发展的重要意义。

参与和建构可持续发展未来社会的能力。指通过实践活动培养学生的民主意识，为学生参与社会生活和公共事务打下基础。

总体来看，"横贯能力"培养不同于个别知识技能的掌握，而是在各学科教学中全面渗透覆盖，培养学生的综合素养。

（三）教学内容：与时俱进，提升数字素养

自21世纪初起，欧盟就一直强调培养学生的数字素养（即国内"信息技术能力"）。欧盟于2006年12月正式通过的《运用核心素养促进终身学习》法案作为各成员国推进基础教育改革的根本纲领，将数字素养列为八项核心素养之一。2018年和2020年，欧盟两次发布"数字教育行动计划"，持续推进公民数字教育。《欧洲公民数字技能框架》明确提出数字技能的五项具体内容：对信息和数据的基本理解；沟通与合作；数字内容的创新和创造；数字安全与可持续发展；问题解决能力。

芬兰作为欧盟成员国，在第三轮基础教育改革中，极力强调培养学生数字素养（信息技术能力），将其作为通用技能，不单纯开设信息技术课程，而是将信息技术能力及应用贯穿在各学科教学的全过程中。

（四）教学方式：关照个体，开展跨学科的"基于现象的教学"

在教学方式上，芬兰是集体学习、合作学习的倡导者和建构者，突出以跨学科的"现象教学"来培养学生的"横贯能力"。"基于现象的教学"是指从一个真实的社会现象或者社会问题入手，在学生已经掌握的知识结构的基础上，多学科教师与学生一起开展合作和探究的模式，其目标是培养学生分析解决实际问题的综合研究能力。2011

年，芬兰制定了《2020 芬兰教育与培训战略目标》[1]，其中明确提出，基础教育的重要目标是"发展公民技能"和"促进跨课程教学"。芬兰的《2014 国家核心课程大纲》中再次倡导学校教育中要融入更为广泛的跨学科、跨领域的教学。《芬兰课程改革纲要》要求，从 2016 年秋天开始，学校每年必须要进行一个长时间的"基于现象的教学"[2]，2020 年年底所有学校基本完成此项改革。

（五）教学评价：促进学生发展，重视形成性评价

芬兰认为，对于教师来说，评价是鼓励学生学习和发展的有效手段；对于学生来说，评价是提升自我反思能力，对自己的学习负责的手段。因此，教师对学生的评价应该是建设性的、形成性的评价，而非传统的横向的总结性评价。改革中，应从标准化表现结果逐步转变为过程性的纵向评价，从而更有利于支持学生个性发展和关键能力的提升。近些年，随着改革的不断深入，学生自我评价和同伴评价得到广泛推行。学生需要自行设定学习目标，检测目标的达成度，同时对评价标准进行反思，从而客观有效地评价自己的学习过程。

（六）改革程序：倾听多方声音，专家反复论证

在芬兰的教育改革过程中，广泛听取政府、教育行政管理人员、学生、家长、研究人员、社会机构乃至其他利益团体的建议，尤其突出教师的核心角色。[3] 教师的教学经历和教育观点影响着整个改革的过程，尤其是改革的目标和手段。在此基础上，整个改革过程也以民主论证的形式展开。2012 年，芬兰国家教育委员会启动国家核心课程改革，邀请教师、校长、地方教育局和研究人员参与制订方案，同时邀请社会各行业代表、教师协会代表、教科书出版社代表、家长协会代表以及不同民族的代表提出咨询建议，历经两年才完成第一版改革方案。[4]2015 年至 2016 年，芬兰国家教育委员会在全国中小学推广国家核心课程改革方案，通过实践对改革方案进行检验，期间组织数次专家听证会，针对实践效果进一步修改改革方案。2016 年 9 月，国家核心课程方案和相应的地方课程改革方案正式实施。

[1] Ministry of education and culture. The new core curriculum for basis education emphasis the joy of learning [EB/OL].[2015-03-25].http://miniedu.fi/en/article/-/asset_publisher .

[2] Halinen.I.What is going on Finland? Curriculum Reform 2016[EB/OL].[2015-03-25].http://www.oph.fi/English/current _issues/101/0/.

[3] Halinen, I & Holappa, A-S.*Curricular balance based on dialogue, cooperation and trust-The case of Finland*; In Kuiper, W. & Berkven, J. *Balancing Curriculum Regulation and Freedom across Europe*. CIDREE yearbook, 2013.

[4] Halinen.I.What is going on Finland? Curriculum Reform 2016[EB/OL].[2015-03-25]. http://www.oph.fi/English/current _issues/101/0/.

第四节 国际比较视野下基础教育教学改革的未来发展趋势

一、在国际比较视野下审视北京基础教育教学改革的突出特点

中华人民共和国成立后，我国基础教育改革经历了教育革命、课程重建以及新课改三个重要的发展阶段。2001 年，教育部颁布《基础教育课程改革纲要》，标志着我国开始以课程改革为核心的第三次基础教育改革，扭转了过去偏向"教"的格局，力求多层次、全方位地体现教与学两个方面，尤其是一贯被忽视的"学"的一面。

进入 21 世纪的 20 年来，北京市在全国基础教育改革浪潮中，结合自身情况，开展了适应自身需求、面向未来的基础教育改革。北京的单位面积人均 GDP 与芬兰持平，第三轮教育改革基本同期，具有一定的可比性。

（一）价值取向：以学生为中心 VS 实现教育公平

在改革理念和价值取向上，北京市的基础教育教学改革与美国、日本、芬兰有共同之处，都秉持以学生为中心的价值取向。2011 年发布的北京市"十二五"时期教育改革和发展规划提出，基础教育重点工作是奠定学生全面发展的教育基础。2015 年北京市基础教育课程改革工作会明确指出：以"公平、立德、改革"为主题，真正的公平、真正的质量，最终都指向促进每个孩子的健康成长。

在共同的"以学生为中心"的理念下，北京市基于国情、市情，在改革中更加突出强调教育公平的价值取向，通过持续促进和深入推进义务教育均衡发展，实现教育公平。

（二）培养目标：促进全人发展 VS 五育并举，全面发展素质教育，提高学生综合素养

在培养目标上，北京与美国、芬兰、日本存在一定的差异。美国、日本、芬兰的培养目标存在共性特征，即促进学生的全人发展，提升学生的多方面能力。而北京市的基础教育教学改革的培养目标为：五育并举，全面发展素质教育。

"十三五"期间，北京市教育改革提出：全面深入实施素质教育，提高学生综合素养。主要包括：加强中小学生社会主义核心价值观教育；将社会主义核心价值观的育人目标和内容融入到学科教学中，强化课堂教学主渠道育人，提升综合育人效果；加强体育美育工作。

2019 年《中共中央国务院关于深化教育教学改革全面提高义务教育质量的意见》

中指出：坚持"五育"并举，全面发展素质教育。具体包括：（1）突出德育实效。完善德育工作体系，认真制定德育工作实施方案，深化课程育人、文化育人、活动育人、实践育人、管理育人、协同育人。大力开展理想信念、社会主义核心价值观、中华优秀传统文化、生态文明和心理健康教育。（2）提升智育水平。着力培养认知能力，促进思维发展，激发创新意识。（3）强化体育锻炼。（4）增强美育熏陶。（5）加强劳动教育。充分发挥劳动综合育人功能，制定劳动教育指导纲要，加强学生生活实践、劳动技术和职业体验教育。

（三）教学内容：数字素养 VS 综合实践活动能力

芬兰在教学过程中，突出强调了培养学生的数字素养；而北京在教育教学改革中，更加突出强调提升学生的综合实践活动能力。2016 年《北京市中小学生培育和践行社会主义核心价值观"四个一"活动项目管理办法》强调北京市学生在中小学学习阶段至少走进一次国家博物馆、首都博物馆和中国人民抗日战争纪念馆，参加一次天安门升旗仪式，通过实践活动来践行和学习社会主义核心价值观。2018 年《北京市教育委员会关于初中综合社会实践活动、开放性科学实践活动计入中考成绩有关事项的通知》明确提出，自 2018 年起，北京市初中学生综合社会实践活动和开放性科学实践活动（统称初中实践活动）成绩计入相关科目中考原始成绩。从考试评价内容方式的改变可以看出，北京市基础教育在教学内容中重视学生社会实践活动能力的培养。

（四）教学方式：多元整合化的教学方式 VS 教学活动化、项目化

与美国、日本、芬兰所提倡的多元整合化的教学方式相类似，北京市的教育教学改革也提倡进行跨学科的实践，以活动和项目的方式开展教学。

2016 年的《北京市中小学生培育和践行社会主义核心价值观"四个一"活动项目管理办法》以及 2017 年的《北京市初中开放性科学实践活动项目管理办法》，都强调在活动项目中增强学生的综合能力。2019 年《中共中央国务院关于深化教育教学改革全面提高义务教育质量的意见》中指出：要优化教学方式。坚持教学相长，注重启发式、互动式、探究式教学，引导学生主动思考、积极提问、自主探究。融合运用传统与现代技术手段，重视情境教学；探索基于学科的课程综合化教学，开展研究型、项目化、合作式学习。并定期开展聚焦课堂教学质量的主题活动。

（五）教学评价：多元化的形成性评价 VS 综合素质评价

在教学评价方面，北京市的基础教育改革与美国、日本、芬兰有共同之处，都强调要对学生的学习进行形成性的评价，对整个学习过程提出建设性意见，指导未来的

学习发展。与国外基础教育评价改革相比，北京市在教育教学评价改革中更加注重综合素质评价。

根据《教育部关于加强和改进普通高中学生综合素质评价的意见》《教育部关于推进中小学教育质量综合评价改革的意见》《北京市初中学生综合素质评价指标体系（2012年修订）》以及《北京市初中学生综合素质评价指标框架（试行）》，确定从思想道德、学业水平、身心健康、艺术素养、社会实践和个性发展等六个方面对学生开展评价。综合素质评价实现了评价主体的多元化，依托学生综合素质评价管理服务平台进行管理、记录和评价，学生本人、同学、班主任、任课教师、家长、资源单位等多主体参与评价，评价结果最终由学校确认。

对于评价结果的应用，在《北京市教育委员会关于印发加强和改进初中学生综合素质评价工作实施意见（试行）的通知》中规定，评价结果主要应用在三个方面：一是改进教育教学。为学校、教师、家长有针对性地教育引导和学生自我反思改进提供依据。二是明确发展目标。为学生进行初步生涯规划、确立长远发展目标提供参考。三是纳入中考评价。

（六）改革程序：重视教学参与者的呼声

从改革程序而言，芬兰提供了一种民主决策的范本。北京市在教育教学改革中，虽然也鼓励专家学者、教学一线人员、教育管理人员等的广泛参与，但是从教育教学实践过程本身来说，有待进一步突出教师、学生以及家长等教学直接参与者的地位，倾听他们的声音，从他们的真实体验和经历入手，得到更有效的改革方案。

总之，北京基础教育教学改革拥有自己的特色，也取得了成效。从国际比较的视野来看，美国、日本和芬兰的教育改革实践经验对于北京市未来的教学改革有很强的启示和借鉴意义。

从改革的方向来看，要强调跨学科教学实践。在跨学科实践中，学生会运用综合素养和技能来解决现实社会中的真实问题；同时要将培养目标定位在培养促进社会可持续发展的世界公民，让学生拓宽国际视野，从社会生活中发展自己的生活、工作等方面的本领，为成为世界公民作好准备。

从改革的内容来看，要突出信息技术的地位。在各个学科的教学和综合实践互动中，增加学生使用信息技术的能力，全面提升学生的信息素养，以应对已经到来的信息化社会。

从改革的方式来看，要加强改革决策的民主性。由于教育实践是与社会生活各领域都相关的人文活动，因此在改革决策中要广泛听取各利益主体的意见，在此基础上，突出强调教师、学生等在参与教育实践过程的经历和感受，为教育改革提供一手资料和重要参考。

二、全球基础教育教学改革的未来发展趋势

教育是整个社会的一个重要组成部分，在未来的社会中，基础教育教学改革呈现以下发展趋势。

（一）信息技术与人工智能在教育领域的应用

在未来教育发展的过程中，世界各国都会面临信息技术与人工智能对教育的冲击，如何将其有效融合在教育过程当中，是教育改革需要思考的问题。一方面，信息技术与人工智能的应用要求教师要更新自己的教育教学观念；另一方面，教师要主动学习和应用信息技术，促进教学方式的变革，适应时代的发展需求。

（二）学习观和知识观的更新

随着信息时代的到来，学习者可通过多途径获取知识，学习不再是仅限于教室范围内，而是要与社会生活紧密相连。教育与社会生活更加紧密地结合，并在社会生活中让学生能更好地履行公民的职责。

（三）教师自身的转型

教师要转变对自己的认识，不再是传统的知识的给予者，更多的是为学习者提供资源，设置真实的学习场景。因此，教师是学习资源的提供者、整合者，学习情境的设置者。

总体而言，在课堂变革方面，全球教育改革更加注重教学质量的提升，教学手段和教学技术的革新将促进课堂变革的实现；为了缩小教育差距，教育教学改革要兼顾公平与质量；通过教学与社会各界的协同创新，广泛引入多样化资源，将教育与社会紧密结合；为了实现学科整合，让学生更加关注真实社会生活，更加关心人类未来的发展；在教学过程中，将信息化手段高效利用在其中；全球基础教育的目标是培养21世纪合格的社会公民，为促进全人类共同发展而努力。

第八章　首都基础教育教学改革的未来战略研究

第一节　背景分析

一、首都城市发展的战略定位

作为中国的首都和一所超级城市，教育资源和人才资源是北京市最宝贵的资源之一，也是市民最为关心的民生福祉之一。一系列重要教育发展指标显示，北京是名副其实的"教育之城"。但是，北京市教育发展也面临着迫切的转型要求。2015 年颁布的《京津冀协同发展规划纲要》明确将"疏解教育、医疗等部分公共服务功能"作为优先疏解的四类非首都功能之一。2017 年 9 月颁布的《北京城市总体规划（2016 年—2035 年）》再次强调"北京的一切工作必须坚持全国政治中心、文化中心、国际交往中心、科技创新中心的城市战略定位，履行为中央党政军领导机关工作服务，为国家国际交往服务，为科技和教育发展服务，为改善人民群众生活服务的基本职责"。

因此，如何树立和贯彻落实新发展理念，全面准确认识教育在北京市城市现代化建设中的地位，是新时代首都教育改革与发展必须面对的重大课题。北京市教育大会最重要的成果之一，就是明确地回答了教育在首都落实战略定位中的地位问题。在北京市教育大会上，原北京市委书记蔡奇强调，教育贯穿于首都城市战略定位之中，是加强"四个中心"功能建设、提高"四个服务"水平的重要基础和支撑力量。教育部原部长陈宝生也指出，北京要进一步聚焦中央关心、社会关注、百姓关切的教育问题，紧紧围绕"四个中心"功能建设需要，大胆探索、继续创新，提升教育服务经济社会发展能力，努力办好人民满意的教育。[1]

---

[1] 桑锦龙 . 首都"四个中心"建设与教育发展战略选择 [J]. 北京教育（高教版），2020（1）：11–13.

二、首都教育的基本特点

北京是伟大祖国的首都，是向世界展示我国文明和进步的窗口，发展首都教育意义重大。建首善、创一流的工作目标，也是中央对北京的一贯要求。北京教育具有深厚的历史积淀，在中国现代学校教育的发展史上占有极其重要的位置。新中国成立以来，以高等教育为主要优势，北京教育始终在全国起着窗口、示范和辐射作用。名校云集、名师辈出、英才荟萃、成果卓著是大家对北京教育的一致评价。北京是全国教育和管理决策中心，也是国家教育科研中心、教育信息中心和国际教育交流中心，同时还是全国的高层次人才的培养中心和聚集中心。

北京作为一个超级城市，它的发展同样要遵循超级城市发展的规律，必须建立发达的现代化公共教育服务体系，发挥好教育体系对城市发展的服务支撑作用。但是，作为中国的首都，北京"四个中心"的功能定位要求其教育水平必须更上一层楼，更加重视自身承担的首都使命，必须始终站在中国首都的角度上认识和处理教育问题，明确首都发展要义，坚持首善标准，树立首都教育观念。加强"四个功能"建设，提高"四个服务"水平，更好地服务党和国家工作大局是首都发展的全部要义。北京市教育大会发布《首都教育现代化2035》，发出了从"北京教育"向"首都教育"转变的重要信号。

首都教育是与北京作为全国政治中心、文化中心的功能地位相匹配，与弘扬先进文化、建设"首善之区"的要求相适应，以培养高素质人才为核心，以集成区域教育资源为优势，以优质、协调、开放、创新为特色的教育。提出"首都教育"概念，就是要在继承弘扬北京教育传统优势的基础上，更好地把握中国先进文化的发展趋势，着眼于满足国家和首都经济社会发展以及人民对教育的需求，进一步发挥首都教育、科技和人才聚集的优势，以促进社会全面进步和人的全面发展为目标，立足首都，服务国家，面向世界，努力创造一流的教育质量、一流的办学水平，使首都教育发展始终走在全国前列。

实现"北京教育"向"首都教育"的转变有着丰富的内涵，但最主要的要求就是处理好教育发展的首都使命和城市服务的关系：一是坚持教育改革的政治自觉，凸显首都教育的先进性，努力实现教育与北京作为社会主义中国首都的定位密切匹配，在培养德智体美劳全面发展的社会主义建设者和接班人方面走在全国前列；二是坚持教育改革的文化自信，凸显首都教育的示范性，努力实现教育与北京作为正在崛起的大国首都的定位密切匹配，在增强人们对中国教育的信心方面走在全国前列；三是坚持教育改革的时代精神，凸显首都教育的现代性，努力实现教育与建设国际一流的和谐宜居之都的定位密切匹配，在促进教育的创新发展方面走在世界前列。

实施首都教育发展战略，必须坚持"教育要面向现代化、面向世界、面向未来"，不断更新教育思想和观念；必须坚持以发展为主题，用更大精力、更多财力加快教育事业的发展，切实解决好教育发展中的难点、重点和薄弱环节问题；必须统筹教育与经济社会协调发展，各级各类教育协调发展，城乡、区域教育的协调发展，坚持公平公正的原则，切实维护人民群众享有良好教育的权益；必须以调整教育结构和推进教育改革开放为主要抓手，大力推进教育创新；必须坚持内涵发展、人才强教、资源统筹、开放创新的方针，实现首都教育的全面、协调和可持续发展；必须正确处理改革发展和稳定的关系，进一步优化发展环境，为教育发展创造更加有力的保障条件。

三、首都基础教育的发展形势

（一）面临的挑战

"十四五"期间是首都教育发展最为关键、最具挑战的时期。经过新世纪以来20年的发展，首都教育已经站上高速运行的快车道。教育发展思路进一步明晰，立德树人成效明显，五育并举得到有效落实。基础教育达到基本均衡的水平，教育改革创新取得了一系列重要突破，教育质量和教育品牌影响力不断提升，教育供给和服务能力不断提升，教育布局不断优化，人民群众对教育的满意度不断提高。但是，按照现代教育的标准，首都基础教育的高质量发展还存在较大差距。主要体现在以下方面。

一是教育供给规模与教育人口增长速度仍有差距，教育供给数量面临前所未有的挑战。2010年以来，北京市入学人口数量呈现持续增长态势，到2020年小学在校学生数已经比2010年增加一倍，达到了90余万人。这意味着"十四五"期间，小学在校学生高峰将持续向初中高中推进。初高中供给数量面临严峻挑战。由此必将带来师资不足、质量提升等新挑战。

二是教育投入增长速度与教育规模扩增速度仍有差距，生均教育经费投入增长面临挑战。新世纪以来，北京市教育经费投入呈现持续增长的良好状态，各级各类学校生均经费投入持续位于全国各省市前列。但随着"十四五"期间在校学生数量的不断增加，全市各级各类学校的生均经费投入持续增长面临挑战。

三是教育实践的创新与教育理念和政策的超前发展仍有差距，教育发展理念的提升与教育实践创新转型面临新的挑战。世界教育进入新一轮变革期，教育理论的变革发展加速，教育实际的转型创新加快。在习近平总书记关于教育的重要论述引领下，面向未来教育发展的教育政策体系基本形成，建设教育强国的进程已经开启，教育实践的创新与转型面临新的挑战。

四是教育均衡发展水平与优质均衡发展目标仍有差距，教育科学布局与学校治理水平提升面临新的挑战。"十四五"期间教育部将启动义务教育优质均衡发展水平评估。北京义务教育在学生规模不断扩大的背景下，面临供给水平、教育投入等挑战。

五是教育发展水平与人民群众期待和国家发展需求之间仍有差距。"十四五"期间人民群众对上好学的需求更强，教育办学水平的全面提升面临挑战。伴随建设社会主义现代化国家的新目标，教育服务国家建设的要求更高，尤其是培养具有创新精神、实践能力和社会责任感的建设者和接班人的任务更加艰巨。

总之，面对新的环境和形势，要清醒地看到，首都教育发展还存在一些问题，突出表现在：教育的规模、布局、结构、质量还不能完全适应首都城市发展变化的节奏，还不能完全适应"四个中心"功能建设和国际一流的和谐宜居之都建设需要；首都教育资源供给尚难以充分满足市民对更高质量更加多样教育的期盼；教育深度支撑首都发展，对经济社会发展的直接贡献力不够，教育的人才优势还没有充分转化成科技创新优势；运用科技赋能教育的深度和广度不够，数字教育有待进一步探索与应用；教育治理体系和治理能力与教育现代化目标还存在差距。

具体到教育教学改革上，大中小幼一体化德育体系的系统衔接、构建的任务还比较艰巨；坚持"五育"并举，注重学生全面发展，大力发展素质教育的实践创新还需加强；义务教育"双减"工作的扎实推进还面临一定的困难；遵循教育规律和学生成长规律，创新教育教学组织方式，更新教育教学内容，丰富教育教学手段，深入推进育人方式变革，探索构建具有首都特点的新型育人模式，还需深入探索、落实；整体推进大中小学课程教材建设，构建首都特色课程教材体系的任务依然艰巨；学校家庭政府社会协同育人工作的模式亟待创新；考试评价制度改革的深化、教学评价方式创新的推动、教育评价实施路径的优化等仍需完善。

（二）机遇与优势

当前首都教育的发展处在一个重大的战略机遇期，首都现代化建设的提速对教育和人力资源提出了巨大的需求。全市人民群众日益高涨的教育需求形成了推动教育发展的强大动力，北京得天独厚的科技、智力和人才聚集优势，灿烂悠久的历史文化为教育发展提供了广阔的空间。首都经济的持续快速健康发展将为教育的发展提供强有力的物质支持。今后若干年内北京学龄人口数趋于稳定为教育调整结构、改善条件、提高水平提供了有利契机。世界教育正在经历百年未有之大变局是首都教育必须把握的战略机遇，首都教育要充分发挥历史基础好、教育理论和实践研究机构多、先进理念和政策发展信息接收快的优势，进一步把握政治优势、科技优势、学术资源优势，开创首都教育引领中国教育、领先世界教育发展的未来教育创新发展之路。[1]

---

[1] 杨志成.开启首都教育高质量发展新篇章[J].北京教育教学研究，2021（4）：1–5.

一是要发挥首都基础教育的政治优势，提高政治站位，以习近平总书记关于教育的重要论述统领首都教育发展。习近平总书记关于教育的重要论述为中国教育未来发展提出了理论指导和行动指南。面向未来的中国教育要进一步坚持党对教育事业的全面领导，坚持把立德树人作为根本任务，坚持优先发展教育事业，坚持社会主义办学方向，坚持扎根中国大地办教育，坚持以人民为中心发展教育，坚持深化教育改革创新，坚持把服务中华民族伟大复兴作为教育的重要使命，坚持把教师队伍建设作为基础工作。这"九个坚持"是中国把握百年未有之大变局，面向未来教育的重要理论创新；要坚持以凝聚人心、完善人格、开发人力、培育人才、造福人民为工作目标，这是中国教育面向未来的教育价值选择，实现了未来教育多元统筹的价值特色；要坚持以立德树人作为教育的根本任务，努力培养德智体美劳全面发展的社会主义的建设者和接班人，这是中国教育未来的育人目标体系，实现了现代教育向未来教育的哲学转型。习近平总书记关于教育的重要论述为中国教育未来发展提出了理论指导和行动指南，这是中国教育面对世界教育变革的教育定力和文化自信。看首都首先从政治上看，首都教育界有着优良的政治意识、大局意识、核心意识、看齐意识，面对教育改革的新挑战新机遇，首都教育发展要提高政治站位，带头学习和贯彻习近平总书记关于教育的重要论述，为首都未来教育发展引领正确的方向。

二是要发挥首都基础教育科技优势，提高历史站位，把握百年未有之大变局。习近平总书记指出"当今世界正在经历百年未有之大变局"，这是关于新时代世界发展大势的重要战略判断，也是新时代我国布局各项事业的重要战略坐标。教育是人类发展的重要基础，是社会发展的动力源和坐标尺。教育之大变局总是与世界之大变局相伴而生，是世界大变局的内在基础和重要标志之一。习近平总书记在第二届世界互联网大会上讲话指出，"纵观世界文明史，人类先后经历了农业革命、工业革命、信息革命。每一次产业技术革命，都给人类生产生活带来巨大而深刻的影响"。从教育发展历史看，人类每一次产业技术革命都会与教育发展变革相伴相随、相辅相成。如果说农业革命是与传统教育相伴，传统教育推动了农耕文明发展，那么工业革命则是与近现代教育体系相伴，现代教育促进了工业文明的迅猛发展。当前在迎接信息革命的时代，必将有一种新的教育范式相伴产生，这种新的教育变革正在悄悄地发生。教育作为国家先导性、基础性、全局性的战略资源和战略手段，正在世界百年未有之大变局中面临新的价值转型、目标优化和方式变革。这是教育改革面对世界百年未有之大变局的战略背景。"教育决定着人类的今天，也决定着人类的未来。时代越是向前，知识和人才的重要性就愈发突出，教育的地位和作用就愈发凸显。"今天中国发展进入新时代恰逢世界教育再一次经历百年未有之大变局，这是中国教育千载难逢的发展机遇。当代中国教育必须以高度的使命感和责任感把握机遇，用好机遇。首都教育发展必须站在世界教育百年未有之大变局的高度，做好教育发展的战略谋划，把握百年不遇的教育变革契机。首都教育是中国近现代教育发展的"活化石",是中国近现代教育的诞生地。从中国封建制度下的官学和私学到现代改良运动诞生的新学,从殖民背景下的教会学校到中国革命道路中诞生的革命者子弟学校,从新中国成立后建立的平民普及学校到改革开放后探索建立的中国特色现代改革学校……这些学校不论历史多长,诞生学校的背景如何,历经百年历史沧桑,如今都成为具有中国特色的现代化学校。这些学校反映了首都北京辉煌的教育历史,也奠定了首都教育从现代走向未来的坚实基础。首都教育应从历史中走来,在迎接世界教育百年变局中,开创首都未来教育新的辉煌开局。

三是发挥首都基础教育的资源优势,提高学术站位,构建具有首都特色、中国风格的未来教育理论体系。超越现代教育哲学本质,是百年未有之大变局下世界教育变革的本质特征。未来教育超越现代教育的最本质特征是超越知识本位的现代教育育人目标,从关注知识学习到关注人的全面发展。而人的全面发展观正是马克思主义的重要观点。马克思从唯物史观的角度提出了人的自然属性和社会属性的统一,并指出"人的本质是一切社会关系的总和"。因此,"实现人的全面而自由的发展"是唯物史观所要达到的高级目标。可以说唯物史观也是一部未来教育哲学,具有未来教育理论的先进性。习近平总书记在哲学社会科学工作座谈会上指出,马克思主义深刻揭示了自然界、人类社会、人类思维发展的普遍规律,为人类社会发展进步指明了方向;马克思主义坚持实现人民解放、维护人民利益的立场,以实现人的自由而全面的发展和全人类解放为己任,反映了人类对理想社会的美好憧憬;马克思主义揭示了事物的本质、内在联系及发展规律,是"伟大的认识工具",是人们观察世界、分析问题的有力思想武器;马克思主义具有鲜明的实践品格,不仅致力于科学"解释世界",而且致力于积极"改变世界"。从一定意义上看,马克思辩证唯物主义既是未来课程与教学论的哲学基础,也是未来教育学的重要基础。马克思主义关于教育目的、内容和方法的论述对超越现代教育具有重要理论价值,因此,坚持马克思主义指导是我们坚定教育自信的理论基础。习近平总书记关于教育的重要论述既根植于中华民族崇文重教的优良传统,又体现了中国特色社会主义进入新时代的鲜明特征,是马克思主义基本原理与中国教育实践相结合的重大理论成果,是习近平新时代中国特色社会主义思想的重要组成部分,为加快推进教育现代化、建设教育强国提供了强大思想武器和行动指南。可以说习近平总书记关于教育的重要论述是当代中国的马克思主义教育学,是 21 世纪的马克思主义教育理论。首都北京拥有全国最多的优秀高校和教育理论研究者。首都教育发展要充分发挥学术优势,建立首都教育发展智库体系,要带头坚定理论自信,深入学习和实践习近平总书记关于教育的重要论述,推进新时代中国特色社会主义教育理论在京华大地形成生动实践,构建首都特色中国风格的未来教育理论体系,为世界教育变革贡献中国智慧。

四、首都基础教育改革与发展的价值取向

《中国教育现代化 2035》提出了推进教育现代化的八大基本理念：更加注重以德为先，更加注重全面发展，更加注重面向人人，更加注重终身学习，更加注重因材施教，更加注重知行合一，更加注重融合发展，更加注重共建共享。基于首都基础教育改革与发展的历史积淀及特色实践，未来首都基础教育改革与发展要坚持以下几方面的价值取向。

（一）以德为先，全面发展

首都基础教育改革与发展的出发点和落脚点是学生的全面发展。这就要求我们树立科学的质量观、人才观，为学生的全面发展、终身发展创造良好的环境，尊重教师的劳动，尊重学生的生命与人格，坚持德育为先、能力为重，全面发展素质教育，德、智、体、美、劳全面发展，培养社会主义的合格建设者和可靠接班人。在首都基础教育改革与发展的过程中，我们应当始终关注师生生命的价值和意义，优化生命、美化生活，提升师生在教育过程中的幸福感。在重视师生员工的价值和意义的同时，我们还要想方设法为其创造更大的价值提供条件。要把"以德为先，全面发展"的价值取向贯穿于基础教育改革和发展的各个方面和各个环节中，真正实现立德树人的根本任务。

（二）面向人人，因材施教

"面向人人，因材施教"是首都基础教育改革与发展的基本价值取向。我们要坚持以人为主体，以人为前提，以人为动力，以人为目的。也就是要"以学生为本""以教师为本""一切为了师生的发展"。具体来说，有以下两层含义：其一，我们要充分肯定学校师生员工在教育改革和发展中的主体地位和作用，在研究、解决教育改革与发展的问题时，要真正做到依靠师生、为了师生。其二，教育改革和发展必须尊重人、解放人和塑造人。尊重人，就是尊重学校师生员工的社会价值和个体价值，尊重其独立人格、不同需求、能力差异，尊重其创造和权利；解放人，就是冲破一些教育观念、方法、体制和机制的束缚，充分发挥学校师生员工的聪明才智，真正减轻学生过重的学业负担；塑造人，就是既把学校师生员工塑造成权利的主体，又把其塑造成责任的主体，使学生真正成为学习的主人。

（三）融合发展，共建共享

随着城乡一体化发展进程的加快，大量人口流向城市，作为人口聚集地的首都，

教育面临着优质教育资源供给不足、原有教育资源配置与人口分布不协调的问题，需要统筹扩充教育资源与提升教育质量的"双增量改革"，同时解决人民群众"有学上"和"上好学"的问题。首都基础教育要根据首都的区位优势，整合集成首都地区的中央和地方教育系统内部和外部所有的资源，广泛吸收国内外优质教育资源，按照构建现代国民教育体系和终身教育体系的要求，集中规划、综合利用，形成有机协调的整体，极大地提高资源的利用效率，产生更大的社会效益。面向 2035 年，我们始终要坚持"融合发展，共建共享"的发展理念，不断提高首都基础教育的"系统性、整体性、协同性"。

第二节　战略目标

一、首都推进教育现代化的进程[1]

（一）以普及教育为重点的首都教育现代化的探索奠基阶段

随着 1993 年"实现教育现代化"这一国家战略的提出，首都教育也在 20 世纪 90 年代中期正式拉开了以"现代化"为指引的变革序幕。普及教育不仅是教育现代化进程中最基本和最易量化衡量的诉求，而且也是解决社会主义市场经济转型初期人才总量严重短缺问题的迫切要求。首都在 20 世纪 80 年代基本普及了九年义务教育，在"八五"期间率先基本普及了九年义务教育和基本扫除青壮年文盲，在"九五"期间率先普及了高中教育，并实现了高等教育大众化，教育现代化取得良好开局。

（二）以构建现代教育体系为重点的首都教育现代化的率先基本实现阶段

鉴于前期奠定的良好基础，21 世纪伊始北京市便提出"在全国率先基本实现教育现代化"的发展目标，计划到 2005 年"总体水平达到中等发达国家首都的教育水平"，到 2010 年"教育基础设施、教育质量、教育普及程度和市民平均受教育年限基本接近发达国家首都同期平均水平"。稍有不同的是，"十五"时期教育发展规划将首都"率先基本实现教育现代化"与"充分发挥北京的教育优势"紧密相连，蕴含着以条件促进发展的政策思想；而"十一五"时期则将首都"率先基本实现教育现代化"与"努力办好让人民满意的教育"紧密相连，蕴含着以需求带动发展的政策思想，体现出这一阶段首都教育现代化发展形势与要求的微妙变化。

与 20 世纪末相比，21 世纪最初十年的首都教育现代化展现出三方面的突出进展。

---

[1]　方中雄. 面向 2035 年的首都教育现代化变革趋势 [J]. 北京教育（高教版），2019（1）：9–13.

一是从低位向高位延伸：教育普及化从九年义务教育和高中教育逐步向高等教育延展，"十五"规划提出到 2010 年北京"在全国率先进入高等教育普及化阶段"。二是从学校向社会拓展：主要体现在加强终身学习、初步构建学习化社会或学习型城市等任务要求上。三是从形式向结构功能深化：主要体现为率先构建起结构上相互衔接沟通、开放协调的现代教育体系，以及功能上与社会经济发展需求相适应的现代教育体制，使教育在更具系统性、整体性和制度性的视角上推进现代化。

（三）以公平和质量为重点的首都教育现代化的实现阶段

在首都率先基本实现了教育现代化的基础上，北京市"十二五"规划乘胜提出"坚持育人为本、改革创新、促进公平、提高质量的原则，全面推进首都教育事业科学发展，全面提升教育现代化水平，努力办好人民满意的教育"的战略方针；同期颁布的《北京市中长期教育改革和发展规划纲要》明确提出"到 2020 年实现教育现代化，建成公平、优质、创新、开放的首都教育和先进的学习型城市，进入以教育和人才培养为优势的现代化国际城市行列"的发展目标。这些政策折射出新一个十年首都教育现代化发展重心从"基本实现"向"实现"的提升。这不仅依赖于规格上的累积调整，而且依赖于品格上的优化升华，是一项综合的、立体的、全面的、深刻的变革过程，经过"十二五"时期的发展已经取得了阶段性成果，"十三五"时期继续巩固、调整、完善。

二、新时代首都基础教育现代化的阶段特征

进入新时代，城市现代化对教育发展提出了更为迫切的任务和更具现代性的发展要求。首都教育现代化发展的不平衡、不充分问题，必须通过加快推进首都教育现代化发展来解决。当前，北京进入落实"四个中心"城市战略定位、以促进教育内涵发展为重点的更高水平的教育现代化阶段，必须通过走一条城教融合发展的道路，为建设国际一流的和谐宜居之都提供周到服务。[1]

（一）从发展内容来看

从发展内容来看，首都教育正从"以公平和质量为重点"的基础上向"深化综合改革、推动内涵发展"迈进。伴随着北京率先基本实现教育现代化，首都教育发展在规模上基本满足群众入学需求的同时，教育质量、公平、结构和效益问题日益凸现，教育理念、教学内容、教学方法、管理制度等深层次方面还不能适应社会主义市场经济体制和知识经济发展的需要。从建立与社会主义市场经济体制相适应的教育管理体

---

[1] 方中雄. 面向 2035 年的首都教育现代化变革趋势 [J]. 北京教育（高教版），2019（1）：9-13.

制的要求来看，教育投入不足，教育管理体制、机制不健全、不灵活的问题突出，这些都不能简单地靠量化指标来衡量，必须牢牢把握习近平总书记在全国教育大会提出的教育改革发展的"九个坚持"，进一步深化教育领域综合改革，推动教育内涵发展。

（二）从发展模式来看

从发展模式来看，首都教育正从"教育适应城市发展"的基础上向"城市与教育深度融合发展"迈进。首都教育至关重要，是新时代改革发展稳定的重要力量，贯穿于北京城市战略定位的方方面面，是全国政治中心功能建设的重要阵地，是文化中心功能建设的重要载体，是国际交往中心功能建设的重要窗口，是科技创新中心功能建设的重要支撑。围绕"四个中心"建设的首都功能定位，更加要求在持续促进人的全面发展和社会的全面进步的过程中，首都城市与教育获得共同发展。面对全面落实京津冀协同发展重大国家战略的要求，需要进一步聚焦教育资源科学配置，适度疏解教育资源，发挥优质资源的辐射和带动作用。

（三）从发展水平来看

从发展水平来看，首都教育将从"总体实现教育现代化"向"更高水平的教育现代化"迈进。党的十九大把习近平新时代中国特色社会主义思想确立为党长期坚持的指导思想，指出了向第二个百年奋斗目标进军的两个阶段的安排。习近平总书记在全国教育大会上的讲话，深刻回答了一系列方向性、根本性、全局性、战略性重大问题，为推动首都教育事业内涵发展提供了根本遵循。更高水平的教育现代化要得到人民认可，要满足人民群众日益强烈的对多样、特色、优质教育的需求，要经得起历史检验，适应好新时代中国特色社会主义建设由高速增长阶段进入高质量发展阶段对人才培养的要求。作为中央批准的全国第一个以教育现代化为主题的试验城市，北京必须勇挑重担，进一步肩负起探索更高水平教育现代化的神圣使命。

三、首都教育现代化 2035 年主要发展目标

《中国教育现代化 2035》重点部署了十大战略任务，其中之一就是推进教育治理体系和治理能力现代化。北京市积极响应党中央号召，在全国率先召开全市教育大会，提出了到 2035 年实现高水平教育现代化，建成理念先进、体系完备、质量优良、环境优越、保障有力的首都教育。

新时代首都教育现代化建设的战略目标，即到 2020 年全面实现"十三五"发展目标，总体实现教育现代化；到 2022 年进一步巩固提升教育现代化成果；到 2035 年实现高水平教育现代化，建成理念先进、体系完备、质量优良、环境优越、保障有力的

首都教育，使北京成为全球主要留学中心和世界杰出青年向往的留学目的地；到2050年，首都教育达到发达国家前列水平，成为具有世界影响力的教育先进城市。简言之，教育大会将新时代首都教育现代化建设目标划分为"总体实现教育现代化"与"实现高水平教育现代化"两个时期。"总体实现教育现代化"意味着北京教育发展水平达到了世界发达国家的主要指标。这是一个巨大的成就，但从历史发展的宏观视野审视，它仍然是"全面实现教育现代化阶段"的入门水平。首都教育现代化建设要完成自己的历史使命，实现教育与经济社会协调发展，实现教育规模、结构、质量、效益的内在统一，即达成"实现高水平教育现代化"发展目标，仍然需要十多年的时间巩固完善、充实提升现有的发展成绩。[1]

首都教育现代化的战略目标是："建成德智体美劳全面培养的教育体系、全面普及高质量的学前教育、高标准实现优质均衡的义务教育、提供高质量多样化的高中阶段教育、职业教育有力支撑城市发展、高等教育国际竞争力全面提升、残疾儿童少年都享有适宜的教育、形成充满活力的终身学习环境、形成全社会共同参与的教育治理新格局、人民群众教育获得感明显增强。"

根据首都教育现代化的战略目标，《首都教育现代化2035》提出了推进教育现代化的十二项战略任务，可分为三个部分。一是从服务首都城市战略定位出发，逐一围绕"四个中心"功能建设、京津冀协同发展战略，提出五项任务，包括全面落实立德树人根本任务、打造首都文化发展繁荣的高地、提升科技创新驱动的支撑能力、开创教育对外开放新局面、促进京津冀教育协同发展。二是从教育自身深化内涵发展出发，提出四项任务，包括提供更公平更充分的教育服务、发展世界先进水平的高质量教育、建设高素质专业化教育人才队伍、实现信息化与教育深度融合。三是在形成教育共建共享合力方面，提出三项任务，包括构建融通便捷的终身教育体系、强化教育投入保障教育可持续发展、实现教育治理体系与能力现代化。这些战略任务从牢牢把握首都城市战略定位出发，既立足当前，聚焦教育发展的突出问题和薄弱环节，突出补短板、夯基础，又着眼长远，反映了时代要求，顺应了未来发展趋势。

第三节　战略路径

一、思想统领：以习近平新时代中国特色社会主义思想为指导

习近平总书记在全国教育大会上强调，党的十九大从新时代坚持和发展中国特色

---

[1]　桑锦龙. 首都"四个中心"建设与教育发展战略选择 [J]. 北京教育（高教版），2020（1）：11-13.

社会主义的战略高度，作出了优先发展教育事业、加快教育现代化、建设教育强国的重大部署。教育是民族振兴、社会进步的重要基石，是功在当代、利在千秋的德政工程，对提高人民综合素质、促进人的全面发展、增强中华民族创新创造活力、实现中华民族伟大复兴具有决定性意义。教育是国之大计、党之大计。

习近平总书记在学校思想政治理论课教师座谈会上强调，新时代贯彻党的教育方针，要坚持马克思主义指导地位，贯彻新时代中国特色社会主义思想，坚持社会主义办学方向，落实立德树人的根本任务，坚持教育为人民服务、为中国共产党治国理政服务、为巩固和发展中国特色社会主义制度服务、为改革开放和社会主义现代化建设服务，扎根中国大地办教育，同生产劳动和社会实践相结合，加快推进教育现代化、建设教育强国、办好人民满意的教育，努力培养担当民族复兴大任的时代新人，培养德智体美劳全面发展的社会主义建设者和接班人。习近平总书记的重要讲话明确提出了新时代我国社会主义教育事业的总体方向和根本方针，为办好新时代中国特色社会主义教育指明了方向、提供了根本遵循。

党的十九届四中全会明确提出，要坚持和完善中国特色社会主义制度、推进国家治理体系和治理能力现代化。要全面贯彻党的教育方针，坚持教育优先发展，聚焦办好人民满意的教育，完善立德树人体制机制，深化教育领域综合改革，加强师德师风建设，培养德智体美劳全面发展的社会主义建设者和接班人。推动城乡义务教育一体化发展，构建覆盖城乡的家庭教育指导服务体系。发挥网络教育和人工智能优势，创新教育和学习方式，加快发展面向每个人、适合每个人、更加开放灵活的教育体系，建设学习型社会。教育系统要把学习贯彻全会精神与落实立德树人根本任务相结合，推进教育治理体系和教育治理能力现代化，引导中小学生成为社会主义建设者和接班人。

首都基础教育举足轻重，至关重要，贯穿于首都城市战略定位之中，是全国政治中心功能建设的重要阵地，是文化中心功能建设的重要载体，是国际交往中心功能建设的重要窗口，是科技创新中心功能建设的重要支撑，是提高"四个服务"水平不可或缺的重要力量。建成更加公平更高质量的新时代首都基础教育是建设国际一流的和谐宜居之都、谱写中华民族伟大复兴中国梦北京篇章的题中应有之义。未来，北京市应坚持以习近平新时代中国特色社会主义思想统领首都教育工作，全面贯彻党的教育方针，将党对教育工作的全面领导落到实处，深入学习贯彻习近平总书记对北京重要讲话精神和关于教育的重要论述，把十九届四中全会精神转化为推进教育改革、完善教育治理的行动指南和强大动力，加快推进教育治理体系和治理能力现代化。北京市应深入贯彻落实全国和全市教育大会精神，紧密围绕首都城市战略定位，坚持稳中求进，深化综合改革，促进教育公平，提高教育质量，补齐发展短板，提升管理水平，扎实推进教育现代化，办好人民满意的首都基础教育。

二、原则遵循：把握几项基本原则

（一）首都基础教育的高质量发展

高质量发展就是要根据首都基础教育的发展目标，在现有基础上和各项工作中，进一步协调基础教育内部的速度、规模、结构和效益的关系，突出质量第一意识，采取更加切实有效的措施，使首都基础教育的发展水平继续保持全国领先并迈上新的台阶，人才的培养质量进一步符合教育方针和人的全面发展的要求，中小学校的办学水平更加科学化、现代化，使首都基础教育在国内外更具竞争力和影响力。

未来我国要实现教育现代化、建设创新型国家、进入人力资源强国行列的目标，这就要求我们必须面向现代化、面向世界、面向未来，提高教育质量。首都基础教育高质量发展的主要任务表现在以下六个方面：一是树立高质量发展的教育质量观，把促进人的全面发展、适应社会需要作为衡量教育质量的根本标准。二是注重教育的内涵发展，鼓励学校办出特色、办出水平，出名师、育英才。三是深化基础教育课程改革，提升课程的领导力、执行力和实效性。四是制定北京市教育质量标准、办学条件标准和教师教学研究标准等三个地方标准。切实强化教育督导，建立健全教育督导保障体系。五是建立以提高质量为导向的管理制度和工作机制，把教育资源的配置和学校工作重点集中到强化教学环节、提高教育质量上来。六是加强教师队伍建设，提高教师的整体素质。

（二）首都基础教育的开放融合

开放创新就是根据建设首都基础教育的内在要求，贯彻与时俱进、求真务实的指导思想，广泛吸纳国内外一切符合教育规律的先进经验，大力推进体制创新、制度创新、知识创新、技术创新，破除一切不适应发展的障碍，使首都基础教育始终保持改革领先的位置，充满蓬勃的生机和不竭的动力。

首都基础教育现代化要注重传承与创新。坚持社会主义办学方向，走中国特色社会主义教育现代化之路，建立健全的具有明确的国家意识、深厚的历史传承和浓郁的为民情怀的中国特色现代教育体系。创新是引领首都基础教育现代化发展的第一动力，为此首都基础教育需要持续推进教育制度创新、育人方式创新、体制机制改革创新，充分发挥新技术、新模式创新教育供给方式，探索适应在新时代实现首都基础教育现代化的新模式、新路径。未来，首都基础教育需要坚持以素质教育为核心，将立德树人作为教育的根本任务。尊重差异、包容多样，营造体现人文关怀、彰显文明风采、突出文化魅力的教育氛围，帮助弱势群体融入社会，建立广义的教育资源供给体制，形成学校教育、家庭教育和社会教育密切配合、良性互动的教育新体系。此外，我们还需要立足中国、放眼世界，推动更大范围、更深层次的教育合作交流，凸显多元文化交融互鉴，不断提升首都基础教育的吸引力。

（三）首都基础教育的育人模式创新

首都基础教育要遵循教育规律和学生成长规律，创新教育教学组织方式，更新教育教学内容，丰富教育教学手段，深入推进育人方式变革，探索构建具有首都特点的新型育人模式。首都基础教育要积极构建与人的终身发展需求相适应的教育体系和富有活力的教育发展模式，为学生和学校的健康发展创建良好的教育新生态。坚持能力为重，知行合一，构建更加灵活开放的课程体系和考试制度，推行启发式、探究式、参与式、合作式等教学方式，提供多层次、多样化的实习实践平台，提高学生自主学习、独立思考和创新发展的能力，培养有社会责任感、有个性、有创造力和开拓精神的人才。

首都基础教育要持续深化智能时代的教育教学方式变革，支持差异化的"教"和个性化的"学"；要发挥首都教育资源优势，全面优化创新人才早期培养生态，探索大中小各学段有机衔接的拔尖创新人才培养模式，开辟拔尖创新人才脱颖而出的"绿色通道"；要充分利用首都教育资源优势，整体推进大中小学课程教材建设，构建首都特色课程教材体系；要深入推进"双减"和"五项管理"，全面加强学校家庭政府社会协同育人工作。

三、关系链接：教育现代化语境下的关系处理[1]

（一）首都教育现代化与国家教育现代化的关系

首都教育现代化作为国家教育现代化的组成部分，其目标受制于并服务于国家教育现代化目标，首都教育现代化目标的确立要考虑适度超前国家教育现代化目标并引领国家教育现代化目标。具体到基础教育领域，首都基础教育的发展战略要对标国家教育现代化中对基础教育的基本要求，同时结合首都基础教育的历史积淀及发展经验。

（二）首都基础教育现代化与首都城市现代化的关系

首都基础教育现代化作为首都城市现代化的组成部分，作为在首都城市整体环境下发展的教育现代化，也是存在互动发展的关系，在首都城市现代化确立到2035年、2050年发展战略及目标的框架下，首都基础教育现代化目标要考虑适应和服务首都城市现代化目标的实现。

---

[1] 方中雄.面向2035年的首都教育现代化变革趋势[J].北京教育（高教版），2019（1）：9-13.

（三）首都基础教育现代化与其他国家或城市基础教育现代化的关系

在与其他国家基础教育现代化发展相互比较中深化自身的发展目标定位，在国内要考虑与上海以及香港等基础教育现代化目标的比较；在国外要考虑与美国、日本、芬兰等基础教育现代化目标的比较。在比较中，体现世界基础教育现代化发展最新趋势与前沿水平，找到首都基础教育现代化的坐标与方位，提高我们的教育自信。

（四）首都基础教育现代化发展的历史、现实与未来的关系

要在 2010 年基本实现教育现代化，2020 年实现教育现代化的目标基础上，顺应首都基础教育现代化发展趋势与内在规律，要体现首都基础教育事业不断提升水平、不断提升现代属性、不断提升功能贡献的乐观积极进展，要体现"把培养社会主义建设者和接班人作为根本任务，培养一代又一代拥护中国共产党领导和我国社会主义制度、立志为中国特色社会主义奋斗终身的有用人才"的方向目标，要符合"使教育同党和国家事业发展要求相适应、同人民群众期待相契合、同我国综合国力和国际地位相匹配"的标准要求。同时，要考虑首都基础教育现代化作为整体与内部各级各类教育组成部分的关系，体现教育现代化的本质属性与内在逻辑要求。

第四节　分项改革战略

2021 年 7 月 24 日，中共中央办公厅　国务院办公厅印发《关于进一步减轻义务教育阶段学生作业负担和校外培训负担的意见》，明确提出要"着眼建设高质量教育体系""构建教育良好生态"；从学校角度看，强化"学校教育主阵地""整体提升学校教育教学质量和服务水平"。"双减"工作是社会关注、群众关切的民生实事，是解决家长急难愁盼问题的一项重要民生工程，是利国、利民的国策、好事。作为中央立德树人根本任务下的重大决策部署，"双减"之后的教育教学改革逐步走向"全覆盖""常态化"与"高质量"。

一、育人目标

基于北京基础教学教育改革历程中育人目标演进的五个阶段，育人目标兼具发展与稳定的双重特性，未来育人目标改革的趋势集中体现在：坚持"五育"并举，体现首都定位和特色，着力培养有首都特点的时代新人，强化社会责任感、创新精神、实

践能力的培养。

（一）坚持教育与社会实践相结合

坚持教育与社会实践相结合突出体现在能力维度上，无论是"劳动技能""社会调查""知识运用"，还是"实践能力""参与社会生活"等都强调了教育与生产劳动、社会实践的天然联系，为参与社会生活作准备，为人的职业生涯和终身发展奠基。

（二）坚持首善标准与北京特色

作为定位建成"国际一流的和谐宜居之都"的大国首都，北京基础教育教学改革的育人目标应更具有前瞻性、先导性。从"合格劳动者""高质量劳动者"到"多样化高素质人才"，乃至"十四五"规划提出的培养"具有家国情怀、首都气派、国际视野、创新精神的高素质人才"，契合首都发展，以发展思维和系统观念革新育人规格。

（三）坚守教育的人本价值初心

首都基础教育以人为本的价值取向，也是推动育人目标持续优化完善的基本遵循。从最初的"能力""知识""健康"，到更为丰富的"学习""素养""个性发展"；从"身体健康"到"身心健康"；从"自学能力"到"终身学习"，从"人文科学素养"到"公民素养"……育人目标中"人"越来越立体，也越来越完整。

二、德育创新

（一）以"三全"育人大德育观为指引

全员育人，强调德育主体的广泛性；全程育人，强调德育行动的完整性；全方位育人，强调德育工作的系统性。以"三全"育人大德育观为指引，构建市委统一领导、各部门主动参与、全社会关心支持、优质资源全方位供给的育人大环境，通过系统的、整体的学校德育设计，培养德智体美劳全面发展的人，培养合格的社会主义事业的建设者和接班人。

（二）系统建设大中小幼一体化德育体系

2021年，北京市委教育工委、市教委印发《北京市大中小幼一体化德育体系建设指导纲要》，这是全国省级教育部门第一份关于大中小幼一体化德育体系建设的文件。未来，北京市将在明确一体化德育目标、科学规划一体化德育内容、优化一体化德育方法、整合一体化德育资源、配齐建强一体化德育队伍、完善一体化德育评价、强化一体化德育协同、加强一体化德育保障等九大方面 17 项工作中，全面加强大中小幼一体化德育体系建设，不断提升立德树人实效，推进首都学校德育工作高质量发展。[1]

（三）强化全学科德育功能

《北京市"十四五"时期教育改革和发展规划（2021—2025 年）》再次明确完善德育一体化实施机制，把立德树人融入思想道德教育、文化知识教育、社会实践教育各环节。未来，要充分发挥课堂教学的主渠道作用，创新教学方式，严格落实德育课程；充分挖掘各学科课程蕴含的德育资源，强化全学科德育功能。

（四）促进家校社协同育人

当前，在"双减"政策实施背景下，北京市的家庭教育与家风建设工作应站在新的历史起点上谋划新未来，深入学习领会习近平总书记关于家庭教育的重要论述，充分认识家庭教育在构建终身教育体系中的重要地位，着力推动社会主义核心价值观融入家庭教育全过程，积极应对"双减"背景下家庭教育出现的新问题和新变化，持续完善家校协同的良性机制。[2]

三、课程改革

《中国教育现代化 2035》提出：完善教育质量标准体系，制定覆盖全学段、体现世界先进水平、符合不同层次和类型教育特点的教育质量标准；加快推进义务教育课程改革，为学生提供现代、科学、先进的课程体系；以课程标准为重点，建设世界先进的育人资源体系。[3]北京市的课程改革经历了四个阶段的发展，在重新定位"以学生为本"理念的同时，也给予区域和学校更大的课程自主权，实现了"市级统筹，一体多元"[4]的基本特点。未来北京市的课程改革需要落实立德树人任务，完善课程体系，加强全面培养。围绕新课标完善课程内容，围绕学科核心素养培养，加强大概念、任务群、大单元教学。

[1] 北京市出台大中小幼一体化德育体系建设指导纲要 [EB/OL].（2021–08–14）[2021–12–20].http://education.news.cn/2021–08/14/c_1211331400.htm.

[2] 北京市家庭教育与家风建设 2021 年工作推进会召开 [EB/OL].（2021–09–18）[2021–12–22].http://jw.beijing.gov.cn/jyzx/jyxw/202109/t20210918_2497101.html.

[3] 高书国 . 新发展阶段中国基础教育的战略思考 [J]. 人民教育，2021（6）：40–43.

[4] 杨德军，江峰 . 聚焦基础教育课程改革 70 年——以北京市的实践经验为例 [J]. 基础教育课程，2019（9）：7–17.

（一）加强课程的融通性

课程内容和课程管理上都应更强调一种融合互通的思想，如鼓励学校统筹安排原有综合实践活动和学科实践活动，整体建设国家课程、地方课程、校本课程，避免交叉、重叠。

（二）加强课程的跨学科整合

课程的跨学科整合，可以实现学生综合素养的培育与提升。课程整合和跨学科深度融合成为北京市中小学课程改革的总体趋势。此外，研学、综合实践与学校课程的融合方式也在逐步加强。未来需要更加关注课程的整体育人功能以及学科内、学科间的联系与整合。基于育人目标的思考，各学校应着重课程体系的重新构建与实施。

（三）加强课时的弹性化调整

课时的弹性化调整，鼓励学校积极尝试长短课、大小课的实验，尝试集中实践开展综合实践活动；进一步完善选课指导制度，指导学生形成个性化的课程修习方案；课程权利的下放，赋予区域及学校更大的课程自主权。

四、教与学的改革

面向未来，进一步突出学生的主体地位，采用有效多元的方式，注重因材施教与差异化教学，发挥信息化手段作用，推动深度学习，确保学生的实际获得。围绕"双减"切实减轻学生负担，提升基础教育学校质量问题。

（一）以学习者为中心的教与学

持续推进以学习者为中心的教与学的改革主要关注以下方面：一是注重科学意识的双重性，即教学方法的选择依据不是随意的而是有科学依据的；二是注重互动方式的多边性，即强调教学过程中师生、生生、师师等多元主体之间的互动；三是注重学习情境的合作性，即强调教学中各因素之间的密切合作，重视培养学生的合作意识与合作能力，提升学生的非认知品质，如小组合作学习；四是注重个人价值取向的个体性，即强调学生的个性化特征，重视学生之间的差异性，倡导个性化的教学方法；五是注重目标达成的全面性，即不是一味地追求学业成绩，而是强调学生德智体美劳的全面发展；六是注重选择使用的综合性，即教师在教学过程中重视应用多种教学方法，而不是只应用某一种单一的方法，以达到最佳的教学效果。

（二）互联网＋教育

在近年来教学信息化手段的实践应用中，首都基础教育一直走在前列，在人工智能、互联网＋教育的影响下，空中课堂、智慧校园、互联网＋课堂、VR课堂教学技术等模式在实践教学中取得成效。未来，北京需要继续创新信息化与学校教育教学深度融合，加快制定具有北京特色的"智慧校园"建设标准，实现信息化覆盖全体师生；利用"互联网＋"思维引入全社会资源，共建丰富、优质、开放、共享的数字教育资源库，满足学习者开放、泛在、个性化的学习需求；利用好已有的数字学校平台，以强带弱，以城带乡，使学校之间共享资源，整体提升管理水平和教育教学水平，推动所有学校共同发展；创新"互联网＋教育"模式，推行线上教育，推动实现优质教育资源的开发与开放，加快实现乡村地区数字教育资源的全覆盖，让更多农村地区的教师和孩子共享优质的数字教育资源。

五、教师队伍建设

面向未来，需要进一步提升教师的专业能力，继续培养教学改革领军人物，支持农村学校教师提高教学质量，发挥网络资源在教师发展中的作用。同时，进一步优化教师队伍，激发教师活力。

（一）提升教师专业能力

建设高素质、专业化、创新型教师队伍，持续激发释放中小学办学生机和活力，是未来教师队伍建设的关键。为此，北京市需要积极探索新时代教育教学方法，不断提升教师教书育人本领，让教师真正成为高素质、专业化、创新型的教师，持续释放中小学的办学生机和活力。一是要全面提升教师思想政治素质和师德师风水平。始终坚持把思想政治和师德师风建设摆在教师队伍建设的首位，把师德表现作为教师资格定期注册、业绩考核、职称评聘、评优奖励的首要条件。二是要提升教师教书育人的能力素质，突出提升教师人文素养，着力增强教师信息化素养，加大教师培养力度，完善教师专业化发展体系。三是要深化教师管理制度改革，完善教师准入机制，突出教育教学实绩，健全教师管理机制，多措并举推进校长教师交流轮岗。

（二）优化教师队伍

未来北京市需要深化队伍改革，在全面提升教师素养、突破教师管理制度、增强教师获得感方面下工夫。坚持引进与培养并重，通过人才引进和扩大师范院校的招生名额，增加中小学教师培养的数量，特别是美术、音乐、体育和科技方面的专业教师。

为提升现有中小学教师队伍的整体质量，推进实施名师名校长工作室、名师导学团、学区联合备课等多种方式，充分发挥优秀、骨干教师作用，实现优秀教育经验、成果的资源共享。加快城乡基础教育一体化建设，完善基础教育教师统一调配机制。各级政府加快落实《关于进一步推进义务教育学校校长教师交流轮岗的指导意见》，积极推进义务教育教师队伍"区管校用"改革，推进优秀校长和骨干教师在城乡之间、校际之间的交流轮岗。积极落实乡村教师支持计划，加大对乡村教师队伍编制、激励机制的创新力度，提高乡村学校高级教师职称结构比例，设立专项用于乡村学校教师的职称评定，为促进优秀教师向乡村学校流动创造有利条件。

六、考试评价

面向未来，需要进一步贯彻落实评价改革相关文件精神，注重学生社会责任、行动习惯、学习能力、思维品质、身心健康等方面综合评价、发展性评价、增值性评价改革，同时，发挥信息化手段在评价中的作用。

（一）深化考试招生制度改革

2020 年国务院发布《深化新时代教育评价改革总体方案》，将教育评价改革再次提高到教育改革的核心地位，同时也为未来教育评价改革绘制了明晰蓝图，指明了具体改革路径。在深化新时代教育评价改革的背景下，深化考试招生制度改革，推进教育评价改革必将是未来北京市教育改革的重要任务。2021 年 9 月北京市颁布的《北京市"十四五"时期教育改革和发展规划（2021—2025 年）》将"全面深化新时代首都教育评价改革"列为"十四五"教育改革和发展 11 大任务之一，提出"坚持义务教育免试就近入学，进一步完善入学机制，严格落实以多校划片为主，单校划片和多校划片相结合的入学方式，扎实推进公民同招派位录取。稳妥推进中考改革，探索基于初中学业水平考试成绩、结合综合素质评价的招生录取模式。完善和规范普通高中自主招生。完善高中学业水平考试制度和高中综合素质评价制度。巩固深化高考综合改革"。2021年《北京市贯彻落实〈深化新时代教育评价改革总体方案〉的工作方案》出台，明确了北京市深化新时代教育评价改革的总体目标和重点任务分工，为未来首都教育评价改革绘制了时间表和路线图。

（二）探索学生评价改革

未来北京市学生评价改革方面将会有如下趋势：一是破解"唯分数"只能通过综合素质评价来实现，学生综合素质评价制度纵使有诸多难点，但其指标体系等将得到进一步探索并将与学业水平一并在中高考中发展更加重要的作用。二是未来打破高考一考定终身，坚持多种评价方式、过程性评价和结果性评价相结合将是北京基础教育学生评价改革继续坚持的理念和做法。三是坚持五育并举，学生评价的内容将紧紧围绕新时代教育方针，体现德智体美劳全面发展。四是小学入学单校划片和多校划片相结合，初中电脑派位入学方式将会得到坚持和进一步巩固，范围或将进一步扩大，这是当前巩固均衡发展，迈向优质均衡发展的要求。

后　记

2018 年我们以北京教育学院为主体申请的北京市教育科学规划重大课题"基础教育教学改革的'北京模式'与发展战略研究"被批准立项。经过课题组成员三年多持续研究和共同努力，课题顺利结题。本书即是课题的主要研究成果。

本论著由课题组成员共同撰写完成。各章节撰稿人是：第一章、第二章由钟祖荣（北京教育科学研究院副院长、教授、博士）撰写；第三章由柴纯青（《北京教育学院学报》主编、编审）撰写；第四章第一节由刘姣（北京市西城区教育研修学院）撰写，第二节由李娜（北京教育学院教育干部学院副教授、博士）撰写，第三节由刘博文（北京教育学院教育干部学院副教授、博士）撰写，第四节由曹杰（北京教育学院教育干部学院讲师、博士）撰写，第五节由高山艳（北京教育评估院副教授、博士）撰写，第六节由钟亚妮（北京教育学院副研究员、博士）、张玉静（北京教育学院思想政治教育与德育学院副教授、博士）撰写，第七节由王聪（北京教育学院教育干部学院讲师、博士）撰写；第五章由李雯（北京教育学院科研处处长、教授）撰写；第六章第一节由刘姣撰写，第二节由钟亚妮（北京教育学院研究员、博士）撰写，第三节由胡佳怡（北京教育学院教育干部学院副教授、博士）撰写，第四节由陈丹（北京教育学院教育干部学院副院长、副教授、博士）撰写；第七章由胡佳怡撰写；第八章由刘胡权（北京教育学院副研究员、博士）和张祥兰（北京教育学院思想政治教育与德育学院副研究员、博士）撰写。初稿进行了多次修改。钟祖荣、李雯进行了全书统稿。

在本书完成的过程中，得到各方面领导和专家的指导帮助。北京市教育委员会原主任、督导室原主任、北京市高等教育学会会长线联平研究员，北京师范大学裴娣娜教授，首都师范大学党委书记孟繁华教授，北京教育科学研究院院长方中雄研究员，中国教育发展战略研究会副会长、中国教育科学研究院韩民研究员，北京一零一中学校长陆云泉正高级教师，北京市教育科学规划办公室主任姜丽萍研究员等在开题和结题环节给予了高站位和细致的指导；中共北京市委教育工委副书记、北京市教委主任李奕在研究过程中给予了多方面指导，并为本书作序；北京教育科学研究院副院长冯洪荣、张熙给予了具体指导；首都师范大学的张景斌教授、北京教育科学研究院贾美华研究员、杨德军研究员等在研究内容、研究资料等方面也给予了许多支持和帮助。北京教育学院领导也给予了许多支持，北京教育学院教育干部学院在研究力量上给予了大力支持。东城区、海淀区、通州区、密云区四个区的教委领导、调研学校的校长，在调研过程中给予了大力支持。北京市教育科学规划办公室在管理服务方面给予了诸多指导和帮助。在此，对各位领导、专家、同仁一并表示衷心的感谢！

在课题研究和本书撰写过程中，尽管大家作了很大努力，但由于课题涉及历史时间长、内容广、事件多，难度是很大的，所以离完整把握历史脉络、科学总结经验模式还有一定的差距。我们将继续努力，力求把相关研究深入做下去。也请专家、读者批评指正。

钟祖荣、李雯

2023 年 4 月

图书在版编目（CIP）数据

基础教育教学改革"北京模式"的研究／钟祖荣等著.
—上海：华东师范大学出版社，2023
ISBN 978-7-5760-3825-5

Ⅰ.①基…　Ⅱ.①钟…　Ⅲ.①基础教育—教学改革—研究—北京　Ⅳ.① G639.21

中国国家版本馆 CIP 数据核字（2023）第 072561 号

大夏书系｜教育新思考

基础教育教学改革"北京模式"的研究

著　　者	钟祖荣　李　雯　等
策划编辑	任红瑚
责任编辑	韩贝多
责任校对	杨　坤
封面设计	淡晓库

出版发行	华东师范大学出版社
社　　址	上海市中山北路 3663 号　邮编 200062
网　　址	www.ecnupress.com.cn
电　　话	021-60821666　行政传真 021-62572105
客服电话	021-62865537
邮购电话	021-62869887
地　　址	上海市中山北路 3663 号华东师范大学校内先锋路口
网　　店	http://hdsdcbs.tmall.com/

印 刷 者	北京密兴印刷有限公司
开　　本	787×1092　16 开
印　　张	21.5
字　　数	450 千字
版　　次	2023 年 6 月第一版
印　　次	2023 年 6 月第一次
印　　数	2 000
书　　号	ISBN 978-7-5760-3825-5
定　　价	85.00 元

出 版 人	王　焰

（如发现本版图书有印订质量问题，请寄回本社市场部调换或电话 021-62865537 联系）